기출이 답이다

# 국민건강
# 보험공단

NCS & 법률 7개년 기출복원문제 + 무료건보특강

SD에듀
(주)시대고시기획

## Always **with you**

사람의 인연은 길에서 우연하게 만나거나 함께 살아가는 것만을 의미하지는 않습니다.
책을 펴내는 출판사와 그 책을 읽는 독자의 만남도 소중한 인연입니다.
**SD에듀**는 항상 독자의 마음을 헤아리기 위해 노력하고 있습니다. 늘 독자와 함께하겠습니다.

# PREFACE

**머리말** | 국민을 질병의 위험에서 보호하고 노후의 편안한 삶을 보장하는 국민건강보험공단은 2023년 하반기에 신규직원을 채용할 예정이다. 국민건강보험공단의 채용절차는 「입사지원서 접수 ➜ 서류심사 ➜ 필기시험 ➜ 인성검사 ➜ 면접시험 ➜ 최종 합격자 발표」 순서로 이루어진다. 필기시험은 직업기초능력과 직무시험(법률)으로 진행한다. 그중 직업기초능력은 의사소통능력, 수리능력, 문제해결능력 총 3개의 영역을 평가하며, 2023년 상반기에는 피셋형으로 진행되었다. 직무시험은 직렬별로 국민건강보험법, 노인장기요양보험법 중 1개의 영역을 평가하므로 반드시 확정된 채용공고를 확인하는 것이 중요하다. 더불어 필기시험에서 고득점을 받기 위해서는 다양한 유형에 대한 폭넓은 학습을 하고 문제풀이 능력을 높이는 등 철저한 준비가 필요하다.

국민건강보험공단 합격을 위해 SD에듀에서는 NCS 도서 시리즈 판매량 1위의 출간 경험을 토대로 다음과 같은 특징을 가진 도서를 출간하였다.

## 도서의 특징

❶ **국민건강보험공단 출제유형 분석을 통한 유형 확인!**
- 국민건강보험공단 직업기초능력 영역별로 출제유형을 수록하여 국민건강보험공단 필기 유형을 분석할 수 있도록 하였다.

❷ **국민건강보험공단 기출복원문제를 통한 실력 상승!**
- 국민건강보험공단 7개년(2023년 상반기~2017년) NCS&법률 기출문제를 복원하여 국민건강보험공단 필기시험에 완벽히 대비할 수 있도록 하였다.

❸ **주요 공기업 기출복원문제를 통한 문제 유형 확인!**
- 2023년 상반기 주요 공기업 NCS 기출문제를 복원하여 공기업별 필기 유형을 파악할 수 있도록 하였다.

❹ **다양한 콘텐츠로 최종합격까지!**
- 온라인 모의고사 응시 쿠폰을 제공하여 채용 전반을 대비할 수 있도록 하였다.

끝으로 본 도서를 통해 국민건강보험공단 채용을 준비하는 모든 수험생 여러분이 합격의 기쁨을 누리기를 진심으로 기원한다.

SDC(Sidae Data Center) 씀

# 국민건강보험공단 이야기

## ⬡ 미션

> 국민보건과 사회보장 증진으로 국민의 삶의 질 향상

## ⬡ 비전

> 행복한 국민 ★ 건강한 대한민국 ★ 든든한 국민건강보험

## ⬡ 핵심가치

| | |
|---|---|
| **건강과 행복** | 국민보건과 사회보장 증진을 통해 모든 국민의 건강 향상과 행복한 삶을 추구해 나가자는 의미 |
| **공정과 신뢰** | 구성원 모두가 책임감 있는 리더가 되어 사업 전반에 공정한 기준을 적용하고 국민 신뢰를 확보해 나가자는 의미 |
| **혁신과 전문성** | 미래 지속가능한 건강보장을 위해 혁신을 주도하고 전문성을 강화해 나가자는 의미 |
| **청렴과 윤리** | 윤리적 가치 판단을 최우선 행동기준으로 삼아 청렴한 업무수행을 통해 깨끗하고 투명한 사회를 선도해 나가자는 의미 |
| **소통과 화합** | 국민과 조직 구성원, 이해관계자와의 소통과 화합을 통해 지속가능한 경영체계를 확립해 나가자는 의미 |

## ◯ 전략목표 & 전략과제

**전략목표** → **전략과제**

| 전략목표 | 전략과제 |
|---|---|
| 국민의 평생건강을 책임지는 **건강보장체계** | 1. 건강보험 보장영역 확대<br>2. 공적 의료안전망 강화<br>3. 합리적 보건의료체계 조성<br>4. 건강보장 연구 및 국제협력 강화 |
| 건강수명 향상을 위한 **맞춤형 건강관리** | 1. 생애주기 건강관리체계 구축<br>2. 지역중심 의료·건강서비스 제공체계 강화<br>3. 보건의료이용 지원 강화<br>4. 데이터 기반 민간혁신·성장지원 확대 |
| 국민이 안심하는 **장기요양보험** | 1. 장기요양 운영체계 효율화<br>2. 지역사회 거주 돌봄지원 강화<br>3. 장기요양서비스 품질 향상<br>4. 장기요양보험 재정 지속가능성 확보 |
| 건강보험 **재정 안정성 강화** | 1. 공정하고 공평한 부과체계 설계<br>2. 건강보험 징수 기반 강화<br>3. 보험급여 지출관리 효율화<br>4. 안정적 재정관리체계 구축 |
| 혁신·책임 기반의 **신뢰 경영** | 1. 국민참여 소통경영 강화<br>2. 조직·인력 경쟁력 강화<br>3. 디지털 경영환경 고도화<br>4. 청렴·책임의 조직체계 확립 |

## ◯ 인재상

**국민의 평생건강을 지키는 건강보장 전문인재 양성**

| Nation-oriented | Honest | Innovative | Specialized |
|---|---|---|---|
| 국민을 위하는 인재 | 정직으로 신뢰받는 인재 | 혁신을 추구하는 인재 | 전문성 있는 인재 |

# 신입 채용 안내

## ⬡ 지원자격

❶ 성별 · 연령 · 학력에 대한 제한이 없으나, 임용일 기준 만 60세 이상(정년)인 사람은 지원할 수 없음

❷ '6급가' 지원자 중 남성은 병역필 또는 면제자여야 함

　※ 임용일 이전 전역예정자는 지원 가능

❸ 최종합격자는 임용일부터 근무가 가능해야 함

　※ 학업, 이직절차 등을 사유로 임용 유예 불가

| 직렬 | 자격요건 |
|---|---|
| 행정직 | 응시 자격요건 없음<br>– 신규직원 채용 공고문 내 '응시 자격요건에 관한 안내사항' 등 응시자에게 공통으로 적용되는 사항은 적용 |
| 건강직 | 간호사, 방사선사, 임상병리사, 영양사, 건강운동관리사, 보건교육사(2급 이상) 중 하나 이상 소지한 사람 |
| 요양직 | 간호사, 물리치료사, 작업치료사, 사회복지사(2급 이상) 중 하나 이상 소지한 사람 |
| 전산직 | 정보처리기사, 전자계산기기사, 정보통신기사 중 하나 이상 소지한 사람 |

## ⬡ 필기시험

| 구분 | 직렬 | 내용 | 시간 |
|---|---|---|---|
| NCS 기반<br>직업기초능력 | 행정직/건강직/요양직 | 의사소통능력 20문항, 수리능력 20문항, 문제해결능력 20문항 | 60분 |
| | 전산직 | • 의사소통능력 5문항, 수리능력 5문항, 문제해결능력 5문항<br>• 전산개발 기초능력(C언어, JAVA, SQL) 35문항 | |
| 직무시험<br>(법률) | 행정직/건강직/전산직 | 국민건강보험법(시행령 및 시행규칙 제외) 20문항 | 20분 |
| | 요양직 | 노인장기요양보험법(시행령 및 시행규칙 제외) 20문항 | |

## ⬡ 면접시험

| 구분 | 내용 |
|---|---|
| 경험행동면접(BEI) | 다대일 구술면접 |
| | 직무능력 · 인성 · 태도 등 평가 |
| 상황면접(SI) | 다대일 구술면접 |
| | 창의성 · 공동체의식 · 적극성 등 평가 |

※ 추가로 토론면접 실시 예정(2023년 하반기)

❖ 위 채용안내는 2023년 상반기 채용공고 및 변경사항을 기준으로 작성하였으므로 세부내용은 반드시 확정된 채용공고를 확인하기 바랍니다.

# 2023 상반기 기출분석

국민건강보험공단

2023년 상반기 국민건강보험공단 필기시험은 전반적으로 어렵게 출제되었다. NCS의 경우 전분기와 유사하게 피셋형으로 출제되었으며 단순히 외워서 풀기보다는 주어진 자료를 해석하고 응용하는 문제가 주로 출제되었다. 이에 따라 시간이 모자랐다는 의견이 많았으므로 시간 분배에 대한 충분한 연습이 필요하다. 직무시험(법률) 역시 난도가 높았으므로 법령에 대한 정확한 이해와 암기가 중요하다.

## ◇ 의사소통능력

| 출제 특징 | • 내용 일치, 주제, 문단배열 등의 유형이 출제됨<br>• 공단 관련 내용이 지문으로 출제됨 |
| --- | --- |
| 출제 키워드 | • 노인 건강제도, 국민건강보험법 조항 등 |

## ◇ 수리능력

| 출제 특징 | • 자료해석 문제가 많이 출제됨<br>• 연도별 · 항목별 수치가 작성된 표를 보고 퍼센트를 비교하는 문제가 출제됨 |
| --- | --- |
| 출제 키워드 | • 증가율, 그래프 등 |

## ◇ 문제해결능력

| 출제 특징 | • 주어진 자료를 해석하는 유형이 다수 출제됨 |
| --- | --- |
| 출제 키워드 | • 명제, 날짜, 보험료, 사업 대상자 등 |

# NCS 문제 유형 소개

## PSAT형

※ 다음은 K공단의 국내 출장비 지급 기준에 대한 자료이다. 이어지는 질문에 답하시오. [15~16]

### 〈국내 출장비 지급 기준〉

① 근무지로부터 편도 100km 미만의 출장은 공단 차량 이용을 원칙으로 하며, 다음 각호에 따라 "별표 1"에 해당하는 여비를 지급한다.
　㉠ 일비
　　ⓐ 근무시간 4시간 이상 : 전액
　　ⓑ 근무시간 4시간 미만 : 1일분의 2분의 1
　㉡ 식비 : 명령권자가 근무시간이 모두 소요되는 1일 출장으로 인정한 경우에는 1일분의 3분의 1 범위 내에서 지급
　㉢ 숙박비 : 편도 50km 이상의 출장 중 출장일수가 2일 이상으로 숙박이 필요할 경우, 증빙자료 제출 시 숙박비 지급
② 제1항에도 불구하고 공단 차량을 이용할 수 없어 개인 소유 차량으로 업무를 수행한 경우에는 일비를 지급하지 않고 이사장이 따로 정하는 바에 따라 교통비를 지급한다.
③ 근무지로부터 100km 이상의 출장은 "별표 1"에 따라 교통비 및 일비는 전액을, 식비는 1일분의 3분의 2 해당액을 지급한다. 다만, 업무 형편상 숙박이 필요하다고 인정할 경우에는 출장기간에 대하여 숙박비, 일비, 식비 전액을 지급할 수 있다.

### 〈별표 1〉

| 구분 | 교통비 | | | | 일비 (1일) | 숙박비 (1박) | 식비 (1일) |
|---|---|---|---|---|---|---|---|
| | 철도임 | 선임 | 항공임 | 자동차임 | | | |
| 임원 및 본부장 | 1등급 | 1등급 | 실비 | 실비 | 30,000원 | 실비 | 45,000원 |
| 1, 2급 부서장 | 1등급 | 2등급 | 실비 | 실비 | 25,000원 | 실비 | 35,000원 |
| 2, 3, 4급 부장 | 1등급 | 2등급 | 실비 | 실비 | 20,000원 | 실비 | 30,000원 |
| 4급 이하 팀원 | 2등급 | 2등급 | 실비 | 실비 | 20,000원 | 실비 | 30,000원 |

1. 교통비는 실비를 기준으로 하되, 실비 정산은 국토해양부장관 또는 특별시장·광역시장·도지사·특별자치도지사 등이 인허한 요금을 기준으로 한다.
2. 선임 구분표 중 1등급 해당자는 특등, 2등급 해당자는 1등을 적용한다.
3. 철도임 구분표 중 1등급은 고속철도 특실, 2등급은 고속철도 일반실을 적용한다.
4. 임원 및 본부장의 식비가 위 정액을 초과하였을 경우 실비를 지급할 수 있다.
5. 운임 및 숙박비의 할인이 가능한 경우에는 할인 요금으로 지급한다.
6. 자동차임 실비 지급은 연료비와 실제 통행료를 지급한다.
　(연료비)=[여행거리(km)]×(유가)÷(연비)
7. 임원 및 본부장을 제외한 직원의 숙박비는 70,000원을 한도로 실비를 정산할 수 있다.

**특징**
▶ 대부분 의사소통능력, 수리능력, 문제해결능력을 중심으로 출제(일부 기업의 경우 자원관리능력, 조직이해능력을 출제)
▶ 자료에 대한 추론 및 해석 능력을 요구

**대행사**
▶ 엑스퍼트컨설팅, 커리어넷, 태드솔루션, 한국행동과학연구소(행과연), 휴노 등

## 모듈형

> | 대인관계능력

**60** 다음 자료는 갈등해결을 위한 6단계 프로세스이다. 3단계에 해당하는 대화의 예로 가장 적절한 것은?

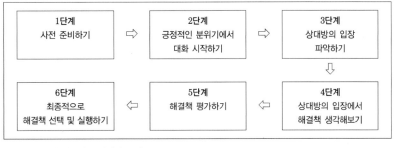

① 그럼 A씨의 생각대로 진행해 보시죠.

**특징**
▶ 이론 및 개념을 활용하여 푸는 유형
▶ 채용 기업 및 직무에 따라 NCS 직업기초능력평가 10개 영역 중 선발하여 출제
▶ 기업의 특성을 고려한 직무 관련 문제를 출제
▶ 주어진 상황에 대한 판단 및 이론 적용을 요구

**대행사**
▶ 인트로맨, 휴스테이션, ORP연구소 등

## 피듈형(PSAT형 + 모듈형)

> | 문제해결능력

**60** P회사는 직원 20명에게 나눠 줄 추석 선물 품목을 조사하였다. 다음은 유통업체별 품목 가격과 직원들의 품목 선호도를 나타낸 자료이다. 이를 참고하여 P회사에서 구매하는 물품과 업체를 바르게 연결한 것은?

〈업체별 품목 금액〉

| 구분 | | 1세트당 가격 | 혜택 |
|---|---|---|---|
| A업체 | 돼지고기 | 37,000원 | 10세트 이상 주문 시 배송 무료 |
| | 건어물 | 25,000원 | |
| B업체 | 소고기 | 62,000원 | 20세트 주문 시 10% 할인 |
| | 참치 | 31,000원 | |
| C업체 | 스팸 | 47,000원 | 50만 원 이상 주문 시 배송 무료 |
| | 김 | 15,000원 | |

〈구성원 품목 선호도〉

**특징**
▶ 기초 및 응용 모듈을 구분하여 푸는 유형
▶ 기초인지모듈과 응용업무모듈로 구분하여 출제
▶ PSAT형보다 난도가 낮은 편
▶ 유형이 정형화되어 있고, 유사한 유형의 문제를 세트로 출제

**대행사**
▶ 사람인, 스카우트, 인크루트, 커리어케어, 트리피, 한국사회능력개발원 등

# 주요 공기업 적중 문제

## 국민건강보험공단

※ 다음은 한 사람이 하루에 받는 스팸 수신량을 그래프로 나타낸 것이다. 이어지는 질문에 답하시오.
**[35~37]**

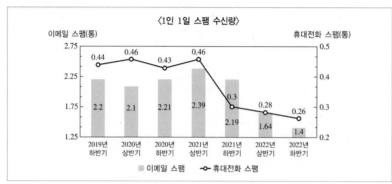

〈1인 1일 스팸 수신량〉

이메일 스팸(통)                                          휴대전화 스팸(통)

(이메일 스팸: 2019년 하반기 2.2, 2020년 상반기 2.1, 2020년 하반기 2.21, 2021년 상반기 2.39, 2021년 하반기 2.19, 2022년 상반기 1.64, 2022년 하반기 1.4)

(휴대전화 스팸: 0.44, 0.46, 0.43, 0.46, 0.3, 0.28, 0.26)

■ 이메일 스팸　—○— 휴대전화 스팸

**35** 전체 스팸 수신량이 가장 많은 때와 가장 적은 때의 차이는 얼마인가?

① 1.18

② 1.28

③ 1.29

④ 1.19

**03** 다음 글의 빈칸에 들어갈 내용으로 가장 적절한 것은?

알레르기는 도시화와 산업화가 진행되는 지역에서 매우 빠르게 증가하고 있는데, 알레르기의 발병 원인에 대한 20세기의 지배적 이론은 알레르기는 병원균의 침입에 의해 발생하는 감염성 질병이라는 것이다. 하지만 1989년 영국 의사 S는 이 전통적인 이론에 맞서 다음 가설을 제시했다. ＿＿＿＿＿＿＿＿ S는 1958년 3월 둘째 주에 태어난 17,000명 이상의 영국 어린이를 대상으로 그들이 23세가 될 때까지 수집한 개인 정보 데이터베이스를 분석하여, 이 가설을 뒷받침하는 증거를 찾았다. 이들의 가족 관계, 사회적 지위, 경제력, 거주 지역, 건강 등의 정보를 비교 분석한 결과, 두 개 항목이 꽃가루 알레르기와 상관관계를 가졌다. 첫째, 함께 자란 형제자매의 수이다. 외동으로 자란 아이의 경우 형제가 서넛인 아이에 비해 꽃가루 알레르기에 취약했다. 둘째, 가족 관계에서 차지하는 서열이다. 동생이 많은 아이보다 손위 형제가 많은 아이가 알레르기에 걸릴 확률이 낮았다.
S의 주장에 따르면 가족 구성원이 많은 집에 사는 아이들은 가족 구성원, 특히 손위 형제들이 집안으로 끌고 들어오는 온갖 병균에 의한 잦은 감염 덕분에 장기적으로는 알레르기 예방에 오히려 유리하다. S는 유년기에 겪은 이런 감염이 꽃가루 알레르기를 비롯한 알레르기성 질환으로부터 아이들을 보호해 왔다고 생각했다.

① 알레르기는 유년기에 병원균 노출의 기회가 적을수록 발생 확률이 높아진다.

② 알레르기는 가족 관계에서 서열이 높은 가족 구성원에게 더 많이 발생한다.

③ 알레르기는 성인보다 유년기의 아이들에게 더 많이 발생한다.

④ 알레르기는 도시화에 따른 전염병의 증가로 인해 유발된다.

## 건강보험심사평가원

코드 분석 ▶ 유형

**17** 귀하는 전세버스 대여를 전문으로 하는 여행업체에 근무하고 있다. 지난 10년 동안 상당한 규모로 성장해온 귀사는 현재 보유하고 있는 버스의 현황을 실시간으로 파악할 수 있도록 식별 코드를 부여하였다. 식별 코드 부여 방식과 자사보유 전세버스 현황이 다음과 같을 때, 옳지 않은 것은?

〈식별 코드 부여 방식〉

[버스등급] – [승차인원] – [제조국가] – [모델번호] – [제조연월]

| 버스등급 | 코드 | 제조국가 | 코드 |
| --- | --- | --- | --- |
| 대형버스 | BX | 한국 | KOR |
| 중형버스 | MF | 독일 | DEU |
| 소형버스 | RT | 미국 | USA |

예 BX – 45 – DEU – 15 – 1510
2015년 10월 독일에서 생산된 45인승 대형버스 15번 모델

〈자사보유 전세버스 현황〉

| | | |
| --- | --- | --- |
| BX – 28 – DEU – 24 – 1308 | MF – 35 – DEU – 15 – 0910 | RT – 23 – KOR – 07 – 0628 |
| MF – 35 – KOR – 15 – 1206 | BX – 45 – USA – 11 – 0712 | BX – 45 – DEU – 06 – 1105 |
| MF – 35 – DEU – 20 – 1110 | BX – 41 – DEU – 05 – 1408 | RT – 16 – USA – 09 – 0712 |
| RT – 25 – KOR – 18 – 0803 | RT – 25 – DEU – 12 – 0904 | MF – 35 – KOR – 17 – 0901 |
| BX – 28 – USA – 22 – 1404 | BX – 45 – USA – 19 – 1108 | BX – 28 – USA – 15 – 1012 |
| RT – 16 – DEU – 23 – 1501 | MF – 35 – KOR – 16 – 0804 | BX – 45 – DEU – 19 – 1312 |
| MF – 35 – DEU – 20 – 1005 | BX – 45 – USA – 14 – 1007 | |

① 보유하고 있는 소형버스의 절반 이상은 독일에서 생산되었다.
② 대형버스 중 28인승은 3대이며, 한국에서 생산된 차량은 없다.
③ 보유 중인 대형버스는 전체의 40% 이상을 차지한다.
④ 중형버스는 3대 이상이며, 모두 2013년 이전에 생산되었다.
⑤ 미국에서 생산된 버스 중 중형버스는 없다.

거리 계산 ▶ 유형

**01** 수호는 집에서 1.5km 떨어진 학원을 가는데 15분 안에 도착해야 한다. 처음에는 분속 40m로 걷다가 지각하지 않기 위해 남은 거리는 분속 160m로 달렸다. 수호가 걸어간 거리는 몇 m인가?

① 280m
② 290m
③ 300m
④ 310m
⑤ 320m

## 코레일 한국철도공사 사무직

글의 제목 ▶ 유형

**24** 다음 글의 제목으로 가장 적절한 것은?

'5060세대'. 몇 년 전까지만 해도 그들은 사회로부터 '지는 해' 취급을 받았다. '오륙도'라는 꼬리표를 달아 일터에서 밀어내고, 기업은 젊은 고객만 왕처럼 대우했다. 젊은 층의 지갑을 노려야 돈을 벌 수 있다는 것이 기업의 마케팅 전략이었기 때문이다.

그러나 최근 들어 상황이 달라졌다. 5060세대가 새로운 소비 군단으로 주목되기 시작한 가장 큰 이유는 고령화 사회로 접어들면서 시니어(Senior) 마켓 시장이 급속도로 커지고 있는 데다 이들이 돈과 시간을 가장 넉넉하게 가진 세대이기 때문이다. 한 경제연구원에 따르면 50대 이상 인구 비중이 30%에 이르면서 50대 이상을 겨냥한 시장 규모가 100조 원대까지 성장할 예정이다.

통계청이 집계한 가구주 나이별 가계수지 자료를 보면, 한국 사회에서는 50대 가구주의 소득이 가장 높다. 월평균 361만 500원으로 40대의 소득보다도 높은 것으로 집계됐다. 가구주 나이가 40대인 가구의 가계수지를 보면, 소득은 50대보다 적으면서도 교육 관련 지출(45만 6,400원)이 압도적으로 높아 소비 여력이 낮은 편이다. 그러나 50대 가구주의 경우 소득이 높으면서 소비 여력 또한 충분하다. 50대 가구주의 처분가능소득은 288만 7,500원으로 전 연령층에서 가장 높다.

이들이 신흥 소비군단으로 떠오르면서 '애플(APPLE)족'이라는 마케팅 용어까지 등장했다. 활동적이고 (Active) 자부심이 강하며(Pride) 안정적으로(Peace) 고급문화(Luxury)를 즐기는 경제력(Economy) 있는 50대 이후 세대를 뜻하는 말이다. 통계청은 여행과 레저를 즐기는 5060세대를 '주목해야 할 블루슈머*7'가운데 하나로 선정했다. 과거 5060세대는 자식을 보험으로 여기며 자식에게 의존하면서 살아가는 전통적인 노인이었다. 그러나 애플족은 자녀로부터 독립해 자기만의 새로운 인생을 추구한다. '통크족(TONK; Two Only, No Kids)'이라는 별칭이 붙는 이유이다. 통크족이나 애플족은 젊은 층의 전유물로 여겨졌던 자기중심적이고 감각 지향적인 소비도 주저하지 않는다. 후반전 인생만은 자기가 원하는 일을 하며 멋지게 살아야 한다고 생각하기 때문이다.

## 코레일 한국철도공사 기술직

도급 ▶ 키워드

**01** K공사는 부대시설 건축을 위해 A건축회사와 계약을 맺었다. 다음의 계약서를 보고 건축시설처의 L대리가 파악할 수 있는 내용으로 가장 적절한 것은?

〈공사도급계약서〉

**상세시공도면 작성(제10조)**
① '을'은 건축법 제19조 제4항에 따라 공사감리자로부터 상세시공도면의 작성을 요청받은 경우에는 상세시공도면을 작성하여 공사감리자의 확인을 받아야 하며, 이에 따라 공사를 하여야 한다.
② '갑'은 상세시공도면의 작성범위에 관한 사항을 설계자 및 공사감리자의 의견과 공사의 특성을 감안하여 계약서상의 시방에 명시하고, 상세시공도면의 작성비용을 공사비에 반영한다.

**안전관리 및 재해보상(제11조)**
① '을'은 산업재해를 예방하기 위하여 안전시설의 설치 및 보험의 가입 등 적정한 조치를 하여야 한다. 이때 '갑'은 계약금액의 안전관리비 및 보험료 상당액을 계상하여야 한다.
② 공사현장에서 발생한 산업재해에 대한 책임은 '을'에게 있다. 다만, 설계상의 하자 또는 '갑'의 요구에 의한 작업으로 인한 재해에 대하여는 그러하지 아니하다.

**응급조치(제12조)**
① '을'은 재해방지를 위하여 특히 필요하다고 인정될 때에는 미리 긴급조치를 취하고 즉시 이를 '갑'에게 통지하여야 한다.
② '갑'은 재해방지 및 기타 공사의 시공상 긴급·부득이하다고 인정할 때에는 '을'에게 긴급조치를 요구할 수 있다.
③ 제1항 및 제2항의 응급조치에 소요된 경비에 대하여는 제16조 제2항의 규정을 준용한다.

## 서울교통공사

**27** 다음 중 A대리가 메일에서 언급하지 않았을 내용은?

> A대리 : ○○○씨, 보고서 잘 받아봤습니다.
> B사원 : 아, 네. 대리님. 미흡한 점이 많았을 텐데…… 죄송합니다.
> A대리 : 아닙니다. 처음인데도 잘했습니다. 그런데, 얘기해 줄 것이 있어요. 문서는 '내용'이 물론 가장 중요하긴 하지만 '표현'과 '형식'도 중요합니다. 앞으로 참고할 수 있게 메일로 유의사항을 보냈으니까 읽어보세요.
> B사원 : 감사합니다. 확인하겠습니다.

① 의미를 전달하는 데 문제가 없다면 문장은 가능한 한 짧게 만드는 것이 좋다.
② 우회적인 표현은 오해의 소지가 있으므로 가능하면 쓰지 않는 것이 좋다.
③ 한자의 사용을 자제하되, 만약 사용할 경우 상용한자의 범위 내에서 사용한다.
④ 중요한 내용은 미괄식으로 작성하는 것이 그 의미가 강조되어 효과적이다.
⑤ 핵심을 담은 문장을 앞에 적어준다면 이해가 더 잘 될 것이다.

## 인천국제공항공사

**15** 다음은 부서별로 핵심역량가치 중요도를 정리한 표와 신입사원들의 핵심역량평가 결과표이다. 결과표를 바탕으로 한 C사원과 E사원의 부서배치로 가장 적절한 것은?(단, '－'는 중요도가 상관없다는 표시이다)

〈핵심역량가치 중요도〉

| 구분 | 창의성 | 혁신성 | 친화력 | 책임감 | 윤리성 |
| --- | --- | --- | --- | --- | --- |
| 영업팀 | － | 중 | 상 | 중 | － |
| 개발팀 | 상 | 상 | 하 | 중 | 상 |
| 지원팀 | － | 중 | － | 상 | 하 |

〈핵심역량평가 결과표〉

| 구분 | 창의성 | 혁신성 | 친화력 | 책임감 | 윤리성 |
| --- | --- | --- | --- | --- | --- |
| A사원 | 상 | 하 | 중 | 상 | 상 |
| B사원 | 중 | 중 | 하 | 중 | 상 |
| C사원 | 하 | 상 | 상 | 중 | 하 |
| D사원 | 하 | 하 | 상 | 하 | 중 |
| E사원 | 상 | 중 | 중 | 상 | 하 |

|  | C사원 | E사원 |  |  | C사원 | E사원 |
| --- | --- | --- | --- | --- | --- | --- |
| ① | 개발팀 | 지원팀 |  | ② | 영업팀 | 지원팀 |
| ③ | 개발팀 | 영업팀 |  | ④ | 지원팀 | 개발팀 |
| ⑤ | 지원팀 | 영업팀 |  |  |  |  |

# 도서 200% 활용하기

## 국민건강보험공단 직업기초능력 출제유형 분석으로 영역별 학습

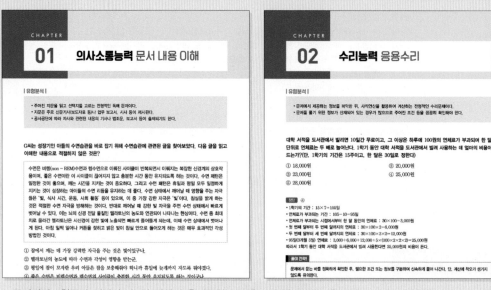

▶ 국민건강보험공단 직업기초능력 영역별 출제유형 분석을 수록하여 최근 출제되는 문제의 유형을 익히고 점검할 수 있도록 하였다.

## 국민건강보험공단 기출복원문제로 맞춤형 학습

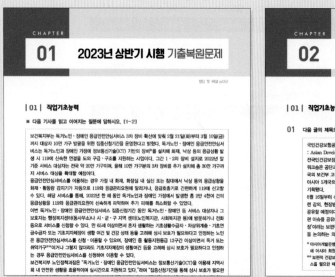

▶ 2023년 상반기∼2017년 국민건강보험공단 NCS 기출문제와 2023년 상반기∼2020년 법률(국민건강보험법 + 노인장기요양보험법) 기출문제를 복원하여 국민건강보험공단 필기시험에 완벽히 대비할 수 있도록 하였다.

## 주요 공기업 기출복원문제로 출제 경향 파악

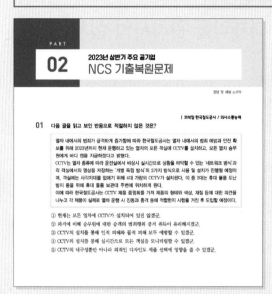

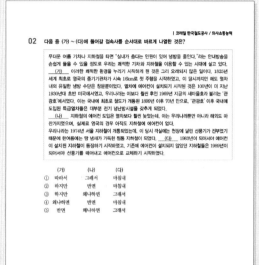

▶ 2023년 상반기 주요 공기업 NCS 기출문제를 복원하여 공기업별 출제 경향을 파악할 수 있도록 하였다.

## 상세한 해설로 정답과 오답을 완벽하게 이해

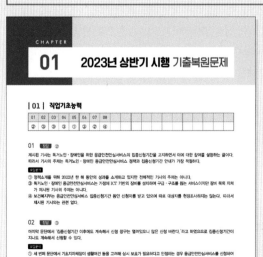

▶ 정답과 오답에 대한 상세한 해설과 추가적인 설명을 수록하여 혼자서도 완벽하게 학습할 수 있도록 하였다.

2023.06.27.(화)

# 국민건강보험공단,
## 의사와 약사가 함께하는 다제약물 관리사업 실시

국민건강보험공단은 의사와 약사가 협력하여 지역주민의 안전한 약물 사용을 돕는 의·약사 협업 다제약물 관리사업을 6월 26일부터 서울 도봉구에서 시작했다고 밝혔다. 지역사회에서는 공단에서 위촉한 자문 약사가 가정을 방문하여 대상자가 먹고 있는 일반 약을 포함한 전체 약을 대상으로 약물의 복용상태·부작용·중복 등을 종합적으로 검토하고 그 결과를 바탕으로 상담·교육 및 처방조정 안내를 실시함으로써 약물관리가 이루어지고, 병원에서는 입원 및 외래환자를 대상으로 의사, 약사 등으로 구성된 다학제팀이 약물관리 서비스를 제공한다.

지역 의·약사 협업모형은 2023년 12월까지 도봉구 지역의 일차의료 만성질환관리 시범사업에 참여하는 의원과 자문 약사를 중심으로 우선 실시한다. 이후 사업의 효과성을 평가하고 부족한 점은 보완하여 다른 지역에도 확대 적용할 예정이다. 도봉구 의사회 김성욱 회장은 "이번 협업모델은 다제약물 관리사업에서 큰 변화의 시작점이라 생각되며, 의·약사 간 소통으로 다제약물환자 관리에 새로운 지평을 열 것으로 기대된다."라고 말했다.

대한약사회 안화영 지역사회약료사업 본부장은 "이번 도봉구를 대상으로 한 다제약물 관리사업은 지역사회 보건의료 체계에서 의·약사 간 첫 협업모델이 될 것이다. 이번을 기회로 환자가 신뢰를 갖고 지역에서 건강관련 문제를 해결할 수 있는 의·약사 간의 소통시스템이 구축되기를 바란다."라고 말했다.

공단 박지영 만성질환관리실장은 "2018년 다제약물 관리사업을 시작한 이후 매년 제도를 개선하고 사업을 확대해 오면서 의미 있는 성과를 거두었다. 하지만 지역사회에서는 약사의 상담결과 정보가 의사 처방으로 반영되지 않는 한계가 있다. 이번 의·약사 협업모형은 이런 한계를 극복하고 지역사회 약물관리 효과를 획기적으로 높이는 계기가 되리라 기대하고 있으며 공단은 정보시스템을 고도화하고 적용지역을 확대하는 등 협업모형의 성공적 안착과 확산을 위해 최선을 다하겠다."라고 밝혔다.

## Keyword

▶ 다제약물 관리사업 : 국민건강보험공단이 2018년부터 진행 중인 사업으로, 10종 이상의 약을 복용하는 만성질환자를 대상으로 약물의 중복 복용과 부작용 등을 예방하기 위해 의약전문가가 약물관리 서비스를 제공하는 사업이다.

## 예상 면접 질문

▶ 다제약물 관리사업에 대해 아는 대로 설명해 보시오.
▶ 다제약물 관리사업으로 얻을 수 있는 긍정적 효과에 대해 말해 보시오.

# 국민건강보험공단,
# '비실명 대리 신고' 보장하는 '안심변호사' 위촉

국민건강보험공단은 지난 5월 30일 '비실명 대리 신고 제도' 시행을 위한 안심변호사를 위촉했다고 밝혔다.

오는 6월 1일부로 시행되는 '비실명 대리 신고 제도'는 부패, 갑질, 성비위 등을 신고하려는 국민 누구나 자신의 인적사항을 밝히지 않고 안심변호사로 하여금 대리 신고할 수 있게 하는 제도로, 공단은 부패방지 및 인사, 노무 분야 자문경험이 풍부한 이경은 변호사와 김규현 변호사를 '안심변호사'로 위촉하였다. 비실명 대리 신고 제도 시행으로

앞으로 신고자는 비위행위를 공단 감사실로 직접 신고할 필요 없이 안심변호사를 거쳐 대리 신고하고, 조사 결과 역시 안심변호사를 통해 통보받는 등 신분노출에 대한 우려를 덜게 된다.

공단 김동완 상임감사는 "비실명 대리 신고 제도 시행은 신분노출을 우려하는 신고자의 신상을 보호하여 내·외부자 제보 등 익명신고를 활성화해 공정하고 투명한 조직문화를 형성하는 데 목적이 있다."라며 "이번 제도 시행을 계기로 공단 내 청렴문화가 더욱 확산되고 공단에 대한 국민의 신뢰도 제고할 수 있기를 기대한다."라고 밝혔다.

한편 신고방법 및 신고절차는 공단 홈페이지(www.nhis.or.kr) 내 신설되는 '안심변호사' 메뉴를 통해 구체적으로 확인할 수 있다.

## Keyword

▶ 비실명 대리 신고 제도 : 안심변호사가 변호사 이메일을 통해 신고자의 신고내용을 상담하고, 감사실에 대리 신고하여 신고자의 익명성을 보호하는 제도이다.

## 예상 면접 질문

▶ 비실명 대리 신고 제도가 필요한 이유를 말해 보시오.
▶ 비실명 대리 신고 대상을 아는 대로 말해 보시오.

2023.05.17.(수)

# 국민건강보험공단, 보험료 부과체계 지속개편을 위한
# 공단-전문가 '개편기획단' 운영

국민건강보험공단은 건강보험료 부과체계 2단계 개편 후에도 지역가입자 재산 보험료로 인한 가입자 간 보험료 부담의 불형평성과 피부양자에서 지역가입자 전환 등으로 인한 제도의 형평성 이슈가 지속됨에 따라 재산 비중은 축소하고 실제 부담능력을 고려한 '소득중심 부과체계' 개편을 지속 추진하기 위하여 건강보험 전문가가 참여한 '소득중심 부과체계 개편기획단'을 출범하였다.

기획단은 5월 17일 출범을 계기로 본격적으로 운영되며, 공단 직원뿐만 아니라 건강보험 등 다양한 사회복지제도 연구에 참여하고 있는 대학교수 등과 부과체계 1단계부터 제도개편에 관여한 부과체계 전문가가 자문단으로 참여하고 있어 국민들에게 공평한 소득중심 부과체계 추진을 위한 다양한 방안을 마련할 수 있도록 하였다. 개편기획단은 총 17명으로 구성되며, 사회복지제도 연구 전문가 4인, 건강보험 부과체계 전문가 2인, 공단 내부 보험료 재정(부과체계) 전문 연구원 2인, 부과체계 업무와 전산지원 등을 위한 내부직원 9인이 위원으로 참여한다. 또한 기획단 업무를 지원하기 위해 별도로 16명의 '소득중심 부과체계 개편 실무지원반'을 조직하여 지원체계를 구축하였고, 단장은 공단 김선옥 징수상임이사가 맡는다.

앞으로 개편기획단은 향후 정기회의(월 1회) 외에도 제도 변경사항 등 사안 발생 시 수시로 회의를 진행하여, 다양한 의견 수렴을 통해 사회적 합의가 가능한 소득중심 부과체계 개편 추진 방안을 마련할 예정이다. 공단 현재룡 이사장 직무대리는 "기획단을 통해 현장과 전문가의 의견을 적극 수렴하여, 소득중심 부과체계 제도 발전 방향을 정함으로써 공정하고 지속가능한 제도 운영을 위해 노력하겠다."라고 밝혔다.

## Keyword

▶ 건강보험료 부과체계 : 건강보험제도의 지속가능성과 가입자 사이의 형평성을 높이기 위해 국민건강보험공단은 2018년 7월에 1단계, 2022년 9월에 2단계 개편을 시행하였으며, 실제 부담능력 있는 피부양자의 무임승차를 해소하고, 재산 보험료 비중을 줄여가는 소득중심의 부과체계에 중점을 두었다.

## 예상 면접 질문

▶ 부과체계 2단계 개편 후에도 발생하고 있는 문제점에는 어떤 것이 있는지 말해 보시오.
▶ 앞서 말한 문제점을 개선하기 위해 국민건강보험공단이 할 수 있는 조치에 대해 말해 보시오.

2023.05.16.(화)

# 국민건강보험공단, 내부통제 강화에 전사적 역량 집중

국민건강보험공단은 지난 4월 내부통제 종합계획을 수립하고 '기본과 원칙에 입각한 내부통제 체계 강화' 목표를 공표하는 등 전사 차원의 노력을 강화하고 있다고 밝혔다.

이번 내부통제 종합계획은 '행복한 국민, 건강한 대한민국, 든든한 건강보험'이라는 공단의 비전을 실현하기 위해 소통 기반의 내부통제 환경문화 조성, 통합연계를 통한 전사적 리스크 관리, 내부통제 역량강화 및 체감형 성과확산 등 3대 내부통제 전략을 설정·수립하였다. 아울러, 공단은 지난 비위·부패 발생 원인을 체계적으로 분석하여 내부통제 체계를 확립하고자 올해 1월부터 재무회계 분야 내부통제제도 컨설팅을 실시하고 있다.

컨설팅의 중점분야는 공단 내부통제제도에 대한 실태점검, 유형별 현금지출 프로세스 예방관리 개선, 부정방지시스템 거버넌스 확립, 내부통제절차의 재설계 및 고도화이며, 이에 대한 전 직원의 관심과 참여를 유도하고 오는 6월경 컨설팅을 완료할 계획이다. 또한, 공단은 기관차원의 전사적 노력으로 내부통제활동의 실효성을 제고하고 리스크를 체계적으로 관리하기 위해 인프라 강화를 추진하고 있다.

김동완 상임감사는 지난 4월 본부 전체 부서장을 대상으로 '내부통제 현안 간담회'를 실시하여 비위·부패행위 발생 예방을 위한 공단 내부통제 강화의 필요성을 전달하였고 임직원의 관심과 참여를 유도할 수 있도록 고위직의 솔선수범을 당부하였다. 또한 "청렴도 8년 연속 최상위기관을 달성한 공단의 역량으로 이사장과 상임감사가 함께하는 내부통제체계 강화를 추진하여 공단 리스크 제로(ZERO)화는 물론, 청렴도 9년 연속 최상위기관이라는 목표를 달성하겠다."라고 밝혔다.

## Keyword

▶ 내부통제 : 영업의 효율성, 재무보고의 신뢰성, 법규 및 규정 준수 등 조직 목표를 효과적 및 효율적으로 달성하기 위해, 조직 자체적으로 제정하여 이사회 및 임직원 등 조직의 모든 구성원들이 이행하여야 하는 절차를 의미한다. 내부감사는 물론 통제환경의 구축, 위험평가체제, 통제활동, 정보와 전달체계 등 조직 전반에 대한 통제를 포괄하는 개념이다.

## 예상 면접 질문

▶ 내부통제가 필요한 이유와 그 효과에 대해 말해 보시오.
▶ 부패를 방지하고 청렴한 조직문화를 조성하기 위해 공단이 무엇을 해야 하는지 말해 보시오.

# 이 책의 차례

# Add+

# CHAPTER 01
# 의사소통능력

## 합격 CHEAT KEY

의사소통능력을 평가하지 않는 금융권이 없을 만큼 필기시험에서 중요도가 높은 영역이다. 또한, 의사소통능력의 문제 출제 비중은 가장 높은 편이다. 이러한 점을 볼 때, 의사소통능력은 NCS를 준비하는 수험생이라면 반드시 정복해야 하는 과목이다.

국가직무능력표준에 따르면 의사소통능력의 세부 유형은 문서이해, 문서작성, 의사표현, 경청, 기초외국어로 나눌 수 있다. 문서이해·문서작성과 같은 제시문에 대한 주제찾기, 내용일치 문제의 출제 비중이 높으며, 공문서·기획서·보고서·설명서 등 문서의 특성을 파악하는 문제도 출제되고 있다. 따라서 이러한 분석을 바탕으로 전략을 세우는 것이 매우 중요하다.

### 01 문제에서 요구하는 바를 먼저 파악하라!

의사소통능력에서 가장 중요한 것은 제한된 시간 안에 빠르고 정확하게 답을 찾아내는 것이다. 그러기 위해서는 우리가 의사소통능력을 공부하는 이유를 잊지 말아야 한다. 우리는 지식을 쌓기 위해 의사소통능력 지문을 보는 것이 아니다. 의사소통능력에서는 지문이 아니라 문제가 주인공이다! 지문을 보기 전에 문제를 먼저 파악해야 한다. 주제찾기 문제라면 첫 문장과 마지막 문장 또는 접속어를 주목하자! 내용일치 문제라면 지문과 문항의 일치 / 불일치 여부만 파악한 뒤 빠져나오자! 지문에 빠져드는 순간 소중한 시험 시간은 속절없이 흘러 버린다!

### 02 잠재되어 있는 언어능력을 발휘하라!

의사소통능력에는 끝이 없다! 의사소통의 방대함에 포기한 적이 있는가? 세상에 글은 많고 우리가 학습할 수 있는 시간은 한정적이다. 이를 극복할 수 있는 방법은 다양한 글을 접하는 것이다. 실제 시험장에서 어떤 내용의 지문이 나올지 아무도 예측할 수 없다. 따라서 평소에 신문, 소설, 보고서 등 여러 글을 접하는 것이 필요하다. 잠재되어 있는 글에 대한 안목이 시험장에서 빛을 발할 것이다.

## 03 상황을 가정하라!

업무 수행에 있어 상황에 따른 언어 표현은 중요하다. 같은 말이라도 상황에 따라 다르게 해석될 수 있기 때문이다. 그런 의미에서 자신의 의견을 효과적으로 전달할 수 있는 능력을 평가하는 것은 당연하다. 따라서 다양한 상황에서의 언어표현능력을 함양하기 위한 연습의 과정이 요구된다. 업무를 수행하면서 발생할 수 있는 여러 상황을 가정하고 그에 따른 올바른 언어표현을 정리하는 것이 필요하다. 의사표현 영역의 경우 출제 빈도가 높지는 않지만 상황에 따른 판단력을 평가하는 문항인 만큼 대비하는 것이 필요하다.

## 04 말하는 이의 입장에서 생각하라!

잘 듣는 것 또한 하나의 능력이다. 상대방의 이야기에 귀 기울이고 공감하는 태도는 업무를 수행하는 관계 속에서 필요한 요소이다. 그런 의미에서 다양한 상황에서의 듣는 능력을 평가하는 것이다. 말하는 이가 요구하는 듣는 이의 태도를 파악하고, 이에 따른 판단을 할 수 있도록 언제나 말하는 사람의 입장이 되는 연습이 필요하다.

## 05 반복만이 살길이다!

학창 시절 외국어를 공부하던 때를 떠올려 보자! 셀 수 없이 많은 표현들을 익히기 위해 얼마나 많은 반복의 과정을 거쳤는가? 의사소통능력 역시 그러하다. 하나의 문제 유형을 마스터하기 위해 가장 중요한 것은 바로 여러 번, 많이 풀어 보는 것이다.

# 01 의사소통능력 문서 내용 이해

**| 유형분석 |**

- 주어진 지문을 읽고 선택지를 고르는 전형적인 독해 문제이다.
- 지문은 주로 신문기사(보도자료 등)나 업무 보고서, 시사 등이 제시된다.
- 공사공단에 따라 자사와 관련된 내용의 기사나 법조문, 보고서 등이 출제되기도 한다.

G씨는 성장기인 아들의 수면습관을 바로 잡기 위해 수면습관에 관련된 글을 찾아보았다. 다음 글을 읽고 이해한 내용으로 적절하지 않은 것은?

수면은 비렘(non – REM)수면과 렘수면으로 이뤄진 사이클이 반복되면서 이뤄지는 복잡한 신경계의 상호작용이며, 좋은 수면이란 이 사이클이 끊어지지 않고 충분한 시간 동안 유지되도록 하는 것이다. 수면 패턴은 일정한 것이 좋으며, 깨는 시간을 지키는 것이 중요하다. 그리고 수면 패턴은 휴일과 평일 모두 일정하게 지키는 것이 성장하는 아이들의 수면 리듬을 유지하는 데 좋다. 수면 상태에서 깨어날 때 영향을 주는 자극들은 '빛, 식사 시간, 운동, 사회 활동' 등이 있으며, 이 중 가장 강한 자극은 '빛'이다. 침실을 밝게 하는 것은 적절한 수면 자극을 방해하는 것이다. 반대로 깨어날 때 강한 빛 자극을 주면 수면 상태에서 빠르게 벗어날 수 있다. 이는 뇌의 신경 전달 물질인 멜라토닌의 농도와 연관되어 나타나는 현상이다. 수면 중 최대치로 올라간 멜라토닌은 시신경이 강한 빛에 노출되면 빠르게 줄어들게 되는데, 이때 수면 상태에서 벗어나게 된다. 아침 일찍 일어나 커튼을 젖히고 밝은 빛이 침실 안으로 들어오게 하는 것은 매우 효과적인 각성 방법인 것이다.

① 잠에서 깨는 데 가장 강력한 자극을 주는 것은 빛이었구나.
② 멜라토닌의 농도에 따라 수면과 각성이 영향을 받는군.
③ 평일에 잠이 모자란 우리 아들은 잠을 보충해줘야 하니까 휴일에 늦게까지 자도록 둬야겠다.
④ 좋은 수면은 비렘수면과 렘수면의 사이클이 충분한 시간 동안 유지되도록 하는 것이구나.
⑤ 우리 아들 침실이 좀 밝은 편이니 충분한 수면을 위해 암막커튼을 달아줘야겠어.

**정답** ③

수면 패턴은 휴일과 평일 모두 일정하게 지키는 것이 성장하는 아이들의 수면 리듬을 유지하는 데 좋다. 따라서 휴일에 늦잠을 자는 것은 적절하지 않다.

**풀이 전략!**

주어진 선택지에서 키워드를 체크한 후, 지문의 내용과 비교해 가면서 내용의 일치 여부를 빠르게 판단한다.

# 01 의사소통능력 주제·제목 찾기

## │유형분석│

- 주어진 지문을 파악하여 전달하고자 하는 핵심 주제를 고르는 문제이다.
- 정보를 종합하고 중요한 내용을 구별하는 능력이 필요하다.
- 설명문부터 주장, 반박문까지 다양한 성격의 지문이 제시되므로 글의 성격별 특징을 알아두는 것이 좋다.

### 다음 글의 주제로 가장 적절한 것은?

표준화된 언어는 의사소통을 효과적으로 하기 위하여 의도적으로 선택해야 할 공용어로서의 가치가 있다. 반면에 방언은 지역이나 계층의 언어와 문화를 보존하고 드러냄으로써 국가 전체의 언어와 문화를 다양하게 발전시키는 토대로서의 가치가 있다. 이러한 의미에서 표준화된 언어와 방언은 상호 보완적인 관계에 있다. 표준화된 언어가 있기에 정확한 의사소통이 가능하며, 방언이 있기에 개인의 언어생활에서나 언어 예술 활동에서 자유롭고 창의적인 표현이 가능하다. 결국 우리는 표준화된 언어와 방언 둘 다의 가치를 인정해야 하며, 발화(發話) 상황(狀況)을 잘 고려해서 표준화된 언어와 방언을 잘 가려서 사용할 줄 아는 능력을 길러야 한다.

① 창의적인 예술 활동에서는 방언의 기능이 중요하다.
② 표준화된 언어와 방언에는 각각 독자적인 가치와 역할이 있다.
③ 정확한 의사소통을 위해서는 표준화된 언어가 꼭 필요하다.
④ 표준화된 언어와 방언을 구분할 줄 아는 능력을 길러야 한다.
⑤ 표준화된 언어는 방언보다 효용가치가 있다.

**정답** ②

마지막 문장의 '표준화된 언어와 방언 둘 다의 가치를 인정'하고, '잘 가려서 사용할 줄 아는 능력을 길러야 한다.'는 내용을 바탕으로 ②와 같은 주제를 이끌어낼 수 있다.

**풀이 전략!**

'결국', '즉', '그런데', '그러나', '그러므로' 등의 접속어 뒤에 주제가 드러나는 경우가 많다는 것에 주의하면서 지문을 읽는다.

# 01 의사소통능력 문단 배열

| 유형분석 |

- 각 문단 또는 문장의 내용을 파악하고 논리적 순서에 맞게 배열하는 복합적인 문제이다.
- 전체적인 글의 흐름을 이해하는 것이 중요하며, 각 문장의 지시어나 접속어에 주의한다.

**다음 문장을 논리적 순서대로 바르게 나열한 것은?**

(가) 그중에서도 우리나라의 나전칠기는 중국이나 일본보다 단조한 편이지만, 옻칠의 질이 좋고 자개 솜씨가 뛰어나 우리나라 칠공예만의 두드러진 개성을 가진다. 전래 초기에는 주로 백색의 야광패를 사용하였으나, 후대에는 청록 빛깔을 띤 복잡한 색상의 전복껍데기를 많이 사용하였다. 우리나라의 나전칠기는 일반적으로 목제품의 표면에 옻칠을 하고 그것에다 한층 치레 삼아 첨가한다.

(나) 이러한 나전칠기는 특히 통영의 것이 유명하다. 이는 예로부터 통영에서는 나전의 원료가 되는 전복이 많이 생산되었으며, 인근 내륙 및 함안지역의 질 좋은 옻이 나전칠기가 발달하는 데 주요 원인이 되었기 때문이다. 이에 통영시는 지역 명물 나전칠기를 널리 알리기 위해 매년 10월 통영 나전칠기축제를 개최하여 400년을 이어온 통영지방의 우수하고 독창적인 공예법을 소개하고 작품도 전시하고 있다.

(다) 제작방식은 우선 전복껍데기를 얇게 하여 무늬를 만들고 백골에 모시 천을 바른 뒤, 칠과 호분을 섞어 표면을 고른다. 그 후 칠죽 바르기, 삼베 붙이기, 탄회 칠하기, 토회 칠하기를 통해 제조과정을 끝마친다. 문양을 내기 위해 나전을 잘라내는 방법에는 주름질(자개를 문양 형태로 오려낸 것), 이음질(문양구도에 따라 주름대로 문양을 이어가는 것), 끊음질(자개를 실같이 가늘게 썰어서 문양 부분에 모자이크 방법으로 붙이는 것)이 있다.

(라) 나전칠기는 기물에다 무늬를 나타내는 대표적인 칠공예의 장식기법 중 하나로, 얇게 깐 조개껍데기를 여러 가지 형태로 오려내어 기물의 표면에 감입하여 꾸미는 것을 통칭한다. 우리나라는 목기와 더불어 칠기가 발달했는데, 이러한 나전기법은 중국 주대(周代)부터 이미 유행했고 당대(唐代)에 성행하여 한국과 일본에 전해진 것으로 보인다. 나전기법은 여러 나라를 포함한 아시아 일원에 널리 보급되어 있고 지역에 따라 독특한 성격을 가진다.

① (나) - (다) - (가) - (라)
② (나) - (가) - (다) - (라)
③ (다) - (나) - (라) - (가)
④ (라) - (가) - (다) - (나)

**정답** ④

제시문은 나전칠기의 개념을 제시하고 우리나라 나전칠기의 특징, 제작방법 그리고 더 나아가 국내의 나전칠기 특산지에 대해 설명하고 있다. 따라서 (라) 나전칠기의 개념 → (가) 우리나라 나전칠기의 특징 → (다) 나전칠기의 제작방법 → (나) 나전칠기 특산지 소개의 순서대로 나열하는 것이 적절하다.

**풀이 전략!**

상대적으로 시간이 부족하다고 느낄 때는 선택지를 참고하여 문장의 순서를 생각해 본다.

# 01 의사소통능력 빈칸 넣기

## | 유형분석 |

- 주어진 지문을 바탕으로 빈칸에 들어갈 내용을 찾는 문제이다.
- 선택지의 내용을 정확하게 확인하고 빈칸 앞뒤 문맥을 파악하는 능력이 필요하다.

**다음 빈칸에 들어갈 내용으로 적절한 것은?**

힐링(Healing)은 사회적 압박과 스트레스 등으로 손상된 몸과 마음을 치유하는 방법을 포괄적으로 일컫는 말이다. 우리보다 먼저 힐링이 정착된 서구에서는 질병 치유의 대체 요법 또는 영적·심리적 치료 요법 등을 지칭하고 있다. 국내에서도 최근 힐링과 관련된 갖가지 상품이 유행하고 있다. 간단한 인터넷 검색을 통해 수천 가지의 상품을 확인할 수 있을 정도이다. 종교적 명상, 자연 요법, 운동 요법 등 다양한 형태의 힐링 상품이 존재한다. 심지어 고가의 힐링 여행이나 힐링 주택 등의 상품도 나오고 있다. 그러나 _____ 우선 명상이나 기도 등을 통해 내면에 눈뜨고, 필라테스나 요가를 통해 육체적 건강을 회복하여 자신감을 얻는 것부터 출발할 수 있다.

① 힐링이 먼저 정착된 서구의 힐링 상품들을 참고해야 할 것이다.
② 많은 돈을 들이지 않고서도 쉽게 할 수 있는 일부터 찾는 것이 좋을 것이다.
③ 이러한 상품들의 값이 터무니없이 비싸다고 느껴지지는 않을 것이다.
④ 자신을 진정으로 사랑하는 법을 알아야 할 것이다.
⑤ 혼자만 할 수 있는 힐링 상품을 찾는 것보다는 다른 사람과 함께 하는 힐링 상품을 찾는 것이 좋을 것이다.

**정답** ②

빈칸의 전후 문장을 통해 내용을 파악해야 한다. 우선 '그러나'를 통해 빈칸에는 앞의 내용에 상반되는 내용이 오는 것임을 알수 있다. 따라서 수천 가지의 힐링 상품이나, 고가의 상품들을 참고하는 것과는 상반된 내용을 찾으면 된다. 또한, 빈칸 뒤의 내용이 주위에서 쉽게 할 수 있는 힐링 방법을 통해 자신감을 얻는 것부터 출발해야 한다는 내용이므로, 빈칸에는 많은 돈을 들이지 않고도 쉽게 할 수 있는 일부터 찾아야 한다는 내용이 담긴 문장이 오는 것이 적절하다.

**풀이 전략!**

빈칸 앞뒤의 문맥을 파악한 후 선택지에서 가장 어울리는 내용을 찾는다. 빈칸 앞에 접속사가 있다면 이를 활용한다.

# 01 의사소통능력 서술 전개 방식

## | 유형분석 |

- 주어진 지문의 서술 전개 방식을 찾는 문제이다.
- 서술 방식의 유형과 특징을 파악하는 능력이 필요하다.

**다음 글의 서술 전개 방식으로 가장 적절한 것은?**

> 대중문화는 매스미디어의 급속한 발전과 더불어 급속히 대중 속에 파고든, 젊은 세대를 중심으로 이루어진 문화를 의미한다. 그들은 TV 속에서 그들의 우상을 찾아 이를 모방하는 것으로 대리 만족을 느끼고자 한다. 그러나 대중문화라고 해서 반드시 젊은 사람을 중심으로 이루어지는 것은 아니다. 넓은 의미에서의 대중문화는 사실 남녀노소 누구나 느낄 수 있는 우리 문화의 대부분을 의미할 수 있다. 따라서 대중문화가 우리 생활에서 차지하는 비중은 가히 상상을 초월하며 우리의 사고 하나하나가 대중문화와 떼어놓고 생각할 수 없는 것이다.

① 앞, 뒤에서 서로 모순되는 내용을 설명하고 있다.
② 충분한 사례를 들어 자신의 주장을 뒷받침하고 있다.
③ 사실과 다른 내용을 사실인 것처럼 논거로 삼고 있다.
④ 말하려는 내용 없이 지나치게 기교를 부리려고 하였다.
⑤ 적절한 비유를 들어 중심 생각을 효과적으로 전달하고 있다.

**정답** ①

대중문화가 주로 젊은 세대를 중심으로 한 문화라고 설명한 다음, 대중문화라고 해서 반드시 젊은 사람들을 중심으로 이루어지는 것은 아니라고 설명하고 있다.

**풀이 전략!**

> 글의 서술방식이나 오류를 파악하는 문제는 제시문을 제대로 읽지 않을 경우 시간을 허비하게 되는 경우가 많아 주의를 요하는 유형이다. 해당 유형에서 시간을 지체하지 않기 위해서는 제시문을 문단으로 나누어 각 문단의 핵심이나 구조를 파악하는 것이 중요하다.

## | 유형분석 |

- 기본적인 어휘력과 어법에 대한 지식을 필요로 하는 문제이다.
- 글의 내용을 파악하고 문맥을 읽을 줄 알아야 한다.

**다음 글에서 ㉠ ~ ㉢의 수정 방안으로 적절하지 않은 것은?**

학부모들을 상대로 설문조사를 한 결과, 사교육비 절감에 가장 큰 도움을 준 제도는 바로 교과교실제(영어, 수학 교실 등 과목전용교실 운영)였다. 사교육비 중에서도 가장 ㉠ <u>많은 비용이 차지하는</u> 과목이 영어와 수학이라는 점을 고려해보면 공교육에서 영어, 수학을 집중적으로 가르쳐주는 것이 사교육비 절감에 큰 도움이 되었다는 점을 이해할 수 있다. 한때 사교육비 절감을 기대하며 도입했던 '방과 후 학교'는 사교육비를 절감하지 못했는데, 이는 학생들을 학교에 묶어놓는 것만으로는 사교육을 막을 수 없다는 점을 시사한다. 학생과 학부모가 적지 않은 비용을 지불하면서도 사교육을 찾게 되는 이유는 ㉡ <u>입시에 도움이 된다.</u> 공교육에서는 정해진 교과 과정에 맞추어 수업을 해야 하고 실력 차이가 나는 학생들을 ㉢ <u>개별적으로</u> 가르쳐야 하기 때문에 입시에 초점을 맞추기가 쉽지 않다. 따라서 공교육만으로는 입시에 뒤처진다고 생각하는 사람들이 많은 것이다. ㉣ <u>그래서</u> 교과교실제에 이어 사교육비 절감에 도움이 되었다고 생각하는 요인이 '다양하고 좋은 학교의 확산'이라는 점을 보면 공교육에도 희망이 있다고 할 수 있다. 인문계, 예체능계, 실업계, 특목고 정도로만 학교가 나눠졌던 과거에 비해 지금은 학생의 특기와 적성에 맞는 다양하고 좋은 학교가 많이 생겨났다. 좋은 대학에 입학하려는 이유가 대학의 서열화와 그에 따른 취업경쟁 때문이라는 것을 생각해보면 고등학교 때부터 ㉤ <u>미래를 위해 공부할 수 있는 학교는</u> 사교육비 절감과 더불어 공교육의 강화, 과도한 입시 경쟁 완화에 도움이 될 것이다.

① ㉠ : 조사가 잘못 쓰였으므로 '많은 비용을 차지하는'으로 수정한다.
② ㉡ : 호응 관계를 고려하여 '입시에 도움이 되기 때문이다.'로 수정한다.
③ ㉢ : 문맥을 고려하여 '집중적으로'로 수정한다.
④ ㉣ : 앞 내용과 상반된 내용이 이어지므로 '하지만'으로 수정한다.
⑤ ㉤ : 앞 내용을 고려하여 '미래를 위해 공부할 수 있는 학교의 확산은'으로 수정한다.

**정답** ③
제시문의 내용에 따르면 공교육에서는 학생들의 실력 차이를 모두 고려할 수가 없다. 따라서 '한꺼번에'로 수정하는 것이 적절하다.

**풀이 전략!**

문장에서 주어와 서술어의 호응 관계가 적절한지 주어와 서술어를 찾아 확인해 보는 연습을 하며, 문서작성의 원칙과 주의사항은 미리 알아두는 것이 좋다.

# CHAPTER 02
# 수리능력

수리능력은 사칙연산·통계·확률의 의미를 정확하게 이해하고 이를 업무에 적용하는 능력으로, 기초연산과 기초통계, 도표분석 및 작성의 문제 유형으로 출제된다. 수리능력 역시 채택하지 않는 공사공단이 거의 없을 만큼 필기시험에서 중요도가 높은 영역이다.

수리능력은 NCS 기반 채용을 진행한 거의 모든 기업에서 다루었으며, 문항 수는 전체의 평균 16% 정도로 많이 출제되었다. 특히, 난이도가 높은 공사공단의 시험에서는 도표분석, 즉 자료해석 유형의 문제가 많이 출제되고 있고, 응용수리 역시 꾸준히 출제하는 기업이 많기 때문에 기초연산과 기초통계에 대한 공식의 암기와 자료해석능력을 기를 수 있는 꾸준한 연습이 필요하다.

## 01 응용수리능력의 공식은 반드시 암기하라!

응용수리능력은 지문이 짧지만, 풀이 과정은 긴 문제도 자주 볼 수 있다. 그렇기 때문에 응용수리능력의 공식을 반드시 암기하여 문제의 상황에 맞는 공식을 적절하게 적용하여 답을 도출해야 한다. 따라서 문제에서 묻는 것을 정확하게 파악하여 그에 맞는 공식을 적절하게 적용하는 꾸준한 노력과 공식을 암기하는 연습이 필요하다.

## 02 통계에서의 사건이 동시에 발생하는지 개별적으로 발생하는지 구분하라!

통계에서는 사건이 개별적으로 발생했을 때, 경우의 수는 합의 법칙, 확률은 덧셈정리를 활용하여 계산하며, 사건이 동시에 발생했을 때, 경우의 수는 곱의 법칙, 확률은 곱셈정리를 활용하여 계산한다. 특히, 기초통계능력에서 출제되는 문제 중 순열과 조합의 계산 방법이 필요한 문제도 다수이므로 순열(순서대로 나열)과 조합(순서에 상관없이 나열)의 차이점을 숙지하는 것 또한 중요하다. 통계 문제에서의 사건 발생 여부만 잘 판단하여도 계산과 공식을 적용하기가 수월하므로 문제의 의도를 잘 파악하는 것이 중요하다.

**03** **자료의 해석은 자료에서 즉시 확인할 수 있는 지문부터 확인하라!**

대부분의 취업준비생들이 어려워 하는 영역이 수리영역 중 도표분석, 즉 자료해석능력이다. 자료는 표 또는 그래프로 제시되고, 쉬운 지문은 증가 혹은 감소 추이, 간단한 사칙연산으로 풀이가 가능한 문제 등이 있고, 자료의 조사기간 동안 전년 대비 증가율 혹은 감소율이 가장 높은 기간을 찾는 문제들도 있다. 따라서 일단 증가·감소 추이와 같이 눈으로 확인이 가능한 지문을 먼저 확인한 후 복잡한 계산이 필요한 지문을 확인하는 방법으로 문제를 풀이한다면, 시간을 조금이라도 아낄 수 있다. 특히, 그래프와 같은 경우에는 그래프에 대한 특징을 알고 있다면, 그래프의 길이 혹은 높낮이 등으로 대강의 수치를 빠르게 확인이 가능하므로 이에 대한 숙지도 필요하다. 또한, 여러 가지 보기가 주어진 문제 역시 지문을 잘 확인하고 문제를 풀이한다면 불필요한 계산을 생략할 수 있으므로 항상 지문부터 확인하는 습관을 들이기를 바란다.

**04** **도표작성능력에서 지문에 작성된 도표의 제목을 반드시 확인하라!**

도표작성은 하나의 자료 혹은 보고서와 같은 수치가 표현된 자료를 도표로 작성하는 형식으로 출제되는데, 대체로 표보다는 그래프를 작성하는 형태로 많이 출제된다. 지문을 살펴보면 각 지문에서 주어진 도표에도 소제목이 있는 경우가 대부분이다. 이때, 자료의 수치와 도표의 제목이 일치하지 않는 경우 함정이 존재하는 문제일 가능성이 높으므로 도표의 제목을 반드시 확인하는 것이 중요하다. 도표작성의 경우 대부분 비율 계산이 많이 출제되는데, 도표의 제목과는 다른 수치로 작성된 도표가 존재하는 경우가 있다. 그렇기 때문에 지문에서 작성된 도표의 소제목을 먼저 확인하는 연습을 하여 간단하지 않은 비율 계산을 두 번 하는 일이 없도록 해야 한다.

# 02 수리능력 응용수리

## | 유형분석 |

- 문제에서 제공하는 정보를 파악한 뒤, 사칙연산을 활용하여 계산하는 전형적인 수리문제이다.
- 문제를 풀기 위한 정보가 산재되어 있는 경우가 많으므로 주어진 조건 등을 꼼꼼히 확인해야 한다.

대학 서적을 도서관에서 빌리면 10일간 무료이고, 그 이상은 하루에 100원의 연체료가 부과되며 한 달 단위로 연체료는 두 배로 늘어난다. 1학기 동안 대학 서적을 도서관에서 빌려 사용하는 데 얼마의 비용이 드는가?(단, 1학기의 기간은 15주이고, 한 달은 30일로 정한다)

① 18,000원          ② 20,000원
③ 23,000원          ④ 25,000원
⑤ 28,000원

**정답** ④
- 1학기의 기간 : $15 \times 7 = 105$일
- 연체료가 부과되는 기간 : $105 - 10 = 95$일
- 연체료가 부과되는 시점에서부터 한 달 동안의 연체료 : $30 \times 100 = 3,000$원
- 첫 번째 달부터 두 번째 달까지의 연체료 : $30 \times 100 \times 2 = 6,000$원
- 두 번째 달부터 세 번째 달까지의 연체료 : $30 \times 100 \times 2 \times 2 = 12,000$원
- 95일(3개월 5일) 연체료 : $3,000 + 6,000 + 12,000 + 5 \times (100 \times 2 \times 2 \times 2) = 25,000$원

따라서 1학기 동안 대학 서적을 도서관에서 빌려 사용한다면 25,000원의 비용이 든다.

**풀이 전략!**

문제에서 묻는 바를 정확하게 확인한 후, 필요한 조건 또는 정보를 구분하여 신속하게 풀어 나간다. 단, 계산에 착오가 생기지 않도록 유의한다.

# 수리능력 통계분석

## | 유형분석 |

- 통계와 관련한 이론을 활용하여 계산하는 문제이다.
- 중·고등학교 수준의 통계 이론은 숙지하고 있어야 하며, 주로 상대도수, 평균, 표준편차, 최댓값, 최솟값, 가중치 등이 활용된다.

다음 중 직원 (가)~(바)의 사내 업무 평가 점수의 중앙값으로 옳은 것은?

| 직원 | (가) | (나) | (다) | (라) | (마) | (바) |
|---|---|---|---|---|---|---|
| 점수 | 83 | 76 | 75 | 85 | 91 | 79 |

① 79                       ② 80

③ 81                       ④ 83

⑤ 76

**정답** ③

중앙값은 관찰값을 최솟값부터 최댓값까지 크기순으로 배열하였을 때 순서상 중앙에 위치하는 값을 말하며, 관찰값의 개수가 짝수인 경우 중앙에 위치하는 두 관찰값의 평균이 중앙값이 된다. 직원 (가)~(바)의 점수를 크기 순으로 나열하면 91, 85, 83, 79, 76, 75가 되며, 관찰값의 개수가 짝수이므로 중앙에 위치하는 두 관찰값 83과 79의 평균인 81이 중앙값이 된다.

**풀이 전략!**

통계와 관련된 기본적인 공식은 반드시 암기해 두도록 하며, 이를 활용한 다양한 문제를 풀어보면서 풀이방법을 습득하는 연습이 필요하다.

# 02 수리능력 도표계산

## | 유형분석 |

- 문제에 주어진 도표를 분석하여 각 선택지의 정답 여부를 판단하는 문제이다.
- 주로 그래프와 표로 제시되며, 경영·경제·산업 등과 관련된 최신 이슈를 많이 다룬다.
- 자료 간의 증감률·비율·추세 등을 자주 묻는다.

다음은 연도별 국민연금 급여수급자 현황을 나타낸 그래프이다. 이에 대한 내용으로 옳지 않은 것은?

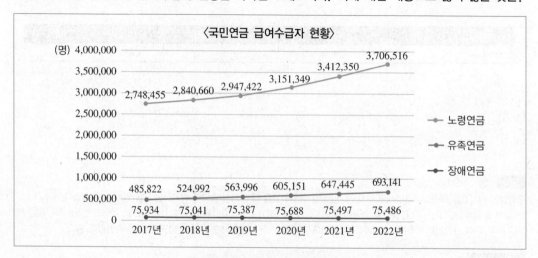

① 2017 ~ 2022년 동안 유족연금 수급자 수는 매년 증가했다.
② 2019년 노령연금 수급자 대비 유족연금 수급자 비율은 20% 미만이다.
③ 2018 ~ 2022년 동안 장애연금 수급자가 전년 대비 가장 많이 증가한 해는 2019년이다.
④ 노령연금 수급자 대비 유족연금 수급자 비율은 2017년이 2019년보다 높다.

정답 ④

2017년 노령연금 수급자 대비 유족연금 수급자 비율은 $\frac{485,822}{2,748,455} \times 100 ≒ 17.7\%$이며, 2019년 노령연금 수급자 대비 유족연금

수급자 비율은 $\frac{563,996}{2,947,422} \times 100 ≒ 19.1\%$이므로 2019년이 더 높다.

풀이 전략!

선택지를 먼저 읽고 필요한 정보를 도표에서 확인하도록 하며, 계산이 필요한 경우에는 실제 수치를 사용하여 복잡한 계산을 하는 대신, 대소 관계의 비교나 선택지의 옳고 그름만을 판단할 수 있을 정도로 간소화하여 계산해 풀이시간을 단축할 수 있도록 한다.

# 02 수리능력 자료이해

| 유형분석 |

- 제시된 표를 분석하여 선택지의 정답 여부를 판단하는 문제이다.
- 표의 수치 등을 통해 변화량이나 증감률, 비중 등을 비교하여 판단하는 문제가 자주 출제된다.
- 지원하고자 하는 기업이나 산업과 관련된 자료 등이 문제의 자료로 많이 다뤄진다.

다음은 A~E 5개국의 경제 및 사회 지표이다. 이에 대한 설명으로 옳지 않은 것은?

〈주요 5개국의 경제 및 사회 지표〉

| 구분 | 1인당 GDP(달러) | 경제성장률(%) | 수출(백만 달러) | 수입(백만 달러) | 총인구(백만 명) |
|------|-----------------|----------------|------------------|------------------|------------------|
| A | 27,214 | 2.6 | 526,757 | 436,499 | 50.6 |
| B | 32,477 | 0.5 | 624,787 | 648,315 | 126.6 |
| C | 55,837 | 2.4 | 1,504,580 | 2,315,300 | 321.8 |
| D | 25,832 | 3.2 | 277,423 | 304,315 | 46.1 |
| E | 56,328 | 2.3 | 188,445 | 208,414 | 24.0 |

※ (총 GDP)=(1인당 GDP)×(총인구)

① 경제성장률이 가장 큰 나라가 총 GDP는 가장 작다.
② 총 GDP가 가장 큰 나라의 GDP는 가장 작은 나라의 GDP보다 10배 이상 더 크다.
③ 5개국 중 수출과 수입에 있어서 규모에 따라 나열한 순위는 서로 일치한다.
④ A국이 E국보다 총 GDP가 더 크다.
⑤ 1인당 GDP에 따른 순위와 총 GDP에 따른 순위는 서로 일치한다.

정답 ⑤

1인당 GDP 순위는 E>C>B>A>D이다. 그런데 1인당 GDP가 가장 큰 E국은 1인당 GDP가 2위인 C국보다 1% 정도밖에 높지 않은 반면, 인구는 C국의 $\frac{1}{10}$ 이하이므로 총 GDP 역시 C국보다 작다. 따라서 1인당 GDP 순위와 총 GDP 순위는 일치하지 않는다.

풀이 전략!

평소 변화량이나 증감률, 비중 등을 구하는 공식을 알아두고 있어야 하며, 지원하는 기업이나 산업에 관한 자료 등을 확인하여 비교하는 연습을 한다.

# 02 수리능력 도표작성

| 유형분석 |

- 문제에 주어진 자료를 도표로 변환하는 문제이다.
- 주로 자료에 있는 수치와 그래프 또는 표에 있는 수치가 서로 일치하는지 여부를 판단한다.

다음은 연도별 제주도 감귤 생산량 및 면적을 나타낸 자료이다. 〈보기〉에서 이를 바르게 나타낸 그래프를 모두 고르면?(단, 그래프의 면적 단위가 만 ha일 때는 백의 자리에서 반올림한다)

〈연도별 제주도 감귤 생산량 및 면적〉

(단위 : 톤, ha)

| 구분 | 생산량 | 면적 | 구분 | 생산량 | 면적 |
|------|--------|--------|------|--------|--------|
| 2011년 | 19,725 | 536,668 | 2017년 | 17,921 | 480,556 |
| 2012년 | 19,806 | 600,511 | 2018년 | 17,626 | 500,106 |
| 2013년 | 19,035 | 568,920 | 2019년 | 17,389 | 558,942 |
| 2014년 | 18,535 | 677,770 | 2020년 | 17,165 | 554,007 |
| 2015년 | 18,457 | 520,350 | 2021년 | 16,941 | 573,442 |
| 2016년 | 18,279 | 655,046 | – | – | – |

보기

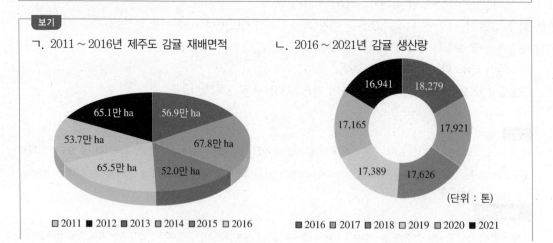

ㄱ. 2011 ~ 2016년 제주도 감귤 재배면적

ㄴ. 2016 ~ 2021년 감귤 생산량

ㄷ. 2011 ~ 2021년 감귤 생산량과 면적 변화

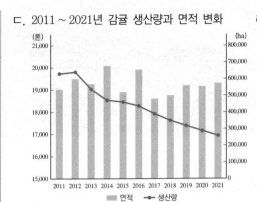

ㄹ. 2013 ~ 2021년 감귤 생산량 전년 대비 감소량

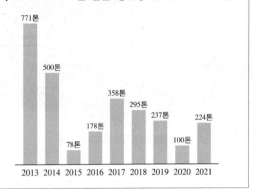

① ㄱ, ㄴ

② ㄱ, ㄷ

③ ㄴ, ㄷ

④ ㄴ, ㄹ

⑤ ㄷ, ㄹ

정답 ③

오답분석

ㄱ. 재배면적 수치가 제시된 표와 다르다.

ㄹ. 2020년 전년 대비 감소량은 2021년 전년 대비 감소량인 224톤과 같다.

**풀이 전략!**

각 선택지에 있는 도표의 제목을 먼저 확인한다. 그다음 제목에서 어떠한 정보가 필요한지 확인한 후, 문제에서 주어진 자료를 빠르게 확인하여 일치 여부를 판단한다.

# CHAPTER 03
# 문제해결능력

문제해결능력은 업무를 수행하면서 여러 가지 문제 상황이 발생하였을 때, 창의적이고 논리적인 사고를 통하여 이를 올바르게 인식하고 적절히 해결하는 능력을 말한다. 하위능력으로는 사고력과 문제처리능력이 있다.

문제해결능력은 NCS 기반 채용을 진행하는 대다수의 공사공단에서 채택하고 있으며, 문항 수는 평균 24% 정도로 상당히 많이 출제되고 있다. 하지만 많은 수험생들은 더 많이 출제되는 다른 영역에 몰입하고 문제해결능력은 집중하지 않는 실수를 하고 있다. 다른 영역보다 더 많은 노력이 필요할 수는 있지만 그렇기에 차별화를 할 수 있는 득점 영역이므로 포기하지 말고 꾸준하게 노력해야 한다.

## 01  질문의 의도를 정확하게 파악하라!

문제해결능력은 문제에서 무엇을 묻고 있는지 정확하게 파악하여 먼저 풀이 방향을 설정하는 것이 가장 효율적인 방법이다. 특히, 조건이 주어지고 답을 찾는 창의적 · 분석적인 문제가 주로 출제되고 있기 때문에 처음에 정확한 풀이 방향이 설정되지 않는다면 시간만 허비하고 결국 문제도 풀지 못하게 되므로 첫 번째로 출제의도 파악에 집중해야 한다.

## 02  중요한 정보는 반드시 표시하라!

위에서 말한 출제의도를 정확히 파악하기 위해서는 문제의 중요한 정보는 반드시 표시나 메모를 하여 하나의 조건, 단서도 잊고 넘어가는 일이 없도록 해야 한다. 실제 시험에서는 시간의 압박과 긴장감으로 정보를 잘못 적용하거나 잊어버리는 실수가 많이 발생하므로 사전에 충분한 연습이 필요하다. 가령 명제 문제의 경우 주어진 명제와 그 명제의 대우를 본인이 한눈에 파악할 수 있도록 기호화, 도식화하여 메모하면 흐름을 이해하기가 더 수월하다. 이를 통해 자신만의 풀이 순서와 방향, 기준 또한 생길 것이다.

**03** 반복 풀이를 통해 취약 유형을 파악하라!

길지 않은 한정된 시간 동안 모든 문제를 다 푸는 것은 조금은 어려울 수도 있다. 따라서 고득점을 할 수 있는 효율적인 문제 풀이 방법을 찾아야 한다. 이때, 반복적인 문제 풀이를 통해 자신이 취약한 유형을 파악하는 것이 중요하다. 취약 유형 파악은 종료 시간이 임박했을 때 빛을 발할 것이다. 풀 수 있는 문제부터 빠르게 풀고 취약한 유형은 나중에 푸는 효율적인 문제 풀이를 통해 최대한의 고득점을 하는 것이 중요하다. 그러므로 본인의 취약 유형을 파악하기 위해서는 많은 문제를 풀어 봐야 한다.

**04** 타고나는 것이 아니므로 열심히 노력하라!

대부분의 수험생들이 문제해결능력은 공부해도 실력이 늘지 않는 영역이라고 생각한다. 하지만 그렇지 않다. 문제해결능력이야말로 노력을 통해 충분히 고득점이 가능한 영역이다. 정확한 질문 의도 파악, 취약한 유형의 반복적인 풀이, 빈출유형 파악 등의 방법으로 충분히 실력을 향상시킬 수 있다. 자신감을 갖고 공부하기 바란다.

# 03 문제해결능력 명제

## | 유형분석 |

- 주어진 문장을 토대로 논리적으로 추론하여 참 또는 거짓을 구분하는 문제이다.
- 대체로 연역추론을 활용한 명제 문제가 출제된다.
- 자료를 제시하고 새로운 결과나 자료에 주어지지 않은 내용을 추론해 가는 형식의 문제가 출제된다.

어느 도시에 있는 병원의 공휴일 진료 현황은 다음과 같다. 공휴일에 진료하는 병원의 수는?

- B병원이 진료를 하지 않으면, A병원은 진료를 한다.
- B병원이 진료를 하면, D병원은 진료를 하지 않는다.
- A병원이 진료를 하면, C병원은 진료를 하지 않는다.
- C병원이 진료를 하지 않으면, E병원이 진료를 한다.
- E병원은 공휴일에 진료를 하지 않는다.

① 1곳                                    ② 2곳
③ 3곳                                    ④ 4곳
⑤ 5곳

**정답** ②

제시된 진료 현황을 각각의 명제로 보고 이들을 수식으로 설명하면 다음과 같다(단, 명제가 참일 경우 그 대우도 참이다).
- B병원이 진료를 하지 않으면 A병원이 진료한다(~B → A / ~A → B).
- B병원이 진료를 하면 D병원은 진료를 하지 않는다(B → ~D / D → ~B).
- A병원이 진료를 하면 C병원은 진료를 하지 않는다(A → ~C / C → ~A).
- C병원이 진료를 하지 않으면 E병원이 진료한다(~C → E / ~E → C).
이를 하나로 연결하면, D병원이 진료를 하면 B병원이 진료를 하지 않고, B병원이 진료를 하지 않으면 A병원은 진료를 한다. A병원이
진료를 하면 C병원은 진료를 하지 않고, C병원이 진료를 하지 않으면 E병원은 진료를 한다(D → ~B → A → ~C → E).
명제가 참일 경우 그 대우도 참이므로 ~E → C → ~A → B → ~D가 된다. E병원은 공휴일에 진료를 하지 않으므로 위의 명제를
참고하면 C와 B병원만이 진료를 하는 경우가 된다. 따라서 공휴일에 진료를 하는 병원은 2곳이다.

### 풀이 전략!

명제와 관련한 기본적인 논법에 대해서는 미리 학습해 두며, 이를 바탕으로 각 문장에 있는 핵심단어 또는 문구를 기호화하여
정리한 후, 선택지와 비교하여 참 또는 거짓을 판단한다.

# 03 문제해결능력 규칙 적용

## | 유형분석 |

- 주어진 상황과 규칙을 종합적으로 활용하여 풀어가는 문제이다.
- 일정, 비용, 순서 등 다양한 내용을 다루고 있어 유형을 한 가지로 단일화하기 어렵다.

갑은 다음 규칙을 참고하여 알파벳 단어를 숫자로 변환하고자 한다. 규칙을 적용한 〈보기〉의 ㉠∼㉣ 단어에서 알파벳 Z에 해당하는 자연수들을 모두 더한 값은?

---

### 〈규칙〉

① 알파벳 'A'부터 'Z'까지 순서대로 자연수를 부여한다.

　예 A=2라고 하면 B=3, C=4, D=5이다.

② 단어의 음절에 같은 알파벳이 연속되는 경우 ①에서 부여한 숫자를 알파벳이 연속되는 횟수만큼 거듭제곱한다.

　예 A=2이고 단어가 'AABB'이면 AA는 '$2^2$'이고, BB는 '$3^2$'이므로 '49'로 적는다.

---

**보기**

㉠ AAABBCC는 10000001020110404로 변환된다.

㉡ CDFE는 3465로 변환된다.

㉢ PJJYZZ는 1712126729로 변환된다.

㉣ QQTSR은 625282726으로 변환된다.

① 154　　　　　　　　　　　　② 176

③ 199　　　　　　　　　　　　④ 212

⑤ 234

---

**정답** ④

㉠ A=100, B=101, C=102이다. 따라서 Z=125이다.

㉡ C=3, D=4, E=5, F=6이다. 따라서 Z=26이다.

㉢ P가 17임을 볼 때, J=11, Y=26, Z=27이다.

㉣ Q=25, R=26, S=27, T=28이다. 따라서 Z=34이다.

따라서 해당하는 Z값을 모두 더하면 125+26+27+34=212이다.

---

**풀이 전략!**

문제에 제시된 조건이나 규칙을 정확히 파악한 후, 선택지나 상황에 적용하여 문제를 풀어나간다.

CHAPTER

# 03 문제해결능력 SWOT 분석

## | 유형분석 |

- 상황에 대한 환경 분석 결과를 통해 주요 과제를 도출하는 문제이다.
- 주로 3C 분석 또는 SWOT 분석을 활용한 문제들이 출제되고 있으므로 해당 분석도구에 대한 사전 학습이 요구된다.

다음 설명을 참고하여 기사를 읽고 B자동차가 취할 수 있는 전략으로 옳은 것은?

'SWOT'은 Strength(강점), Weakness(약점), Opportunity(기회), Threat(위협)의 머리글자를 따서 만든 단어로, 경영 전략을 세우는 방법론이다. SWOT으로 도출된 조직의 내·외부 환경을 분석하고, 이 결과를 통해 대응전략을 구상할 수 있다. 'SO전략'은 기회를 활용하기 위해 강점을 사용하는 전략이고, 'WO전략'은 약점을 보완 또는 극복하여 시장의 기회를 활용하는 전략이다. 'ST전략'은 위협을 피하기 위해 강점을 활용하는 방법이며, 'WT전략'은 위협요인을 피하기 위해 약점을 보완하는 전략이다.

- 새로운 정권의 탄생으로 자동차 업계 내 새로운 바람이 불 것으로 예상된다. A당선인이 이번 선거에서 친환경차 보급 확대를 주요 공약으로 내세웠고, 공약에 따라 공공기관용 친환경차 비율을 70%로 상향시키기로 하고, 친환경차 보조금 확대 등을 통해 친환경차 보급률을 높이겠다는 계획을 세웠다. 또한 최근 환경을 생각하는 국민 의식의 향상과 친환경차의 연비 절감 부분이 친환경차 구매 욕구 상승에 기여하고 있다.
- B자동차는 기존에 전기자동차 모델들을 꾸준히 출시하여 성장세가 두드러지고 있는 데다 고객들의 다양한 구매 욕구를 충족시킬 만한 전기자동차 상품의 다양성을 확보하였다. 또한, B자동차의 전기자동차 미국 수출이 증가하고 있는 만큼 앞으로의 전망도 밝을 것으로 예상된다.

① SO전략
② WO전략
③ ST전략
④ WT전략

정답 ①

- Strength(강점) : B자동차는 전기자동차 모델들을 꾸준히 출시하여 성장세가 두드러지고 있는 데다 고객들의 다양한 구매 욕구를 충족시킬 만한 전기자동차 상품의 다양성을 확보하였다.
- Opportunity(기회) : 새로운 정권에서 친환경차 보급 확대에 적극 나설 것으로 보인다는 점과 환경을 생각하는 국민 의식의 향상과 친환경차의 연비 절감 부분이 친환경차 구매 욕구 상승에 기여하고 있으며 B자동차의 미국 수출이 증가하고 있다. 따라서 해당 기사를 분석하면 SO전략이 적절하다.

### 풀이 전략!

문제에 제시된 분석도구를 확인한 후, 분석 결과를 종합적으로 판단하여 각 선택지의 전략 과제와 일치 여부를 판단한다.

# 문제해결능력 자료해석

- 주어진 자료를 해석하고 활용하여 풀어가는 문제이다.
- 꼼꼼하고 분석적인 접근이 필요한 다양한 자료들이 출제된다.

L공장에서 제조하는 볼트의 일련번호는 다음과 같이 구성된다. 일련번호는 형태 – 허용압력 – 직경 – 재질 – 용도 순으로 표시할 때, 다음 중 직경이 14mm이고, 자동차에 쓰이는 스테인리스 볼트의 일련번호로 옳은 것은?

| 형태 | 나사형 | 육각 | 팔각 | 별 |
|---|---|---|---|---|
| | SC | HX | OT | ST |
| 허용압력($kg/cm^2$) | $10 \sim 20$ | $21 \sim 40$ | $41 \sim 60$ | 61 이상 |
| | L | M | H | P |
| 직경(mm) | 8 | 10 | 12 | 14 |
| | 008 | 010 | 012 | 014 |
| 재질 | 플라스틱 | 크롬 도금 | 스테인리스 | 티타늄 |
| | P | CP | SS | Ti |
| 용도 | 항공기 | 선박 | 자동차 | 일반 |
| | A001 | S010 | M110 | E100 |

① SCP014TiE100
② OTH014SSS010
③ STM012CPM110
④ HXL014SSM110
⑤ SCM012TiM110

정답 ④

오답분석
① 재질이 티타늄, 용도가 일반이므로 옳지 않다.
② 용도가 선박이므로 옳지 않다.
③ 재질이 크롬 도금, 직경이 12mm이므로 옳지 않다.
⑤ 재질이 티타늄, 직경이 12mm이므로 옳지 않다.

풀이 전략!
문제 해결을 위해 필요한 정보가 무엇인지 먼저 파악한 후, 제시된 자료를 분석적으로 읽고 해석한다.

아이들이 답이 있는 질문을 하기 시작하면 그들이 성장하고 있음을 알 수 있다.

– 존 J. 플롬프 –

# PART

# I

# 국민건강보험공단 기출복원문제

# 2023년 상반기 시행 기출복원문제

정답 및 해설 p.002

## | 01 | 직업기초능력

※ 다음 기사를 읽고 이어지는 질문에 답하시오. [1~2]

> 보건복지부는 독거노인·장애인 응급안전안심서비스 3차 장비 확산에 맞춰 2월 21일(화)부터 3월 10일(금)까지 대상자 10만 가구 발굴을 위한 집중신청기간을 운영한다고 밝혔다. 독거노인·장애인 응급안전안심서비스는 독거노인과 장애인 가정에 정보통신기술(ICT) 기반의 장비*를 설치해 화재, 낙상 등의 응급상황 발생 시 119에 신속한 연결을 도와 구급·구조를 지원하는 사업이다. 그간 1·2차 장비 설치로 2022년 말 기준 서비스 대상자는 전국 약 20만 가구이며, 올해 10만 가구분의 3차 장비를 추가 설치해 총 30만 가구까지 서비스 대상을 확대할 예정이다.
>
> 응급안전안심서비스를 이용하는 경우 가정 내 화재, 화장실 내 실신 또는 침대에서 낙상 등의 응급상황을 화재·활동량 감지기가 자동으로 119와 응급관리요원에 알리거나, 응급호출기로 간편하게 119에 신고할 수 있다. 해당 서비스를 통해, 2022년 한 해 동안 독거노인과 장애인 가정에서 발생한 총 2만 4천여 건의 응급상황을 119와 응급관리요원이 신속하게 파악하여 추가 피해를 최소화할 수 있었다.
>
> 이번 독거노인·장애인 응급안전안심서비스 집중신청기간 동안 독거노인·장애인 등 서비스 대상자나 그 보호자는 행정복지센터(동사무소)나 시·군·구 지역 센터(노인복지관, 사회복지관 등)에 방문하거나 전화 등으로 서비스를 신청할 수 있다. 만 65세 이상이면서 혼자 생활하는 기초생활수급자·차상위계층·기초연금수급자 또는 기초지자체장이 생활 여건 및 건강 상태 등을 고려해 상시 보호가 필요하다고 인정하는 노인은 응급안전안심서비스를 신청·이용할 수 있으며, 장애인 중 활동지원등급 13구간 이상이면서 독거 또는 취약가구**이거나 그렇지 않더라도 기초지자체장이 생활여건 등을 고려해 상시 보호가 필요하다고 인정하는 경우 응급안전안심서비스를 신청하여 이용할 수 있다.
>
> 보건복지부 노인정책과장은 "독거노인·장애인 응급안전안심서비스는 정보통신기술(ICT)을 이용해 지역사회 내 안전한 생활을 효율적이며 실시간으로 지원하고 있다."라며 "집중신청기간을 통해 상시 보호가 필요한 많은 분이 신청하도록 관계기관의 적극적인 안내를 부탁드리며, 집중신청기간 이후에도 계속해서 신청 창구는 열려있으니 많은 신청 바란다."라고 말했다.
>
> \* 게이트웨이(태블릿PC, 레이더센서), 화재·활동량·출입문 감지기, 응급호출기
> \*\* 세대별 주민등록표에 등재된 수급자 외 가구 구성원 모두가 장애인이거나 만 18세 이하 또는 만 65세 이상인 경우

**01** 다음 중 제시된 기사의 주제로 가장 적절한 것은?

① 독거노인・장애인 응급안전안심서비스 성과 보고

② 독거노인・장애인 응급안전안심서비스 정책과 집중신청기간 안내

③ 응급안전안심서비스 신청 시 지원되는 장비 목록

④ 보건복지부의 응급안전안심서비스 대상자 현장조사

**02** 다음 중 제시된 기사의 내용으로 적절하지 않은 것은?

① 독거노인이나 장애인이 아니더라도 응급안전안심서비스를 신청하여 이용할 수 있다.

② 서비스 이용을 통해 가정 내 응급상황을 빠르게 파악하여 대처할 수 있다.

③ 독거노인・장애인 응급안전안심서비스는 3월 10일 이후로는 신청할 수 없다.

④ 집중신청기간 동안 서비스 신청은 관련 기관에 방문 및 전화로 할 수 있다.

**03** 다음은 국민건강보험법 일부이다. 이에 대한 설명으로 적절하지 않은 것은?

---

**급여의 제한(제53조)**

① 공단은 보험급여를 받을 수 있는 사람이 다음 각 호의 어느 하나에 해당하면 보험급여를 하지 아니한다.

　1. 고의 또는 중대한 과실로 인한 범죄행위에 그 원인이 있거나 고의로 사고를 일으킨 경우

　2. 고의 또는 중대한 과실로 공단이나 요양기관의 요양에 관한 지시에 따르지 아니한 경우

　3. 고의 또는 중대한 과실로 제55조에 따른 문서와 그 밖의 물건의 제출을 거부하거나 질문 또는 진단을 기피한 경우

　4. 업무 또는 공무로 생긴 질병·부상·재해로 다른 법령에 따른 보험급여나 보상(報償) 또는 보상(補償)을 받게 되는 경우

② 공단은 보험급여를 받을 수 있는 사람이 다른 법령에 따라 국가나 지방자치단체로부터 보험급여에 상당하는 급여를 받거나 보험급여에 상당하는 비용을 지급받게 되는 경우에는 그 한도에서 보험급여를 하지 아니한다.

③ 공단은 가입자가 대통령령으로 정하는 기간 이상 다음 각 호의 보험료를 체납한 경우 그 체납한 보험료를 완납할 때까지 그 가입자 및 피부양자에 대하여 보험급여를 실시하지 아니할 수 있다. 다만, 월별 보험료의 총체납횟수(이미 납부된 체납보험료는 총체납횟수에서 제외하며, 보험료의 체납기간은 고려하지 아니한다)가 대통령령으로 정하는 횟수 미만이거나 가입자 및 피부양자의 소득·재산 등이 대통령령으로 정하는 기준 미만인 경우에는 그러하지 아니하다.

　1. 제69조 제4항 제2호에 따른 소득월액보험료

　2. 제69조 제5항에 따른 세대단위의 보험료

④ 공단은 제77조 제1항 제1호에 따라 납부의무를 부담하는 사용자가 제69조 제4항 제1호에 따른 보수월액보험료를 체납한 경우에는 그 체납에 대하여 직장가입자 본인에게 귀책사유가 있는 경우에 한하여 제3항의 규정을 적용한다. 이 경우 해당 직장가입자의 피부양자에게도 제3항의 규정을 적용한다.

⑤ 제3항 및 제4항에도 불구하고 제82조에 따라 공단으로부터 분할납부 승인을 받고 그 승인된 보험료를 1회 이상 낸 경우에는 보험급여를 할 수 있다. 다만, 제82조에 따른 분할납부 승인을 받은 사람이 정당한 사유 없이 5회(같은 조 제1항에 따라 승인받은 분할납부 횟수가 5회 미만인 경우에는 해당 분할납부 횟수를 말한다) 이상 그 승인된 보험료를 내지 아니한 경우에는 그러하지 아니하다.

---

① 공단의 요양에 관한 지시를 고의로 따르지 아니할 경우 보험급여가 제한된다.

② 지방자치단체로부터 보험급여에 해당하는 급여를 받으면 그 한도에서 보험금여를 하지 않는다.

③ 관련 법조항에 따라 분할납부가 승인되면 분할납부가 완료될 때까지 보험급여가 제한될 수 있다.

④ 승인받은 분할납부 횟수가 4회일 경우 정당한 사유 없이 4회 이상 보험료를 내지 않으면 보험급여가 제한된다.

**04** 지난 5년간 소득액수가 동일한 A씨의 2023년 장기요양보험료가 2만 원일 때, 2021년의 장기요양 보험료는?(단, 모든 계산은 소수점 첫째 자리에서 반올림한다)

---

〈2023년도 장기요양보험료율 결정〉

2023년도 소득 대비 장기요양보험료율은 2022년 0.86% 대비 0.05%p 인상된 0.91%로 결정되었다. 장기요양보험료는 건강보험료에 장기요양보험료율을 곱하여 산정되는데, 건강보험료 대비 장기요양보험료율은 2023년 12.81%로 2022년 12.27% 대비 4.40%가 인상된다.

이번 장기요양보험료율은 초고령사회를 대비하여 장기요양보험의 수입과 지출의 균형 원칙을 지키면서 국민들의 부담 최소화와 제도의 안정적 운영 측면을 함께 고려하여 논의·결정하였다.

특히, 빠른 고령화에 따라 장기요양 인정자 수의 증가로 지출 소요가 늘어나는 상황이나, 어려운 경제여건을 고려하여 2018년도 이후 최저 수준으로 보험료율이 결정되었다.

\* 장기요양보험료율(소득 대비) 추이 : (2018년) 0.46% → (2019년) 0.55% → (2020년) 0.68% → (2021년) 0.79% → (2022년) 0.86% → (2023년) 0.91%

---

① 16,972원

② 17,121원

③ 17,363원

④ 18,112원

PART 1 국민건강보험공단 기출복원문제

※ 다음은 노인맞춤돌봄서비스 홍보를 위한 안내문이다. 이를 읽고 이어지는 질문에 답하시오. [5~6]

---

### 〈노인맞춤돌봄서비스 지금 신청하세요!〉

• 노인맞춤돌봄서비스 소개

일상생활 영위가 어려운 취약노인에게 적절한 돌봄서비스를 제공하여 안정적인 노후생활 보장 및 노인의 기능, 건강 유지를 통해 기능 약화를 예방하는 서비스

• 서비스 내용

– 안전지원서비스 : 이용자의 전반적인 삶의 안전 여부를 전화, ICT 기기를 통해 확인하는 서비스
– 사회참여서비스 : 집단프로그램 등을 통해 사회적 참여의 기회를 지원하는 서비스
– 생활교육서비스 : 다양한 프로그램으로 신체적, 정신적 기능을 유지·강화하는 서비스
– 일상생활지원서비스 : 이동 동행, 식사준비, 청소 등 일상생활을 지원하는 서비스
– 연계서비스 : 민간 후원, 자원봉사 등을 이용자에게 연계하는 서비스
– 특화서비스 : 은둔형·우울형 집단을 분리하여 상담 및 진료를 지원하는 서비스

• 선정 기준

만 65세 이상 국민기초생활수급자, 차상위계층, 또는 기초연금수급자로서 유사 중복사업 자격에 해당하지 않는 자
※ 유사 중복사업
  1. 노인장기요양보험 등급자
  2. 가사 간병방문 지원 사업 대상자
  3. 국가보훈처 보훈재가복지서비스 이용자
  4. 장애인 활동지원 사업 이용자
  5. 기타 지방자치단체에서 시행하는 서비스 중 노인맞춤돌봄서비스와 유사한 재가서비스

• 특화서비스 선정 기준

– 은둔형 집단 : 가족, 이웃 등과 관계가 단절된 노인으로서 민·관의 복지지원 및 사회안전망과 연결되지 않은 노인
– 우울형 집단 : 정신건강 문제로 인해 일상생활 수행의 어려움을 겪거나 가족·이웃 등과의 관계 축소 등으로 자살, 고독사 위험이 높은 노인
  ※ 고독사 및 자살 위험이 높다고 판단되는 경우 만 60세 이상으로 하향 조정 가능

---

| 문제해결능력

**05**  다음 중 윗글에 대한 설명으로 적절하지 않은 것은?

① 노인맞춤돌봄서비스를 받기 위해서는 만 65세 이상의 노인이어야 한다.
② 노인맞춤돌봄서비스는 노인의 정신적 기능 계발을 위한 서비스를 제공한다.
③ 은둔형 집단, 우울형 집단의 노인은 특화서비스를 통해 상담 및 진료를 받을 수 있다.
④ 노인맞춤돌봄서비스를 통해 노인의 현재 안전상황을 모니터링할 수 있다.

**06** 다음은 K동 독거노인의 방문조사 결과이다. 조사한 인원 중 노인맞춤돌봄서비스 신청이 불가능한 사람은 모두 몇 명인가?

〈K동 독거노인 방문조사 결과〉

| 이름 | 성별 | 나이 | 소득수준 | 행정서비스 현황 | 특이사항 |
| --- | --- | --- | --- | --- | --- |
| A | 여 | 만 62세 | 차상위계층 | – | 우울형 집단 |
| B | 남 | 만 78세 | 기초생활수급자 | 국가유공자 | – |
| C | 남 | 만 81세 | 차상위계층 | – | – |
| D | 여 | 만 76세 | 기초연금수급자 | – | – |
| E | 여 | 만 68세 | 기초연금수급자 | 장애인 활동지원 | – |
| F | 여 | 만 69세 | – | – | – |
| G | 남 | 만 75세 | 기초연금수급자 | 가사 간병방문 | – |
| H | 여 | 만 84세 | – | – | – |
| I | 여 | 만 63세 | 차상위계층 | – | 우울형 집단 |
| J | 남 | 만 64세 | 차상위계층 | – | – |
| K | 여 | 만 84세 | 기초연금수급자 | 보훈재가복지 | – |

① 4명  ② 5명
③ 6명  ④ 7명

**07** 다음은 시도별 지역사회 정신건강 예산에 대한 자료이다. 2021년 대비 2022년 정신건강 예산의 증가액이 가장 큰 지역부터 순서대로 바르게 나열한 것은?

〈시도별 1인당 지역사회 정신건강 예산〉

| 시·도 | 2022년 | | 2021년 | |
| --- | --- | --- | --- | --- |
| | 정신건강 예산(천 원) | 인구 1인당 지역사회 정신건강 예산(원) | 정신건강 예산(천 원) | 인구 1인당 지역사회 정신건강 예산(원) |
| 서울 | 58,981,416 | 6,208 | 53,647,039 | 5,587 |
| 부산 | 24,205,167 | 7,275 | 21,308,849 | 6,373 |
| 대구 | 12,256,595 | 5,133 | 10,602,255 | 4,382 |
| 인천 | 17,599,138 | 5,984 | 12,662,483 | 4,291 |
| 광주 | 13,479,092 | 9,397 | 12,369,203 | 8,314 |
| 대전 | 14,142,584 | 9,563 | 12,740,140 | 8,492 |
| 울산 | 6,497,177 | 5,782 | 5,321,968 | 4,669 |
| 세종 | 1,515,042 | 4,129 | 1,237,124 | 3,546 |
| 제주 | 5,600,120 | 8,319 | 4,062,551 | 6,062 |

① 서울 – 세종 – 인천 – 대구 – 제주 – 대전 – 울산 – 광주 – 부산
② 서울 – 인천 – 부산 – 대구 – 제주 – 대전 – 울산 – 광주 – 세종
③ 서울 – 대구 – 인천 – 대전 – 부산 – 세종 – 울산 – 광주 – 제주
④ 서울 – 인천 – 부산 – 세종 – 제주 – 대전 – 울산 – 광주 – 대구

**08** 다음은 2022년 시도별 공공의료기관 인력 현황에 대한 자료이다. 전문의 의료 인력 대비 간호사 인력 비율이 가장 높은 지역은?

〈시도별 공공의료기관 인력 현황〉

(단위 : 명)

| 시 · 도 | 일반의 | 전문의 | 레지던트 | 간호사 |
|---|---|---|---|---|
| 서울 | 35 | 1,905 | 872 | 8,286 |
| 부산 | 5 | 508 | 208 | 2,755 |
| 대구 | 7 | 546 | 229 | 2,602 |
| 인천 | 4 | 112 | 0 | 679 |
| 광주 | 4 | 371 | 182 | 2,007 |
| 대전 | 3 | 399 | 163 | 2,052 |
| 울산 | 0 | 2 | 0 | 8 |
| 세종 | 0 | 118 | 0 | 594 |
| 경기 | 14 | 1,516 | 275 | 6,706 |
| 강원 | 4 | 424 | 67 | 1,779 |
| 충북 | 5 | 308 | 89 | 1,496 |
| 충남 | 2 | 151 | 8 | 955 |
| 전북 | 2 | 358 | 137 | 1,963 |
| 전남 | 9 | 296 | 80 | 1,460 |
| 경북 | 7 | 235 | 0 | 1,158 |
| 경남 | 9 | 783 | 224 | 4,004 |
| 제주 | 0 | 229 | 51 | 1,212 |

① 서울      ② 울산

③ 경기      ④ 충남

## | 02 | 국민건강보험법

**01** 다음 중 국민건강보험법상 가입자의 자격 취득 시기와 자격 상실 시기가 바르게 짝지어진 것을 〈보기〉에서 모두 고르면?

> **보기**
>
> ㉠ 국내에 거주하게 된 날 – 국내에 거주하지 아니하게 된 날의 다음 날
> ㉡ 직장가입자의 피부양자이었던 사람은 그 자격을 잃은 날 – 사망한 날
> ㉢ 의료보호대상자이었던 사람은 그 대상자에서 제외된 날 – 건강보험 적용배제신청을 한 다음 날
> ㉣ 수급권자이었던 사람은 그 대상자에서 제외된 날 – 수급권자가 된 날의 다음 날

① ㉠
② ㉡, ㉢
③ ㉠, ㉡, ㉢
④ ㉠, ㉡, ㉢, ㉣

**02** 월 300만 원(보수월액)을 받고 있는 직장가입자 A는 피부양자인 아내와 아이를 국내에 두고 2023년 4월에 업무 목적으로 6개월 동안 해외출장을 갈 예정이다. A가 해외에 체류하는 동안 실제 납부할 월 보험료는?(단, 2023년 직장가입자의 보험율은 1만 분의 709로 한다)

① 0원
② 53,175원
③ 106,355원
④ 212,700원

**03** 다음 중 국민건강보험법상 임의계속가입자에 대한 설명으로 옳지 않은 것은?

① 임의계속가입자가 보수월액보험료의 전액을 부담하고 납부한다.
② 보수월액은 보수월액보험료가 산정된 최근 6개월간의 보수월액을 평균한 금액으로 한다.
③ 임의계속가입자는 사용관계가 끝난 날의 다음 날부터 기산하여 36개월이 되는 날을 넘지 않는 범위의 기간 동안 직장가입자의 자격을 유지한다.
④ 임의계속가입자의 보험료는 보건복지부장관이 정하여 고시하는 바에 따라 그 일부를 경감할 수 있다.

**04** 다음 중 건강보험정책심의위원회에 대한 설명으로 옳지 않은 것은?

① 위원의 임기는 3년으로 한다.

② 위원장 1명을 제외한 25명의 위원으로 구성한다.

③ 요양급여의 기준에 대한 사항을 심의·의결한다.

④ 보건복지부장관이 임명하는 위원 중에는 시민단체에서 추천하는 1명도 포함된다.

**05** 다음 중 요양급여비용의 청구 및 통보 순서로 옳은 것은?

① 요양기관 → 심사평가원 → 공단

② 심사평가원 → 공단 → 요양기관

③ 공단 → 요양기관 → 심사평가원

④ 심사평가원 → 요양기관 → 공단

**06** 다음 중 〈보기〉의 빈칸 ㉠에 들어갈 날짜로 옳은 것은?

> 보기
>
> 국내체류 외국인 등에 해당하는 지역가입자의 보험료는 그 직전 월 _____㉠_____까지 납부하여야 한다.

① 7일                           ② 15일

③ 20일                          ④ 25일

**07** 다음 중 국민건강보험공단의 설립등기에 포함되는 항목으로 옳은 것을 〈보기〉에서 모두 고르면?

> **보기**
>
> ㉠ 목적                    ㉡ 명칭
> ㉢ 임직원의 주소        ㉣ 분사무소의 소재지
> ㉤ 정관

① ㉠, ㉡, ㉢                                    ② ㉠, ㉡, ㉣

③ ㉠, ㉢, ㉣                                    ④ ㉡, ㉣, ㉤

**08** 다음 중 〈보기〉의 빈칸 ㉠, ㉡에 들어갈 내용이 바르게 연결된 것은?

> **보기**
>
> **보험료의 경감 등(법 제75조 제1항)**
> 다음 각 호의 어느 하나에 해당하는 가입자 중 ____㉠____ 으로 정하는 가입자에 대하여는 그 가입자 또는 그 가입자가 속한 세대의 보험료의 일부를 경감할 수 있다.
> 1. 섬·벽지(僻地)·농어촌 등 ____㉡____ 으로 정하는 지역에 거주하는 사람
> 2. 65세 이상인 사람
> 3. 장애인복지법에 따라 등록한 장애인
> 4. 국가유공자 등 예우 및 지원에 관한 법률에 따른 국가유공자
> 5. 휴직자
> 6. 그 밖에 생활이 어렵거나 천재지변 등의 사유로 보험료를 경감할 필요가 있다고 보건복지부장관이 정하여 고시하는 사람

|   | ㉠ | ㉡ |
|---|---|---|
| ① | 보건복지부령 | 보건복지부령 |
| ② | 대통령령 | 보건복지부령 |
| ③ | 보건복지부령 | 대통령령 |
| ④ | 대통령령 | 대통령령 |

**09** 다음 중 국민건강보험법령 위반으로 가장 많은 벌금을 부과받는 사람은?(단, 법령에 명시된 최대한의 벌금을 부과 받는다고 가정한다)

① 가입자 및 피부양자의 개인정보를 누설한 A

② 업무를 수행하면서 알게 된 정보를 누설한 B

③ 거짓이나 그 밖의 부정한 방법으로 보험급여를 받은 C

④ 요양비 명세서나 요양 명세를 적은 영수증을 내주지 않은 D

**10** 다음 〈보기〉에서 2023년 K기업에 종사하는 A와 B의 보험료를 합산한 금액으로 옳은 것은?(단, A와 B의 보수외소득 및 수당은 없으며, 2023년 직장가입자의 보험률은 1만 분의 709로 한다)

> **보기**
> • 직장가입자 A는 국내 K기업에서 월 220만 원을 받는 근로자이다.
> • 직장가입자 B는 월 280만 원을 받고 K기업의 해외지사에서 2019년부터 근무하고 있으며, 국내에 거주하는 아내와 자녀가 있다.

① 77,990원

② 99,260원

③ 127,620원

④ 155,980원

**11** 다음 중 건강보험공단의 임원 수와 임명에 대한 설명으로 옳은 것은?

① 공단은 임원을 둘 때, 이사 중 5명 및 감사는 비상임으로 한다.

② 공단은 이사장 1명, 이사 10명, 감사 1명을 임명한다.

③ 상임이사는 상임이사추천위원회의 추천 절차를 거쳐 이사장이 임명한다.

④ 이사장의 임기는 5년으로 하고 이사(공무원인 이사 포함)와 감사의 임기는 각각 3년으로 한다.

**12** 다음 〈보기〉의 외국인 중 직장가입자의 자격이 있는 사람을 모두 고르면?

> **보기**
> ㉠ A회사에서 1개월 이상 근무한 사람으로 주민등록법에 따라 등록한 외국인
> ㉡ 근로자가 없는 B사업장의 사업주인 외국인
> ㉢ C고등학교에서 영어 선생님으로 근무하고 있으며 국내거소신고를 한 외국인
> ㉣ 소재지가 일정하지 아니한 D사업장의 근로인 외국인

① ㉠, ㉡            ② ㉠, ㉢
③ ㉡, ㉢, ㉣      ④ ㉠, ㉡, ㉢, ㉣


**13** 다음 공단의 임원 중 보건복지부장관이 임명하는 비상임이사가 아닌 사람은?

① 노동조합에서 추천하는 1명
② 농어업인단체가 추천하는 1명
③ 인사혁신처장이 지명하는 3급 공무원 1명
④ 건강보험심사평가원장이 추천하는 기관장 1명


**14** 직장가입자 A의 보수월액보험료는 392,000원이고, 보험료율을 7%라고 가정할 때, 직장가입자의 A의 국민건강보험법상 국내 및 국외 보수월액이 바르게 연결된 것은?

|  | 국내 | 국외 |
|---|---|---|
| ① | 480만 원 | 1,360만 원 |
| ② | 1,360만 원 | 480만 원 |
| ③ | 560만 원 | 1,120만 원 |
| ④ | 1,120만 원 | 560만 원 |


**15** 다음 중 요양기관의 심사청구를 대행할 수 있는 대행청구단체의 종류를 〈보기〉에서 모두 고르면?

> **보기**
> ㉠ 의사회            ㉡ 간호사회
> ㉢ 조산사회          ㉣ 중앙회
> ㉤ 약사회

① ㉠, ㉡, ㉢      ② ㉠, ㉡, ㉣
③ ㉠, ㉢, ㉤      ④ ㉡, ㉣, ㉤

**16** 다음 중 요양급여를 실시하는 요양기관으로 옳은 것을 〈보기〉에서 모두 고르면?

> **보기**
>
> ㉠ 약사법에 따라 설립된 한국희귀 · 필수의약품센터
> ㉡ 의료법에 따라 개설된 부속 의료기관
> ㉢ 지역보건법에 따른 보건소
> ㉣ 업무정지 처분을 받은 요양기관의 개설자가 개설한 의료기관

① ㉠, ㉡  ② ㉠, ㉢

③ ㉡, ㉣  ④ ㉢, ㉣


**17** 다음 중 국민건강보험법상 공단의 보험급여 제한 사유로 옳지 않은 것은?

① 중대한 과실로 인한 범죄행위에 그 원인이 있거나 고의로 사고를 일으킨 경우에는 보험급여를 제한한다.

② 가입자가 6회 이상 소득월액보험료를 체납한 경우 그 체납한 보험료를 완납할 때까지 그 가입자 및 피부양자에 대하여 보험급여를 실시하지 아니할 수 있다.

③ 공단이 급여제한기간에 보험급여를 받은 사실이 있음을 가입자에게 통지한 날부터 2개월이 지난 날이 속한 달의 다음 달의 납부기한 이내에 체납된 보험료를 완납한 경우 보험급여로 인정한다.

④ 분할납부 승인을 받은 사람이 정당한 사유 없이 5회 이상 그 승인된 보험료를 내지 아니한 경우에는 보험급여로 인정하지 않는다.


**18** 다음 중 국민건강보험법상 요양급여를 실시하는 요양기관인 보건진료소의 설치 근거법은?

① 의료법  ② 약사법

③ 지역보건법  ④ 농어촌 등 보건의료를 위한 특별조치법


**19** 다음 중 벌칙과 과태료에 대한 설명으로 옳은 것은?

① 거짓이나 그 밖의 부정한 방법으로 보험급여를 받거나 타인으로 하여금 보험급여를 받게 한 사람은 2년 이하의 징역 또는 1천만 원 이하의 벌금에 처한다.

② 업무를 수행하면서 알게 된 정보를 누설하거나 직무상 목적 외의 용도로 이용 또는 제3자에게 제공한 자는 3년 이하의 징역 또는 3천만 원 이하의 벌금에 처한다.

③ 정당한 사유 없이 신고 · 서류제출을 하지 아니하거나 거짓으로 신고 · 서류제출을 한 자는 1천만 원 이하의 과태료를 부과한다.

④ 요양비 명세서나 요양 명세를 적은 영수증을 내주지 아니한 자는 1천만 원 이하의 벌금에 처한다.

**01** 다음 〈보기〉의 장기요양급여 중 특별현금급여를 모두 고르면?

> **보기**
>
> ㉠ 가족요양비             ㉡ 방문간호
> ㉢ 특례요양비             ㉣ 요양병원간병비
> ㉤ 단기보호

① ㉠, ㉡, ㉢                            ② ㉠, ㉡, ㉣
③ ㉠, ㉢, ㉣                            ④ ㉡, ㉣, ㉤

**02** 다음 중 노인장기요양보험법상 등급판정 및 장기요양등급판정기간에 대한 설명으로 옳은 것은?

① 등급판정위원회는 신청인에 대한 정밀조사가 필요한 경우 등 기간 이내에 등급판정을 완료할 수 없는 부득이한 사유가 있는 경우 30일 이내의 범위에서 이를 연장할 수 있다.

② 공단은 등급판정위원회가 등급판정의 심의를 완료한 경우 5일 안에 장기요양인정서를 작성하여 수급자에게 송부하여야 한다.

③ 공단은 조사가 완료된 때 조사결과서, 신청서, 의사소견서, 그 밖에 심의에 필요한 자료를 보건복지부에 제출하여야 한다.

④ 등급판정위원회는 신청인이 신청서를 제출한 날부터 60일 이내에 장기요양등급판정을 완료하여야 한다.

**03** 다음 중 노인장기요양보험법령상 등급판정위원회 위원이 될 수 없는 사람은?

① 의료법에 따른 의료인
② 국민건강보험공단의 임원
③ 사회복지사업법에 따른 사회복지사
④ 시·군·구 소속 공무원

**04** 다음 중 노인장기요양법령상 장기요양기관의 지정 및 취소에 대한 설명으로 옳은 것은?

① 특별자치시장·특별자치도지사·시장·군수·구청장은 장기요양기관을 지정한 때 3일 이내에 지정 명세를 공단에 통보하여야 한다.

② 재가급여를 제공하는 장기요양기관이 방문간호를 제공할 경우 모두 방문간호 관리책임자인 요양보호사를 두어야 한다.

③ 장기요양기관이 거짓이나 그 밖의 부정한 방법으로 지정을 받은 경우 시장·군수·구청장은 6개월의 범위에서 업무정지를 명할 수 있다.

④ 지정취소를 받은 후 3년이 지나지 아니한 자(법인인 경우 그 대표자 포함)는 장기요양기관으로 지정받을 수 없다.

**05** 다음 중 빈칸 ㉠, ㉡에 들어갈 내용이 바르게 연결된 것은?

> 장기요양보험사업의 보험자는 공단으로 하고, 장기요양보험가입자는 국민건강보험법 제5조 및 제109조에 따른 가입자로 한다. 그럼에도 불구하고 공단은 외국인근로자의 고용 등에 관한 법률에 따른 외국인 근로자 등 ____㉠____으로 정하는 외국인이 신청하는 경우 ____㉡____으로 정하는 바에 따라 장기요양보험가입자에서 제외할 수 있다.

|   | ㉠ | ㉡ |
|---|---|---|
| ① | 대통령령 | 보건복지부령 |
| ② | 보건복지부령 | 대통령령 |
| ③ | 보건복지부령 | 보건복지부령 |
| ④ | 대통령령 | 대통령령 |

**06** 다음 〈보기〉의 사례에서 업무정지에 갈음한 과징금의 최대 금액은?

> **보기**
> • 처분 근거 : 노인장기요양보험법 제37조 제1항 제4호
> • 위반 내용 : 서비스 시간 늘려 청구, 인력배치기준 위반 청구, 기록관리 거짓 작성
> • 부당 청구액 : 12,844천 원
> • 행정 처분 예정 내용 : 업무정지 69일, 과태료 50만 원

① 25,688천 원  
③ 51,376천 원  
② 38,532천 원  
④ 64,220천 원

**07** 다음 장기요양급여의 종류 중 성격이 다른 하나는?

① 도서·벽지 등 장기요양기관이 현저히 부족한 지역으로서 보건복지부장관이 정하여 고시하는 지역에 거주하는 수급자에게 지급하는 장기요양급여

② 천재지변이나 그 밖에 이와 유사한 사유로 인하여 장기요양기관이 제공하는 장기요양급여를 이용하기가 어렵다고 보건복지부장관이 인정하는 수급자에게 지급하는 장기요양급여

③ 요양병원에 입원한 때 대통령령으로 정하는 기준에 따라 장기요양에 사용되는 비용의 일부를 지급하는 장기요양급여

④ 신체·정신 또는 성격 등 대통령령으로 정하는 사유로 인하여 가족 등으로부터 장기요양을 받아야 하는 수급자에게 지급하는 장기요양급여

**08** 다음 〈보기〉와 같이 국민건강보험법의 적용을 받는 B건강보험가입자의 장기요양보험료는?(단, 1원 단위 이하는 절사한다)

> **보기**
>
> 2023년도 B건강보험가입자의 월 건강보험료액은 70,000원이다.

① 6,340원        ② 7,650원

③ 8,960원        ④ 10,340원

**09** 다음 중 장기요양급여의 제공에 대한 설명으로 옳은 것은?

① 수급자는 장기요양인정서와 개인별장기요양이용계획서가 도달한 다음 날부터 장기요양급여를 받을 수 있다.

② 장기요양급여를 받으려는 수급자는 장기요양기관에 장기요양인정서와 개인별장기요양이용계획서를 제시한 후 공단에 전화나 인터넷 등을 통하여 그 자격을 확인하여야 한다.

③ 돌볼 가족이 없는 수급자는 장기요양인정신청서를 제출한 날부터 장기요양급여를 받을 수 있다.

④ 공단이 자료 제출을 요구했을 때 수급자가 자료를 제출하지 않았더라도 공단은 장기요양급여를 제공할 수 있다.

**10** 다음 중 장기요양심사청구 및 재심사청구에 대한 내용으로 옳은 것은?

① 심사청구는 그 처분이 있음을 안 날부터 180일 이내에 문서로 하여야 한다.

② 정당한 사유로 그 기간에 심사청구를 할 수 없었음을 증명하더라도 심사청구를 할 수 없다.

③ 재심사위원회의 재심사에 관한 절차에 관하여는 행정심판법을 준용한다.

④ 재심사위원회는 국민건강보험공단 소속으로 두고, 위원장 1인을 제외한 20인 이내의 위원으로 구성한다.

**11** 다음 중 장기요양기관으로 지정받을 수 없는 결격사유에 해당하는 것을 〈보기〉에서 모두 고르면?

> **보기**
>
> ㉠ 전문의가 장기요양기관 운영 종사자로 적합하다고 인정한 정신질환자
> ㉡ 파산선고를 받고 복권되지 아니한 사람
> ㉢ 금고 이상의 형의 집행유예를 선고받고 그 유예기간 중에 있는 사람
> ㉣ 금고 이상의 실형을 선고 받고 집행이 면제된 날부터 5년이 경과된 사람
> ㉤ 마약류에 중독된 사람

① ㉠, ㉡, ㉢                                    ② ㉠, ㉡, ㉣

③ ㉡, ㉢, ㉤                                    ④ ㉡, ㉣, ㉤

정답 및 해설 p.013

## | 01 | 직업기초능력

| 의사소통능력

**01** 다음 글의 제목으로 가장 적절한 것은?

> 국민건강보험공단(이사장 강도태)은 8월 16일부터 19일까지 4일간 아시아개발은행연구소(ADBI*
> : Asian Development Bank Institute)와 공동으로 아시아 5개국 보건부 고위관계자들을 초청해
> 전국민건강보장(Universal Health Coverage)을 주제로 국제 워크숍을 실시한다고 밝혔다.
> 워크숍은 공단과 ADBI가 공동주최하고 태국, 인도네시아, 베트남, 네팔, 방글라데시 등 아시아 5개
> 국의 보건부 고위관료들이 참가한다. 이번 행사는 한국 건강보험의 UHC** 달성 경험을 공유하고,
> 아시아 5개국의 건강보험제도 운영 현황 및 정책 공유를 통해 미래의 전략 방향을 모색하기 위해
> 기획됐다.
> 8월 16일부터 4일간 진행되는 워크숍 기간 동안 참가자들은 한국건강보험제도 및 장기요양보험 관
> 련 강의, 현장방문, 토론 등을 통해 필요한 지식과 정보를 습득하고, 자국의 건강보험 관련 현안을
> 공유할 예정이다. 건보공단 강상백 글로벌협력실장은 "이번 워크숍은 아시아 개도국의 건강보험 관
> 련 이슈를 공유하는 자리로서, 서로 다른 문화적·사회적 환경에 놓여있는 각 국이 '전 국민 건강보
> 장'이라는 보편적 목표 달성을 위해 어떻게 협력할 수 있는지 모색하고 미래에 함께할 수 있는 방안
> 을 논의하는 의미 있는 자리가 될 것"이라고 밝혔다.
>
> * 아시아개발은행연구소(Asian Development Bank Institute) : 아시아개발은행의 산하 연구기관으로서 연구
>   보고서, 워크숍, 컨퍼런스 등을 통해 아시아 회원국들의 주요 현안과 당면과제에 관한 해법과 전망을 내놓고
>   있다.
> ** 보편적 건강보장(Universal Health Coverage): 모든 사람들이 재정적 곤란함 없이 양질의 필수 의료서비
>   스를 필요한 때에 차별 없이 받을 수 있도록 보장하고자 하는 개념(2013, WHO)이다.

① 건보공단, 아시아개발은행연구소와 보편적 건강보장 국제 워크숍 개최

② 아시아 회원국의 주요 현안과 당면과제에 대한 해법과 전망

③ 아시아 5개국과 함께하는 한국 건강보험의 UHC 달성 경험

④ 국제 워크숍을 통한 전 국민 건강보장 보편적 목표 달성

**02** 다음 글을 읽고 이에 대한 내용으로 적절하지 않은 것은?

> 2020년 통계청 자료에 따르면 국내 미숙아(임신 37주 미만에 태어난 신생아)는 전체 출생의 8.3%에 이르며, 해마다 증가하고 있다. 태아의 폐 성숙은 임신 35주 전후에 이루어지므로 미숙아로 태어나면 신생아 호흡곤란 증후군 등 호흡기 질환이 발생하기 쉽다.
>
> 모든 신생아는 출생 직후 첫 호흡을 시작하고 태아와 태반을 연결하는 제대가 막히면서 폐를 사용해 호흡하게 된다. 이때 미숙아는 폐의 지속적인 팽창을 유지하는 물질인 폐 표면 활성제가 부족해 폐가 쪼그라드는 무기폐가 발생하기 쉽다. 이로 인해 진행성 호흡부전을 일으키는 것을 신생아 호흡곤란 증후군이라 부른다.
>
> 신생아 호흡곤란 증후군의 대표 증상은 출생 직후 또는 수 분 이내에 나타나는 호흡곤란과 청색증이다. 시간이 지나면서 빠른 호흡, 함몰 호흡, 숨을 내쉴 때 신음, 지속 무호흡증, 청색증 등이 더 심해진다. 제대로 치료하지 못하면 호흡부전과 함께 혈압이 낮아지고, 체외 공기 누출, 폐출혈, 동맥관 개존증(태아기에 대동맥과 폐동맥을 연결하는 동맥관이 출생 후에도 열려있는 질환) 악화, 뇌실내출혈 등 다른 장기들도 제 기능을 하지 못해 사망에 이를 수 있다.
>
> 치료는 '산전 치료'와 '산후 치료'로 나뉜다. 가장 중요한 산전 치료 방법은 산전 스테로이드 투여다. 산후 치료로 가장 보편적인 것은 폐 표면 활성제 투여다. 아기의 호흡곤란 증상이 뚜렷하고 흉부 방사선 검사에서 호흡곤란증후군 소견이 발견돼 고농도의 흡입 산소가 필요하다고 판단되면 폐 표면 활성제를 투여한다. 이는 신생아 호흡곤란 증후군뿐만 아니라 각종 합병증의 중증도 및 빈도를 감소시켜 미숙아의 생존율을 높이는 것으로 알려졌다.
>
> 임신 28주 미만으로 출생한 미숙아 중 60%에서 신생아 호흡곤란 증후군 호전 이후에도 기관지폐이형성증과 같은 만성 폐 질환이 발생한다. 이 경우 소아기 초기에 감기 등 호흡기 바이러스에 감염되면 쌕쌕거림(천명)과 기침이 발생하고, 급격한 호흡부전과 폐고혈압을 유발할 수 있다. 따라서 출생 후 3년 동안은 손 씻기 등 위생 수칙을 철저히 지키고, 이상 증상이 있으면 즉시 적절한 진단과 치료를 받아야 한다.
>
> 박가영 교수는 "폐 발달이 미숙한 미숙아는 자발 호흡 노력 부족으로 출생 시 소생술이 필요한 경우가 많다. 따라서 조산 위험 인자가 있는 산모라면 신생아 소생술을 즉각적으로 시행할 수 있는 병원에서 분만하는 것이 좋다. 또, 무호흡, 헐떡호흡, 심박수 저하 등을 관찰해 양압 환기, 기관 내 삽관, 약물 치료 등 증상에 따른 적절한 치료를 신속하게 시행해야 한다."라고 당부했다.

① 모든 신생아는 출생 직후 첫 호흡을 시작하고 태아와 태반을 연결하는 제대가 막히면서 폐를 사용해 호흡하게 된다.

② 소아가 초기에 감기 등 호흡기 바이러스에 감염되면 천명과 기침이 발생한다.

③ 폐 발달이 미숙한 미숙아는 자발 호흡 노력 부족으로 출생 시 소생술이 필요한 경우가 많다.

④ 아기에게 고농도의 흡입 산소가 필요하다고 판단되면 폐 전면 활성제를 투여한다.

## 03 다음 제시된 문단 뒤의 ⊙ ~ @을 논리적 순서대로 바르게 나열한 것은?

국민건강보험공단(이사장 강도태)은 생활 속 친환경정책을 실천하고 자원선순환 문화를 확산하고자 강원지역 공공기관 최초 '투명페트병 자원순환 프로젝트' 기념행사를 7월 12일 개최했다고 밝혔다.

⊙ '자원순환 프로젝트'의 일환인 '투명페트병 무인회수기'는 지역주민의 이용 편의성을 고려하여 7월 말 원주 관내 행정복지센터 등 공공시설 4곳에 배치될 예정이다.

ⓒ 공단 본부에서 진행된 이번 행사는 공단 임직원, 원주시장 및 관계자, 미래세대 주역인 학생, 어린이 등이 참석한 가운데 자원순환 프로젝트에 동참하는 공단, 원주시, 원주시사회복지협의회, 환경전문기업 2개사 등 총 5개 기관의 업무협약과 함께 페트병 무인회수기 투입을 통한 플레이크화 작업 및 유가보상 시연, 플레이크, 고품질 섬유, 새(新)활용품 전시 등으로 다채롭게 펼쳐졌다.

ⓒ 이를 통해 건보공단 강도태 이사장은 "공단은 지속가능한 미래를 위한 자원순환 프로젝트, 탄소절감 캠페인 등의 활동으로 ESG경영을 적극 실천하고 있다."라며 "앞으로도 자원순환 활성화를 위해 지역주민과 임직원의 환경보호 활동을 아낌없이 지원하겠다."라고 밝혔다.

@ 공공시설에 배치된 무인회수기에 투입된 페트병은 자동 파쇄를 거쳐 파쇄된 플라스틱(일명 플레이크)으로 재탄생 되며, 이는 섬유, 시트 등의 재생원료로 생산 가능하다. 공단은 이 플레이크를 세제용기, 키링, 인형 등의 생활용품, 잡화로 새롭게 제작하여 연말 지역 사회복지시설에 후원할 예정이다.

① ⊙ - ⓒ - ⓒ - @       ② ⊙ - ⓒ - @ - ⓒ

③ ⓒ - ⊙ - @ - ⓒ       ④ ⓒ - ⊙ - ⓒ - @

**04** 다음 글의 주제로 가장 적절한 것은?

> 정부는 국민 건강 증진을 목적으로 담뱃값 인상을 실시했다. 이 때문에 2015년 1월 1일, 모든 담배 가격이 2,000원씩 올랐다. 적응기도 없이 제 몸값의 갑절로 올라버린 것이다. 충분한 논의 없는 정부의 정책은 흡연자의 반발심을 샀다. 연말부터 사재기라는 기이한 소비가 촉진되었고, 연초부터 면세점에서 담배를 사기 시작했다. 현재 정부는 면세점에서의 담뱃값 인상도 재추진 중이다.
>
> 그러나 담뱃값 인상은 국민 건강 증진의 근본적인 해결책이 될 수 없다. 흡연자들의 동의 없는 강경책을 일관할수록 암시장이 활성화될 것이다. 실제 10년 전 담뱃값이 500원 인상되었을 때 밀수한 담배 액수만 150억 원에 달했다. 밀수 담배의 대부분은 베트남·중국 쪽에서 제조된다. 이들은 제대로 된 정제 과정 없이 온갖 독성을 함유하고 있고 규제할 길도 묘연하다. 흡연자들이 밀수 담배에까지 손을 뻗는다면 오히려 국민 건강을 해치는 일이 아닌가? 더불어 밀수로 인해 증세 효과도 없어질 것이다.

① 흡연자의 권리가 침해되고 있다.
② 담배의 기형적 소비 형태가 만연하다.
③ 정부의 담뱃값 인상 규제 완화가 필요하다.
④ 밀수 담배는 국민 건강에 악영향을 미친다.

※ 다음 기사를 읽고 이어지는 질문에 답하시오. [5~6]

---

국민건강보험공단은 2017년 1월 16일부터 공단 홈페이지에서 임신·출산 진료비(국민행복카드)를 신청할 수 있는 온라인 서비스를 제공한다고 밝혔다.

(가) <u>아울러</u>, 요양기관의 입력정보가 없는 경우에는 본인의 임신정보를 입력 후 임신확인서 원본을 첨부하면 공단 담당자의 확인과정(3일 ~ 7일 소요)을 거쳐 바우처 등록 및 카드 발급이 될 수 있도록 구축하였다.

(나) 국민건강보험 가입자(피부양자) 중 임신 중인 자가 임신·출산 진료비 지원을 받으려면 요양 기관에서 임신확인서를 <u>발급받아</u> 은행이나 공단 지사를 <u>방문해야</u> 하는 불편이 있었다.

(다) 공단 관계자는 "정부와 공단이 임신·출산 친화적인 환경 조성을 위하여 2008년 12월부터 시행한 임신·출산 진료비 지원제도(국민행복카드)를 적극 홍보하여 모든 임신부가 혜택을 받도록 노력하겠으며, 금번 온라인 서비스 오픈으로 지원신청이 보다 간편해짐에 따라 이용자(임신부) 편익이 한층 증대되었다."라고 밝혔다.

(라) 공단은 이러한 임신부의 불편을 해소하기 위해 공단 홈페이지에서 공인인증서 본인인증 후 '임신정보 불러오기'로 요양기관의 입력내용을 조회하여 바우처 및 국민행복카드를 신청할 수 있도록 <u>개선하였다</u>.

---

| 의사소통능력

**05**  다음 중 첫 문단 뒤에 이어질 내용을 순서대로 바르게 나열한 것은?

① (나) – (라) – (가) – (다)

② (나) – (다) – (가) – (라)

③ (라) – (나) – (라) – (다)

④ (라) – (가) – (나) – (다)

| 의사소통능력

**06**  다음 중 밑줄 친 어휘를 대체할 수 없는 것은?

① 아울러 – 동시에 함께

② 발급받아 – 발부받아

③ 방문해야 – 찾아가야

④ 개선하였다 – 개악하였다

※ 다음 기사를 읽고 이어지는 질문에 답하시오. [7~8]

국민건강보험공단은 전 국민의 인구·사회학적 정보, 의료이용 및 약물처방 정보, 건강검진 정보 등 빅데이터를 활용하여 의약품 안전사용 모니터링 체계를 구축하였다. (가) 그동안 약물 부작용 사례는 주로 제약사, 의약품 복용자, 의료인 등에 의한 자발적 신고로 수집되어 약물 부작용의 규모 및 원인 파악이 어려웠으나 공단 빅데이터를 활용한 약물 부작용 모니터링으로 이를 최소화할 수 있는 기반을 마련하였다. (나) 공단은 빅데이터를 활용한 의약품 부작용 분석이 가능한지에 대해 보건의료연구원, 의약품안전관리원과 공동연구를 실시함으로써 공단 빅데이터의 대표성과 타당성, 신뢰성을 검증하였고, 이 연구는 2016년 기획재정부 협업과제로 선정되었다. (다) 이번 공동연구는 전 국민의 의료이용 자료를 분석하여 국내 최초로 의약품 부작용으로 인한 피해규모를 산출하여 부작용의 심각성 및 사전관리 필요성에 대한 객관적 근거를 제시한 것이다. (라) 이와 같은 협업사업 추진으로 공단 빅데이터는 분석자료로써의 가치가 검증되었고 이를 통해 우리나라에 적합한 빅데이터 기반의 의약품 안전사용 모니터링 검증모델을 구축하게 되었다. 표본 100만 명 환자에 대한 시범구축이 성공적으로 완료됨에 따라 향후에는 검증모델을 다양하게 활용하여 단계적으로 모니터링 시스템을 고도화함으로써 완성도 높은 대국민 의약품 안전사용 서비스를 제공할 예정이다.

**| 의사소통능력**

**07** 다음 (가)~(라) 중 〈보기〉가 들어갈 위치로 가장 적절한 곳은?

보기

국민들이 의약품을 안전하게 복용할 수 있도록 보건의료연구원, 의약품안전관리원과 협업을 통해 그동안 사각지대였던 의약품 사용단계에서의 부작용 발생을 모니터링하는 시스템을 구축한 것이다.

① (가)
② (나)
③ (다)
④ (라)

**| 의사소통능력**

**08** 다음 중 제시된 기사의 제목으로 가장 적절한 것은?

① 빅데이터, 국민건강에 큰 영향을 줘
② 국민건강보험공단, 약물 오남용 심각한 수준
③ 건강보험 빅데이터로 약물 부작용 줄이고, 국민 안전 올리고
④ 건강보험공단, 보건의료연구원·의약품안전관리원의 빅데이터 활용

**09** 다음 글의 제목으로 가장 적절한 것은?

> 사회보장제도는 사회구성원에게 생활의 위험이 발생했을 때 사회적으로 보호하는 대응체계를 가리키는 포괄적 용어로 크게 사회보험, 공공부조, 사회서비스가 있다. 예를 들면 실직자들이 구직활동을 포기하고 다시 노숙자가 되지 않도록 지원하는 것 등이 있다.
> 사회보험은 보험의 기전을 이용하여 일반주민들을 질병, 상해, 폐질, 실업, 분만 등으로 인한 생활의 위협으로부터 보호하기 위하여 국가가 법에 의하여 보험가입을 의무화하는 제도로 개인적 필요에 따라 가입하는 민간보험과 차이가 있다.
> 공공부조는 극빈자, 불구자, 실업자 또는 저소득계층과 같이 스스로 생계를 영위할 수 없는 계층의 생활을 그들이 자립할 수 있을 때까지 국가가 재정기금으로 보호하여 주는 일종의 구빈제도이다.
> 사회서비스는 복지사회를 건설할 목적으로 법률이 정하는 바에 의하여 특정인에게 사회보장 급여를 국가 재정부담으로 실시하는 제도로 군경, 전상자, 배우자 사후, 고아, 지적 장애아 등과 같은 특별한 사유가 있는 자나 노령자 등이 해당된다.

① 사회보험제도와 민간보험제도의 차이
② 사회보장제도의 의의와 종류
③ 우리나라의 사회보장제도
④ 사회보장제도의 대상자

※ 다음은 청년내일저축계좌에 대한 기사이다. 이어지는 질문에 답하시오. [10~11]

보건복지부가 청년을 위해 내놓은 적립식 금융상품인 '청년내일저축계좌'가 하나은행을 통해 단독 판매된다. 이번 사업은 월 10만 원씩 3년 저축하면 정부가 지원금 월 10만 원씩 추가 적립하는 방식으로 진행된다. 3년 만기 시 본인 납입액 360만 원을 포함해 720만 원의 지원과 적금이자를 합쳐 최대 1,440만 원까지 받을 수 있다.

보건복지부에 따르면 기존 자산형성지원사업은 당초 기초생활수급자·차상위 청년만을 대상으로 했으나 올해부터 가입 대상을 일정 기준을 충족하는 저소득 청년으로 확대됐다. 이에 따라 가입대상은 지난해 1만 8천 명에서 올해 10만 4천 명으로 대폭 늘어났다. 청년내일저축계좌의 가입·신청 대상은 신청 당시 만 19 ~ 34세의 근로·사업소득이 있는 수급자·차상위가구 및 가구중위소득 100% 이하의 청년이다.

이 상품은 청년 대상자가 매월 납입하는 금액 10만 원에 대해 정부가 동일 금액의 적립금을 추가 지원한다. 이 중 수급자·차상위가구 청년의 경우 30만 원의 적립금을 추가 지원한다. 청년내일저축계좌의 가입금액은 10만 원 이상 50만 원 이하(만 원 단위)까지 가능하며, 가입기간은 3년이다. 금리는 기본금리 연 2.0%에 최대 연 3.0%p의 우대금리를 더해 최대 연 5.0%까지 적용 가능하다. 우대금리 혜택은 급여 및 주거래 이체 연 1.2%, 주택청약종합저축 신규·보유 시 연 1.0%, 마케팅 동의 연 0.5%, '하나 합' 서비스 등록 연 0.3% 등 조건에 부합하면 받을 수 있다.

청년들은 오는 18일부터 8월 5일까지 보건복지부 복지포털 사이트인 '복지로'를 통해 청년내일저축계좌 가입 신청을 하고, 10월 중 대상자가 확정되면 H은행 영업점과 모바일 애플리케이션(앱) 'H원큐' 등을 통해 상품 가입을 할 수 있다. 12일 H은행은 자격 대상 여부를 빠르게 확인할 수 있도록 H원큐를 통해 '간편자격 조회 서비스'를 시행한다고 밝혔다. 이어 "만약 가입 대상이 아니라도 자격 요건에 따라 H은행의 '급여H 월복리적금' 상품에 대한 금리우대 쿠폰을 받을 수 있다."라고 덧붙였다.

_____ 유사한 사업에 앞서 신청한 경우, 중복 신청이 가능한지에 대한 여부도 관심이 높아지고 있다. 금융위원회에서 시행한 청년희망적금에 가입한 경우에는 중복 가입할 수 있다. 다만, 서울시 희망두배 청년통장과 고용노동부 청년내일채움공제 등에 가입한 이들은 중복 신청이 불가하다.

**10** 다음 중 빈칸에 들어갈 접속사로 가장 적절한 것은?

① 그러나　　　　　　　　　　② 그러므로

③ 하지만　　　　　　　　　　④ 한편

**11** 다음 중 제시된 기사에 대한 내용으로 적절하지 않은 것은?

① 청년내일저축계좌의 신청 대상자는 신청 당시 만 19 ~ 34세의 근로·사업소득이 있는 수급자·차상위가구 및 가구중위소득 100% 이하의 청년들이다.

② 청년내일저축계좌의 가입금액은 10만 원 이상 최대 100만 원 이하(만 원 단위)까지 가능하다.

③ 청년들은 8월 5일까지 보건복지부 복지포털 사이트인 '복지로'를 통해 가입 신청을 할 수 있다.

④ 금융위원회에서 시행한 청년희망적금에 가입한 경우에는 청년내일저축계좌를 중복 가입할 수 있다.

**12** 다음 문단을 논리적 순서대로 바르게 나열한 것은?

(가) 국민건강보험공단 이사장은 "공단은 보건의료 데이터 관리기관으로서 소비자의 권익을 최우선으로 하는 안전한 보건의료 데이터 활용을 위해 최선을 다할 것"이라고 밝혔으며, "이번 협약을 계기로 데이터에 대한 소비자 주권이 더욱 강화되고, 소비자가 더욱 편리하고 안전하게 이용할 수 있도록 보건의료 마이데이터의 활용이 진전되길 바란다."라고 기대감을 보였다.

(나) 이번 업무협약은 소비자 데이터 주권 인식을 강화하고 소비자 중심의 보건의료 마이데이터 활성화를 위하여 양 기관이 협력하고자 뜻을 모은 것으로, 협약서에는 보건의료 마이데이터에 대한 소비자 권익 보호 및 신뢰를 기반으로 한 보건의료 마이데이터 활용 확산을 위해 양 기관이 상호 소통하고, 공공기반 보건의료 마이데이터 활용 확산을 위한 협력방안을 모색하는 내용이 담겼다.

(다) 국민건강보험공단과 한국소비자연맹은 소비자 중심의 의료 마이데이터 활성화를 위해 업무협약을 체결하고, '의료데이터 수집과 활용, 소비자 관점에서의 도전과 과제'라는 주제로 국회 토론회를 공동으로 개최하였다.

(라) 이어서 공단과 한국소비자연맹이 공동으로 개최한 토론회에서는 소비자중심건강포럼의 대표를 맡고 있는 D대학교 S교수가 좌장을 맡아, 보건의료 및 빅데이터 분야 전문가들의 발제와 패널토론을 통해 소비자 데이터 주권 개념을 중심으로 한 의료마이데이터 활성화 방향에 대하여 심도 있는 논의가 이어졌다. H대 의과대학 A교수의 '의료 마이데이터 현황과 소비자 혜택 강화를 위한 개선안'을 시작으로 공단 빅데이터 B전략본부장의 '소비자 권익보호를 위한 건강보험 마이데이터 전략'에 대한 발제가 이어졌고, 국립암센터 C교수의 '소비자 중심의 나의 건강기록 활용'에 대한 발제가 진행되었다.

① (다) - (나) - (가) - (라)  ② (가) - (다) - (나) - (라)

③ (다) - (나) - (라) - (가)  ④ (가) - (라) - (나) - (다)

**13** 다음 연도별·연령대별 흡연율 표를 그래프로 나타낼 때, 옳지 않은 것은?

〈연도별·연령대별 흡연율〉

(단위 : %)

| 구분 | 연령대 | | | | |
|---|---|---|---|---|---|
| | 20대 | 30대 | 40대 | 50대 | 60대 이상 |
| 2012년 | 28.4 | 24.8 | 27.4 | 20.0 | 16.2 |
| 2013년 | 21.5 | 31.4 | 29.9 | 18.7 | 18.4 |
| 2014년 | 18.9 | 27.0 | 27.2 | 19.4 | 17.6 |
| 2015년 | 28.0 | 30.1 | 27.9 | 15.6 | 2.7 |
| 2016년 | 30.0 | 27.5 | 22.4 | 16.3 | 9.1 |
| 2017년 | 24.2 | 25.2 | 19.3 | 14.9 | 18.4 |
| 2018년 | 13.1 | 25.4 | 22.5 | 15.6 | 16.5 |
| 2019년 | 22.2 | 16.1 | 18.2 | 13.2 | 15.8 |
| 2020년 | 11.6 | 25.4 | 13.4 | 13.9 | 13.9 |
| 2021년 | 14.0 | 22.2 | 18.8 | 11.6 | 9.4 |

① 40대, 50대 연도별 흡연율

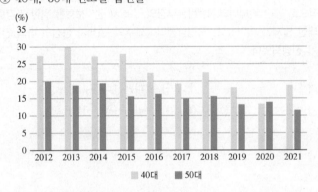

② 2018 ~ 2021년 연령대별 흡연율

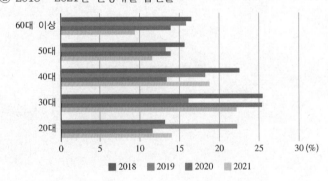

③ 2016~2021년 60대 이상 연도별 흡연율

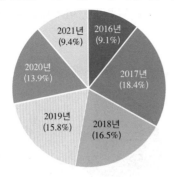

④ 20대, 30대 연도별 흡연율

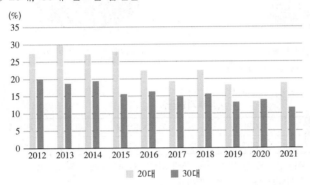

**14** 다음은 2021년 정부지원금 수혜자 200명을 대상으로 조사한 자료이다. 이에 대한 설명으로 옳지 않은 것은?(단, 소수점 첫째 자리에서 버림한다)

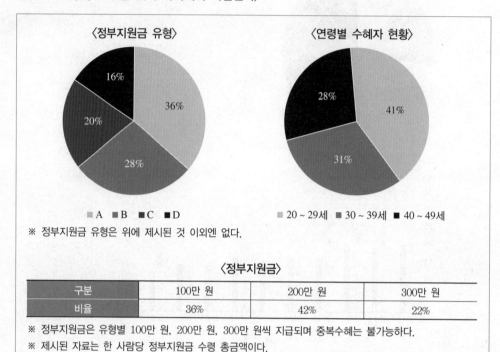

〈정부지원금 유형〉
16%
36%
20%
28%

■ A  ■ B  ■ C  ■ D

〈연령별 수혜자 현황〉
28%
41%
31%

■ 20 ~ 29세  ■ 30 ~ 39세  ■ 40 ~ 49세

※ 정부지원금 유형은 위에 제시된 것 이외엔 없다.

〈정부지원금〉

| 구분 | 100만 원 | 200만 원 | 300만 원 |
| --- | --- | --- | --- |
| 비율 | 36% | 42% | 22% |

※ 정부지원금은 유형별 100만 원, 200만 원, 300만 원씩 지급되며 중복수혜는 불가능하다.
※ 제시된 자료는 한 사람당 정부지원금 수령 총금액이다.

① 정부지원금에 들어간 총비용은 37,000만 원 이상이다.

② 정부지원금 유형 A의 수령자가 모두 20대라고 할 때, 전체 20대 중 정부지원금 유형 A의 수령자가 차지하는 비율은 85%이다.

③ 모든 20대가 정부지원금을 200만 원 받았다고 할 때, 200만 원 수령자 중 20대가 차지하는 비율은 95% 이상이다.

④ 정부지원금 수혜자 수가 2배이고 수혜자 현황 비율이 동일하다면, 정부지원금에 들어간 비용도 2배이다.

※ 다음은 K공단 직원 250명을 대상으로 조사한 자료이다. 이어지는 질문에 답하시오. [15~16]

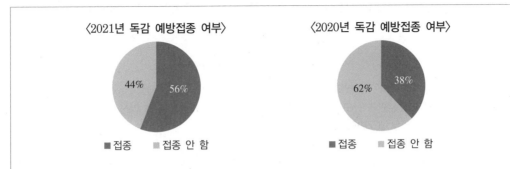

〈2021년 독감 예방접종 여부〉
44%  56%
■ 접종  ■ 접종 안 함

〈2020년 독감 예방접종 여부〉
62%  38%
■ 접종  ■ 접종 안 함

〈부서별 직원 현황〉

| 구분 | 총무부서 | 회계부서 | 영업부서 | 제조부서 | 합계 |
| --- | --- | --- | --- | --- | --- |
| 비율 | 16% | 12% | 28% | 44% | 100% |

※ 제시된 것 외의 부서는 없다.
※ 2020년과 2021년 부서별 직원 현황은 변동이 없다.

**15** 다음 중 자료에 대한 설명으로 옳은 것은?(단, 소수점 첫째 자리에서 버림한다)

① 2020년의 독감 예방접종자가 2021년에도 예방접종을 했다면, 2020년에는 예방접종을 하지 않았지만 2021년에 예방접종을 한 직원은 총 54명이다.

② 2020년 대비 2021년에 예방접종을 한 직원의 수는 49% 이상 증가했다.

③ 2020년의 예방접종을 하지 않은 직원들을 대상으로 2021년의 독감 예방접종 여부를 조사한 자료라고 한다면, 2020년과 2021년 모두 예방접종을 하지 않은 직원은 총 65명이다.

④ 2020년과 2021년의 독감 예방접종 여부가 총무부서에 대한 자료라고 할 때, 총무부서 직원 중 예방접종을 한 직원은 2020년 대비 2021년에 약 7명 증가했다.

**16** 제조부서를 제외한 모든 부서 직원의 절반이 2020년 예방접종을 했다고 할 때, 제조부서 직원 중 2020년에 예방접종을 한 직원의 비율은?(단, 소수점 첫째 자리에서 버림한다)

① 18%  ② 20%

③ 22%  ④ 24%

**17** 다음은 국민건강보험공단에서 진행하는 건강보험 임신 · 출산 진료비 지원제도에 대한 자료이다. 이를 통해 A ~ D 중 지원제도를 신청할 수 있는 사람은?

---

〈임신 · 출산 진료비 지원제도〉

• 임신 · 출산 진료비 지원제도란?
  건강한 태아의 분만과 산모의 건강관리, 출산친화적 환경 조성을 위해 임신 및 출산과 관련된 진료비를 전자바우처(국민행복카드)로 일부 지원하는 제도

• 지원 대상
  임신확인서로 임신이 확진된 건강보험 가입자 또는 피부양자 중 임신 · 출산 진료비 지원 신청자

• 신청인
  임신부 본인 또는 그 가족

• 제외 대상자
  – 의료급여법에 따라 의료급여를 받는 자(수급권자)
  – 유공자 등 의료보호 대상자로서 건강보험의 적용 배제 신청을 한 자
  – 주민등록말소자, 급여정지자(특수시설수용자, 출국자)

• 제출 서류
  1. 임신 · 출산 진료비 지원 신청서 및 임신확인서
  2. 가족이 신청하는 경우 임산부와의 관계를 입증할 수 있는 서류
     (대리인 신분증, 주민등록등본, 가족관계증명서 등)

---

① 출산한 친구를 대신하여 임신확인서와 대리인 신분증을 가지고 지원 신청서를 작성한 A

② 출산한 딸을 대신하여 임신확인서와 주민등록등본을 가지고 지원 신청서를 작성한 B

③ 직접 임신확인서를 가지고 지원 신청서를 작성한 의료급여를 받고 있는 C

④ 출산 후 출국한 딸을 대신하여 임신확인서와 가족관계증명서를 가지고 지원 신청서를 작성한 D

※ 다음은 K공단에서 시니어 인턴십에 참여하고 있는 인턴들에 대한 성과평가 결과이다. K공단은 이를
바탕으로 근로장려금을 차등 지급하려고 한다. 이어지는 질문에 답하시오. **[18~19]**

〈장려금 지급 기준〉

• 직원들의 장려금은 성과점수에 따라 지급한다.
• 성과점수는 각 인턴들의 업무 평가 결과에 해당하는 기준점수의 합으로 계산한다.
• 평가결과는 탁월 – 우수 – 보통 3단계로 구분한다.

〈업무 평가 결과〉

| 인턴 | 업무량 | 업무 효율성 | 업무 협조성 | 업무 정확성 | 근무태도 |
|---|---|---|---|---|---|
| A인턴 | 우수 | 탁월 | 보통 | 보통 | 우수 |
| B인턴 | 보통 | 보통 | 우수 | 우수 | 보통 |
| C인턴 | 탁월 | 보통 | 탁월 | 탁월 | 보통 |
| D인턴 | 보통 | 우수 | 탁월 | 탁월 | 우수 |

〈기준 점수〉

| 평가 | 업무량 | 업무 효율성 | 업무 협조성 | 업무 정확성 | 근무태도 |
|---|---|---|---|---|---|
| 탁월 | 10 | 20 | 30 | 20 | 20 |
| 우수 | 8 | 16 | 20 | 16 | 10 |
| 보통 | 6 | 10 | 16 | 10 | 8 |

〈성과점수별 장려금〉

| 구분 | 50 ~ 60점 | 61 ~ 70점 | 71 ~ 80점 | 81 ~ 90점 | 91 ~ 100점 |
|---|---|---|---|---|---|
| 지급금액 | 10만 원 | 20만 원 | 30만 원 | 40만 원 | 50만 원 |

┃ 문제해결능력

**18** 시니어 인턴십에 참여한 A ~ D인턴 중 장려금을 가장 많이 받는 사람은?

① A인턴
② B인턴
③ C인턴
④ D인턴

┃ 문제해결능력

**19** 각 인턴들의 업무 평가 결과가 다음 〈조건〉과 같이 변경되었을 때, 장려금을 가장 많이 받는 사람은?

조건
• A인턴의 업무 정확성 평가 : 보통 → 우수
• B인턴의 근무태도 평가 : 보통 → 우수
• C인턴의 업무 효율성 평가 : 보통 → 탁월
• D인턴의 업무 협조성 평가 : 탁월 → 우수

① A인턴
② B인턴
③ C인턴
④ D인턴

**20** 올해 목표를 금연으로 정한 S는 금연치료지원 프로그램에 참여했다. 그러나 S는 개인 사정으로 프로그램 참여 시작 후 7주(49일) 만에 그만두게 되었다. 금연치료지원 프로그램 안내문과 S의 참여내역이 다음과 같을 때, S씨가 7주(49일)까지 냈던 본인부담금은?(단, 부가세는 고려하지 않는다)

### 〈금연치료지원 프로그램 안내문〉

#### 1. 프로그램의 개요

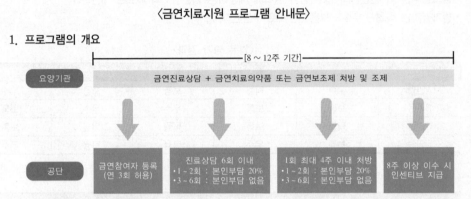

[8 ~ 12주 기간]

**요양기관** : 금연진료상담 + 금연치료의약품 또는 금연보조제 처방 및 조제

**공단**
- 금연참여자 등록 (연 3회 허용)
- 진료상담 6회 이내
  - 1 ~ 2회 : 본인부담 20%
  - 3 ~ 6회 : 본인부담 없음
- 1회 최대 4주 이내 처방
  - 1 ~ 2회 : 본인부담 20%
  - 3 ~ 6회 : 본인부담 없음
- 8주 이상 이수 시 인센티브 지급

※ 8 ~ 12주 기간 동안 6회 이내의 진료상담과 금연치료의약품 또는 금연보조제(니코틴패치, 껌, 정제) 구입비용 지원

#### 2. 제공기관 및 지원대상
- 제공기관 : 공단에 금연치료 지원사업 참여 신청한 모든 병·의원, 보건소, 보건지소 등
- 지원대상 : 금연치료 참여 의료기관에 방문하여 등록한 금연치료를 희망하는 모든 흡연자에 대해 지원(단, 1년에 3번까지 지원 가능하며, 예정된 차기 진료일로부터 1주 이상 의료기관을 방문하여 진료받지 않은 경우 프로그램 탈락으로 간주하여 1회차 지원을 종료함)

#### 3. 지원내용
- 금연진료·상담료 : 최초상담료와 금연유지상담료로 구분하고, 공단에서 80% 지원(참여자 20% 부담)

| 구분 | 금연(단독)진료 | 금연(동시)진료 |
|------|--------------|--------------|
| 최초상담 | 22,500원 | 금연(단독)진료와 전체 금액은 같으나 최초상담 시 1,500원, |
| 유지상담 | 13,500원 | 유지상담 시 900원을 공단이 더 부담 |

※ 금연진료를 타 상병과 동시에 진료하는 경우 '금연(동시)진료'와 금연진료만 행하는 '금연(단독)진료'로 구분
※ 의료급여수급자 및 저소득층(건강보험료 하위 20% 이하)은 진료·상담료 전액 지원
- 약국금연 관리비용 : 금연치료의약품, 금연보조제 등 사용안내 및 복약지도 관련 비용 지원

| 금연치료의약품 | | | 금연보조제 | | |
|------|------|------|------|------|------|
| 공단부담금 | 본인부담금 | 합계 | 공단부담금 | 본인부담금 | 합계 |
| 6,500원 | 1,600원 | 8,100원 | 1,600원 | 400원 | 2,000원 |

※ 의료급여수급자 및 저소득층(건강보험료 하위 20% 이하)은 진료·상담료 전액 지원

- 금연치료의약품 · 금연보조제 : 1회 처방당 4주 이내의 범위(총 12주)에서 금연치료의약품 및 금연보조제(니코틴패치, 껌, 정제) 구입비용 지원
  - 금연치료의약품

| 구분 | | 부프로피온정 | 바레니클린정 | 챔픽스정 |
|---|---|---|---|---|
| 약가 상한액 | | 정당 530원 | 정당 1,800원 | 정당 2,100원 |
| 본인부담금 | 건강보험 | 정당 100원 | 정당 360원 | 정당 400원 |
| | 의료급여 / 저소득층 | 없음 | | |

  - 금연보조제

| 구분 | | 금연보조제<br>(니코틴패치, 껌, 정제) | 비고 |
|---|---|---|---|
| 지원액 | 건강보험 | 1일당 1,500원 | 지원액을 초과하는 비용은 본인이 부담 |
| | 의료급여 / 저소득층 | 1일당 2,940원 | |

---

### 〈S의 7주 차까지의 참여내역〉

- 의료급여 · 저소득층 여부 : 해당사항 없음
- 처방받은 금연치료의약품 : 챔픽스정(1일 2정 복용)
- 타 상병과 동시진료 여부 : 고혈압으로 인해 매 진료 시 같이 진료받았음
- 금연진료 · 상담 방문 횟수 : 4회
- 약국방문 횟수 : 2회[1회 차 : 4주치(28일치) 처방, 2회 차 : 3주치(21일치) 처방]

① 없음      ② 43,500원
③ 47,200원      ④ 50,700원

**01** 다음 중 국민건강보험법상 제87조 및 제88조에 해당하지 않는 것은?

① 가입자 및 피부양자의 자격, 보험료 등, 보험급여, 보험급여 비용에 관한 공단의 처분에 이의가 있는 자는 공단에 이의신청을 할 수 있다.

② 이의신청은 처분이 있음을 안 날로부터 90일 이내에 문서(전자문서를 포함)로 하여야 한다.

③ 이의신청에 대한 결정에 불복하는 자는 건강보험분쟁조정위원회에 심판청구를 할 수 있다.

④ 공단 또는 심사평가원의 처분에 이의가 있는 자와 이의신청 또는 심판청구에 대한 결정에 불복하는 자는 행정소송법에서 정하는 바에 따라 행정소송을 제기할 수 있다.

**02** 다음 중 국민건강보험법상 재정운영위원회의 구성에 대한 설명으로 옳지 않은 것은?

① 직장가입자 대표 10명, 지역가입자 대표 10명, 공익을 대표하는 위원 10명으로 구성된다.

② 지역가입자 대표 10명은 노동조합과 사용자단체에서 추천하는 각 5명으로 임명한다.

③ 공익을 대표하는 위원은 공무원 및 건강보험에 관한 학식과 경험이 풍부한 사람으로 임명한다.

④ 공무원을 제외한 재정운영위원회 위원의 임기는 2년이다.

**03** 다음 중 3년 동안 행사하지 않으면 소멸시효가 완성되는 권리로 볼 수 없는 것은?

① 요양급여비용의 정산에 따른 근로복지공단의 권리

② 보험료, 연체금 및 가산금을 징수할 권리

③ 과다납부된 본인일부부담금을 돌려받을 권리

④ 휴직자 등의 보수월액보험료를 징수할 권리

**04** 다음 글의 빈칸 (A), (B)에 들어갈 내용을 순서대로 바르게 나열한 것은?

> • 보건복지부장관은 약사법 제47조 제2항의 위반과 관련된 제41조 제1항 제2호의 약제에 대하여는 요양급여비용 상한금액(제41조 제3항에 따라 약제별 요양급여비용의 상한으로 정한 금액을 말한다. 이하 같다)의 ___(A)___ 을 넘지 아니하는 범위에서 그 금액의 일부를 감액할 수 있다.
> • 보건복지부장관은 제1항에 따라 요양급여비용의 상한금액이 감액된 약제가 감액된 날부터 5년의 범위에서 대통령령으로 정하는 기간 내에 다시 제1항에 따른 감액의 대상이 된 경우에는 요양급여비용 상한금액의 ___(B)___ 을 넘지 아니하는 범위에서 요양급여비용 상한금액의 일부를 감액할 수 있다.

| | (A) | (B) |
|---|---|---|
| ① | 100분의 20 | 100분의 30 |
| ② | 100분의 20 | 100분의 40 |
| ③ | 100분의 30 | 100분의 40 |
| ④ | 100분의 30 | 100분의 50 |

**05** 다음 중 보건복지부장관이 보험료 부과제도에 대해 적정성을 평가할 때, 고려해야 할 사항이 아닌 것은?

① 제도개선위원회가 심의한 가입자의 소득 파악 현황
② 공단의 소득 관련 자료 보유 현황
③ 직장가입자와 지역가입자의 연금소득 현황
④ 직장가입자에게 부과되는 보험료와 지역가입자에게 부과되는 보험료 간 형평성

**06** 다음 중 국민건강보험법상 외국인 중 직장가입자 적용이 되는 사람으로 옳지 않은 것은?

① 보건복지부령으로 정하는 기간 동안 국내에 거주하였거나 해당 기간 동안 국내에 지속적으로 거주할 것으로 예상되는 사람
② 주민등록법 제6조 제1항 제3호에 따라 등록한 사람
③ 출입국관리법 제31조에 따라 외국인등록을 한 사람
④ 제외동포의 출입국과 법적 지위에 관한 법률 제6조에 따라 국내거소신고를 한 사람

**07** 다음 문장의 빈칸에 들어갈 금액으로 옳은 것은?

> 공단은 징수하여야 할 금액이나 반환하여야 할 금액이 1건당 _____ 미만인 경우에는 징수 또는 반환하지 아니한다.

① 1천 원               ② 2천 원

③ 3천 원               ④ 4천 원

**08** 다음 중 공단의 임원을 당연퇴임 및 해임시킬 수 있는 사유에 해당하는 것은?

① 직무를 수행할 수 있으나 신체장애가 있는 경우

② 실수로 공단에 손실이 생기게 한 경우

③ 직무 여부와 관계없이 품위를 손상하는 행위를 한 경우

④ 행정부장관의 명령을 위반한 경우

**09** 다음 중 보건복지부장관의 업무로 옳지 않은 것은?

① 보건복지부장관은 이 법에 따른 건강보험의 건전한 운영을 위하여 제4조에 따른 건강보험정책심의위원회의 심의를 거쳐 5년마다 국민건강보험종합계획을 수립하여야 한다.

② 보건복지부장관은 종합계획에 따라 반기별로 연도별 시행계획을 건강보험정책심의위원회의 심의를 거쳐 수립·시행하여야 한다.

③ 보건복지부장관은 매년 시행계획에 따른 추진실적을 평가하여야 한다.

④ 보건복지부장관은 다음 각 호의 사유가 발생한 경우 관련 사항에 대한 보고서를 작성하여 지체 없이 국회 소관 상임위원회에 보고하여야 한다.

**10** 다음 중 국민건강보험법 제57조의2에 대한 내용으로 옳지 않은 것은?

① 인적사항 등의 공개 여부를 심의하기 위하여 공단에 부당이득징수금체납정보공개심의위원회를 둔다.

② 인적사항등의 공개는 관보에 게재하거나 공단 인터넷 홈페이지에 게시하는 방법으로 한다.

③ 통지일부터 5개월이 경과한 후 심판청구가 제기되거나 행정소송이 계류 중인 경우에도 공개대상자를 선정한다.

④ 제1항부터 제4항까지에서 규정한 사항 외에 인적사항등의 공개 절차 및 부당이득징수금체납정보공개심의위원회의 구성·운영 등에 필요한 사항은 대통령령으로 정한다.

**11** 다음 중 국민건강증진기금에서 자금을 지원받아 사용할 수 없는 사업은?

① 건강검진 등 건강증진에 관한 사업

② 가입자와 피부양자의 흡연으로 인한 질병에 대한 보험급여

③ 가입자와 피부양자 중 65세 이상 노인에 대한 보험급여

④ 건강보험사업에 대한 운영비

**12** 다음 글의 빈칸에 들어갈 용어로 옳은 것은?

> 공단은 제94조 제1항에 따라 신고한 보수 또는 소득 등에 축소 또는 탈루(脫漏)가 있다고 인정하는 경우에는 보건복지부장관을 거쳐 소득의 축소 또는 탈루에 관한 사항을 문서로 _____에게 송부할 수 있다.

① 국세청장　　　　　　　　　　　② 경찰청장

③ 관세청장　　　　　　　　　　　④ 조달청장

**13** 다음 중 국민건강보험법 제109조에 대한 설명으로 옳지 않은 것은?

① 정부는 외국 정부가 사용자인 사업장의 근로자의 건강보험에 대해서도 국민건강보험법의 규정을 따라야 한다.

② 국내체류 외국인 등이 적용대상사업장의 근로자이고 고용 기간이 1개월 미만인 일용근로자에 해당하지 않으면서 국내거소신고를 한 사람인 경우에는 직장가입자가 된다.

③ 국내체류 외국인 등이 보건복지부령으로 정하는 기간 동안 국내에 지속적으로 거주할 것으로 예상할 수 있고 주민등록법에 따라 재외국민 주민등록을 한 사람인 경우에는 직장가입자가 된다.

④ 국내체류 외국인 등이 직장가입자의 직계존속·직계비속이면서 피부양자 자격의 인정 기준에 해당하는 경우에 국민건강보험공단에 신청하면 피부양자가 될 수 있다.

**14** 다음 중 국민건강보험법에 대한 설명으로 옳지 않은 것은?

① 공단은 개인정보보호법에 관한 법률에 따라 건강보험과 관련하여 보유, 관리하고 있는 정보를 공개한다.

② 직장가입자의 보수월액보험료는 사용자가 납부한다.

③ 국민건강보험공단 또는 건강보험심사평가원의 이의신청에 대한 결정에 불복하는 자는 보건복지부에 둔 건강보험분쟁조정위원회에 심판청구를 할 수 있다.

④ 이의신청은 처분이 있음을 안 날부터 90일 이내, 처분이 있은 날부터 180일 이내에 하여야 한다.

**15** 다음 글의 빈칸에 들어갈 용어를 논리적 순서대로 바르게 나열한 것은?

보험료 등은 _____와 _____를 제외한 다른 채권에 우선하여 징수한다. 다만, 보험료 등의 납부기한 전에 전세권·질권·저당권 또는 동산·채권 등의 담보에 관한 법률에 따른 담보권의 설정을 등기 또는 등록한 사실이 증명되는 재산을 매각할 때에 그 매각대금 중에서 보험료 등을 징수하는 경우 그 전세권·질권·저당권 또는 동산·채권 등의 담보에 관한 법률에 따른 담보권으로 담보된 채권에 대하여는 그러하지 아니하다.

① 국세, 지방세          ② 국세, 법인세

③ 재산세, 지방세        ④ 재산세, 법인세

**16** 다음은 국민건강보험법상 "근로자"의 정의이다. ㉠ ~ ㉢에 들어갈 말을 순서대로 바르게 나열한 것은?

"근로자"란 직업의 종류와 관계없이 근로의 대가로 ____㉠____을/를 받아 생활하는 사람(법인의 이사와 그 밖의 임원을 포함한다)으로서 ____㉡____ 및 ____㉢____을/를 제외한 사람을 말한다.

① 소득, 사용자, 피부양자      ② 보수, 사용자, 피부양자

③ 보수, 배우자, 직계비속      ④ 보수, 공무원, 교직원

**17** 직장가입자 A의 보수월액이 300만 원, 소득월액이 700만 원이다. 보험료율을 6%라고 가정할 때, 국민건강보험법상 A의 월별 보험료액은?

① 29만 원            ② 39만 원

③ 49만 원            ④ 60만 원

**18** 다음 〈보기〉에서 국민건강보험법상 보험급여를 제한하는 경우가 아닌 것을 모두 고르면?

가. 중대한 과실로 인한 범죄행위에 그 원인이 있거나 고의로 사고를 일으킨 경우
나. 중대한 과실로 공단이나 요양기관의 요양에 관한 지시에 따르지 아니한 경우
다. 공무로 생긴 질병·부상·재해로 다른 법령에 따른 보험급여나 보상을 받게 되는 경우
라. 직장가입자의 피부양자 요양기관이 아닌 곳에서 출산하게 된 경우

① 가, 나, 다        ② 가, 다
③ 나, 라        ④ 라

**19** 다음 문장의 빈칸에 들어갈 용어로 옳지 않은 것은?

보건복지부장관의 권한은 대통령령으로 정하는 바에 따라 그 일부를 _____에게 위임할 수 있다.

① 광역시장        ② 도지사
③ 특별자치도지사        ④ 국회의원

**20** 다음 중 빈칸 ㉠ ~ ㉢에 들어갈 내용을 순서대로 바르게 나열한 것은?

• 요양기관은 요양급여비용을 최초로 청구하는 때에 요양기관의 시설·장비 및 인력 등에 대한 현황을 _____ ㉠ _____ 에 신고하여야 한다.
• 요양기관은 신고한 내용(요양급여비용의 증감에 관련된 사항만 해당한다)이 변경된 경우에는 그 변경된 날부터 _____ ㉡ _____ 이내에 _____ ㉠ _____ 에 신고해야 한다.
• 제1항 및 제2항에 따른 신고의 범위, 대상, 방법 및 절차 등에 필요한 사항은 _____ ㉢ _____ 으로 정한다.

| | ㉠ | ㉡ | ㉢ |
|---|---|---|---|
| ① | 국민건강보험공단 | 15일 | 보건복지부령 |
| ② | 국민건강보험공단 | 30일 | 대통령령 |
| ③ | 건강보험심사평가원 | 15일 | 보건복지부령 |
| ④ | 건강보험심사평가원 | 30일 | 대통령령 |

**21** 다음 중 건강보험가입자의 자격상실 시기로 옳은 것은?

① 직장가입자의 피부양자가 된 날의 다음 날
② 국적을 잃은 날
③ 사망한 날의 다음 날
④ 건강보험의 적용배제신청을 한 날의 다음 날

**22** 다음 중 국민건강보험법상 건강보험정책심의위원회의 심의·의결사항이 아닌 것은?

① 요양급여의 기준
② 요양급여비용에 관한 사항
③ 직장가입자의 보수월액 및 소득월액
④ 지역가입자의 보험료부과점수당 금액

**23** 다음 글의 빈칸에 들어갈 날짜로 옳은 것은?

> 가입자가 자격을 잃은 경우 직장가입자의 사용자와 지역가입자의 세대주는 그 명세를 보건복지부령
> 으로 정하는 바에 따라 자격을 잃은 날부터 _____ 이내에 보험자에게 신고하여야 한다.

① 7일                                ② 10일
③ 14일                               ④ 21일

**24** 다음 중 요양급여비용 산정에 대한 설명으로 옳지 않은 것은?

① 요양급여비용 산정의 계약기간은 2년 이내로 한다.
② 요양급여비용 산정 계약은 그 직전 계약기간 만료일이 속하는 연도의 5월 31일까지 체결해야
 한다.
③ 요양급여비용이 정해지면 보건복지부장관은 그 명세를 지체 없이 고시하여야 한다.
④ 요양급여비용은 국민건강보험공단의 이사장과 대통령령으로 정하는 의약계를 대표하는 사람들
 의 계약으로 정한다.

**25** 다음 중 국민건강보험법상 고액·상습체납자의 인적사항 공개에 대한 설명으로 옳지 않은 것은?

① 체납자 인적사항 등의 공개와 관련한 납부능력의 기준, 공개절차 및 위원회의 구성·운영 등에 필요한 사항은 대통령령으로 정한다.

② 1년이 경과한 보험료, 연체금과 체납처분비의 총액이 1천만 원 이상인 체납자가 납부능력이 있음에도 불구하고 체납한 경우 그 인적사항·체납액 등을 공개할 수 있다.

③ 체납자의 인적사항 등에 대한 공개 여부를 심의하기 위하여 공단에 보험료정보공개심의위원회를 둔다.

④ 체납자 인적사항 등의 공개는 관보에 게재할 수 없으며, 공단 인터넷 홈페이지에 게시하는 방법에 따른다.

**26** 다음 중 국민건강보험법상 100만 원 이하의 과태료가 부과되는 경우는?

① 보건복지부장관이 의약품 제조업자에게 관련 서류제출을 요청하였으나, 제조업자는 정당한 사유 없이 서류제출을 하지 않았다.

② 사용자가 건강보험에 관한 서류를 1년 이상 보존하지 않아 근로자의 관련 기록을 찾을 수 없었다.

③ 공단은 가입자에게 가입자의 보수·소득을 신고하도록 요청하였으나, 가입자는 이에 대해 거짓으로 신고하였다.

④ 공단은 가입자에게 가입자의 거주지 변경에 필요한 서류제출을 요청하였으나, 가입자는 정당한 사유 없이 서류제출을 하지 않았다.

**27** 다음 중 국민건강보험공단의 업무로 옳지 않은 것은?

① 가입자 및 피부양자의 자격 관리
② 요양기관의 요양급여비용 심사
③ 보험급여 비용의 지급
④ 건강보험에 관한 교육훈련 및 홍보

**28** 다음 중 국민건강보험법상 과징금에 대한 설명으로 옳지 않은 것은?

① 보건복지부장관이 정하는 특별한 사유가 있다고 인정되면 부당한 방법으로 부담하게 한 금액의 5배 이하의 금액을 과징금으로 부과·징수할 수 있다.

② 특별한 사유가 있다고 인정되는 때에는 해당 약제에 대한 요양급여비용 총액의 100분의 40을 넘지 아니하는 범위에서 과징금을 부과·징수할 수 있다.

③ 해당 약제에 대한 요양급여비용 총액을 정할 때에는 1년간의 요양급여 총액을 넘지 않는 범위에서 정하여야 한다.

④ 과징금을 납부하여야 할 자가 납부기한까지 이를 내지 아니하면 업무정지 처분을 하거나 국세 체납처분의 예에 따라 이를 징수한다.

**29** 다음 중 국민건강보험법상 업무의 위탁에 대한 설명으로 옳지 않은 것은?

① 공단은 보험료의 수납 또는 보험료납부의 확인에 관한 업무를 금융기관에 위탁할 수 있다.

② 공단은 보험급여비용의 지급에 관한 업무를 금융기관에 위탁할 수 있다.

③ 공단은 징수위탁근거법의 위탁에 따라 징수하는 연금보험료, 고용보험료, 산업재해보상보험료, 부담금 및 분담금 등의 수납 업무를 금융기관에 위탁할 수 있다.

④ 공단은 보험료와 징수위탁보험료 등의 징수 업무를 국가기관에 위탁할 수 있다.

**30** 다음 중 국민건강보험법상 국민건강보험의 구상권과 수급권에 대한 설명으로 옳지 않은 것은?

① 제3자의 행위로 보험급여사유가 생겨 가입자에게 보험급여를 한 경우 제3자에게 손해배상을 청구할 수 있다.

② 보험급여를 받을 권리는 양도할 수 없다.

③ 보험급여를 받을 권리는 압류할 수 있다.

④ 요양비등수급계좌에 입금된 요양비는 압류할 수 없다.

**31** 다음 중 빈칸 ㉠, ㉡에 해당하는 내용을 순서대로 바르게 나열한 것은?

- 직장가입자의 보험료율은 ___㉠___ 의 범위에서 심의위원회의 의결을 거쳐 대통령령으로 정한다.
- 국외에서 업무에 종사하고 있는 직장가입자에 대한 보험료율은 제1항에 따라 정해진 보험료율의 ___㉡___ 으로 한다.
- 지역가입자의 보험료부과점수당 금액은 심의위원회의 의결을 거쳐 대통령령으로 정한다.

| | ㉠ | ㉡ | | ㉠ | ㉡ |
|---|---|---|---|---|---|
| ① | 1천분의 80 | 100분의 40 | ② | 1천분의 80 | 100분의 50 |
| ③ | 1천분의 100 | 100분의 40 | ④ | 1천분의 100 | 100분의 50 |

**32** 다음 〈보기〉 중 옳지 않은 것은 모두 몇 개인가?

> **보기**
> ㉠ 공단은 직장가입자와 지역가입자의 재정을 통합하여 운영한다.
> ㉡ 공단은 국민연금사업·고용보험사업·산업재해보상보험사업·임금채권보장사업에 대한 회계를 공단의 다른 회계와 통합하여 회계처리하여야 한다.
> ㉢ 공단은 회계연도마다 예산안을 편성하여 이사회의 의결을 거친 후 보건복지부장관의 승인을 받아야 한다.
> ㉣ 공단은 지출할 현금이 부족한 경우에는 차입할 수 있다. 다만, 1년 이상 장기로 차입하려면 이사회의 의결을 거쳐야 한다.

① 없음  
② 1개  
③ 2개  
④ 3개

**33** 다음 중 국민건강보험법 제38조부터 제39조의2에 대한 내용으로 옳지 않은 것은?

① 공단은 회계연도마다 결산상의 잉여금 중에서 그 연도의 보험급여에 든 비용의 100분의 5 이상에 상당하는 금액을 그 연도에 든 비용의 100분의 50에 이를 때까지 준비금으로 적립하여야 한다.

② 제1항에 따른 준비금은 부족한 보험급여 비용에 충당하거나 지출할 현금이 부족할 때 외에는 사용할 수 없으며, 현금 지출에 준비금을 사용한 경우에는 다음해 3월 15일까지 이를 보전하여야 한다.

③ 공단은 회계연도마다 결산보고서와 사업보고서를 작성하여 다음해 2월 말일까지 보건복지부장관에게 보고하여야 한다.

④ 공단은 재난적의료비 지원사업에 사용되는 비용에 충당하기 위하여 매년 예산의 범위에서 출연할 수 있다. 이 경우 출연 금액의 상한 등에 필요한 사항은 대통령령으로 정한다.

**34** 다음 〈보기〉의 빈칸 ㉠ ~ ㉢에 들어갈 단어를 순서대로 바르게 나열한 것은?

> **보기**
>
> **업무정지(법 제98조 제1항)**
>
> ___㉠___ 은 요양기관이 다음 각 호의 어느 하나에 해당하면 그 요양기관에 대하여 ___㉡___ 의 범위에서 기간을 정하여 ___㉢___ 를 명할 수 있다.
>
> 1. 속임수나 그 밖의 부당한 방법으로 보험자·가입자 및 피부양자에게 요양급여비용을 부담하게한 경우
> 2. 제97조 제2항에 따른 명령에 위반하거나 거짓 보고를 하거나 거짓 서류를 제출하거나, 소속 공무원의 검사 또는 질문을 거부·방해 또는 기피한 경우
> 3. 정당한 사유 없이 요양기관이 제41조의3 제1항에 따른 결정을 신청하지 아니하고 속임수나 그밖의 부당한 방법으로 행위·치료재료를 가입자 또는 피부양자에게 실시 또는 사용하고 비용을부담시킨 경우

| | ㉠ | ㉡ | ㉢ |
|---|---|---|---|
| ① | 보건복지부장관 | 180일 | 과징금 부과 |
| ② | 보건복지부장관 | 1년 | 업무정지 |
| ③ | 국민건강보험공단 | 2년 | 과징금 부과 |
| ④ | 국민건강보험공단 | 3년 | 업무정지 |

**35** 다음 중 국민건강보험법상 보험료에 대한 설명으로 옳지 않은 것은?

① 지역가입자의 월별 보험료액은 세대 단위로 산정한다.

② 직장가입자의 소득월액보험료는 직장가입자와 해당 사업주가 각각 보험료액의 100분의 50씩 부담한다.

③ 사립학교 교직원인 직장가입자의 보수월액보험료는 그 직장가입자가 100분의 50을, 사립학교를설립·운영하는 자가 100분의 30을, 국가가 100분의 20을 각각 부담한다.

④ 직장가입자가 공무원인 경우 보수월액보험료는 그 직장가입자와 해당 공무원이 소속되어 있는국가 또는 지방자치단체가 각각 보험료액의 100분의 50씩 부담한다.

**36** 다음 글의 빈칸에 들어갈 내용으로 옳은 것은?

> 공단은 보험료 등의 납부의무자가 납부기한까지 보험료 등을 내지 아니하면 그 납부기한이 지난 날부터 매 1일이 경과할 때마다 체납된 보험료 등의 _____에 해당하는 금액을 가산한 연체금을 징수한다. 이 경우 연체금은 체납된 보험료 등의 1천분의 30을 넘지 못한다.

① 5십분의 1  ② 1백분의 1
③ 5백분의 1  ④ 1천분의 1

**37** 다음 중 국민건강보험법상 업무의 위탁에 대한 설명으로 옳지 않은 것은?

① 공단은 보험료의 수납 또는 보험료납부의 확인에 관한 업무를 금융기관에 위탁할 수 있다.
② 공단은 보험급여비용의 지급에 관한 업무를 금융기관에 위탁할 수 있다.
③ 공단은 징수위탁근거법의 위탁에 따라 징수하는 연금보험료, 고용보험료, 산업재해보상보험료, 부담금 및 분담금 등의 수납 업무를 금융기관에 위탁할 수 있다.
④ 공단은 보험료와 징수위탁보험료 등의 징수 업무를 국가기관에 위탁할 수 있다.

## | 03 | 노인장기요양보험법

**01** 다음 글의 ⑤ ~ ⑥에 쓰여진 내용 중 옳지 않은 것은?

> 노인장기요양보험법은 고령이나 노인성 질병 등의 사유로 일상생활을 혼자서 수행하기 어려운 노인 등에게 제공하는 ⑤ 신체활동 또는 ⑥ 가사활동 지원 등의 장기요양급여에 관한 사항을 규정하여 노후의 ⑥ 건강증진 및 ⑥ 사회복지증진을 도모하고 그 가족의 부담을 덜어줌으로써 국민의 삶의 질을 향상하도록 함을 목적으로 한다.

① ⑤
② ⑥

③ ⑥
④ ⑥

**02** 다음 중 빈칸에 들어갈 내용으로 옳은 것은?

> 장기요양보험료는 국민건강보험법 제69조 제4항·제5항 및 제109조 9항 단서에 따라 산정한 보험료액에서 같은 법 제74조 또는 제75조에 따라 경감 또는 면제되는 비용을 공제한 금액에 같은 법 제73조 제1항에 따른 _____을 곱하여 산정한 금액으로 한다.

① 보수월액에 보험료율

② 소득월액에 보험료율

③ 건강보험료율 대비 장기요양보험료율의 비율

④ 보험료부과점수에 보험료부과점수당 금액

**03** 다음 글의 ⑤ ~ ⑥에 쓰여진 내용 중 옳지 않은 것은?

> 특별자치시장·특별자치도지사·시장·군수·구청장은 제37조제1항 각 호의 어느 하나(같은 항 제4호는 제외한다)에 해당하는 행위를 이유로 ⑤ 업무정지명령을 하여야 하는 경우로서 그 업무정지가 해당 장기요양기관을 이용하는 수급자에게 심한 불편을 줄 우려가 있는 등 ⑥ 보건복지부장관이 정하는 특별한 사유가 있다고 인정되는 경우에는 ⑥ 업무정지명령을 갈음하여 ⑥ 1억 원 이하의 과징금을 부과할 수 있다.

① ⑤
② ⑥

③ ⑥
④ ⑥

**04** 다음 중 장기요양에 대한 용어와 그에 따른 정의로 옳지 않은 것은?

① 장기요양급여 : 12개월 이상 동안 혼자서 일상생활을 수행하기 어렵다고 인정되는 자에게 신체활동·가사활동의 지원 또는 간병 등의 서비스나 이에 갈음하여 지급하는 현금 등

② 장기요양사업 : 장기요양보험료, 국가 및 지방자치단체의 부담금 등을 재원으로 하여 노인등에게 장기요양급여를 제공하는 사업

③ 장기요양기관 : 지정을 받은 기관으로서 장기요양급여를 제공하는 기관

④ 장기요양요원 : 장기요양기관에 소속되어 노인등의 신체활동 또는 가사활동 지원 등의 업무를 수행하는 자

**05** 다음 중 1년 이하의 징역 또는 1천만 원 이하의 벌금에 처하는 경우로 옳지 않은 것은?

① 제35조 제1항을 위반하여 정당한 사유 없이 장기요양급여의 제공을 거부한 자

② 제31조를 위반하여 지정받지 아니하고 장기요양기관을 운영하거나 거짓이나 그 밖의 부정한 방법으로 지정받은 자

③ 제37조 제7항을 위반하여 수급자가 부담한 비용을 정산하지 아니한 자

④ 거짓이나 그 밖의 부정한 방법으로 장기요양급여를 받거나 다른 사람으로 하여금 장기요양급여를 받게 한 자

**06** 다음 중 빈칸 ㉠, ㉡에 들어갈 내용을 순서대로 바르게 나열한 것은?

제1항에 따른 심사청구는 그 처분이 있음을 안 날부터 ㉠ 일 이내에 문서로 하여야 하며, 처분이 있은 날부터 ㉡ 일을 경과하면 이를 제기하지 못한다. 다만, 정당한 사유로 그 기간에 심사청구를 할 수 없었음을 증명하면 그 기간이 지난 후에도 심사청구를 할 수 있다.

|  | ㉠ | ㉡ |
|---|---|---|
| ① | 30 | 120 |
| ② | 60 | 120 |
| ③ | 90 | 180 |
| ④ | 120 | 180 |

**07** 다음 중 전자문서의 사용에 대한 설명으로 옳은 것은?

① 장기요양사업에 관련된 각종 서류의 기록, 관리 및 보관은 보건복지부령으로 정하는 바에 따라 전자문서로 한다.

② 국가와 지방자치단체는 대통령령으로 정하는 바에 따라 전자문서의 인쇄 및 관리운영비를 전액 부담한다.

③ 정보통신망 및 정보통신서비스 시설이 열악한 지역 등 지방자체단체가 정하는 지역의 경우 전자문서·전산매체 또는 전자문서교환방식을 이용하지 아니할 수 있다.

④ 공단 및 장기요양기관은 장기요양기관의 지정신청, 재가·시설 급여비용의 청구 및 지급, 장기요양기관의 재무·회계정보 처리 등에 대하여 전산매체 또는 서류교환방식을 이용하여야 한다.

**08** 다음 중 형법 제127조 및 제132조까지의 규정을 적용할 때, 공무원으로 보지 않는 위원은 누구인가?

① 의료기관 위원　　　　　　　　　② 등급판정위원회 위원
③ 공표심의위원회 위원　　　　　　④ 심사위원회 위원

**09** 다음은 장기요양급여에 관한 국가정책방향을 나타내는 글이다. 빈칸에 들어갈 내용으로 옳은 것은?

> 국가는 제6조의 장기요양기본계획을 수립·시행함에 있어서 노인뿐만 아니라 장애인 등 일상생활을 혼자서 수행하기 어려운 모든 국민이 장기요양급여, ＿＿＿＿＿＿ 등을 제공받을 수 있도록 노력하고 나아가 이들의 생활안정과 자립을 지원할 수 있는 시책을 강구하여야 한다.

① 장기요양인증서　　　　　　　　② 신체활동지원서비스
③ 건강보험료　　　　　　　　　　④ 장기요양보험

**10** 다음 중 장기요양기관이 급여의 질을 보장하기 위해 공단이 운영하는 인터넷 홈페이지에 게시해야 하는 정보로 옳지 않은 것은?

① 급여의 내용　　　　　　　　　　② 시설
③ 인력　　　　　　　　　　　　　④ 명세서

**11** 다음 중 인권교육기관이 업무의 정지를 당하는 경우가 아닌 것은?

① 거짓이나 그 밖의 부정한 방법으로 지정을 받은 경우
② 보건복지부령으로 정하는 지정요건을 갖추지 못한 경우
③ 인권교육의 수행능력이 현저히 부족하다고 인정되는 경우
④ 장기요양요원에게 급여외행위의 제공을 요구하는 경우

**12** 다음 〈보기〉 중 장기요양위원회에서 심의하기 위한 사항을 모두 고르면?

> **보기**
> ㄱ. 제9조 제2항에 따른 장기요양보험료율
> ㄴ. 제24조부터 제26조까지의 규정에 따른 가족요양비, 특례요양비 및 요양병원간병비의 지급기준
> ㄷ. 제39조에 따른 재가 및 시설 급여비용
> ㄹ. 그 밖에 대통령령으로 정하는 주요 사항
> ㅁ. 비용부담방법 및 비용 청구에 관하여 필요한 사항

① ㄱ, ㄴ, ㄷ, ㅁ          ② ㄱ, ㄷ, ㄹ, ㅁ
③ ㄱ, ㄴ, ㄷ, ㄹ          ④ ㄴ, ㄷ, ㄹ, ㅁ

**13** 다음 중 노인장기요양보험법 제14조에서 조사를 의뢰하거나 공동으로 조사할 것을 요청할 수 있는 경우로 옳지 않은 것은?

① 신청인의 심신상태
② 신청인에게 필요한 장기요양급여의 종류 및 내용
③ 단서에 따른 조사를 의뢰받은 공단의 확인사항
④ 장기요양에 관하여 필요한 사항으로서 보건복지부령으로 정하는 사항

**14** 다음 〈보기〉에서 지정 취소, 업무정지 등 행정제재처분의 효과가 승계되는 자를 모두 고르면?

> **보기**
> ㉠ 장기요양기관을 양도한 경우 양수인
> ㉡ 법인이 합병된 경우 합병으로 신설된 법인
> ㉢ 장기요양기관이 폐업한 후 동일한 장소에서 장기요양기관을 운영하는 자 가운데 종전에 행정제재처분을 받은 자
> ㉣ 위의 ㉢의 배우자
> ㉤ 위의 ㉢의 직계혈족

① ㉠, ㉡, ㉢　　　　　　　　　　② ㉠, ㉢, ㉤
③ ㉡, ㉢, ㉣, ㉤　　　　　　　　④ ㉠, ㉡, ㉢, ㉣, ㉤


**15** 다음 중 빈칸에 들어갈 금액으로 옳은 것은?

> 특별자치시장은 거짓으로 재가 · 시설 급여비용을 청구한 장기요양기관에 대한 과징금 부과 처분이 확정되었고 거짓으로 청구한 금액이 _____ 이상인 경우에는 위반사실, 처분내용, 장기요양기관의 명칭 · 주소, 장기요양기관의 장의 성명 등을 공표할 수 있다.

① 7,000만 원　　　　　　　　　② 5,000만 원
③ 3,000만 원　　　　　　　　　④ 1,000만 원


**16** 지정 취소, 업무정지 등 행정제재처분의 효과는 그 처분을 한 날부터 몇 년 동안 승계되는가?

① 2년　　　　　　　　　　　　② 3년
③ 4년　　　　　　　　　　　　④ 5년


**17** 다음 중 빈칸에 들어갈 기간으로 옳은 것은?

> 특별자치시장 · 특별자치도지사 · 시장 · 군수 · 구청장은 장기요양기관의 종사자가 거짓으로 시설 급여비용을 청구하는 행위에 가담하면 해당 종사자가 장기요양급여를 제공하는 것을 _____의 범위에서 제한할 수 있다.

① 5년　　　　　　　　　　　　② 3년
③ 2년　　　　　　　　　　　　④ 1년

※ 다음 〈보기〉에서 장기요양기관이 지정 취소 또는 6개월의 범위에서 업무정지 처분을 받을 수 있는 위반행위를 모두 고르시오. [18~19]

**18**

> **보기**
>
> ㉠ 거짓이나 그 밖의 부정한 방법으로 재가 및 시설 급여비용을 청구한 경우
> ㉡ 특별자치시장·특별자치도지사·시장·군수·구청장의 시정명령을 이행하지 않은 경우
> ㉢ 영리를 목적으로 금전, 물품을 제공하며 수급자를 소개, 알선 또는 유인하는 행위를 한 경우
> ㉣ 급여외행위를 제공했으나 장기요양기관의 장이 그 급여외행위를 제공을 방지하기 위해 주의와 감독을 성실히 한 경우
> ㉤ 장기요양기관의 장이 수급자가 부담해야 할 본인부담금의 전부 또는 일부를 부담할 것을 장기요양요원에게 요구한 경우
> ㉥ 법규에 따라 본인부담금을 면제 또는 감경받은 금액 외에 영리를 목적으로 수급자가 부담하는 본인부담금을 면제하거나 감경하는 행위를 한 경우

① ㉠, ㉡, ㉢, ㉤, ㉥
② ㉠, ㉢, ㉣, ㉤, ㉥
③ ㉡, ㉢, ㉣, ㉤, ㉥
④ ㉢, ㉣, ㉤, ㉥

**19**

> **보기**
>
> ㉠ 보건복지부장관의 자료제출 명령에 따르지 아니하거나 거짓으로 자료제출을 한 경우
> ㉡ 정당한 사유 없이 국민건강보험공단의 장기요양급여의 관리·평가를 거부·방해·기피한 경우
> ㉢ 장기요양기관의 종사자가 수급자를 위해 급여된 금품을 그 목적 외의 용도에 사용하는 행위를 했으며 장기요양기관의 장이 그 행위를 방지하기 위해 주의와 감독을 게을리한 경우
> ㉣ 장기요양기관의 종사자가 폭언, 협박, 위협 등으로 수급자의 정신건강에 해를 끼치는 정서적 학대행위를 했으며 장기요양기관의 장이 그 행위를 방지하기 위해 주의와 감독을 게을리한 경우
> ㉤ 장기요양기관의 종사자가 자신의 보호·감독을 받는 수급자에게 의식주를 포함한 기본적 보호 및 치료를 소홀히 하는 방임행위를 했으나 장기요양기관의 장이 그 행위를 방지하기 위해 주의와 감독을 성실히 한 경우

① ㉠, ㉡, ㉢, ㉣
② ㉠, ㉢, ㉣, ㉤
③ ㉡, ㉢, ㉣, ㉤
④ ㉢, ㉣, ㉤

**20** 다음 중 빈칸에 들어갈 내용으로 옳은 것은?

> 특별자치시장 · 특별자치도지사 · 시장 · 군수 · 구청장은 거짓으로 재가 · 시설 급여비용을 청구한 장기요양기관에 대한 지정 취소 처분이 확정되었고 거짓으로 청구한 금액이 장기요양급여비용 총액의 _____ 이상인 경우에는 위반사실 등과 다른 장기요양기관과의 구별에 필요한 사항을 공표해야 한다.

① 100분의 70                 ② 100분의 50
③ 100분의 30                 ④ 100분의 10

**21** 수급자가 신체적 · 정신적 사유로 장기요양인정의 신청 등을 할 수 없을 때 이를 대리할 수 없는 자는?

① 본인의 배우자              ② 본인의 자녀
③ 본인의 친족                ④ 구청 공무원

**22** 다음 중 노인장기요양보험법 제67조에서 벌칙이 가벼운 순서대로 바르게 나열한 것은?

> (A) 제33조의3 제2항 제1호를 위반하여 폐쇄회로 텔레비전의 설치 목적과 다른 목적으로 폐쇄회로 텔레비전을 임의로 조작하거나 다른 곳을 비추는 행위를 한 자
> (B) 거짓이나 그 밖의 부정한 방법으로 장기요양급여를 받거나 다른 사람으로 하여금 장기요양급여를 받게 한 자
> (C) 제62조를 위반하여 업무수행 중 알게 된 비밀을 누설한 자
> (D) 제61조 제2항에 따른 자료제출 명령에 따르지 아니하거나 거짓으로 자료제출을 한 장기요양기관 또는 의료기관

① (A) − (B) − (C) − (D)         ② (B) − (D) − (A) − (C)
③ (C) − (D) − (A) − (B)         ④ (D) − (B) − (C) − (A)

**23** 다음 중 노인장기요양보험법상 장기요양기관 지정을 반드시 취소해야 하는 경우는?

① 업무정지기간 중에 장기요양급여를 제공한 경우
② 부정한 방법으로 급여비용을 청구한 경우
③ 장기요양급여를 거부한 경우
④ 지정기준에 적합하지 아니한 경우

**24** 다음 중 심사청구 및 재심사청구에 대한 내용으로 옳지 않은 것은?

① 심사청구는 그 처분이 있음을 안 날부터 90일 이내에 문서로 하여야 한다.
② 심사청구는 처분이 있은 날부터 180일을 경과하면 이를 제기하지 못한다.
③ 재심사위원회의 재심사에 관한 절차에 관하여는 행정심판을 준용한다.
④ 재심사위원회는 국민건강보험공단 소속으로 둔다.

**25** 다음 중 노인장기요양보험법상 장기요양기본계획에 대한 설명으로 옳지 않은 것은?

① 장기요양기본계획은 특별자치시장·특별자치도지사·시장·군수·구청장이 수립·시행한다.
② 장기요양기본계획은 노인 등에 대한 장기요양급여를 원활하게 제공하기 위하여 수립·시행한다.
③ 장기요양기본계획은 5년 단위로 수립·시행한다.
④ 장기요양기본계획에는 연도별 장기요양급여 대상인원 및 재원조달 계획 등의 사항이 포함된다.

**26** 다음 중 노인장기요양보호법에 따른 재심사위원회의 특징으로 옳은 것은?

① 재심사위원회는 보건복지부장관 소속으로 두고, 위원장 2인을 포함한 20인 이내의 위원으로 구성한다.
② 재심사위원회의 구성·운영 및 위원의 임기, 그 밖의 필요한 사항은 행정소송법으로 정한다.
③ 재심사위원회의 위원은 보건복지부장관이 임명 또는 위촉한다.
④ 재심사위원회의 위원을 정할 때, 공무원이 아닌 위원이 전체 위원의 1/3 이상이 되도록 하여야 한다.

**27** 다음 중 부당이득을 징수 받아야 하는 경우로 옳지 않은 것은?

① 월 한도액 범위를 초과하여 장기요양급여를 받은 경우
② 부정한 방법으로 재가 및 시설 급여비용을 청구하여 이를 받은 경우
③ 거짓이나 그 밖의 부정한 방법으로 의사소견서 및 발급비용을 청구하여 이를 지급받은 경우
④ 노인장기요양보험법상의 원인으로 인해 공단에서 장기요양급여를 받은 경우

**28** 다음 중 노인장기요양보호법에 따라 일정한 기간을 정하여 시정을 명할 수 있는 사람이 아닌 자는?

① 시장                      ② 군수
③ 특별자치도지사              ④ 보건복지부장관

**29** 다음 중 장기요양위원회의 위원이 될 수 없는 자는?

① 근로자단체, 사용자단체를 대표하는 자
② 장기요양기관 또는 의료계를 대표하는 자
③ 보건복지부령으로 정하는 중앙행정기관의 고위공무원단 소속 공무원
④ 공단 이사장이 추천하는 자

**30** 다음 중 공표심의위원회에 대한 설명으로 옳지 않은 것은?

① 보건복지부장관은 공표 여부 등을 심의하기 위해 공표심의위원회를 설치·운영한다.
② 보건복지부장관은 공표심의위원회의 심의를 거친 공표대상자에게 공표대상자인 사실을 알려 소명자료를 제출하거나 출석하여 의견을 진술할 기회를 주어야 한다.
③ 보건복지부장관은 제출된 소명자료 또는 진술된 의견을 고려하여 공표대상자를 재심의한 후 공표대상자를 선정한다.
④ 공표심의위원회의 구성·운영 등에 필요한 사항은 보건복지부령으로 정한다.

**31** 다음 〈보기〉에서 공단에 대한 심사청구를 할 수 있는 자를 모두 고르면?

> **보기**
> ㉠ 장기요양인정에 대한 공단의 처분에 이의가 있는 자
> ㉡ 장기요양급여에 대한 공단의 처분에 이의가 있는 자
> ㉢ 부당이득에 대한 공단의 처분에 이의가 있는 자
> ㉣ 단기요양급여비용에 대한 공단의 처분에 이의가 있는 자
> ㉤ 단기요양보험료에 대한 공단의 처분에 이의가 있는 자

① ㉠, ㉡
② ㉠, ㉢, ㉣
③ ㉠, ㉡, ㉢
④ ㉡, ㉢, ㉣

**32** 다음 중 특별현금급여수급계좌에 대한 설명으로 옳지 않은 것은?

① 공단은 특별현금급여를 받는 수급자의 신청이 있는 경우에 특별현금급여를 수급자 명의의 지정된 계좌로 입금하여야 한다.
② 불가피한 사유로 입금이 불가할 경우, 현금 지급 등 보건복지부령으로 정하는 바에 따라 특별현금급여를 지급할 수 있다.
③ 특별현금급여수급계좌가 개설된 금융기관은 특별현금급여만이 특별현금급여수급계좌에 입금되도록 관리하여야 한다.
④ 특별현금급여의 신청방법·절차와 특별현금급여수급계좌의 관리에 필요한 사항은 대통령령으로 정한다.

**33** 다음 중 장기요양기관 지정의 취소 사유에 대해 옳지 않은 것은?

① 거짓이나 그 밖의 부정한 방법으로 지정을 받은 경우
② 폐업 또는 휴업 신고를 하지 아니하고 1년 이상 장기요양급여를 제공하지 아니한 경우
③ 자료제출 명령에 따르지 아니하거나 거짓으로 자료제출을 한 경우
④ 수급자를 위하여 증여 또는 급여된 금품을 그 목적의 용도로 사용하는 경우

**34** 다음 중 장기요양인정의 유효기간과 갱신에 대한 내용으로 옳은 것은?

① 수급자는 장기요양인정의 유효기간이 만료된 후 장기요양급여를 계속해서 받고자 하는 경우 공단에 장기요양인정의 갱신을 신청하여야 한다.

② 장기요양인정의 갱신 신청은 유효기간이 만료되지 전 20일까지 이를 완료하여야 한다.

③ 제12조부터 제20조까지의 규정은 장기요양인정의 갱신절차에 관하여 준용한다.

④ 장기요양인정의 유효기간은 최소 2년 이상으로서 대통령령으로 정한다.


**35** 다음 중 장기요양인정의 신청에 대한 설명으로 옳지 않은 것은?

① 장기요양인정을 신청하는 자는 공단에 보건복지부령으로 정하는 바에 따라 신청서 또는 소견서를 첨부하려 제출하여야 한다.

② 거동이 현저하게 불편하거나 도서·벽지 지역에 거주하여 의료기관을 방문하기 어려운 자 등 보건복지부령으로 정하는 자는 의사소견서를 제출하지 아니할 수 있다.

③ 의사소견서의 발급비용·비용부담방법·발급자의 범위, 그 밖에 필요한 사항은 보건복지부령으로 정한다.

④ 공단은 제1항 각 호의 사항을 조사하는 경우 2명 이상의 소속 직원이 조사할 수 있도록 노력하여야 한다.


**36** 다음 중 노인장기요양보험법 제56조에 대한 내용으로 옳은 것은?

① 심사청구 결정통지를 받은 날부터 30일 이내에 장기요양재심사위원회에 재심사를 청구할 수 있다.

② 재심사위원회의 위원은 관계 공무원, 법학, 그 밖에 장기요양사업 분야의 학식과 경험이 풍부한 자 중에서 보건복지부장관이 임명 또는 위촉한다.

③ 재심사위원회는 공무원이 아닌 위원이 전체 위원의 3분의 1 이상이 되도록 하여야 한다.

④ 재심사위원회는 위원장 1인을 포함한 18인 이내의 위원으로 구성한다.


**37** 다음 중 노인장기요양보험법의 내용으로 옳지 않은 것은?

① 장기요양급여는 노인 등이 자신의 의사와 능력에 따라 최대한 자립적으로 일상생활을 수행할 수 있도록 제공하여야 한다.

② 보건복지부장관은 노인 등에 대한 장기요양급여를 원활하게 제공하기 위하여 5년 단위로 장기요양기본계획을 수립·시행하여야 한다.

③ 특별자치시장·특별자치도지사·시장·군수·구청장은 장기요양기관 재무·회계기준을 위반한 장기요양기관에 대하여 3개월 이내의 범위에서 시정을 명하여야 한다.

④ 공단은 제3자의 행위로 인한 장기요양급여의 제공사유가 발생하여 수급자에게 장기요양급여를 행한 때 그 급여에 사용된 비용의 한도 안에서 그 제3자에 대한 손해배상의 권리를 얻는다.

**38** 다음 중 노인장기요양보험법상 공단의 업무에 해당하지 않는 것은?

① 장기요양보험료의 부과·징수　　　② 신청인에 대한 조사
③ 장기요양보험가입자의 자격관리　　④ 장기요양기관 알선

**39** 다음 중 노인장기요양보험법상 장기요양인정의 신청 등에 대한 사항으로 옳은 것은?

① 거동이 불편하거나 도서·벽지 지역에 거주하여 의료기관을 방문하기 어려운 자는 사회복지사의 도움을 받아 의사소견서를 제출하여야 한다.
② 장기요양인정을 신청하는 자가 제출하여야 하는 의사소견서의 발급비용·비용부담방법 등은 공단에서 정한다.
③ 공단이 장기요양인정 신청의 조사를 하는 경우 3명 이상의 소속 직원이 조사할 수 있도록 노력하여야 한다.
④ 조사를 하는 자는 조사일시, 장소 및 조사를 담당하는 자의 인적사항 등을 미리 신청인에게 통보하여야 한다.

**40** 다음 〈보기〉에서 노인장기요양보험법상 장기요양기관에 대한 업무정지명령에 갈음하여 과징금을 적용할 수 있는 경우를 모두 고르면?

> **보기**
> ㉠ 인근지역에 급여유형이 동일한 장기요양기관이 없거나 수급자 정원의 충족 등의 사유로 인하여 실질적으로 대체 이용이 어려운 경우
> ㉡ 시설급여제공 기관으로서 1등급 수급자가 전체 현원의 10%인 장기요양기관의 경우
> ㉢ 장기요양기관의 폐업으로 업무정지명령이 제재수단으로서 실효성이 없다고 판단되는 경우
> ㉣ 업무정지명령을 하게 되면 장기요양급여에 중대한 차질이 우려되는 등 공익상 필요성에 따라 과징금 처분이 타당하다고 판단되는 경우
> ㉤ 해당 장기요양기관에서 최초로 적발된 위반행위로서 업무정지기간이 3개월에 해당하는 경우

① ㉠, ㉡　　　　　　　　　　② ㉢, ㉣
③ ㉠, ㉢, ㉣　　　　　　　　④ ㉡, ㉣, ㉤

정답 및 해설 p.032

## | 01 | 직업기초능력

**| 의사소통능력**

※ 다음 글을 읽고 보인 반응으로 적절하지 않은 것을 고르시오. [1~2]

**01**

국민건강보험공단(이하 공단)은 11월부터 건강보험 고지·안내문을 네이버와 협력하여 '디지털 전자문서 발송시스템구축' 사업을 시작한다고 밝혔다.

공단은 전 국민에게 다양한 건강보험 고지·안내문을 종이 우편물로 행정안전부의 주민등록주소 또는 본인이 신청한 주소로 발송해 왔으나, 종이 우편물은 인쇄 및 발송에 따르는 비용과 시간, 분실 등으로 원하는 때에 전달받지 못하는 불편함이 있었고, 지속적으로 늘어나는 단독세대와 빈번한 주소이전, 부재 등으로 반송이 증가해왔다.

이러한 불편을 해결하고자 공단은 네이버와 전자문서 서비스 분야 협업을 통해 올해 12월까지 모바일을 활용한 전자문서 발송시스템을 구축하여 시범운영하고, 2021년부터 '디지털 고지·안내문 발송서비스'를 단계적으로 확대 시행하기로 하였다.

이번 사업은 5년 동안 단계별로 고지·안내방식 전환 및 발송을 목표로 디지털 발송서식 전환, 업무프로세스 표준화, 발송시스템 구축, 대국민 참여 안내 등으로 진행될 예정이며, 네이버 전자문서 서비스를 통한 건강보험 고지·안내문 발송으로 모바일에서 국민들은 언제 어디서나 공단의 전자문서를 손쉽게 열람하고 건강검진 대상 확인, 환급금 조회와 신청까지 원스톱으로 해결할 수 있게 된다.

공단은 '정부혁신 종합 추진 계획' 및 언택트 시대에 맞춘 이러한 공공서비스 개선 사업이 민간과 공공기관의 협업으로 국민의 알권리 충족과 다양한 건강보험 정보를 보다 안전하고 편리하게 이용할 수 있는 전환점이 될 것으로 기대하고 있다.

전자문서는 블록체인 기술 적용 등 보안이 강화된 인증서로 본인인증 절차를 거쳐 열람할 수 있다. 고지·안내문에 담긴 개인정보와 민감정보는 공단 모바일(The 건강보험)로 연동하여 확인하도록 하여 이용자의 개인정보를 안전하게 보호할 수 있도록 추진하고, 모바일로 발송되는 전자문서에 대한 국민들의 관심과 참여를 높이기 위해 네이버와 함께 다양한 홍보도 계획하고 있다.

공단 정보화본부 관계자는 "대국민 고지·안내문 발송 패러다임 전환을 위한 '디지털 전자문서 발송시스템 구축'의 성공적 이행을 위해 네이버와 적극 협력하여 추진하고 있으며, 이번 '디지털 전자문서 고지·안내문 발송 서비스'는 국민의 적극적인 참여가 가장 중요하므로, 12월에 네이버를 통해 안내 예정인 전자문서 본인 인증에 적극 참여해 주시길 당부 드린다."라며, "공단은 국민에게 다가가는 소통형 정보 활용을 위해 지난 11월 건강보험 홈페이지와 '모바일(The 건강보험)'을 혁신적으로 개편하였으며, 지속적으로 훌륭한 품질의 서비스를 발굴해 나갈 것"이라고 밝혔다.

① 때와 장소와 관계없이 언제 어디서나 건강보험 내역을 확인할 수 있겠어.

② 전자문서를 통해 즉각적인 확인은 가능하지만, 환급금 신청을 위해서는 공단에 방문해야 해.

③ 인증서를 통해 고지서를 확인할 수 있기 때문에 보안상으로도 걱정할 필요가 없겠어.

④ 이 사업이 정착되기까지는 최소 5년의 시간이 걸리겠어.

**02**

서울특별시는 매일 최소 8번, 30초 이상 손을 규칙적으로 씻는 것을 권장하는 '1830 손 씻기 운동'을 추진했다. 그러나 일정한 시간 간격을 두고 손 씻기를 하는 것과는 별도로 다음과 같은 경우에 손을 씻기를 권장한다.

음식을 만들기 전후, 음식을 먹기 전, 화장실 사용 후, 놀이터나 헬스장을 사용한 후, 동물과 접촉을 한 후, 기침한 후, 코를 푼 후, 환자와 접촉을 하기 전후, 쓰레기 만진 후, 외출 후 귀가 시, 맨눈으로 손에 불순물이 묻은 것이 확인됐을 때 등 외부에서 손을 사용했을 때 가능한 손 씻기를 수시로 하는 것이 좋다는 것이다. 하루에 몇 번 손을 씻었는지 세보는 것도 습관을 개선하는 방법이다. 손은 얼마나 오래 씻어야 할까? 15초 ~ 30초? 손을 씻을 때마다 시계나 타이머를 준비할 수 없으니 생일축하 노래를 처음부터 끝까지 두 번 부르는 데 걸리는 시간이면 된다. 더 구석구석 오래 씻고 싶다면 더 긴 노래를 흥얼거려도 된다.

그렇다면 손을 어떻게 씻어야 '꼼꼼한' 손 씻기일까? CDC의 5단계부터 WHO의 11단계까지 손 씻기 방법은 다양하다. 질병관리청은 6단계 20초 이상을 권장하고 있다. 흐르는 물에 손을 충분히 적신 뒤 비누를 손에 묻혀 손바닥, 손등, 손가락, 손가락 사이, 손톱 밑까지 구석구석 강렬히 생일축하 노래를 2번 흥얼거리며 문지른 후 다시 흐르는 물로 씻는다고 생각하면 된다. 물론 비누를 사용하는 것이 더 효과적이다. 비누를 사용해 흐르는 물로 20초 이상 씻었을 때 세균을 90% 이상 제거할 수 있다. 하지만 흐르는 물로만 씻어도 상당한 제거 효과가 있다. 단지 비누가 없다는 이유로 대충 씻으면 안 되는 이유다. 반면, 소독력이 있는 항균비누와 시중 일반 비누를 비교했을 때는 별다른 차이가 없는 것으로 나타났다.

습기가 많은 곳에서 곰팡이가 쉽게 피듯 젖은 손은 미생물의 전이를 돕는다. 그렇기 때문에 손을 건조하는 것 또한 매우 중요하다. 손을 어떻게 말리는 것이 가장 효과적인지에 대해서는 여러 연구가 아직 나오고 있다. 보건복지부는 가장 이상적인 건조 방법으로 일회용 종이 타월 한 장을 사용해 손의 물기를 제거하는 것을 권장했다. 미국 CDC는 깨끗한 수건을 사용해 손을 말리는 것과 자연 건조하는 것을 권장하고 있다.

손 소독제 또한 손 전체에 구석구석 문지르는 것이 중요하다. 손 씻기 방법과 비슷하다고 생각하면 된다. 손 소독제에는 소독 작용을 하는 에탄올이 함유되어 있다. 세계보건기구(WHO)가 권장하는 손 소독제의 에탄올 비율은 75 ~ 85%, 미국 식품의약처(FDA)는 에탄올 60 ~ 95% 이상을 권장한다. 한국 식품의약품안전처는 외용소독제의 표준제조기준으로 에탄올 함량 54.7 ~ 70%를 제시한다. 미국 CDC는 손 소독제가 완벽히 마를 때까지 손을 문지를 것을 권고하고 있다. 하지만 손 소독제보다 손을 흐르는 물에 씻는 것이 더 효과적이라는 의견이 지배적이다. 특히 손이 더러워졌다고 느낄 때는 꼭 손을 씻자.

① 손을 규칙적으로 씻기 위해 하루에 몇 번 손을 씻었는지 세보는 것이 좋겠어.

② 손을 씻는 데는 생일축하 노래를 처음부터 끝까지 한 번 부르는 데 걸리는 시간이면 충분하겠어.

③ 손 소독제 사용도 중요하지만 무엇보다도 흐르는 물에 손을 씻는 것이 효과적이구나.

④ 손을 깨끗이 씻는 것만큼 손을 제대로 말리는 것도 중요하구나.

**03** 다음은 국민건강보험공단의 재난적 의료비 지원사업에 대한 자료이다. 이에 대해 바르게 알고 있는 사람을 〈보기〉에서 모두 고르면?

---

〈재난적 의료비 지원사업〉

- 개요
질병·부상 등으로 인한 치료·재활 과정에서 소득·재산 수준 등에 비추어 과도한 의료비가 발생해 경제적 어려움을 겪게 되는 상황으로 의료비 지원이 필요하다고 인정된 사람에게 지원합니다.

- 대상질환
1. 모든 질환으로 인한 입원환자
2. 중증질환으로 외래진료를 받은 환자
※ 중증질환 : 암, 뇌혈관, 심장, 희귀, 중증난치, 중증화상질환

- 소득기준
 - 기준중위소득 100% 이하 지원 원칙(건보료 기준)
 - 기준중위소득 100 ~ 200% 이하 연소득 대비 의료비부담비율을 고려해 개별심사 지원
※ 재산 과표 5.4억 원 초과 고액재산보유자는 지원 제외

- 의료비기준
1회 입원에 따른 가구의 연소득 대비 의료비 발생액[법정본인부담, 비급여 및 예비(선별)급여 본인부담]기준금액 초과 시 지원
 - 기초생활수급자, 차상위계층 : 80만 원 초과 시 지원
 - 기준중위소득 50% 이하 : 160만 원 초과 시 지원
 - 기준중위소득 100% 이하 : 연소득의 15% 초과 시 지원

---

보기

가 : 18세로 뇌혈관 치료 때문에 외래진료를 받은 학생에게 이 사업에 대해 알려주었어. 학생의 집은 기준중위소득 100%에 해당되기 때문에 지원을 받을 수 있을 거야.
나 : 이번에 개인 질환으로 입원했는데, 200만 원이 나왔어. 기준중위소득 50%에 해당되는데 지원금을 받을 수 있어 다행이야.
다 : 어머니가 심장이 안 좋으셔서 외래진료를 받고 있는데 돈이 많이 들어. 기준중위소득 200%에 속하는데 현금은 없지만 재산이 5.4억 원이어서 공단에서 지원하는 의료비 사업에 지원도 못하고 요즘 힘드네.
라 : 요즘 열이 많이 나서 근처 병원으로 통원 치료를 하고 있어. 기초생활수급자인 내 형편으로 볼 때, 지원금을 받는데 문제없겠지?

① 가, 나      ② 가, 다
③ 나, 다      ④ 다, 라

**04** 다음은 국민건강보험공단에서 제공한 외국인 유학생 건강보험 관련 자료이다. 이에 대한 설명으로 옳지 않은 것은?

---

### 〈외국인 유학생 건강보험 안내〉

- **가입 대상**
  유학생, 외국인 및 재외국민

- **가입 시기**

| 체류자격 구분 | 적용시기 |
|---|---|
| 유학, 초중고생 | 최초입국 시 → 외국인등록일 |
| | 외국인등록 후 재입국 시 → 재입국일 |
| 초중고생 외의 일반연수 | 입국일로부터 6개월 후 가입 |
| 재외국민·재외동포 유학생 | 입국 후 학교 입학일로 가입<br>(재학증명서 제출하는 경우) |

※ 국내 체류 유학생 중 건강보험에 가입하지 않은 유학생은 2021.3.1.로 당연가입됨

- **가입 절차**
  유학생이 공단에 별도로 신고하지 않아도 자동 가입처리
  국내 체류지(거소지)로 건강보험증과 가입안내증 발송
  다만, 아래의 경우 반드시 가까운 지사에 방문하여 신고
  1. 가족(배우자 및 미성년 자녀)과 함께 보험료를 납부하고자 하는 경우
  2. 국내에서 유학 중인 재외국민 또는 재외동포가 가입하는 경우
  3. 체류지(거소지), 여권번호, 체류자격 등에 변경사항이 있는 경우
  ※ 외국의 법령, 외국의 보험, 사용자와의 계약으로 건강보험 급여에 상당하는 의료보장을 받아 건강보험이 필요하지 않는 경우 건강보험 가입 제외 신청 가능

- **건강보험료 부과**
  전자고지·자동이체 및 환급사전계좌 신청 : 전화, 홈페이지, 외국인민원센터, 공단지사에서 신청
  \* 우편 대신 이메일 고지서 또는 모바일 고지서 신청 가능
  \* 자동이체 신청으로 편리한 납부·환급사전계좌 등록으로 빠른 지급

---

① 외국인이 건강보험료를 납부하는 경우 우편, 이메일, 모바일을 통해 고지서를 받아볼 수 있다.

② 유학생은 본인의 의사에 따라 건강보험 적용을 받지 않을 수 있다.

③ 학업이 끝나고 직장인이 되어 체류자격에 변동이 생긴 경우 인근 건강보험공단 지사에 방문하여 신고하여야 한다.

④ 외국인이 건강보험에 가입하기 위해서는 거소지의 지방자치단체에 신고하여야 한다.

※ 다음은 K기업이 1분기에 해외로부터 반도체를 수입한 거래내역과 거래일의 환율이다. 이어지는 질문에 답하시오. [5~6]

| 날짜 | 수입 | 환율 |
|---|---|---|
| 1월 | 4달러 | 1,000원/달러 |
| 2월 | 3달러 | 1,120원/달러 |
| 3월 | 2달러 | 1,180원/달러 |

※ (평균환율)$=\dfrac{(총 원화금액)}{(환전된 총 달러금액)}$

**05** 다음 중 1분기 평균환율은 얼마인가?

① 1,180원/달러

② 1,120원/달러

③ 1,100원/달러

④ 1,080원/달러

**06** 현재 창고에 K기업이 수입한 반도체 재고가 200달러만큼 존재할 때, 05번 문제에서 구한 평균환율로 환산한 창고재고 금액은 얼마인가?

① 200,000원

② 216,000원

③ 245,000원

④ 268,000원

**07** 둘레길이가 456m인 호수 둘레를 따라 가로수가 4m 간격으로 일정하게 심어져 있다. 출입구에 심어져 있는 가로수를 기준으로 6m 간격으로 가로수를 옮겨 심으려고 할 때, 새롭게 옮겨 심어야 하는 가로수는 최소 몇 그루인가?(단, 불필요한 가로수는 제거한다)

① 38그루

② 37그루

③ 36그루

④ 35그루

**08** 다음은 국민행복카드에 대한 자료이다. 〈보기〉 중 이에 대한 설명으로 옳지 않은 것을 모두 고르면?

---

• 국민행복카드

'보육료', '유아학비', '건강보험 임신·출산 진료비 지원', '청소년산모 임신·출산 의료비 지원' 및 '사회서비스 전자바우처' 등 정부의 여러 바우처 지원을 공동으로 이용할 수 있는 통합카드입니다. 국민행복카드로 어린이집·유치원 어디서나 사용이 가능합니다.

• 발급방법

〈온라인〉

－ 보조금 신청 : 정부 보조금을 신청하면 어린이집 보육료와 유치원 유아학비 인증이 가능합니다.

－ 보조금 신청서 작성 및 제출 : 복지로 홈페이지

－ 카드 발급 : 5개 카드사 중 원하시는 카드사를 선택해 발급받으시면 됩니다.

  \* 연회비는 무료

－ 카드 발급처 : 복지로 홈페이지, 임신육아종합포털 아이사랑, 5개 제휴카드사 홈페이지

〈오프라인〉

－ 보조금 신청 : 정부 보조금을 신청하면 어린이집 보육료와 유치원 유아학비 인증이 가능합니다.

－ 보조금 신청서 작성 및 제출 : 읍면동 주민센터

－ 카드 발급 : 5개 제휴카드사

  \* 연회비는 무료

－ 카드 발급처 : 읍면동 주민센터, 전국 은행과 주요 카드사 지점

  \* 어린이집 ↔ 유치원으로 기관 변경 시에는 복지로 또는 읍면동 주민센터에서 반드시 보육료·유아학비 자격변경 신청이 필요

---

**보기**

ㄱ. 국민행복카드 신청을 위한 보육료 및 학비 인증을 위해서는 별도 절차 없이 정부 보조금 신청을 하면 된다.

ㄴ. 온라인이나 오프라인 둘 중 어떤 발급경로를 선택하더라도 연회비는 무료이다.

ㄷ. 국민행복카드 신청을 위한 보조금 신청서는 읍면동 주민센터, 복지로 혹은 카드사의 홈페이지에서 작성할 수 있으며 작성처에 제출하면 된다.

ㄹ. 오프라인으로 신청한 경우 카드를 발급받기 위해서는 읍면동 주민센터 혹은 전국 은행 지점을 방문하여야 한다.

---

① ㄱ, ㄴ

② ㄱ, ㄷ

③ ㄴ, ㄷ

④ ㄷ, ㄹ

※ 다음은 국민건강보험공단의 여비규정에 대한 자료이다. 이어지는 질문에 답하시오. [9~10]

〈국내여비 정액표〉

| 구분 \ 대상 | | | 가군 | 나군 | 다군 |
|---|---|---|---|---|---|
| 운임 | 항공운임 | | 실비(1등석 / 비지니스) | 실비(2등석 / 이코노미) | |
| | 철도운임 | | 실비(특실) | | 실비(일반실) |
| | 선박운임 | | 실비(1등급) | 실비(2등급) | |
| | 자동차운임 | 버스운임 | 실비 | | |
| | | 자가용승용차운임 | 실비 | | |
| 일비(1일당) | | | 2만 원 | | |
| 식비(1일당) | | | 2만 5천 원 | 2만 원 | |
| 숙박비(1박당) | | | 실비 | 실비(상한액 : 서울특별시 7만 원, 광역시·제주도 6만 원, 그 밖의 지역 5만 원) | |

〈실비 단가(1일당 상한액)〉

| 구분 | 가군 | 나군 | 다군 |
|---|---|---|---|
| 항공운임 | 100만 원 | 50만 원 | |
| 철도운임 | 7만 원 | | 3만 원 |
| 선박운임 | 50만 원 | 20만 원 | |
| 버스운임 | 1,500원 | | |
| 자가용승용차운임 | 20만 원 | | |
| 숙박비 | 15만 원 | – | – |

**09** 지난 주 출장을 다녀온 A부장의 활동 내역이 다음과 같을 때, A부장이 받을 수 있는 여비의 총액은?

〈A부장 활동 내역〉

• 2박 3일 동안 가군으로 출장을 간다.
• 항공은 첫째 날과 셋째 날에 이용한다.
• 철도는 첫째 날과 둘째 날에 이용한다.
• 자가용은 출장 기간 동안 매일 이용한다.

① 315만 5천 원
② 317만 원
③ 317만 5천 원
④ 318만 원

**10** 다음 중 영업팀 3명이 각각 다른 군으로 출장을 간다면, 영업팀이 받는 총여비는?

> • 1박 2일 동안 출장을 간다.
> • 비용은 최대로 받는다.
> • 항공은 첫째 날에 이용한다.
> • 선박은 둘째 날에 이용한다.
> • 기차는 출장 기간 동안 매일 이용한다.
> • 버스는 출장 기간 동안 매일 이용한다.
> • 자가용은 출장 기간 동안 매일 이용한다.
> • 나군은 서울에 해당한다.
> • 다군은 제주도에 해당한다.

① 485만 9천 원 ② 488만 6천 원
③ 491만 6천 원 ④ 497만 9천 원

※ 다음은 국민건강보험공단의 조직도와 2022년도 개편기준이다. 이어지는 질문에 답하시오. [11~12]

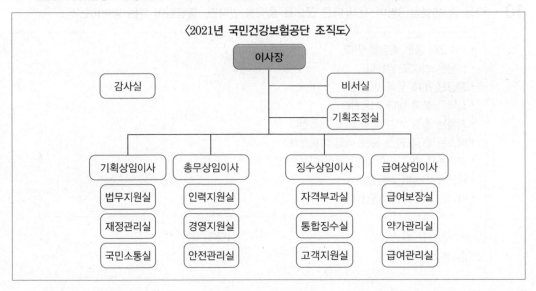

〈2021년 국민건강보험공단 조직도〉

이사장

감사실

비서실

기획조정실

기획상임이사
법무지원실
재정관리실
국민소통실

총무상임이사
인력지원실
경영지원실
안전관리실

징수상임이사
자격부과실
통합징수실
고객지원실

급여상임이사
급여보장실
약가관리실
급여관리실

〈2022년 조직 개편기준〉

• 급여상임이사 소속으로 의료기관지원실, 건강관리실, 보장지원실을 추가한다.
• 정보화 시대에 맞춰 빅데이터 전략본부를 조직한다.
• 이사장 직속인 기획조정실을 기획상임이사 소속으로 이동한다.
• 총무상임이사 소속인 안전관리실을 안전관리본부로 새롭게 개편한다.
• 인재개발원을 신설 부서로 만들어 이사장 직속 부서로 추가한다.
• 급여상임이사 소속인 급여보장실과 급여관리실은 하나의 부서인 급여지원실로 통합한다.

| 문제해결능력

**11** 다음 중 2021년 국민건강보험공단 조직도를 잘못 이해한 직원은?

① A사원 : 각 상임이사 소속으로는 3개의 부서가 있다.
② B사원 : 우리 공단 이사장 직속 부서로는 비서실, 기획조정실, 감사실이 있다.
③ C대리 : 급여보장실은 급여관리실과 같은 소속이다.
④ D대리 : 자격부과실과 고객지원실은 이사장에게 바로 보고하지 않는다.

| 문제해결능력

**12** 다음 중 2022년 조직 개편기준에 따라 개편한 내용으로 옳지 않은 것은?

① 급여상임이사 소속 부서는 5개가 될 것이다.
② 징수상임이사 소속 부서는 개편이 되어도 변하는 내용이 없을 것이다.
③ 기획상임이사 소속으로 기획조정실이 추가될 것이다.
④ 총무상임이사 소속 부서는 인력지원실, 경영지원실, 안전관리실이 될 것이다.

**13** 다음은 국민건강보험공단 홈페이지에 게시된 분리과세 주택임대소득 보험료 경감에 대한 자료이다. A의 상황이 다음과 같을 때, A에 대한 설명으로 옳지 않은 것은?(단, 현재는 2021년 1월이다)

---

〈분리과세 주택임대소득 보험료 경감〉

• 대상자
 건강보험료 경감 적용 조건(공통조건과 가입자 유형별 충족조건 모두 충족해야 함)
 – 공통(외국인 등 포함)
  1) 주택임대소득 총수입금액이 연간 합계액 2천만 원 이하일 것
  2) 주택임대소득에 대한 소득세가 소형주택 임대사업자에 대한 세액 감면 적용을 받은 대상으로서 등록을 한 날이 모두 2020년 12월 31일 이전일 것
   * 다만, 2020.7.11.이후 단기(4년)주택등록 및 장기·공공지원(8년)으로 변경 신고한 주택은 제외
   * 주거전용면적이 1호당 85m²(수도권 외 100m²) 이하이며, 기준시가가 6억 원 이하
 – 지역가입자 : 주택임대소득을 반영하여 산출한 보험료가 그 주택임대소득을 제외하고 산출한 보험료액보다 많을 것
 – 피부양자에서 상실된 지역가입자 : 주택임대소득으로 피부양자에서 그 자격을 상실하여 지역가입자가 되고, 그 주택임대소득을 제외하면 국민건강보험법상 요건을 충족할 것
• 적용방법
 1. 경감률

| 구분 | 임대등록구분 | | |
| --- | --- | --- | --- |
| | 8년 이상 | 4년 이상 | 미등록 |
| 경감률 | 80% | 40% | 0% |
| 경감기간 | 8년 | 4년 | – |
| 대상자 | 전체가입자 | | – |

 다만, 2019년 귀속 분리과세 주택임대소득으로 피부양자에서 상실된 지역가입자 중 미등록자는 2019년 귀속 소득분이 반영되는 기간의 보험료는 한시적으로 30% 경감
 2. 경감기간
  임대개시일로부터 4년(장기 일반 민간임대주택 등은 8년)이 되는 날이 속하는 해의 소득을 반영하는 보험료까지 적용

---

〈A의 상황〉

• A는 2016년 4월 1일에 경주에 위치한 80m²의 소형주택에 대한 임대사업을 등록하였으며, 소형주택 임대사업자에 대한 소득세 감면을 적용받았다.
• A의 주택임대소득 총수입금액은 연간 총 800만 원이다.
• A는 건강보험 지역가입자이다.
• A는 기준시가 3억에 해당되는 소형주택에 대해 단기주택등록을 하였다.
• A는 2016년 4월 17일에 임대 개시를 하였다.

① A에게 적용되는 건강보험 경감률은 40%이다.
② 주택임대소득을 반영한 보험료가 주택임대소득을 반영하지 않은 경우의 보험료보다 많은 경우, 건강보험료 경감을 받을 수 없다.
③ A가 등록한 소형 임대주택의 기준시가가 50% 상승하더라도 경감 여부에는 변화가 없다.
④ A의 소형 임대주택이 서울에 위치한 주택이었더라도 A는 보험료 경감을 받을 수 있다.

**14** 다음은 국민건강보험공단 홈페이지에 게시된 민원요기요의 서비스 항목 중 일부이다. 〈보기〉의 설명 중 옳은 것을 모두 고르면?

| 대분류 | 세부업무 | |
|---|---|---|
| 증명서 발급 및 확인 | • 자격확인서<br>• 자격득실확인서<br>• 보험료 완납증명서<br>• 보험료 납부확인서 | • 건강보험증 발급 신청<br>• 증명서 진위 확인<br>• 차상위본인부담경감증명서<br>• 기타징수금 납부확인서 |
| 보험료 조회 | • 지역보험료 조회<br>• 직장보험료 조회<br>• 홈페이지 납부 보험료<br>• 사회보험료 완납 조회 | • 4대보험료 계산<br>• 고지내역 조회<br>• 연말정산내역 |
| 보험료 납부 | • 보험료 납부<br>• 보험료 대납 | • 자동이체 신청 |
| 보험료 고지서 | • 고지서 신청<br>• 고지서 송달지 변경 신청 | • 보험료 고지서 재발급<br>• 홈페이지 고지내역 조회 |

보기

ㄱ. 보험료 납부확인서 발급 및 4대보험료 계산도 민원요기요에서 가능하다.
ㄴ. 보험료 고지서를 재발급 받기 위해서는 국민건강보험공단 홈페이지의 민원요기요가 아니라 지 자체에서 발급 받아야 한다.
ㄷ. 민원요기요를 통해 고지서 송달지 변경과 증명서의 진위 확인도 가능하다.

① ㄱ          ② ㄷ
③ ㄱ, ㄷ       ④ ㄴ, ㄷ

## | 02 | 국민건강보험법

**01** 다음 〈보기〉 중 건강보험 가입자가 건강보험 자격을 잃는 시기로 옳지 않은 것을 모두 고르면?

> **보기**
>
> ㉠ 사망한 날의 다음 날
> ㉡ 수급권자가 된 날의 다음 날
> ㉢ 국내에 거주하지 아니하게 된 날의 다음 날
> ㉣ 국적을 잃은 날

① ㉠, ㉡                    ② ㉠, ㉢
③ ㉡, ㉣                    ④ ㉢, ㉣

**02** 다음 중 국민건강보험공단 임원에 대한 설명으로 옳지 않은 것은?

① 공단은 임원으로서 이사장 1명, 이사 14명 및 감사 1명을 둔다.
② 상임이사는 보건복지부령으로 정하는 추천 절차를 거쳐 이사장이 임명한다.
③ 감사는 임원추천위원회가 복수로 추천한 사람 중에서 기획재정부장관의 제청으로 대통령이 임명한다.
④ 비상임이사는 노동조합·사용자단체·시민단체·소비자단체·농어업인단체 및 노인단체가 추천하는 각 1명을 이사장이 임명한다.

**03** 다음 〈보기〉 중 요양급여를 실시하는 항목으로 옳은 것을 모두 고르면?

> **보기**
>
> ㉠ 진찰·검사                    ㉡ 간병
> ㉢ 약제·치료재료의 지급          ㉣ 처치·수술 및 그 밖의 치료
> ㉤ 외래 진료

① ㉠, ㉡, ㉢                    ② ㉠, ㉡, ㉣
③ ㉠, ㉢, ㉣                    ④ ㉡, ㉣, ㉤

**04** 다음 중 국민건강보험공단 설립등기에 포함되는 항목이 아닌 것은?

① 목적                          ② 명칭
③ 주된 사무소 및 분사무소의 소재지      ④ 이사회의 운영

**05** 다음 중 국민건강보험법 제109조에 대한 설명으로 옳지 않은 것은?

① 주민등록법 제6조 제1항 제3호에 따라 등록한 사람은 지역가입자가 된다.

② 출입국관리법 제31조에 따라 외국인등록을 한 사람으로서 보건복지부령으로 정하는 체류자격이 있는 사람은 지역가입자가 된다.

③ 재외동포의 출입국과 법적 지위에 관한 법률 제6조에 따라 국내거소신고를 한 사람은 직장가입자가 된다.

④ 국내체류가 법률에 위반되는 경우로서 대통령령으로 정하는 사유가 있는 경우 가입자 및 피부양자가 될 수 없다.

**06** 다음 중 벌칙에 대한 설명으로 옳은 것은?

① 가입자 및 피부양자의 개인정보를 누설한 자는 3년 이하의 징역 또는 5천만 원 이하의 벌금에 처한다.

② 가입자 및 피부양자의 개인정보를 직무상 목적 외의 용도로 이용 또는 제3자에게 제공한 자는 5년 이하의 징역 또는 5천만 원 이하의 벌금에 처한다.

③ 공동이용하는 전산정보자료를 목적 외의 용도로 이용하거나 활용한 자는 3년 이하의 징역 또는 3천만 원 이하의 벌금에 처한다.

④ 거짓이나 그 밖의 부정한 방법으로 보험급여를 받거나 타인으로 하여금 보험급여를 받게 한 사람은 3년 이하의 징역 또는 3천만 원 이하의 벌금에 처한다.

**07** 다음 중 벌칙과 과태료에 대한 설명으로 옳지 않은 것은?

① 보고 또는 서류제출을 하지 아니한 자, 거짓으로 보고하거나 거짓 서류를 제출한 자, 검사나 질문을 거부·방해 또는 기피한 자는 1천만 원 이하의 벌금에 처한다.

② 요양비 명세서나 요양 명세를 적은 영수증을 내주지 아니한 자는 500만 원 이하의 벌금에 처한다.

③ 정당한 사유 없이 신고·서류제출을 하지 아니하거나 거짓으로 신고·서류제출을 한 자는 1천만 원 이하의 과태료를 부과한다.

④ 행정처분을 받은 사실 또는 행정처분절차가 진행 중인 사실을 지체 없이 알리지 아니한 자는 500만 원 이하의 과태료를 부과한다.

**08** 다음 중 보험료와 보수월액에 대한 설명으로 옳은 것은?

① 보험료는 가입자의 자격을 취득한 날이 속하는 달부터 가입자의 자격을 잃은 날의 다음날이 속하는 달까지 징수한다.

② 보험료를 징수할 때 가입자의 자격이 변동된 경우에는 변동된 날이 속하는 다음 달의 보험료는 변동되기 전의 자격을 기준으로 징수한다.

③ 월별 보험료액은 가입자의 보험료 평균액의 일정비율에 해당하는 금액을 고려하여 대통령령으로 정하는 기준에 따라 상한 및 하한을 정한다.

④ 휴직이나 그 밖의 사유로 보수의 전부 또는 일부가 지급되지 아니하는 가입자의 보수월액보험료는 해당 사유가 생긴 달의 보수월액을 기준으로 산정한다.

**09** 다음 중 요양급여를 실시하는 요양기관으로 옳지 않은 것은?

① 의료법에 따라 개설된 의료기관

② 약사법에 따라 설립된 한국희귀·필수의약품센터

③ 지역보건법에 따른 보건소·보건의료원 및 보건지소

④ 의료법에 따라 개설된 한국국제보건의료재단

**10** 다음 사례를 보고 A씨가 받을 징역 또는 벌금으로 옳은 것은?

〈사례〉

2021년 11월 23일 대행청구단체에서 일하는 A씨는 K종합병원에 거짓으로 요양급여비용 700만 원을 청구했다.

① 1년 이하의 징역 또는 1천만 원 이하의 벌금

② 2년 이하의 징역 또는 2천만 원 이하의 벌금

③ 3년 이하의 징역 또는 3천만 원 이하의 벌금

④ 4년 이하의 징역 또는 4천만 원 이하의 벌금

**11** 다음 중 건강보험 가입자 또는 피부양자가 아닌 사람은?

① 직장가입자의 배우자 A

② 직장가입자의 형제·자매 B

③ 국내에 거주하는 국민 C

④ 의료급여법에 따라 의료급여를 받는 D

**12** 다음 중 국민건강보험법의 양벌 규정에서 2년 이하의 징역 또는 2천만 원 이하의 벌금에 해당하는 것은?

① 가입자·피부양자의 개인정보를 직무상 목적 외의 용도로 이용 또는 정당한 사유 없이 제3자에게 제공한 자

② 대행청구단체의 종사자로서 거짓이나 그 밖의 부정한 방법으로 요양급여비용을 청구한 자

③ 거짓으로 보고하거나 거짓 서류를 제출한 자

④ 거짓이나 그 밖의 부정한 방법으로 보험급여를 받은 자

**13** 다음 〈보기〉 중 보험료를 징수하기 위해 그 금액을 납부의무자에게 납입 고지할 때, 반드시 있어야 하는 것을 모두 고르면?

> 보기
>
> ㄱ. 납부해야 하는 금액 　　　　　ㄴ. 징수하려는 보험류의 종류
> ㄷ. 납부장소 　　　　　　　　　　ㄹ. 납부기한

① ㄱ, ㄴ　　　　　　　　　　　　② ㄷ, ㄹ

③ ㄱ, ㄴ, ㄹ　　　　　　　　　　④ ㄱ, ㄴ, ㄷ, ㄹ

**14** 다음 글의 빈칸에 들어갈 단어로 옳은 것은?

> 요양급여를 결정함에 있어 경제성 또는 치료효과성 등이 불확실하여 그 검증을 위하여 추가적인 근거가 필요하거나, 경제성이 낮아도 가입자와 피부양자의 건강회복에 잠재적 이득이 있는 등의 경우에는 예비적인 요양급여인 _____를 지급한다.

① 요양급여　　　　　　　　　　　② 요양비

③ 선별급여　　　　　　　　　　　④ 부가급여

**15** 다음 중 외국인 유학생의 국민건강보험에 대한 설명으로 옳지 않은 것은?

① 초중고 유학생은 입국일부터 건강보험에 당연가입이 된다.

② 보험 적용 조건에 해당되지만 직장이 없는 경우 지역가입자로 가입된다.

③ 건강보험료 체납내역은 체류기간 연장신청이나 체류기간 심사 시 반영된다.

④ 건강보험료는 전체 가입자의 가장 낮은 보험료로 적용된다.

**16** 국내에 거주하는 국민은 건강보험의 가입자 또는 피부양자가 된다. 다음 중 피부양자에 해당하지 않는 사람은?

① 직장가입자의 배우자

② 직장가입자의 직계존속

③ 직장가입자의 직계존속의 배우자

④ 직장가입자의 직계비속

**17** 사업장의 사용자는 직장가입자가 되는 근로자·공무원 및 교직원을 사용하는 사업장이 된 경우 보험자에게 신고하여야 한다. 이때, 조건이 성립한 경우로부터 며칠 이내에 신고해야 하는가?

① 5일               ② 7일

③ 14일             ④ 15일

**18** 다음 중 건강보험증에 대한 설명으로 옳지 않은 것은?

① 가입자 또는 피부양자가 신청하는 경우 건강보험증을 발급해야 한다.

② 가입자 또는 피부양자가 요양급여를 받을 때에는 건강보험증을 요양기관에 제출해야 한다.

③ 누구든지 건강보험증을 다른 사람에게 양도하거나 대여하여 보험급여를 받을 수 없다.

④ 가입자 및 피부양자는 자격을 잃은 후에도 자격을 증명하던 서류를 사용하여 보험급여를 받을 수 있다.

**19** 다음 중 국민건강보험공단의 정관에 적어야 하는 사항이 아닌 것은?

① 임직원에 관한 사항

② 사무소의 소재지

③ 이사회의 운영

④ 이사장의 성명·주소 및 주민등록번호

**20** 다음 중 요양기관에 대한 설명으로 옳지 않은 것은?

① 의료법에 따라 개설된 의료기관, 약사법에 따라 등록된 약국 등이 있다.

② 전문요양기관은 정당한 이유 없이 요양급여를 거부하지 못한다.

③ 선별급여를 실시하는 요양기관은 선별급여의 평가를 위해 필요한 자료를 제출해야 한다.

④ 보건복지부장관은 대통령령으로 정하는 기준에 해당하는 요양기관을 전문요양기관으로 반드시 인정해야 하고, 인정서를 발급해야 한다.

**21** 다음은 국민건강보험법의 목적이다. 빈칸 ㉠, ㉡에 들어갈 용어를 순서대로 바르게 나열한 것은?

> 국민건강보험법은 국민의 질병·부상에 대한 예방·진단·치료·재활과 출산·사망 및 건강증진에 대하여 ___㉠___를 실시함으로써 국민보건 향상과 ___㉡___ 증진에 이바지함을 목적으로 한다.

|   | ㉠ | ㉡ |
|---|------|--------|
| ① | 요양급여 | 사회보장 |
| ② | 요양급여 | 사회복지 |
| ③ | 보험급여 | 공공부조 |
| ④ | 보험급여 | 사회보장 |

## | 03 | 노인장기요양보험법

**01** 다음 중 장기요양급여의 종류가 다른 것은?

① 장기요양요원이 수급자의 가정 등을 방문하여 신체활동 및 가사활동 등을 지원하는 장기요양급여

② 장기요양요원인 간호사 등이 의사, 한의사 또는 치과의사의 지시서에 따라 수급자의 가정 등을 방문하여 간호, 진료의 보조, 요양에 관한 상담 또는 구강위생 등을 제공하는 장기요양급여

③ 장기요양기관에 장기간 입소한 수급자에게 신체활동 지원 및 심신기능의 유지·향상을 위한 교육·훈련 등을 제공하는 장기요양급여

④ 수급자를 하루 중 일정한 시간 동안 장기요양기관에 보호하여 신체활동 지원 및 심신기능의 유지·향상을 위한 교육·훈련 등을 제공하는 장기요양급여

**02** 다음 중 장기요양위원회의 운영에 대한 설명으로 옳지 않은 것은?

① 장기요양위원회 회의는 구성원 과반수의 출석으로 개의한다.

② 장기요양위원회 회의는 출석위원 과반수의 찬성으로 의결한다.

③ 장기요양위원회의 효율적 운영을 위하여 분야별로 실무위원회를 둘 수 있다.

④ 장기요양위원회의 구성·운영, 그 밖에 필요한 사항은 보건복지부령으로 정한다.

**03** 다음 중 장기요양기관 지정이 취소되는 경우가 아닌 것은?

① 거짓으로 지정을 받은 경우

② 재무·회계기준을 위반한 경우

③ 부정한 방법으로 시설 급여비용을 청구한 경우

④ 장기요양기관 종사자가 수급자의 신체에 폭행을 가하거나 상해를 입히는 행위를 한 경우

**04** 다음 중 장기요양급여에 대한 설명으로 옳지 않은 것은?

① 방문요양은 수급자의 가정 등을 방문하여 신체활동 및 가사활동 등을 지원하는 장기요양급여이다.

② 단기보호는 수급자를 일정 기간 동안 장기요양기관에 보호하여 신체활동 지원 등을 제공하는 장기요양급여이다.

③ 시설급여는 장기요양기관에 장기간 입소한 수급자에게 심신기능 유지·향상을 위한 교육 등을 제공하는 장기요양급여이다.

④ 기타재가급여는 간호사 등이 의사의 지시서에 따라 수급자의 가정 등을 방문하여 간호 등을 제공하는 장기요양급여이다.

**05** 다음은 노인장기요양보험법 중 청문에 대한 내용이다. 〈보기〉 중 청문이 가능한 경우를 모두 고르면?

---

**청문(법 제63조)**
특별자치시장·특별자치도지사·시장·군수·구청장은 다음 각 호의 어느 하나에 해당하는 처분 또는 공표를 하려는 경우에는 청문을 하여야 한다.
1. 제37조 제1항에 따른 장기요양기관 지정취소 또는 업무정지명령
2. 삭제(2018. 12. 11.)
3. 제37조의3에 따른 위반사실 등의 공표
4. 제37조의5 제1항에 따른 장기요양급여 제공의 제한 처분

---

보기
ㄱ. 거짓이나 그 밖의 부정한 방법으로 지정을 받은 경우
ㄴ. 거짓으로 청구한 금액이 1천만 원 이상인 경우
ㄷ. 부정한 방법으로 재가급여비용을 청구하는 행위에 가담한 경우
ㄹ. 거짓으로 청구한 금액이 장기요양급여비용 총액의 100분의 20 이상인 경우

---

① ㄱ, ㄴ        ② ㄷ, ㄹ

③ ㄱ, ㄴ, ㄷ        ④ ㄴ, ㄷ, ㄹ

정답 및 해설 p.041

## | 01 | **직업기초능력**

※ 다음은 국가유공자의 대상요건과 국가유공자 및 가족등록신청에 대한 자료이다. 이어지는 질문에 답하시오. **[1~3]**

- 대상요건
  1. 전몰군경
     - 군인이나 경찰공무원으로서 전투 또는 이에 준하는 직무수행 중 상이를 입고 사망하신 분
     - 군무원으로서 1959년 12월 31일 이전에 전투 또는 이에 준하는 직무수행 중 사망하신 분
  2. 전상군경
     - 군인이나 경찰공무원으로서 전투 또는 이에 준하는 직무수행 중 상이를 입고 전역하거나 퇴직하신 분으로서 그 상이정도가 국가보훈처장이 실시하는 신체검사에서 상이등급 1급 내지 7급으로 판정된 분
     - 군무원으로서 1959년 12월 31일 이전에 전투 또는 이에 준하는 직무수행 중 상이를 입고 퇴직하신 분으로서 그 상이정도가 국가보훈처장이 실시하는 신체검사에서 상이등급 1급 내지 7급으로 판정된 분
  3. 순직군경
     - 군인이나 경찰·소방 공무원으로서 국가의 수호·안전보장 또는 국민의 생명, 재산 보호와 직접적인 관련이 있는 직무수행이나 교육훈련 중 사망하신 분(질병으로 사망하신 분 포함)
     - 소방공무원은 국가유공자 예우법 개정 시행일인 2011년 6월 30일 이후 사망하신 분부터 적용(2011년 6월 29일 이전은 화재구조구급 업무와 관련 사망하신 분만 순직군경에 준하여 보상)
  4. 공상군경
     - 군인이나 경찰·소방 공무원으로서 국가의 수호·안전보장 또는 국민의 생명·재산 보호와 직접적인 관련이 있는 직무수행이나 교육훈련 중 상이를 입고 전역하거나 퇴직하신 분으로서 그 상이정도가 국가보훈처장이 실시하는 신체검사에서 상이등급 1급 내지 7급으로 판정된 분
  5. 무공수훈자
     무공훈장(태극, 을지, 충무, 화랑, 인헌)을 받으신 분(공무원 또는 군인 등은 전역 또는 퇴직하신 분만 해당)

- 등록대상 유가족 및 가족요건
  1. 배우자(1순위)
     사실상의 배우자(사실혼 관계의 배우자를 말함)를 포함(배우자 및 사실상의 배우자가 독립유공자와 혼인 또는 사실혼 후 당해 독립유공자외의 자와 사실혼 중에 있거나 있었던 경우는 제외)
  2. 자녀(2순위)
     양자는 국가유공자가 직계비속이 없어 입양한 자 1인에 한하여 자녀로 봄

3. 부모(3순위)
- 국가유공자를 양육하거나 부양한 사실이 있는 경우에 한함
- 부의 배우자와 생모, 모의 배우자와 생부가 각각인 때에는 국가유공자를 주로 부양한 자 1인을 모·부로 인정
- 부모 중 국가유공자를 주로 부양 또는 양육한 자가 우선 함
4. 성년인 직계비속이 없는 조부모(4순위)
- 성년인 직계비속이 없는 것으로 보는 경우
① 국가유공자 등 예우 및 지원에 관한 법률 시행령 별표2의 장애인
② 현역병으로서 의무복무기간 중에 있는 자

• 국가유공자 및 유가족 등록신청
1. 등록신청대상
- 국가유공자가 되고자 하는 본인
- 국가유공자 유족 및 가족이 되고자 하시는 분
2. 접수기관
- 주소지 관할 보훈청 보상과
3. 처리기간
- 20일(전몰·전상군경, 순직·공상군경, 순직·공상공무원, 4·19혁명 부상·사망자 등)
- 14일(무공·보국수훈자 및 4·19혁명 공로자에 한함)
4. 구비서류
- 본인
① 등록신청서 1부
② 병적증명서나 전역증(군인이 아닌 경우 경력증명서)
③ 가족관계기록사항에 관한 증명서 1통, 입양관계증명서 1통
④ 주민등록표등본 1통(담당 공무원이 행정정보의 공동이용을 통하여 확인하는 것에 동의하면 제출 생략)
⑤ 반명함판 사진 1매(상이자는 2매)
- 유족
① 등록신청서 1부
② 병적증명서나 전역증(군인이 아닌 경우 경력증명서)
③ 고인의 제적등본(사망일자 확인) 1통
④ 신청인의 가족관계 기록사항에 관한 증명서, 입양관계증명서, 혼인관계증명서(배우자인 경우) 각 1통
⑤ 신청인의 반명함판 사진 1매
- 구비서류 개별서류
① 전몰·전상군경, 순직·공상군경, 순직·공상공무원 : 국가유공자 등 요건관련확인서 발급신청서, 부상 또는 사망입증서류 각 1부
② 무공수훈자, 보국수훈자 또는 4·19혁명 공로자 : 무공훈장증, 보국훈장증 또는 건국포장증 원본 또는 수훈사실확인서(행정자치부 발급) 1통
③ 4·19혁명 사망자·부상자 : 4·19혁명 참가확인서 및 4·19혁명으로 인한 사망 또는 부상 확인서류 각 1통
④ 사실상의 배우자임을 입증할 수 있는 경위서 또는 증빙서류(사실상의 배우자에 한함)
⑤ 부양 또는 양육한 사실을 입증할 수 있는 서류(부양 또는 양육한 사실을 입증할 필요가 있는 자에 한함)

5. 민원신청방법
   – 방문 또는 우편

**01** 다음 〈보기〉에서 국가유공자의 유형이 바르게 연결된 것을 모두 고르면?

> **보기**
>
> ㄱ. 1950년 8월 21일 전투 중 군무원으로 참전하여 사망한 A : 전몰군경
> ㄴ. 2011년 8월 2일 소방 공무원으로서 대형 화재를 진압하고 다수의 국민을 구출하는 직무를 수행하던 중 얻은 폐질환으로 인해 사망한 B : 전상군경
> ㄷ. 해군 장교로 복무 중 인헌 훈장을 받고 현재 전역한 C : 무공수훈자
> ㄹ. 군인으로서 해외에 파병되어 전투 중 상이를 입고 전역하였으며, 국가보훈처장이 실시하는 신체검사에서 상이등급 3급으로 판정된 D : 순직군경

① ㄱ, ㄴ          ② ㄱ, ㄷ
③ ㄴ, ㄷ          ④ ㄴ, ㄹ

**02** 다음 중 국가유공자 혹은 유족으로서 혜택을 받을 수 없는 사람은?

① 전상군경와 법률혼 관계를 10년 이상 유지하다가 이혼한 후 타인과 재혼한 배우자
② 순직군경에 해당되는 자를 부양해 온 유일한 자녀인 입양자녀
③ 무공수훈자와 현재까지 혼인신고를 하지 않고 동거를 하며 사실혼 상태에 있는 배우자
④ 공상군경인 아버지를 생전에 부양해 온 친자녀

**03** 다음 상황에서 국가유공자 혜택을 받기 위해 A가 제출해야 하는 서류가 아닌 것은?

> 〈상황〉
>
> • A의 아버지는 경찰공무원으로서 1968년 1・21사태 당시 전투 중 사망하였다.
> • A의 어머니는 아버지와 법률혼 관계를 유지하다가 2년 전 사망하였다.
> • A는 2020년 10월 20일에 아버지에 대하여 전몰군경으로 유공자 신청 및 자신에 대하여 유공자 유족 등록을 하고자 한다.

① 등록신청서 1부
② 아버지의 병적증명서 1부
③ 사망일자가 확인 가능한 고인의 제적등본 1통
④ A의 어머니의 혼인관계증명서 1통

※ 다음은 직장 내 괴롭힘 방지법에 대한 자료이다. 이어지는 질문에 답하시오. [4~5]

## 〈근로기준법〉

**직장 내 괴롭힘의 금지(제76조의2)**

사용자 또는 근로자는 직장에서의 지위 또는 관계 등의 우위를 이용하여 업무상 적정범위를 넘어 다른 근로자에게 신체적·정신적 고통을 주거나 근무환경을 악화시키는 행위(이하 "직장 내 괴롭힘"이라 한다)를 하여서는 아니 된다.

**직장 내 괴롭힘 발생 시 조치(제76조의3)**

① 누구든지 직장 내 괴롭힘 발생 사실을 알게 된 경우 그 사실을 사용자에게 신고할 수 있다.

② 사용자는 제1항에 따른 신고를 접수하거나 직장 내 괴롭힘 발생 사실을 인지한 경우에는 지체 없이 당사자 등을 대상으로 그 사실 확인을 위하여 객관적으로 조사를 실시하여야 한다.

③ 사용자는 제2항에 따른 조사 기간 동안 직장 내 괴롭힘과 관련하여 피해를 입은 근로자 또는 피해를 입었다고 주장하는 근로자(이하 "피해근로자 등"이라 한다)를 보호하기 위하여 필요한 경우 해당 피해근로자 등에 대하여 근무장소의 변경, 유급휴가 명령 등 적절한 조치를 하여야 한다. 이 경우 사용자는 피해근로자 등의 의사에 반하는 조치를 하여서는 아니 된다.

④ 사용자는 제2항에 따른 조사 결과 직장 내 괴롭힘 발생 사실이 확인된 때에는 피해근로자가 요청하면 근무장소의 변경, 배치전환, 유급휴가 명령 등 적절한 조치를 하여야 한다.

⑤ 사용자는 제2항에 따른 조사 결과 직장 내 괴롭힘 발생 사실이 확인된 때에는 지체 없이 행위자에 대하여 징계, 근무장소의 변경 등 필요한 조치를 하여야 한다. 이 경우 사용자는 징계 등의 조치를 하기 전에 그 조치에 대하여 피해근로자의 의견을 들어야 한다.

⑥ 사용자는 직장 내 괴롭힘 발생 사실을 신고한 근로자 및 피해근로자 등에게 해고나 그 밖의 불리한 처우를 하여서는 아니 된다.

⑦ 제2항에 따라 직장 내 괴롭힘 발생 사실을 조사한 사람, 조사 내용을 보고받은 사람 및 그 밖에 조사 과정에 참여한 사람은 해당 조사 과정에서 알게 된 비밀을 피해근로자 등의 의사에 반하여 다른 사람에게 누설하여서는 아니 된다. 다만, 조사와 관련된 내용을 사용자에게 보고하거나 관계 기관의 요청에 따라 필요한 정보를 제공하는 경우는 제외한다.

**벌칙(제109조)**

제76조의3 제6항을 위반한 자는 3년 이하의 징역 또는 3천만 원 이하의 벌금에 처한다.

## 〈남녀고용평등과 일·가정 양립 지원에 관한 법〉

**제2조 제2호**

"직장 내 성희롱"이란 사업주·상급자 또는 근로자가 직장 내의 지위를 이용하거나 업무와 관련하여 다른 근로자에게 성적 언동 등으로 성적 굴욕감 또는 혐오감을 느끼게 하거나 성적 언동 또는 그 밖의 요구 등에 따르지 아니하였다는 이유로 근로조건 및 고용에서 불이익을 주는 것을 말한다.

## 〈직장 내 괴롭힘 판단 요소 3가지〉

1. 행위자
   - 괴롭힘 행위자가 사용자인 경우, 괴롭힘 행위자가 근로자인 경우
2. 행위요건
   - 직장에서의 지위 또는 관계 등의 우위를 이용할 것
   - 업무상 적정 범위를 넘는 행위일 것

3. 행위장소
- 외근·출장지 등 업무수행이 이루어지는 곳
- 회식이나 기업 행사 현장 등
- 사적 공간
- 사내 메신저·SNS 등 온라인상의 공간

**04** 다음 중 직장 내 괴롭힘 방지법에 대한 설명으로 옳은 것은?

① 직장 내 괴롭힘 발생 사실을 알게 된 경우 그 사실을 사용자에게 반드시 신고해야 한다.

② 사용자가 직장 내 괴롭힘 발생 사실을 알게 된 경우 바로 조사를 실시하지 않아도 된다.

③ 직장 내 괴롭힘 발생이 사실인 경우 피해자의 요청 없이도 반드시 적절한 조치를 취해야 한다.

④ 직장 내 괴롭힘 발생 사실을 신고한 근로자에게 불리한 처우를 한 사용자는 2년의 징역에 처할 수 있다.

**05** 다음 대화에서 직장 내 괴롭힘 방지법과 관련하여 잘못 알고 있는 사람은?

A씨 : 들었어? R이사가 Q씨를 업무적으로 괴롭힌 것에 대해 '직장 내 괴롭힘 방지법' 관련 조사를 하다가 성적 언동도 해서 Q씨가 피해를 입은 것이 사실로 결론이 났다.

B씨 : 정말? R이사가 회식에 이유 없이 강제로 참여하게 하고, 퇴근 후에도 메신저로 부당한 업무 지시를 내린 행동이 직장 내 괴롭힘에 해당하는 줄은 알았지만 충격적인데?

C씨 : 아! 그럼 R이사의 행동은 직장 내 성희롱에도 해당하므로 남녀고용평등과 일·가정 양립 지원에 관한 법에도 적용을 받겠구나.

D씨 : 그런데 그 조사 대상에서 의류팀 T팀장은 왜 빠졌지? 이번 가을 상품 디자인 보고를 지시해서 팀원 중 담당자인 J씨가 시안을 여러 번 보고했는데 팀장이 콘셉트가 맞지 않는다며 계속 보완을 요구해서 J씨 업무량이 늘어나고 스트레스도 엄청 받고 있잖아.

E씨 : X본부장도 L씨에게 업무뿐 아니라 사적인 일로 운전기사 및 수행비서 역할을 시켰는데 스트레스만 받고 말도 못 하고 있더라. 나 이거 신고할 거야.

① B씨
② C씨
③ D씨
④ E씨

※ 다음은 K통신사의 휴대폰 요금제에 대한 안내이다. 이어지는 질문에 답하시오. [6~7]

<hr>

〈L요금제 안내〉

• 요금안내

데이터 용량 고민 없이 고객 데이터 사용 패턴에 맞게 3가지 중 선택하십시오.

| 구분 | 월정액 | 데이터 | 음성 | 프리미엄 혜택 | |
|---|---|---|---|---|---|
| | | | | 멤버십 | 단말보험 |
| 프리미엄 | 89,000원 | 완전 무제한 | 집 / 이동전화 무제한 (+영상 / 부가 300분) | VIP 제공 | 포인트 차감 |
| 비디오 | 69,000원 | 100GB+무제한 (최대 5Mbps 속도 제어) | | – | – |
| 톡 | 49,000원 | 3GB+무제한 (최대 1Mbps 속도 제어) | | – | – |

– 멤버십 VIP : 멤버십 VIP는 요금제 가입 후 다다음 달 1일 등급 상향

– 단말보험 : 최대 4,500원 한도 내 멤버십 포인트로 차감

• 데이터 제공

각 요금제는 기본제공 데이터를 모두 사용한 이후 최대 아래와 같은 속도로 지속 이용이 가능합니다.

| 요금제 | 속도 | 참고 |
|---|---|---|
| 비디오 | 최대 5Mbps | 고화질 동영상 재생 가능한 속도 |
| 톡 | 최대 1Mbps | 인터넷 검색, SNS, 메신저 이용 가능 속도, 일반 화질 동영상 재생 가능한 속도 |

• 음성 제공

– 집 / 이동전화 무제한 혜택은 상업적 목적이 아닌 국내 음성 통화로 한정되며, 요일 / 시간 구분 없이 월 단위로 제공됩니다.

– 국내영상통화 및 전화 정보서비스 등에 대해서는 기본으로 월 50분이 제공되며, 기본 제공량 초과 시 해당 요율에 따라 요금이 부과됩니다.

– 국제전화, 유료 부가서비스 월 이용료 등은 별도로 청구됩니다.

**06** 다음은 K통신사의 고객지원팀에서 근무하는 A씨가 L요금제와 관련하여 상담을 요청한 고객과의 대화 내용이다. A씨가 고객에게 답변한 내용으로 적절하지 않은 것은?

> Q. 제가 이번에 요금제를 변경하려고 하는데, L요금제가 새로 출시되었더라고요. L요금제에 관해 설명해 주실 수 있나요?
> A. 주로 데이터를 많이 사용하시는 고객분들께 적합한 요금제로 데이터를 아무리 많이 사용하셔도 요금이 초과되지 않습니다. ……①
> Q. 제가 살펴보니까 세 가지 종류로 나뉘던데 가장 큰 차이가 뭔가요?
> A. 프리미엄은 데이터를 속도 제한 없이 무제한으로 사용할 수 있는 반면에, 비디오와 톡은 제공되는 데이터를 소진할 경우 제공되는 데이터의 속도가 달라집니다. ……②
> Q. 저는 휴대폰으로 동영상을 자주 보는 편인데 아무래도 화질이 중요해서요. 저처럼 고화질 동영상을 많이 보는 사람에게는 어떤 요금제가 적합할까요?
> A. 아무래도 톡 요금제의 경우에는 데이터가 소진되면 고화질 동영상 재생이 어렵기 때문에 프리미엄이나 비디오 요금제를 추천해드립니다. ……③
> Q. 가격 차이가 있어서 조금 고민이 되네요. 혹시 프리미엄 요금제에만 주어지는 특별한 혜택 같은 게 있을까요?
> A. 비디오 요금제와 달리 프리미엄 요금제로 가입하실 경우에는 바로 다음 달부터 멤버십 VIP 혜택을 받아보실 수 있습니다. ……④

**07** K통신사는 L요금제를 사용하는 고객에게 약정에 따른 요금 할인 서비스를 제공하고 있다. 다음 중 3년의 약정 기간 동안 총 할인 금액이 가장 많은 것은?(단, 월정액으로 적용된다)

| 구분 | 약정 기간 | 할인율 |
| --- | --- | --- |
| 프리미엄 | 1년 | 15% |
| | 2년 | 20% |
| 비디오 | 1년 | 15% |
| | 2년 | 20% |
| 톡 | 1년 | 10% |
| | 2년 | 20% |
| | 3년 | 25% |

① 3년 약정의 톡 요금제
② (1년 약정의 비디오 요금제)+(2년 약정의 톡 요금제)
③ (2년 약정의 비디오 요금제)+(1년 약정의 프리미엄 요금제)
④ (2년 약정의 프리미엄 요금제)+(1년 약정의 비디오 요금제)

※ 다음은 2018 ~ 2019년까지의 문화예술행사 관람 통계자료이다. 이어지는 질문에 답하시오. [8~9]

<문화예술행사 관람률>

(단위 : 명, %)

| 구분 | | 2018년 | | | 2019년 | | |
|------|------|------|------|------|------|------|------|
| | | 표본 수 | 관람 | 미관람 | 표본 수 | 관람 | 미관람 |
| 연령별 | 15 ~ 19세 | 754 | 3.9 | 96.1 | 677 | 96 | 4 |
| | 20대 | 1,505 | 2.9 | 97.1 | 1,573 | 97.4 | 2.6 |
| | 30대 | 1,570 | 8.4 | 91.6 | 1,640 | 91.5 | 8.5 |
| | 40대 | 1,964 | 11 | 89 | 1,894 | 89.1 | 10.9 |
| | 50대 | 2,077 | 20.6 | 79.4 | 1,925 | 80.8 | 19.2 |
| | 60대 | 1,409 | 35.3 | 64.7 | 1,335 | 64.9 | 35.1 |
| | 70대 이상 | 1,279 | 53.1 | 46.9 | 1,058 | 49.9 | 50.1 |
| 가구소득별 | 100만 원 미만 | 869 | 57.5 | 42.5 | 1,019 | 51.7 | 48.3 |
| | 100만 원 이상 200만 원 미만 | 1,204 | 41.6 | 58.4 | 1,001 | 60.4 | 39.6 |
| | 200만 원 이상 300만 원 미만 | 1,803 | 24.1 | 75.9 | 1,722 | 76.5 | 23.5 |
| | 300만 원 이상 400만 원 미만 | 2,152 | 18.6 | 81.4 | 2,098 | 82.5 | 17.5 |
| | 400만 원 이상 500만 원 미만 | 2,228 | 11.9 | 88.1 | 1,725 | 89.3 | 10.7 |
| | 500만 원 이상 600만 원 미만 | 1,278 | 8.4 | 91.6 | 1,344 | 92.1 | 7.9 |
| | 600만 원 이상 | 1,024 | 8.1 | 91.9 | 1,193 | 92.5 | 7.5 |
| 권역별 | 수도권 | 3,206 | 14.1 | 85.9 | 3,247 | 86 | 14 |
| | 강원/제주권 | 783 | 14.2 | 85.8 | 740 | 79.3 | 20.7 |
| | 충청/세종권 | (가) | 14.3 | 85.7 | 1,655 | 81.2 | 18.8 |
| | 호남권 | 1,584 | 34 | 66 | (나) | 73.9 | 26.1 |
| | 대경권 | 1,307 | 28.3 | 71.7 | 1,891 | 76.8 | 23.2 |
| | 동남권 | 1,910 | 20.4 | 79.6 | 1,119 | 78.2 | 21.8 |

**08** 다음 중 자료에서 (가)+(나)의 값을 구하면 얼마인가?

① 2,765

② 3,012

③ 3,218

④ 3,308

**09** 다음 〈보기〉 중 자료에 대한 설명으로 옳은 것을 모두 고르면?

> **보기**
>
> ㄱ. 2018년에 문화예술행사를 관람한 사람의 수는 가구소득이 100만 원 미만인 사람이 가구소득이 100만 원 이상 200만 원 미만인 사람보다 많다.
> ㄴ. 문화예술행사를 관람한 70대 이상의 사람의 수는 2018년이 2019년보다 더 많다.
> ㄷ. 2018년에 소득이 100만 원 이상 300만 원 미만인 사람들 중 문화예술행사를 관람한 사람의 비율은 2019년 소득이 100만 원 이상 200만 원 미만인 사람들 중 문화예술행사를 관람하지 않은 사람의 비율보다 작다.
> ㄹ. 2019년에 문화예술행사를 관람한 사람의 수는 40대가 50대보다 더 적다.

① ㄱ, ㄴ

② ㄴ, ㄷ

③ ㄱ, ㄴ, ㄷ

④ ㄱ, ㄷ, ㄹ

※ 다음은 2020년도의 시도별 질병 환자 현황이다. 이어지는 질문에 답하시오. [10~11]

〈시도별 질병 환자 현황〉

(단위 : 명, 개)

| 구분 | 질병 환자 수 | 감기 환자 수 | 발열 환자 수 | 한 명당 가입한 의료보험의 수 |
|---|---|---|---|---|
| 서울특별시 | 246,867 | 96,928 | 129,568 | 1.3 |
| 부산광역시 | 77,755 | 37,101 | 33,632 | 1.3 |
| 대구광역시 | 56,985 | 27,711 | 23,766 | 1.2 |
| 인천광역시 | 80,023 | 36,879 | 33,962 | 1.3 |
| 광주광역시 | 35,659 | 19,159 | 16,530 | 1.2 |
| 대전광역시 | 37,736 | 15,797 | 17,166 | 1.3 |
| 울산광역시 | 32,861 | 18,252 | 12,505 | 1.2 |
| 세종특별자치시 | 12,432 | 5,611 | 6,351 | 1.3 |
| 경기도 | 366,403 | 154,420 | 166,778 | 1.3 |
| 강원도 | 35,685 | 15,334 | 15,516 | 1.3 |
| 충청북도 | 40,021 | 18,556 | 17,662 | 1.3 |
| 충청남도 | 56,829 | 27,757 | 23,201 | 1.3 |
| 전라북도 | 38,328 | 18,922 | 16,191 | 1.3 |
| 전라남도 | 40,173 | 19,691 | 15,614 | 1.3 |
| 경상북도 | 61,237 | 30,963 | 24,054 | 1.3 |
| 경상남도 | 85,031 | 43,694 | 33,622 | 1.3 |
| 제주특별자치도 | 18,387 | 7,950 | 8,294 | 1.4 |
| 전국 | 1,322,406 | 594,721 | 594,409 | 1.3 |

┃ 수리능력

**10** 다음 중 자료를 그래프로 나타낸 내용으로 옳지 않은 것은?(단, 소수점 셋째 자리에서 반올림한다)

① 시도별 질병 환자 수

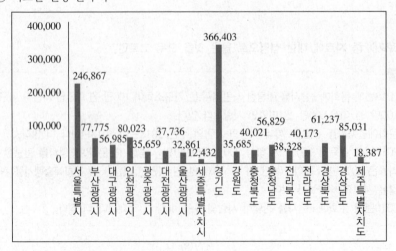

② 시도별 감기 환자 수

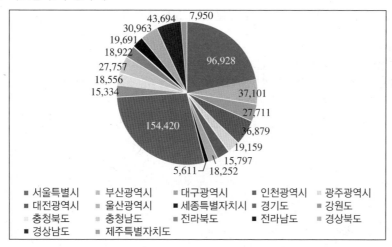

③ 한 명당 가입한 의료보험의 수

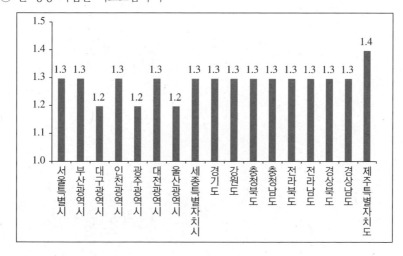

④ 질병 환자 한 명당 발열 환자 비율

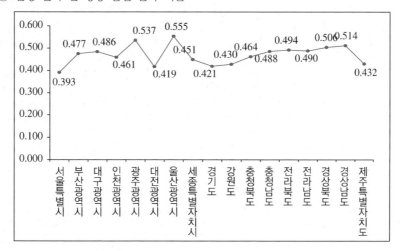

**11** 다음 자료에 대한 〈보기〉의 설명으로 옳은 것을 모두 고르면?

ㄱ. 부산광역시는 경상남도보다 감기 환자의 수가 적다.

ㄴ. 대구광역시의 질병 환자가 가입한 의료보험의 수는 6만 5천 개 이상이다.

ㄷ. 질병 환자 한 명당 발열 환자 수는 강원도가 제일 적다.

ㄹ. 질병 환자 한 명당 발열 환자 수는 서울특별시가 제일 크다.

① ㄱ, ㄴ

② ㄴ, ㄷ

③ ㄱ, ㄴ, ㄹ

④ ㄱ, ㄷ, ㄹ

**12** 다음은 외래 진료 시 환자가 부담하는 비용에 대한 자료이다. 〈보기〉에 제시된 금액이 요양급여비용 총액이라고 할 때, 세 사람의 본인부담금은 총 얼마인가?(단, 모든 지역은 의약분업을 실시하고 있다)

### 〈외래 진료 시 본인부담금〉

| 구분 | | 본인부담금 비율 |
|---|---|---|
| 의료<br>급여기관 | 상급종합병원 | (진찰료 총액)+나머지 진료비의 60% |
| | 종합병원 | 요양급여비용 총액의 45%(읍, 면지역), 50%(동지역) |
| | 일반병원 | 요양급여비용 총액의 35%(읍, 면지역), 40%(동지역) |
| | 의원 | 요양급여비용 총액의 30% |
| | ※ 단, 65세 이상인 경우(의약분업 실시 지역)<br> – 요양급여비용 총액이 25,000원 초과인 경우 요양급여비용 총액의 30%를 부담<br> – 요양급여비용 총액이 20,000원 초과 25,000원 이하인 경우 요양급여비용 총액의 20%를 부담<br> – 요양급여비용 총액이 15,000원 초과 20,000원 이하인 경우 요양급여비용 총액의 10%를 부담<br> – 요양급여비용 총액이 15,000원 이하인 경우 1,500원 부담 | |
| 약국 | 요양급여비용 총액의 30% | |
| | ※ 단, 65세 이상인 경우(처방전에 의한 의약품조제 시)<br> – 요양급여비용 총액이 12,000원 초과인 경우 요양급여비용 총액의 30%를 부담<br> – 요양급여비용 총액이 10,000원 초과 12,000원 이하인 경우 요양급여비용 총액의 20%를 부담<br> – 요양급여비용 총액이 10,000원 이하인 경우 1,000원 부담 | |

※ 요양급여비용이란 아래 범위에 해당하는 요양 서비스의 비용을 말한다.
1. 진찰·검사
2. 약제(藥劑)·치료재료의 지급
3. 처치·수술 및 그 밖의 치료
4. 예방·재활
5. 입원
6. 간호
7. 이송(移送)

보기

ㄱ. Q동에서 살고 있는 67세 이○○씨는 종합병원에서 재활을 받고, 진료비 21,500원이 나왔다.

ㄴ. P읍에 사는 34세 김□□씨는 의원에서 진찰비 12,000원이 나오고, 처방전을 받아 약국에서 총액은 10,000원이 나왔다.

ㄷ. 60세 최△△씨는 M면 지역 일반병원에 방문하여 진료비 25,000원과 약국에서 처방전에 따라 총액 60,000원이 나왔다.

① 39,650원
② 38,600원
③ 37,650원
④ 36,600원

※ 다음은 두루누리 사회보험료 지원사업에 대한 자료이다. 이어지는 질문에 답하시오. [13~14]

☐ 두루누리 사회보험료 지원사업이란?
  소규모 사업을 운영하는 사업주와 소속 근로자의 사회보험료(고용보험·국민연금)의 일부를 국가에서 지원함으로써 사회보험 가입에 따른 부담을 덜어주고, 사회보험 사각지대를 해소하기 위한 사업입니다.

☐ 지원대상
  • 근로자 수가 10명 미만인 사업에 고용된 근로자 중 월평균보수가 215만 원 미만인 근로자와 그 사업주에게 사회보험료(고용보험·국민연금)를 최대 90%까지 각각 지원해 드립니다.
  • 2018년 1월 1일부터 신규지원자 및 기지원자 지원을 합산하여 36개월까지만 지원합니다.
  • 기지원자의 경우 2020년 12월 31일까지만 지원됩니다.

☐ 근로자 수가 '10명 미만인 사업'이란?
  • 지원신청일이 속한 보험연도의 전년도에 근로자인 피보험자 수가 월평균 10명 미만이고, 지원신청일이 속한 달의 말일을 기준으로 10명 미만인 사업입니다.
  • 지원신청일이 속한 보험연도의 전년도 근로자인 피보험자 수가 월평균 10명 이상이나 지원 신청일이 속한 달의 직전 3개월 동안(지원신청일이 속한 연도로 한정함) 근로자인 피보험자 수가 연속하여 10명 미만인 사업입니다.

☐ '월평균보수' 215만 원 미만이란?
  • '월평균보수'란 보험료 산정 기준연도의 보수총액을 월평균으로 산정한 것으로 월별보험료의 산정 기초자료로 활용됩니다.
  • '215만 원 미만'이란 근로소득에서 비과세 근로소득을 제외하고 산정한 월평균보수가 215만 원이 되지 않는 경우를 말합니다.

☐ 지원 제외대상
  • 지원신청일이 속한 보험연도의 전년도 재산의 과세표준액 합계가 6억 원 이상인 자
  • 지원신청일이 속한 보험연도의 전년도 근로소득이 연 2,838만 원 이상인 자
  • 지원신청일이 속한 보험연도의 전년도 근로소득을 제외한 종합소득이 연 2,100만 원 이상인 자

☐ 지원기준
  • 신규지원자 : 5명 미만 사업 90% 지원 / 5명 이상 10명 미만 사업 80% 지원(사업주와 근로자가 각각 부담하는 보험료의 일부에 대해 지원)
  • 기지원자 : 10명 미만 사업 30% 지원(사업주와 근로자가 각각 부담하는 보험료의 일부에 대해 지원) / 신규지원자에 해당하지 않는 근로자

☐ 지원금액 산정 예시
  • 조건 : 근로자 수 5명 미만 기업의 월평균 200만 원인 근로자(신규지원자)
  • 근로자 지원금
    – 고용보험 : 200만×0.8%(요율)×90%=14,400원
    – 국민연금 : 200만×4.5%(요율)×90%=81,000원
  • 사업주 지원금
    – 고용보험 : 200만×1.05%(요율)×90%=18,900원
    – 국민연금 : 200만×4.5%(요율)×90%=81,000원
  → 사업주는 매월 99,900원, 근로자는 매월 95,400원을 지원받을 수 있습니다.

**13** K회사는 지난달 두루누리 사회보험료 지원사업 대상으로 선정되었고, K회사의 E씨가 이번 달부터 지원 혜택을 받게 되었다. K회사와 E씨에 대한 정보가 다음과 같을 때, 이번 달 K회사의 사업주와 E씨가 납부할 보험료의 합으로 옳은 것은?

- 근로자 수 : 8명
- E씨의 월평균보수 : 180만 원
- 고용보험료 산정
  - 근로자 : 자기의 보수총액에 실업급여 보험료율의 $\frac{1}{2}$을 곱한 금액으로 한다.
  - 사업주 : 근로자의 개인별 보수총액에 고용안정 · 직업능력 개발사업의 보험료율을 곱하여 산출한 금액과 실업급여 보험료율의 $\frac{1}{2}$을 곱하여 산출한 각각의 금액을 합한 금액으로 한다.
- 고용보험료율

| 고용보험 사업별 구분 | | 사업주 | 근로자 |
|---|---|---|---|
| 실업급여(1.6%) | | 0.8% | 0.8% |
| 고용안정 · 직업능력<br>개발사업 | 150인 미만 사업 | 0.25% | − |
| | 150인 이상 1,000인 미만 사업 | 0.65% | − |
| | 1,000인 이상 사업 | 0.85% | − |

- 연금보험료
  - (가입자의 기준소득월액)×[연금보험료율(9%)]
  - 사업장가입자의 경우 사용자와 근로자가 각각 4.5%씩 부담
- ※ E씨 외에 다른 근로자는 지원 혜택을 받지 않는다.

① 32,000원  ② 36,500원
③ 38,560원  ④ 39,060원

**14** 다음 중 두루누리 사회보험료 지원사업에 대해 잘못 알고 있는 사람을 고르면?

A씨 : 나는 지난해 1년간의 급여를 포함하여 2,650만 원의 소득을 얻었는데, 이 중 비과세 근로소득이 100만 원이니까 두루누리 사회보험료 지원사업의 지원금액 조건을 충족할 수 있어. 그래서 해당 사업에 지원하면 어떨지 생각하고 있어.
B씨 : 어? 네가 다니는 회사에 근무 중인 총 직원의 수가 10명이라고 하지 않았어? 그래도 지원이 돼?
C씨 : 나도 그 회사에 다니고 있어. 지난해는 월평균 10명의 직원이 근무했었는데, 올해는 지난달에 한 명이 그만둬서 이제 신청해도 괜찮아.
D씨 : 아! 나는 이미 지원을 받고 있는데, 해당 사업은 사회보험 중 두 개만 지원해줘서 매우 아쉬워. 다른 것보다 건강보험료가 포함되었으면 좋았을 텐데.

① A씨  ② B씨
③ C씨  ④ D씨

**01** 다음 중 국민건강보험공단의 결손처분에 대한 설명으로 옳지 않은 것은?

① 해당 권리에 대한 소멸시효가 완성되기 2일 전 보험료 등을 결손처분해야 한다.

② 체납처분이 끝나고 체납액에 충당될 배분금액이 그 체납액에 미치지 못하는 경우 보험료 등을 결손처분할 수 있다.

③ 징수할 가능성이 없다고 인정되는 경우로서 대통령령으로 정하는 경우 보험료 등을 결손처분할 수 있다.

④ 결손처분을 한 후 압류할 수 있는 다른 재산이 있는 것을 발견한 때에는 지체 없이 그 처분을 취소하고 체납처분을 하여야 한다.

**02** 다음 중 국민건강보험료의 독촉 및 체납처분에 대한 설명으로 옳지 않은 것은?

① 지역가입자의 세대가 2명 이상인 경우 그중 1명에게 한 독촉은 세대 구성원 모두에게 효력이 있는 것으로 본다.

② 국민건강보험공단이 보험료를 독촉할 때는 10 ~ 20일 이내의 납부기한을 정하여 독촉장을 발부하여야 한다.

③ 국민건강보험공단은 독촉을 받은 자가 그 납부기한까지 보험료를 내지 아니하면 보건복지부장관의 승인을 받아 징수할 수 있다.

④ 국민건강보험공단은 체납처분을 하기 전에 소액금융재산에 대한 압류금지 사실 등이 포함된 통보서를 발송하여야 한다.

**03** 다음 중 빈칸에 들어갈 수 있는 내용으로 옳지 않은 것은?

> 요양급여(법 제41조)
> ① 가입자와 피부양자의 질병, 부상, 출산 등에 대하여 다음 각 호의 요양급여를 실시한다.
>   1. _____
>   2. _____
>   3. _____
>   4. _____

① 진찰·검사　　　　　　　　　　　② 자가 진단
③ 처치·수술 및 그 밖의 치료　　　④ 예방·재활

**04** 다음 중 직장보험료를 서로 50%씩 부담해야 하는 경우가 아닌 것은?

① 사업주와 근로자
② 공무원과 국가
③ 사립학교 직원과 사립학교 설립·운영자
④ 사립학교 교원과 사립학교 설립·운영자

**05** 다음 〈보기〉 중 국민건강보험 직장가입자 또는 지역가입자의 자격 취득 시기로 옳은 것을 모두 고르면?

> **보기**
> ㄱ. 수급권자이었던 사람은 그 대상자에서 제외된 다음 날
> ㄴ. 직장가입자의 피부양자이었던 사람은 그 자격을 잃은 날
> ㄷ. 유공자 등 의료보호대상자이었던 사람은 그 대상자에서 제외된 날
> ㄹ. 보험자에게 건강보험의 적용을 신청한 유공자 등 의료보호대상자는 그 신청한 날

① ㄱ, ㄹ　　　　　　　　　　　② ㄴ, ㄷ
③ ㄱ, ㄴ, ㄹ　　　　　　　　　④ ㄴ, ㄷ, ㄹ

**06**  다음 〈보기〉 중 국민건강보험법에서 건강보험의 피부양자에 해당하는 사람을 모두 고르면?

> **보기**
>
> ㄱ. 직장인 A씨의 할아버지
> ㄴ. 고용 기간이 1개월 미만인 일용근로자 B씨의 아내
> ㄷ. 직장인 C씨의 아내의 아들의 배우자
> ㄹ. 지역가입자 D씨의 배우자
> ※ A~D씨는 제시된 사람들의 생계를 책임진다.

① ㄱ, ㄴ　　　　　　　　　　　　　② ㄱ, ㄷ
③ ㄴ, ㄷ　　　　　　　　　　　　　④ ㄴ, ㄹ


**07**  국민건강보험법 제91조에 따르면 일부 권리는 3년 동안 행사하지 않을 경우 소멸시효가 완성된다. 다음 〈보기〉 중 이에 해당하는 권리는 모두 몇 개인가?

> **보기**
>
> ㄱ. 보험료, 연체금 및 가산금을 징수할 권리
> ㄴ. 보험료, 연체금 및 가산금으로 과오납부한 금액을 환급받을 권리
> ㄷ. 보험급여를 받을 권리
> ㄹ. 보험급여 비용을 받을 권리
> ㅁ. 과다납부된 본인일부부담금을 돌려받을 권리
> ㅂ. 요양급여비용의 정산에 따른 근로복지공단의 권리

① 3개　　　　　　　　　　　　　　② 4개
③ 5개　　　　　　　　　　　　　　④ 6개


**08**  다음 중 국민건강보험 직장가입자가 될 수 있는 사람은?

① 졸업을 앞두고 있는 군간부후보생
② 지원하지 않고 임용된 현역 하사
③ 지방선거에 당선되어 취임한 공무원으로 급료를 받지 않는 자
④ 소정근로시간이 80시간 이상인 1년 계약직 교직원

**09** 다음 중 국민건강보험법에 따른 이의신청 및 심판청구의 순서를 바르게 나열한 것은?

---

ㄱ. 이의신청
ㄴ. 심판청구
ㄷ. 행정소송

---

① ㄱ - ㄴ - ㄷ                ② ㄱ - ㄷ - ㄴ
③ ㄴ - ㄱ - ㄷ                ④ ㄴ - ㄷ - ㄱ

**10** 다음 중 국민건강보험법상 건강검진의 종류 및 대상으로 옳지 않은 것은?

① 일반건강검진 : 직장가입자, 20세 이상인 지역가입자
② 청소년건강검진 : 초등학생
③ 영유아건강검진 : 6세 미만의 가입자 및 피부양자
④ 암검진 : 암관리법에 따른 암의 종류별 검진주기와 연령 기준 등에 해당하는 사람

## | 03 | 노인장기요양보험법

**01** 다음 중 장기요양위원회에 대한 설명으로 옳지 않은 것은?

① 장기요양위원회는 위원장 1인, 부위원장 1인을 포함한 16인 이상 22인 이하의 위원으로 구성한다.

② 위원장은 보건복지부차관이 되고, 부위원장은 위원 중에서 위원장이 지명한다.

③ 장기요양위원회 회의는 구성원 과반수의 출석으로 개의하고 출석위원 과반수의 찬성으로 의결한다.

④ 공무원이 아닌 위원의 임기는 2년으로 한다.

**02** 다음 중 장기요양기관 지정의 취소 및 업무정지 등 행정제재처분의 효과가 3년간 승계되는 자를 〈보기〉에서 모두 고르면?

> **보기**
>
> ㄱ. 장기요양기관을 양도한 경우 양수인
> ㄴ. 법인이 합병된 경우 합병으로 신설되거나 합병 후 존속하는 법인
> ㄷ. 장기요양기관 폐업 후 같은 장소에서 장기요양기관을 운영하는 자 중 종전에 행정제재처분을 받은 자
> ㄹ. 장기요양기관 폐업 후 같은 장소에서 장기요양기관을 운영하는 자 중 종전에 행정제재처분을 받은 자의 배우자
> ㅁ. 장기요양기관 폐업 후 같은 장소에서 장기요양기관을 운영하는 자 중 종전에 행정제재처분을 받은 자의 직계혈족

① ㄱ, ㄴ          ② ㄱ, ㄴ, ㄷ

③ ㄱ, ㄷ, ㄹ, ㅁ          ④ ㄱ, ㄴ, ㄷ, ㄹ, ㅁ

**03** 거짓이나 그 밖의 부정한 방법으로 수급자에게 장기요양급여비용을 부담하게 한 자에게 부과되는 과태료는 얼마인가?

① 100만 원 이하          ② 300만 원 이하

③ 500만 원 이하          ④ 1,000만 원 이하

**04** 다음 〈보기〉 중 장기요양위원회가 하는 일을 모두 고르면?

> **보기**
> ㄱ. 장기요양보험료율 심의
> ㄴ. 가족요양비 지급기준 심의
> ㄷ. 특례요양비 지급기준 심의
> ㄹ. 재가 및 시설 급여비용 심의

① ㄱ, ㄴ

② ㄴ, ㄷ

③ ㄱ, ㄴ, ㄷ

④ ㄱ, ㄴ, ㄷ, ㄹ

**05** 다음 중 등급판정위원회에 대한 설명으로 옳지 않은 것은?

① 위원장은 보건복지부장관이 임명한다.

② 장기요양인정 및 장기요양등급 판정 등을 심의하기 위하여 설치한다.

③ 공무원인 위원의 임기는 재임기간으로 한다.

④ 위원장 1인을 포함하여 15인의 위원으로 구성한다.

**06** 다음 〈보기〉 중 노인장기요양보험법에서 국가와 지방자치단체가 공단이 부담하여야 할 비용의 전액을 지원하는 것을 모두 고르면?

> **보기**
> ㄱ. 관리운영비
> ㄴ. 장기요양급여비용
> ㄷ. 의사소견서 발급비용
> ㄹ. 방문간호비용

① ㄱ, ㄴ

② ㄱ, ㄴ, ㄷ

③ ㄴ, ㄷ

④ ㄴ, ㄷ, ㄹ

**07** 다음 중 재가급여의 종류와 이에 대한 정의가 바르게 짝지어진 것은?

---

- 방문요양
- 방문간호
- 주·야간보호

- 방문목욕
- 단기보호

---

(가) 수급자를 하루 중 일정한 시간 동안 장기요양기관에 보호하여 신체활동 지원 및 심신기능의 유지·향상을 위한 교육·훈련 등을 제공하는 장기요양급여

(나) 수급자를 보건복지부령으로 정하는 범위 안에서 일정 기간 동안 장기요양기관에 보호하여 신체활동 지원 및 심신기능의 유지·향상을 위한 교육·훈련 등을 제공하는 장기요양급여

(다) 장기요양요원인 간호사 등이 의사, 한의사 또는 치과의사의 지시서에 따라 수급자의 가정 등을 방문하여 간호, 진료의 보조, 요양에 관한 상담 또는 구강위생 등을 제공하는 장기요양급여

(라) 장기요양요원이 목욕설비를 갖춘 장비를 이용하여 수급자의 가정 등을 방문하여 목욕을 제공하는 장기요양급여

(마) 장기요양요원이 수급자의 가정 등을 방문하여 신체활동 및 가사활동 등을 지원하는 장기요양급여

---

① (가) : 방문요양
② (나) : 단기보호
③ (마) : 방문간호
④ (다) : 주·야간보호

**08** 다음 장기요양급여 중 특별현금급여가 지급되지 않는 것은?

① 가족요양비
② 특례요양비
③ 요양병원간병비
④ 장기이식급여

**┃ 의사소통능력**

**01** 다음 중 (가) ~ (라)의 문단별 주제로 적절하지 않은 것은?

> (가) 건강보험제도는 질병이나 부상으로 인해 발생한 고액의 진료비로 가계에 과도한 부담이 되는 것을 방지하기 위하여 국민들이 평소에 보험료를 내고 보험자인 국민건강보험공단이 이를 관리·운영하다가 필요할 때 보험급여를 제공함으로써 국민 상호 간 위험을 분담하고 필요한 의료서비스를 받을 수 있도록 하는 사회보장제도이다.
>
> (나) 의료보장제도는 일반적으로 사회보험과 국민보건서비스 2가지로 대별된다. 사회보험은 국가가 기본적으로 의료보장에 대한 책임을 지지만, 의료비에 대한 국민의 자기 책임을 일정부분 인정하는 체계이다. 반면, 국민보건서비스는 국민의 의료문제는 국가가 모두 책임져야 한다는 관점에서 정부가 일반조세로 재원을 마련하고 모든 국민에게 무상으로 의료를 제공하여 국가가 직접적으로 의료를 관장하는 방식이다. 건강보험제도는 사회보험과 마찬가지로 사회 연대성을 기반으로 보험의 원리를 도입한 의료보장체계이지만, 다수 보험자를 통해 운영되는 전통적인 사회보험 방식과 달리 단일한 보험자가 국가 전체의 건강보험을 관리·운영한다.
>
> (다) 건강보험은 피보험대상자 모두에게 필요한 기본적 의료를 적정한 수준까지 보장함으로써 그들의 의료문제를 해결하고 누구에게나 균등하게 적정수준의 급여를 제공한다. 사회보험으로써 건강에 대한 사회 공동의 책임을 강조하여 비용(보험료)부담은 소득과 능력에 따라 부담하고 가입자 모두에게 균등한 급여를 제공함으로써 사회적 연대를 강화하고 사회통합을 이루는 기능도 가지고 있다.
>
> (라) 민간보험은 보장의 범위, 질병 위험의 정도, 계약의 내용 등에 따라 보험료를 부담하는 데 비해 사회보험방식으로 운영되는 건강보험은 사회적 연대를 기초로 의료비 문제를 해결하는 것을 목적으로 하므로 소득수준 등 보험료 부담능력에 따라서 보험료를 부과한다. 또한, 민간보험은 보험료 수준과 계약 내용에 따라 개인별로 다르게 보장되지만, 사회보험인 건강보험은 보험료 부담 수준과 관계없이 관계 법령에 의하여 균등하게 보험급여가 이루어진다.

① (가) : 건강보험제도의 의의

② (나) : 건강보험제도의 목적

③ (다) : 건강보험제도의 기능

④ (라) : 건강보험제도의 특성

**02** 다음 기사의 주제로 가장 적절한 것은?

정부는 조직 구성원의 다양성 확보와 포용 사회 구현을 위해 지난 2017년 11월 공공부문 여성 대표성 제고 5개년 계획을 수립하고, 2022년까지 고위공무원 여성의 비율 10%, 공공기관 임원 여성의 비율 20% 달성 등 각 분야의 목표치를 설정하였다.

12개 분야 가운데 고위공무원단은 지난해 목표치인 6.8%에 못 미쳤으나, 나머지 11개 분야는 지난해 목표치를 달성했다. 국가직 고위공무원단 여성 비율은 2017년 6.5%에서 지난해 6.7%로 상승했다. 국가직 본부 과장급 공무원 여성 비율은 같은 기간 14.8%에서 17.5%로, 공공기관 임원은 11.8%에서 17.9%로 확대됐다. 여성 국립대 교수는 15.8%에서 16.6%로, 여성 교장·교감은 40.6%에서 42.7%로 늘었다. 또한, 여성군인 간부 비율은 5.5%에서 6.2%로 상승했으며, 일반 경찰 중 여성 비율은 10.9%에서 11.7%로, 해경은 11.3%에서 12.0%로 늘었다. 정부위원회 위촉직 여성 참여율은 41.9%까지 높아졌다.

정부는 올해 여성 고위공무원이 없는 중앙부처에 1명 이상의 임용을 추진하고, 범정부 균형 인사 추진계획을 마련할 예정이다. 또한, 여성 임원이 없는 공공기관에 여성 임원을 최소 1인 이상 선임하도록 독려할 방침이다. 여성 관리직 목표제 적용 대상은 300인 이상 기업에서 전체 지방공기업으로 확대된다. 국립대 교수 성별 현황 조사를 위한 양성평등 실태조사 법적 근거를 마련하고, 여성군인·경찰 신규 채용을 늘릴 계획이다. 헌법기관·중앙행정기관 위원회 성별 참여 조사 결과도 처음으로 공표한다. 그 외 여성의 실질적인 의사결정 권한 정도가 측정되도록 정부혁신평가 지표를 개선하고 자문단 운영, 성 평등 교육도 계속 시행한다.

여성가족부 장관은 "의사결정 영역에서의 성별 균형적 참여는 결과적으로 조직의 경쟁력 제고에 도움이 된다."라며, "이에 대해 공감대를 갖고 자율적으로 조직 내 성별 균형성을 확보해 나가려는 민간부문에 대해서도 지원할 계획"이라고 말했다.

① 여성 고위관리직 확대를 위한 노력
② 유리천장, 여성들의 승진을 가로막는 장애물
③ 고위공무원단의 여성 비율이 낮은 이유
④ 성차별 없는 블라인드 채용

**03** 다음 피부양자 가입요건에 따라 직장가입자 A씨의 피부양자로 등재가 불가능한 사람은?

---

〈피부양자 대상〉

1. 직장가입자에 의하여 주로 생계를 유지하는 자
   가. 직장가입자의 배우자, 직계존속(배우자의 직계존속 포함), 직계비속(배우자의 직계비속 포함) 및 그 배우자, 형제·자매
   나. 부양요건에 충족하는 자 : 피부양자 인정기준 중 부양요건 참조(국민건강보험법 시행규칙 별표1)
   다. 재산세 과세표준의 합이 5억 4천만 원 이하인 경우 인정, 또는 재산세 과세표준의 합이 5억 4천만 원을 초과하면서 9억 원 이하인 경우는 연간소득 1천만 원 이하이면 인정
   라. 형제·자매의 경우에는 재산세 과세표준의 합이 1억 8천만 원 이하이어야 함(단, 65세 이상, 30세 미만, 장애인, 국가유공·보훈대상상이자만 인정)
2. 보수 또는 소득이 없는 자 : 피부양자 자격의 인정기준 중 소득 및 재산요건 참조(국민건강보험법 시행규칙 별표1의 2)

〈피부양자 자격의 인정기준 중 소득 및 재산요건〉

1. 직장가입자의 피부양자가 되려는 사람은 다음 각 목에서 정하는 소득요건을 모두 충족하여야 한다.
   가. 국민건강보험법 시행령(이하 "영"이라 한다) 제41조 제1항 각 호에 따른 소득의 합계액이 연간 3,400만 원 이하일 것
   나. 영 제41조 제1항 제3호의 사업소득(이하 "사업소득"이라 한다)이 없을 것. 다만, 피부양자가 되려는 사람이 다음의 어느 하나에 해당하는 경우 해당되는 사업소득 요건을 충족하면 사업소득이 없는 것으로 본다.
      1) 사업자등록이 되어 있지 않은 경우 사업소득의 합계액이 연간 500만 원 이하일 것
      2) 장애인복지법 제32조에 따라 장애인으로 등록한 사람, 국가유공자 등 예우 및 지원에 관한 법률 제4조·제73조 및 제74조에 따른 국가유공자 등(법률 제11041호로 개정되기 전의 국가유공자 등 예우 및 지원에 관한 법률 제73조의2에 따른 국가유공자 등을 포함한다)으로서 같은 법 제6조의4에 따른 상이등급 판정을 받은 사람과 보훈보상대상자 지원에 관한 법률 제2조에 따른 보훈보상대상자로서 같은 법 제6조에 따른 상이등급 판정을 받은 사람인 경우 사업소득의 합계액이 연간 500만 원 이하일 것
   다. 피부양자가 되려는 사람이 폐업 등에 따른 사업 중단 등의 사유로 소득이 발생하지 않게 된 경우, 도시 및 주거환경정비법에 따른 주택재건축사업으로 발생한 사업소득을 제외하면 가목 및 나목의 요건을 충족하는 경우 등 관계 자료에 의하여 공단이 인정한 경우에는 가목 및 나목의 요건을 충족하는 것으로 본다.
   라. 피부양자가 되려는 사람이 기혼자인 경우에는 부부 모두 가목부터 다목까지의 요건을 충족하여야 한다.

---

① 재산세 과세표준의 합은 8억 원이며, 연간소득이 800만 원인 아버지
② 사업소득과 연간소득이 전혀 없는 미성년자 아들
③ 재산세 과세표준의 합이 2억 원이며, 국가유공자인 형
④ 재산세 과세표준의 합이 5억 원인 어머니

**04** 다음은 국가공무원법의 일부 내용이다. 제시된 법령에 근거할 때, 경력경쟁채용시험 대상자에 해당하지 않는 사람은?

---

〈국가공무원법〉

**신규채용(법 제28조)**

① 공무원은 공개경쟁 채용시험으로 채용한다.

② 제1항에도 불구하고 다음 각 호의 어느 하나에 해당하는 경우에는 경력 등 응시요건을 정하여 같은 사유에 해당하는 다수인을 대상으로 경쟁의 방법으로 채용하는 시험(이하 "경력경쟁채용시험"이라 한다)으로 공무원을 채용할 수 있다.

1. 제70조 제1항 제3호의 사유로 퇴직하거나 제71조 제1항 제1호의 휴직 기간 만료로 퇴직한 경력직공무원을 퇴직한 날부터 3년(공무원 재해보상법에 따른 공무상 부상 또는 질병으로 인한 휴직의 경우에는 5년) 이내에 퇴직 시에 재직한 직급(고위공무원단에 속하는 공무원은 퇴직 시에 재직한 직위와 곤란성과 책임도가 유사한 직위를 말한다. 이하 이 호에서 같다)의 경력직공무원으로 재임용하는 경우 또는 경력직공무원으로 재직하던 중 특수경력직공무원이나 다른 종류의 경력직공무원이 되기 위하여 퇴직한 자를 퇴직 시에 재직한 직급의 경력직공무원으로 재임용하는 경우

2. 공개경쟁 채용시험으로 임용하는 것이 부적당한 경우에 같은 종류의 직무에 관한 자격증 소지자를 임용하는 경우

3. 임용예정 직급·직위와 같은 직급·직위(고위공무원단에 속하는 일반직공무원은 임용예정 직위와 곤란성·책임도가 유사한 직위를 말한다)에서의 근무경력 또는 임용예정 직급·직위에 상응하는 근무기간이나 연구 경력이 대통령령 등으로 정하는 기간 이상인 사람을 임용하는 경우

4. 임용 예정직에 관련된 특수 목적을 위하여 설립된 학교(대학원을 포함한다) 중 대통령령으로 정하는 학교의 졸업자로서 각급 기관에서 실무 수습을 마친 자를 임용하는 경우

5. 1급 공무원을 임용하거나 제23조에 따라 배정된 직무등급이 가장 높은 등급의 직위에 고위공무원단에 속하는 일반직공무원을 임용하는 경우

6. 공개경쟁 채용시험으로 결원을 보충하기 곤란한 특수한 직무분야·환경 또는 섬, 외딴 곳 등 특수한 지역에 근무할 자를 임용하는 경우

7. 지방공무원을 그 직급·직위에 해당하는 국가공무원(고위공무원단에 속하는 일반직공무원으로 임용하는 경우에는 해당 직위와 곤란성과 책임도가 유사한 직위의 국가공무원을 말한다)으로 임용하는 경우

8. 외국어에 능통하고 국제적 소양과 전문 지식을 지닌 자를 임용하는 경우

9. 임용 예정직에 관련된 전문계·예능계 및 사학계(史學系)의 고등학교·전문대학 및 대학(대학원을 포함한다)의 학과 중 대통령령으로 정하는 학과의 졸업자로서 인사혁신처장이 정하는 바에 따라 해당 학교장의 추천을 받은 자를 연구 또는 기술 직렬의 공무원으로 임용하는 경우

10. 대통령령 등으로 정하는 임용 예정직에 관련된 과학기술 분야 또는 공개경쟁 채용시험으로 결원 보충이 곤란한 특수 전문 분야의 연구나 근무경력이 있는 자를 임용하는 경우

---

11. 제26조의4에 따라 수습근무를 마친 자와 제85조에 따라 재학 중 장학금을 받고 졸업한 자를 임용하는 경우
12. 연고지나 그 밖에 지역적 특수성을 고려하여 일정한 지역에 거주하는 자를 그 지역에 소재하는 기관에 임용하는 경우

① 공개경쟁 채용시험으로는 결원을 보충하기 어려운 섬의 기관에 A씨를 임용하려는 경우
② 지방공무원이었던 B씨를 동일한 직급에 해당하는 국가공무원으로 임용하려는 경우
③ 휴직 기간 만료로 퇴직한 경력직공무원 C씨가 6년 뒤 퇴직 시에 재직한 직급의 경력직공무원으로 재임용되는 경우
④ 지역적 특수성을 띠고 있는 지역에 거주하는 D씨를 그 지역에 소재한 기관에 임용하려는 경우

| 의사소통능력

**05** 다음 기사의 내용으로 적절하지 않은 것은?

2020년도 요양급여비(수가) 협상은 많은 기록을 경신했다. 법적 협상 기한 마지막 날인 5월 31일을 넘겨 이튿날 오전 8시 30분까지 17시간이 넘는 최장 시간 협상이 진행됐다. 또 수가 인상에 필요한 추가소요재정이 처음으로 1조 원을 넘었다. 이는 추가소요재정 증액에 부정적인 가입자단체 측과 관련돼 있다. 가입자단체로 구성된 국민건강보험공단 재정운영위원회 소위원회가 건강보험 재정 악화 등을 우려해 추가소요재정을 너무 적게 책정하면서 1일 오전까지 줄다리기가 이어진 것이다. 공단 수가협상단은 수가협상 마지막 날 가입자단체를 설득하는 데 많은 시간을 할애했다. 그 결과 가장 늦게 끝난 협상이 되었지만, 5,000억 원이었던 추가소요재정은 1조 478억 원으로 증액됐다. 공단의 수가협상단장인 급여상임이사는 공급자단체와의 협상을 잠시 중단한 채 1일 오전 5시까지 재정운영위원회 소위원회 설득에 집중했던 이유를 건강보험 보장성 강화 정책 때문이라고 했다. 이번 수가협상 결과가 보장성 강화 정책 추진에도 영향을 미칠 수밖에 없다고 본 것이다. 급여상임이사는 "이번 수가협상에서 가입자단체와 공급자단체 간 시각차를 다시 한번 느꼈다."라고 밝히며, "가입자단체와 공급자단체를 오가며 간극을 줄이는 데 걸린 시간이 '17시간 30분'인 셈"이라고 전했다. 또한, 이번 수가협상을 통해 가입자단체와 공급자단체 모두 보장성 강화를 위해서는 '적정부담, 적정수가, 적정의료'가 필요하다는 인식을 가지길 바란다고 강조하며, 공급자단체들이 수가협상을 정치적으로 이용하지 않아야 한다고 밝혔다.

① 17시간 이상 진행된 이번 수가협상은 최장 협상 시간으로 기록됐다.
② 이번 수가협상은 최종적으로 6월 1일에 종료되었다.
③ 이번 수가협상 결과 추가소요재정은 5,000억 원 이상 증가하였다.
④ 공단의 수가협상단은 공급자단체 설득에 많은 시간을 사용하였다.

**06** 다음 행정기관의 기안문 작성방법을 근거로 할 때, 이에 대한 내용으로 옳지 않은 것은?

〈기안문 작성방법〉

1. 행정기관명 : 그 문서를 기안한 부서가 속한 행정기관명을 기재한다. 행정기관명이 다른 행정기 관명과 같은 경우에는 바로 위 상급 행정기관명을 함께 표시할 수 있다.

2. 수신 : 수신자명을 표시하고 그다음에 이어서 괄호 안에 업무를 처리할 보조·보좌 기관의 직위 를 표시하되, 그 직위가 분명하지 않으면 ○○업무담당과장 등으로 쓸 수 있다. 다만, 수신자가 많은 경우에는 두문의 수신란에 '수신자 참조'라고 표시하고 결문의 발신명의 다음 줄의 왼쪽 기 본선에 맞추어 수신란을 따로 설치하여 수신명을 표시한다.

3. (경유) : 경유문서인 경우에 '이 문서의 경유기관의 장은 ○○○(또는 제1차 경유기관의 장은 ○○○, 제2차 경유기관의 장은 ○○○)이고, 최종 수신기관의 장은 ○○○입니다.'라고 표시하 고, 경유기관의 장은 제목란에 '경유문서의 이송'이라고 표시하여 순차적으로 이송하여야 한다.

4. 제목 : 그 문서의 내용을 쉽게 알 수 있도록 간단하고 명확하게 기재한다.

5. 발신명의 : 합의제 또는 독임제 행정기관의 장의 명의를 기재하고 보조기관 또는 보좌기관 상호 간에 발신하는 문서는 그 보조기관 또는 보좌기관의 명의를 기재한다. 시행할 필요가 없는 내부 결재문서는 발신명의를 표시하지 않는다.

6. 기안자·검토자·협조자·결재권자의 직위 / 직급 : 직위가 있는 경우에는 직위를, 직위가 없는 경우에는 직급(각급 행정기관이 6급 이하 공무원의 직급을 대신하여 사용할 수 있도록 정한 대외 직명을 포함한다. 이하 이 서식에서 같다)을 온전하게 쓴다. 다만, 기관장과 부기관장의 직위는 간략하게 쓴다.

7. 시행 처리과명 – 연도별 일련번호(시행일), 접수 처리과명 – 연도별 일련번호(접수일) : 처리과 명(처리과가 없는 행정기관은 10자 이내의 행정기관명 약칭)을 기재하고, 시행일과 접수일란에 는 연월일을 각각 마침표(.)를 찍어 숫자로 기재한다. 다만, 민원문서인 경우로서 필요한 경우에 는 시행일과 접수일란에 시·분까지 기재한다.

8. 우 도로명주소 : 우편번호를 기재한 다음, 행정기관이 위치한 도로명 및 건물번호 등을 기재하고 괄호 안에 건물 명칭과 사무실이 위치한 층수와 호수를 기재한다.

9. 홈페이지 주소 : 행정기관의 홈페이지 주소를 기재한다.

10. 전화번호(   ), 팩스번호(   ) : 전화번호와 팩스번호를 각각 기재하되, (   ) 안에는 지역번호 를 기재한다. 기관 내부문서의 경우는 구내 전화번호를 기재할 수 있다.

11. 공무원의 전자우편주소 : 행정기관에서 공무원에게 부여한 전자우편주소를 기재한다.

12. 공개구분 : 공개, 부분공개, 비공개로 구분하여 표시한다. 부분공개 또는 비공개인 경우에는 공공기록물 관리에 관한 법률 시행규칙 제18조에 따라 '부분공개(   )' 또는 '비공개(   )'로 표시 하고, 공공기관의 정보공개에 관한 법률 제9조 제1항 각 호의 번호 중 해당 번호를 괄호 안에 표시한다.

13. 관인생략 등 표시 : 발신명의의 오른쪽에 관인생략 또는 서명생략을 표시한다.

① 기안자 또는 협조자의 직위가 없는 경우 직급을 기재한다.

② 연월일 날짜 뒤에는 각각 마침표(.)를 찍는다.

③ 도로명주소를 먼저 기재한 후 우편번호를 기재한다.

④ 행정기관에서 부여한 전자우편주소를 기재해야 한다.

**07** 다음 글을 읽고 추론한 반응으로 적절하지 않은 것은?

> 2026년, 국민 5명 중 1명 이상이 노인이 되는 초고령사회에 진입할 것으로 예측됨에 따라 노인 돌봄 서비스에 대한 중요성이 커지고 있다. 이에 따라 정부는 노인들의 불안을 해소하고, 평소 거주하던 곳에서 계속 살아갈 수 있기를 원하는 국민의 욕구를 충족하기 위해 '지역사회 통합 돌봄(커뮤니티케어) 기본 계획'을 발표하였다.
>
> 커뮤니티케어(Community Care)란 돌봄을 필요로 하는 노인들이 살던 곳에서 개개인의 욕구에 맞는 서비스를 누리고, 지역사회와 함께 살아갈 수 있도록 주거, 보건의료, 돌봄 등의 지원이 통합적으로 확보되는 지역주도형 사회서비스 정책을 말한다. 즉, 의료기관이나 요양시설 중심의 돌봄에서 벗어나 지역사회가 함께 노인을 돌보는 서비스로, 돌봄이 필요한 사람이 자신이 살던 곳에서 어울려 살아갈 수 있도록 돕겠다는 취지의 서비스이다.
>
> 우선 정부는 노인이 사는 곳에서 건강관리를 받고 각종 돌봄 서비스를 누릴 수 있는 맞춤형 '케어안심주택'을 확대할 계획으로, 2022년까지 노인 공공임대주택 약 4만 호가 케어안심주택으로 추진될 예정이다. 또한 정부는 고령화로 인해 마을이 사라지는 것을 방지하기 위해 지역주민의 참여를 기반으로 의료・복지 등의 돌봄 서비스를 제공하는 '커뮤니티케어형 도시재생뉴딜사업'을 시작한다. 건강 상태가 우려되는 노인의 집으로 직접 찾아가 혈압 등을 확인하고 생활습관을 관리해주는 방문건강 서비스도 확대된다. 2022년까지 모든 시・군・구에 '주민건강센터'를 구축할 예정이며, 올해는 의사와 간호사 등이 노인의 집으로 찾아가는 방문 의료 시범사업이 실시된다.

① 노인 돌봄 서비스에 대한 중요성은 앞으로 계속해서 더 커지겠어.

② 의료기관에서 의료 서비스를 제공하므로 병원의 비중이 높아지겠어.

③ 고령화 현상의 심화로 농・어촌의 작은 마을들이 사라지고 있군.

④ 2022년에는 모든 시・군・구에 '주민건강센터'가 있겠군.

**08** 다음 글을 읽고 이해한 내용으로 가장 적절한 것은?

> 국민건강보험공단은 건강정보전문사이트 건강iN의 창의적인 콘텐츠를 발굴하고, 수요자 맞춤형 건강관리 서비스를 실현하기 위하여 10월 25일(금)부터 11월 23일(토)까지 '건강iN 콘텐츠 아이디어 공모전'을 개최한다고 밝혔다.
> 공모내용은 공단이 보유하고 있는 건강 관련 빅데이터, 오픈된 공공데이터, 개인건강기록(IoT 등) 데이터 등을 융합한 신규 서비스에 관한 아이디어로 자가 건강관리를 위해 건강iN(웹과 앱 모두)에서 제공할 수 있는 서비스, 모바일 기기를 활용한 개인 맞춤형 건강관리 등 '모바일 특화 서비스'를 주제로 하여 개인 또는 팀(인원 제한 없음)의 형태로 누구나 참여 가능하다.
> 공모방법은 '건강iN 콘텐츠 아이디어 공모전 기획서', '건강iN 콘텐츠 아이디어 공모전 참가 서약서', '개인정보 수집·이용 동의서'를 이메일로 제출(130321@nhis.or.kr)하면 된다. 공모 관련 자세한 사항은 건강iN(http://nhis.or.kr) → 건강iN 소개 → 공지사항의 '2019년 건강iN 콘텐츠 아이디어 공모전' 게시글의 공모요강에서 확인할 수 있다.
> 공모 당선작은 아이디어의 활용 적절성, 실현 가능성, 독창성, 충실성을 고려하여 최우수상(150만 원) 1명(팀), 우수상(각 100만 원) 2명(팀), 장려상(각 50만 원) 3명(팀)을 선정하며, 당선 결과는 12월 11일(수) 건강iN 공지사항을 통해 게시 및 개별적으로 통보할 예정이다.
> 국민건강보험공단 관계자는 "이번 공모전을 통해 수요자 맞춤형 건강관리 서비스를 실현할 수 있는 참신한 콘텐츠 아이디어가 응모되길 기대하며, 당선작은 추후 콘텐츠로 개발되어 홈페이지 및 모바일 서비스를 실시함으로써 국민들의 건강관리에 도움을 줄 예정이다."라고 밝혔다.

① 국민건강보험공단의 '건강iN 콘텐츠 아이디어 공모전'은 대략 두 달간 진행된다.
② 공모전에 제출할 데이터 융합 신규 서비스는 건강iN 웹이나 앱에서 제공될 수 있어야 한다.
③ 공모전에는 개인 또는 팀으로 참여할 수 있지만, 팀은 3명 이하로 구성되어야 한다.
④ 공모전 기획서, 참가 서약서, 개인정보 수집·이용 동의서를 모두 이메일로 제출해야 한다.

## 09 다음 기사의 내용으로 가장 적절한 것은?

> 국민건강보험공단은 한국개발연구원(KDI)이 발주하는 '2018 ~ 2019년 경제발전경험공유사업(KSP) OECD – 인도네시아 국제기구와의 공동컨설팅사업(이하 인도네시아 KSP)'의 일환으로 인도네시아 건강보험 정책실무자를 초청하여 5일간 건강보험 정책연수 과정을 운영한다.
>
> 국민건강보험공단은 2018년 12월 인도네시아 현지 착수보고회 및 실태조사 일정을 시작으로 인도네시아 현지 전문가를 활용한 양국의 제도에 대한 비교·분석 연구를 수행하여 왔으며, 그간의 연구 결과를 발표하는 중간보고회를 이번 초청 연수에서 함께 실시할 예정이다. 중간보고회 발표주제는 인도네시아 KSP 사업의 건강보험 정책컨설팅 수행과제인 건강보험재정 지속가능성 제고, 전략적 구매자로서 보험자 기능 강화, 의료전달체계 강화이며, 인도네시아 정책실무자와 인도네시아 UHC(보편적 건강보장) 달성에 대한 심도 있는 논의가 진행될 것으로 기대하고 있다.
>
> 인도네시아는 다보험자 체계를 유지하다 2014년 통합건강보험공단인 BPJS Kesehatan을 설립하고 올해 UHC의 체계적·효율적 달성을 목표로 하고 있으나, 가입자 확대에 따른 의료비용 급증, 가입자 본인부담금 전무로 인한 재정 취약 문제, 서비스 구매 및 질 관리 분야의 보험자 기능 취약, 의료 인프라의 부족, 지역별 편차로 인한 의료 접근성 및 서비스 질 제고 필요 등의 문제를 안고 있는 상황이다.
>
> 이에 국민건강보험공단은 한국의 단일보험자로서 그간 개도국을 대상으로 다양한 건강보험 제도 컨설팅을 수행해온 경험을 바탕으로 이번 인도네시아 건강보험 정책실무자 연수 과정 및 중간보고회를 통해 인도네시아 상황에 적합한 맞춤형 정책자문을 제공하고 한국의 건강보험 운영 노하우를 전수할 계획이다. 국민건강보험공단 관계자는 "KSP 사업의 일환으로 '콜롬비아 및 페루 건강보험 제도 개선사업'에 이어 세 번째인 이번 인도네시아 건강보험 정책실무자 대상 역량 강화 초청 연수 과정을 통해 정책의 방향을 제시하고 향후 고위정책자와의 후속 사업 논의도 가질 계획이다."라고 밝혔다.
>
> ※ KSP(Knowledge Sharing Program) : 개도국의 경제발전을 위한 기획재정부 주관의 '경제발전 경험 공유사업'으로 한국의 발전 경험을 토대로 협력대상국의 수요 및 여건을 고려한 맞춤형 정책자문을 제공하는 사업

① 국민건강보험공단은 인도네시아의 건강보험 정책실무자에게 정책자문을 제공한다.

② 국민건강보험공단은 이번 정책연수 과정에서 인도네시아와 우리나라의 제도를 비교 분석할 예정이다.

③ 국민건강보험공단이 첫 번째로 참여한 이번 건강보험 정책연수는 인도네시아 KSP 사업의 일환이다.

④ 인도네시아는 2014년 통합건강보험공단을 설립함으로써 UHC를 체계적·효율적으로 달성하였다.

**10** 다음은 아이돌봄서비스에 대한 글이다. 〈보기〉에서 이에 대한 설명으로 적절하지 않은 것을 모두 고르면?

> 아이돌봄서비스는 만 12세 이하 아동을 둔 맞벌이 가정 등에 아이돌보미가 직접 방문하여 아동을 안전하게 돌봐주는 서비스로, 정부 차원에서 취업 부모들을 대신하여 그들의 자녀에 대한 양육 및 이와 관련된 활동을 지원해 준다. 가정의 아이 돌봄을 지원하여 아이의 복지증진과 보호자의 일·가정 양립을 통한 가족구성원의 삶의 질 향상과 양육 친화적인 사회 환경을 조성하는 데 목적이 있다. 아동의 안전한 보호를 위해 영아 및 방과 후 아동에게 개별 가정의 특성과 아동발달을 고려하여 아동의 집에서 돌봄 서비스를 제공하며, 취업 부모의 일·가정 양립을 위해 야간·주말 등 틈새시간의 '일시 돌봄' 및 '영아 종일 돌봄' 등 수요자가 원하는 서비스를 제공한다.
>
> 서비스는 이용 구분에 따라 시간제돌봄서비스, 영아종일제돌봄서비스, 기관연계돌봄서비스, 질병감염아동특별지원서비스로 나뉜다. 시간제돌봄서비스의 이용 대상은 만 3개월 이상 만 12세 이하의 아동이며, 주 양육자가 올 때까지 임시보육, 놀이 활동, 식사 및 간식 챙겨 주기, 보육시설이나 학교, 학원의 등·하원 등의 서비스를 받을 수 있다. 영아종일제돌봄서비스의 이용 대상은 만 3개월 이상 만 24개월 이하의 영아이며, 이유식, 젖병 소독, 기저귀 갈기, 목욕 등 영아돌봄과 관련된 건강·영양·위생·교육 등의 서비스를 지원받을 수 있다. 기관연계돌봄서비스는 사회복지시설이나 학교·유치원·보육시설 등 만 0세 이상 12세 이하 아동에 대한 돌봄 서비스가 필요한 기관이 이용 대상이다. 돌보미 1인당 돌볼 수 있는 최대 아동수의 제한이 있으며, 한 명의 돌보미가 여러 연령대의 아동을 대상으로 동시에 서비스를 제공할 수는 없다. 질병감염아동특별지원서비스의 이용 대상은 수족구병 등 법정 전염성 및 유행성 질병에 감염되어 사회복지시설, 유치원, 보육시설 등을 이용하고 있는 만 12세 이하 아동으로 다른 서비스에 반해 별도로 정부의 지원시간 제한이 없으며, 비용의 50%를 정부가 지원한다. 해당하는 아동은 아동의 병원 이용 동행 및 재가 돌봄 서비스를 제공받을 수 있다.

**보기**

> ㉠ 12세를 초과하는 아동은 아이돌봄서비스를 이용할 수 없다.
> ㉡ 장애 아동의 경우 질병감염아동특별지원서비스를 제공받을 수 있다.
> ㉢ 맞벌이 가정뿐만 아니라 학교·유치원·보육시설도 아이돌봄서비스를 이용할 수 있다.
> ㉣ 야간이나 주말에는 아이돌봄서비스를 이용할 수 없다.

① ㉠, ㉡          ② ㉡, ㉢

③ ㉡, ㉣          ④ ㉢, ㉣

**11** 다음 글을 읽고 뒤에 이어질 내용으로 가장 적절한 것은?

'모든 사람이 건강보험 혜택을 받아야 한다.' 이는 네덜란드 법에 명시된 '건강권' 조항의 내용이다. 취약계층을 비롯한 모든 국민이 차별 없이 건강 보호를 받아야 하고, 단순히 질병 치료만이 아니라 건강증진과 재활 등의 영역에 이르기까지 충분한 보건의료 서비스를 보장받아야 한다는 취지이다. GGD는 네덜란드 국민의 건강 형평성을 위해 설립된 기관으로, 네덜란드 모든 지역에 공공보건서비스를 제공하기 위해 GGD를 설립하여 운영하고 있다. 네덜란드 국민이라면 생애 한 번 이상은 GGD를 방문한다. 임신한 여성은 산부인과 병원이 아닌 GGD를 찾아 임신부 관리를 받고, 어린 자녀를 키우는 부모는 정기적으로 GGD 어린이 건강 센터를 찾아 아이의 성장과 건강을 확인한다. 열대지방을 여행하고 돌아온 사람은 GGD의 여행 클리닉에서 예방 접종을 받으며, 바퀴벌레나 쥐 때문에 골치 아픈 시민이라면 GGD에 해충 방제 서비스를 요청해 문제를 해결한다. 성병에 걸렸거나 알코올중독·마약중독으로 고통을 겪는 환자도 GGD에서 검사와 치료를 받을 수 있다. 가정폭력 피해자의 상담과 치료도 이곳에서 지원한다. 예방프로그램 제공, 의료환경 개선, 아동보건의료 제공, 전염성질환 관리가 모두 GGD에서 이뤄진다. 특히 경제적 취약계층을 위한 보건의료서비스를 GGD가 책임진다.

GGD는 한국의 보건의료원과 비슷한 역할을 하지만, 그보다 지원 대상과 영역이 방대하고 더 적극적으로 지원 대상을 발굴한다. 또한 전체 인력 중 의료진이 절반 이상으로 전문성까지 갖췄다. GGD 암스테르담에 근무하는 약 1,100명의 직원 가운데 의사와 간호사는 600명이 넘는다. 이 가운데 의사가 100여 명으로 감염, 법의학, 정신질환 등을 담당한다. 500여 명의 간호사는 의사들과 팀을 이뤄 활동하고 있다. 이곳 의사는 모두 GGD 소속 공무원이다. 반면, 한국 보건소, 보건지소, 보건의료원 의사 대부분은 병역의무를 대신해 3년만 근무하는 공중보건의이다. 하지만 공중보건의도 최근 7년 사이 1,500명 이상 줄어들면서 공공의료 공백 우려도 있다.

'평등한 건강권'은 최근 국내에서 개헌 논의가 시작되면서 본격적으로 논의되기 시작한 개념이다. 기존 헌법에 '모든 국민은 보건에 관하여 국가의 보호를 받는다.'라는 조항이 포함되어 있지만, 아직 건강권의 보장 범위가 협소하고 애매하다. 한국은 건강 불평등 격차가 큰 나라 중 하나이다. 국제구호개발기구가 2013년 발표한 전 세계 176개국의 '건강 불평등 격차'에서 우리나라는 33위를 차지했다. 건강 불평등 격차는 보건서비스에 접근이 쉬운 사람과 그렇지 않은 사람 사이의 격차가 얼마나 큰지 나타내는 지수로, 격차가 클수록 가난한 사람들의 보건 교육, 예방, 치료 등이 보장되지 않음을 의미한다.

① 네덜란드의 보험 제도 또한 많은 문제점을 지니고 있다.
② 네덜란드의 보험 제도를 참고하여 우리나라의 건강 불평등 해소 방향을 생각해 볼 수 있다.
③ 한국의 건강보험공단은 네덜란드의 보험 제도 개혁에 있어 많은 도움을 줄 수 있을 것이다.
④ 우리나라의 건강 불평등 격차를 줄이기 위해서는 무엇보다도 개헌이 시급하다.

**12** 다음은 남성과 여성의 암 발생률에 대한 글이다. 이에 대한 내용으로 적절하지 않은 것은?

> 보건복지부와 중앙암등록본부는 2015년 국가암등록통계 분석 결과를 발표했다. 2015년에 새로 발생한 암 환자 수는 21만 4,701명으로 전년 대비 4,253명(1.9%) 감소했다. 연령표준화 암 발생률은 인구 10만 명당 275.8명으로 2011년 325.4명, 2012년 324.0명, 2013년 315.1명, 2014년 291.5명에 이어 4년 연속 감소하였고, 2012년 이후 암 발생률은 매년 6.1%씩 감소하는 추세이다.
>
> 암 종별로는 갑상선암 발생자 수가 전년보다 19.5%(6,050명) 감소해 암 발생률 하락에 가장 큰 영향을 미쳤다. 위암과 대장암도 각각 2.7%, 1.6% 줄었다. 반면, 유방암, 전립선암, 췌장암은 각각 4.3%, 3.5%, 5.7% 증가했다. 국가가 검진비를 지원하는 5대 주요 암(위암, 대장암, 간암, 자궁경부암, 유방암) 가운데 발생률이 계속 증가하고 있는 암 종은 유방암이 유일하며, 2007년 이후 연평균 증가율은 4.0%였다.
>
> 남녀를 통틀어 가장 많이 발생한 암은 위암으로 2만 9,207명의 환자가 나왔다. 그다음으로는 대장암, 갑상선암, 폐암, 유방암, 간암, 전립선암 순서였다. 2009년부터 2014년까지는 발생순위 1위였던 갑상선암은 초음파 검진의 확대로 암 확진이 빠르게 증가하였다가 과잉진단 논란이 제기되면서 발생률이 감소한 것으로 분석된다.
>
> 성별 암 발생률은 인구 10만 명당 남자 301.2명, 여자 266.1명이었다. 남자는 위암, 폐암, 대장암, 간암, 전립선암 순서로, 여자는 갑상선암, 유방암, 대장암, 위암, 폐암 순서로 많이 발생했다. 남자는 44세까지는 갑상선암이, 45 ~ 69세에는 위암이, 70세 이후에는 폐암이 가장 많이 발생하였다. 여자의 경우 39세까지는 갑상선암이, 40세 ~ 64세까지는 유방암이, 65세 이후에는 대장암이 가장 많이 발생했다.
>
> 한편, 우리나라 국민이 기대수명(82세)까지 생존할 경우 암에 걸릴 확률은 35.3%였으며, 남자(79세)는 5명 중 2명(37.9%), 여자(85세)는 3명 중 1명(32.0%)에서 암이 발생할 것으로 추정된다. 세계표준인구로 보정한 우리나라 암 발생률은 인구 10만 명당 253.8명으로, 경제협력개발기구(OECD) 평균(270.3명)보다 낮은 수준이다.

① 2011년 이후 암 발생률은 4년 연속 감소하였다.

② 전년 대비 갑상선암 발생자 수가 가장 많이 감소하였다.

③ 남성의 경우 전립선암으로 인한 사망률이 가장 높다.

④ 여성의 경우 갑상선암의 발생률이 가장 높다.

**13** 다음 글을 통해 알 수 없는 것은?

중앙치매센터가 발표한 '대한민국 치매현황 2018'을 보면 국내 65세 이상 노인 인구 중 치매 환자 수는 70만 5,473명으로 추정되었다. 치매 유병률은 10%로 65세 이상 노인 10명 중 1명꼴로 치매를 앓고 있는 셈이다. 이후에도 치매 환자는 지속적으로 증가해 2024년 100만 명, 2039년 200만 명, 2050년에는 300만 명을 넘어설 것으로 전망된다.

가장 흔한 치매인 알츠하이머병은 해마 중심으로 뇌 위축이 진행하면서 시작되며, 초기에는 기억저하 중심으로 나타난다. 조직검사상 신경섬유 반응 및 아밀로이드 반응이 발견되어야 확진되며, 현재까지는 임상적 추정진단만이 가능한 상황이다. 두 번째로 많은 혈관성 치매는 뇌 기능을 담당하는 뇌 부위에 뇌졸중이 발생할 경우 갑자기 발생하는 혈관성 치매와 다발성 뇌허혈성병변 등으로 인해 서서히 증상이 나타나는 혈관성 치매가 있다. 또 신경퇴행성질환 중 2번째로 많은 파킨슨병과 동반된 치매가 있는데 파킨슨병 환자의 약 40%에게 발생한다. 기억장애뿐 아니라 초기에 이상행동 등이 나타날 수 있다. 이외에도 환시, 증상의 변동, 파킨슨 증상이 동반될 수 있는 루이체 치매가 있다. 한편, 치료가 가능한 치매도 있다. 치매의 정확한 원인은 아직 밝혀지지 않았으나, 치매의 원인 중 신경퇴행성 질환 이외에 뇌염이나 수두증, 뇌병증, 또는 약물 등으로 인해 발생하는 치매의 경우 적절한 치료로 치매 증상을 완화시킬 수 있다.

치매를 예방하기 위해서는 수면과 식생활을 포함한 규칙적인 생활과 함께 혼자 지내는 시간을 줄이고 외부와 어울릴 수 있는 환경 조성이 가장 중요하다. 이외에 고혈압, 당뇨, 고지혈증 등 치매를 유발할 수 있는 위험인자를 적절하게 관리하는 노력도 필요하다. 한 전문의는 "적절한 레저 활동이나 취미활동, 가능한 사회활동을 열심히 하는 것이 치매 진행과 예방에 큰 도움이 될 수 있다."라며, "병원 주치의를 통한 적절한 치료 및 위험인자 관리가 반드시 병행돼야 한다."라고 덧붙였다.

① 치매 발생 현황
② 치매 예방법
③ 치매 종류
④ 중증치매 기준

**14** 다음 중 해외여행 전 감염병 예방을 위한 행동으로 가장 적절한 것은?

> 최근 5년간 해외여행객은 꾸준히 증가하여 지난해 약 4,900만 명이 입국하였다. 이 중 발열 및 설사 등 감염병 증상을 동반하여 입국한 사람은 약 26만 명에 달했다. 따라서 국민들의 해외 감염병 예방에 대한 각별한 주의가 필요하다.
> 건강한 해외여행을 위해서는 여행 전 반드시 질병관리청 홈페이지를 방문하여 해외감염병 발생 상황을 확인한 후 필요한 예방접종, 예방약, 예방물품 등을 준비해야 한다. 해외여행 중에는 스스로 위생을 지키기 위해 30초 이상 손 씻기, 안전한 음식 섭취하기 등 해외감염병 예방수칙을 준수해야 한다. 이 밖에도 해외여행지에서 만난 동물과의 접촉을 피해야 한다. 입국 시에는 건강상태 질문서를 작성해 검역관에게 제출하고, 귀가 후 발열, 설사 등 감염병 증상이 의심되면 의료기관을 방문하기 전에 질병관리청의 콜센터 1339로 신고하여 안내를 받아야 한다.

① 손을 씻을 때 30초 이상 씻는다.
② 건강상태 질문서를 작성하여 검역관에게 제출한다.
③ 되도록 깨끗한 곳에서 안전한 음식을 먹는다.
④ 질병관리청 홈페이지에서 해외감염병 발생 상황을 확인한다.

**15** 다음은 노인장기요양보험법의 일부 내용이다. 이에 대한 설명으로 적절하지 않은 것은?

---

**국가 및 지방자치단체의 책무 등(법 제4조)**

① 국가 및 지방자치단체는 노인이 일상생활을 혼자서 수행할 수 있는 온전한 심신상태를 유지하는 데 필요한 사업(이하 "노인성질환예방사업"이라 한다)을 실시하여야 한다.

② 국가는 노인성질환예방사업을 수행하는 지방자치단체 또는 국민건강보험법에 따른 국민건강보험공단(이하 "공단"이라 한다)에 대하여 이에 소요되는 비용을 지원할 수 있다.

③ 국가 및 지방자치단체는 노인인구 및 지역특성 등을 고려하여 장기요양급여가 원활하게 제공될 수 있도록 적정한 수의 장기요양기관을 확충하고 장기요양기관의 설립을 지원하여야 한다.

④ 국가 및 지방자치단체는 장기요양급여가 원활히 제공될 수 있도록 공단에 필요한 행정적 또는 재정적 지원을 할 수 있다.

⑤ 국가 및 지방자치단체는 장기요양요원의 처우를 개선하고 복지를 증진하며 지위를 향상시키기 위하여 적극적으로 노력하여야 한다.

⑥ 국가 및 지방자치단체는 지역의 특성에 맞는 장기요양사업의 표준을 개발·보급할 수 있다.

**장기요양급여에 관한 국가정책방향(법 제5조)**

국가는 제6조의 장기요양기본계획을 수립·시행함에 있어서 노인뿐만 아니라 장애인 등 일상생활을 혼자서 수행하기 어려운 모든 국민이 장기요양급여, 신체활동지원서비스 등을 제공받을 수 있도록 노력하고 나아가 이들의 생활안정과 자립을 지원할 수 있는 시책을 강구하여야 한다.

**장기요양기본계획(법 제6조)**

① 보건복지부장관은 노인 등에 대한 장기요양급여를 원활하게 제공하기 위하여 5년 단위로 다음 각 호의 사항이 포함된 장기요양기본계획을 수립·시행하여야 한다.

 1. 연도별 장기요양급여 대상인원 및 재원조달 계획
 2. 연도별 장기요양기관 및 장기요양전문인력 관리 방안
 3. 장기요양요원의 처우에 관한 사항
 4. 그 밖에 노인 등의 장기요양에 관한 사항으로서 대통령령으로 정하는 사항

② 지방자치단체의 장은 제1항에 따른 장기요양기본계획에 따라 세부시행계획을 수립·시행하여야 한다.

---

① 보건복지부장관은 5년 단위로 장기요양기본계획을 수립한다.

② 노인성질환예방사업을 수행하는 데에 소요되는 비용은 지방자치단체가 지원한다.

③ 국가는 공단의 장기요양급여 제공에 있어 행정적 또는 재정적으로 지원한다.

④ 장기요양기본계획에 따른 세부시행계획은 지방자치단체의 장이 수립·시행한다.

**16** 다음은 업무에서 사용되는 문서의 일부이다. 밑줄 친 단어를 어법에 맞게 수정한 내용으로 적절하지 않은 것은?

---

공고 제○○ – ○○호

〈입찰공고〉

1. 입찰에 <u>붙이는</u> 사항
  가. 입찰건명 : 미래<u>지향</u>적 경영체계 구축을 위한 조직진단
  나. 계약기간(용역기한) : 계약<u>채결</u>일부터 6개월
  다. 총 사업예산 : 400,000,000원(VAT 등 모든 비용 포함)

2. 입찰방법 : 제한경쟁 / 협상에 의한 계약

〈입찰주의사항〉

• 입찰금액은 반드시 부가가치세 등 모든 비용을 포함한 금액으로 써내야 하며, 입찰결과 낙찰자가 면세 사업자인 경우 낙찰금액에서 부가가치세 상당액을 <u>합산한</u> 금액을 계약금액으로 함
• 기한 내 미제출 업체의 입찰서는 무효처리함
• 접수된 서류는 일체 반환하지 않음

---

① 붙이는 → 부치는
② 지향 → 지양
③ 채결 → 체결
④ 합산한 → 차감한

**17** 다음 중 공문서 작성 요령으로 적절하지 않은 것은?

① 전문 용어 사용을 지양한다.
② 1. → 1) → (1) → 가. → 가)와 같이 항목을 순서대로 표시한다.
③ 첨부물이 있다면 붙임 표시문 다음에 '끝'을 표시한다.
④ 뜻을 정확하게 전달하기 위해 괄호 안에 한자를 함께 적을 수 있다.

**18** 다음 글의 내용으로 가장 적절한 것은?

> OECD에 따르면 평균 수면 시간이 프랑스는 8시간 50분, 미국은 8시간 38분, 영국은 8시간 13분이며, 우리나라는 7시간 49분으로 OECD 회원국 중 한국인의 수면 시간이 가장 적다. 사회 특성상 다른 국가에 비해 근무 시간이 많아 수면 시간이 짧은 것도 문제지만, 수면의 질 또한 낮아지고 있어 문제가 심각하다.
>
> 실제 최근 수면장애 환자가 급격히 증가하는 추세이다. 국민건강보험공단에 따르면 수면장애로 병원을 찾은 환자는 2010년 46만 1,000명에서 2015년 72만 1,000명으로 5년 사이에 56% 이상 급증했다. 병원을 찾은 사람이 70만 명을 넘었다면 실제로 수면장애로 고통을 받는 사람은 더 많을 것으로 추산된다.
>
> 수면장애는 단순히 잠을 이루지 못하는 불면증뿐 아니라 충분한 수면을 취했음에도 낮 동안 각성을 유지하지 못하는 기면증(과다수면증), 잠들 무렵이면 다리가 쑤시거나 저리는 증상, 코골이와 동반되어 수면 중에 호흡이 멈춰 숙면을 취하지 못하는 수면무호흡증 등 수면의 양과 질 저하로 생긴 다양한 증상을 모두 포괄한다. 수면장애를 겪게 되면 학습장애, 능률 저하는 물론이고 교통사고 등 안전사고, 정서장애, 사회 적응 장애의 원인이 될 수 있다. 방치하게 되면 지병이 악화되고 심근경색증, 뇌졸중 등의 심각한 병을 초래하기도 한다.
>
> 수면장애 환자는 여성이 42만 7,000명으로 남성(29만 1,000명)보다 1.5배 정도 더 많다. 여성은 임신과 출산, 폐경과 함께 찾아오는 갱년기 등 생체주기에 따른 영향으로 전 연령에서 수면장애가 보다 빈번하게 나타나는 경향을 보이는 것으로 보고된다. 특히 폐경이 되면 여성호르몬인 에스트로겐이 줄어들면서 수면과 관련이 있는 아세틸콜린 신경전달 물질의 분비 역시 저하되어 체내 시계가 혼란스러움을 느끼게 돼 밤에 잘 잠들지 못하거나 자주 깨며 새벽에 일찍 일어나는 등 여러 형태의 불면증이 동반된다.
>
> 또 연령별로는 40·50대 중·장년층이 36.6%로 가장 큰 비중을 차지했고, 이에 비해 20·30대는 17.3%로 나타났다. 흔히 나이가 들면 생체시계에 변화가 생겨 깊은 잠은 비교적 줄어들고 꿈 수면이 나타나는 시간이 빨라져 상대적으로 얕은 수면과 꿈 수면이 많아지게 된다.

① 한국인의 수면 시간은 OECD 국가 평균 근무 시간보다 짧다.

② 수면장애 환자는 20·30대에 가장 많다.

③ 수면장애 환자는 여성보다 남성이 더 많다.

④ 한국인 수면의 질이 낮아지고 있다.

**19** 다음 CCL 마크가 있는 저작물을 사용할 때 지켜야 할 조건은?

① 저작자 이름, 출처 등 저작자에 대한 사항을 반드시 표시해야 한다.
② 저작물을 영리 목적으로 이용해서는 안 된다.
③ 저작물을 활용하여 2차 저작물 제작 시 동일한 라이선스를 표시해야 한다.
④ 저작물을 변경하거나 저작물을 이용한 2차 저작물 제작을 해서는 안 된다.

**20** 커피 동아리 회원은 남자 4명, 여자 6명으로 구성되어 있다. 동아리는 송년회를 맞아 회원 중 3명에게 드립커피 세트를 사은품으로 주려고 할 때, 사은품을 받을 3명 중 남자가 여자보다 많을 확률은?(단, 확률은 소수점 셋째 자리에서 반올림한다)

① 12.55%                          ② 20.17%
③ 28.36%                          ④ 33.33%

**21** 다음은 K헬스장의 2019년 4분기 프로그램 회원 수와 내년도 1월 예상 회원 수에 대한 자료이다. 다음 〈조건〉을 보고 방정식 $2a+b=c+d$가 성립할 때, $b$에 알맞은 회원 수는 몇 명인가?

〈K헬스장 운동 프로그램 회원 현황〉

(단위 : 명)

| 구분 | 2019년 10월 | 2019년 11월 | 2019년 12월 | 2020년 1월 |
|---|---|---|---|---|
| 요가 | 50 | $a$ | $b$ | – |
| G.X | 90 | 98 | $c$ | – |
| 필라테스 | 106 | 110 | 126 | $d$ |

**조건**

• 2019년 11월 요가 회원은 전월 대비 20% 증가했다.
• 4분기 필라테스 총 회원 수는 G.X 총 회원 수보다 37명이 더 많다.
• 내년 1월 필라테스의 예상 회원 수는 올해 4분기 필라테스의 월 평균 회원 수일 것이다.

① 110명
② 111명
③ 112명
④ 113명

**22** K씨가 등산을 하는 도중 갑자기 쓰러져 같이 동행한 일행이 119에 신고를 하였다. 병원까지 가기 위해 구급차를 이용할 경우 들것에 실려 구급차까지 20분이 걸리고 구급차를 타고 응급실까지 100km/h의 속력으로 225km를 이동한다. 응급헬기를 이용할 경우 K씨가 쓰러진 지점에서 280km/h의 속력으로 70km를 비행하여 응급실에 도착할 때, 응급헬기로 이동할 경우 구급차로 이동할 때보다 얼마나 빨리 응급실에 도착하는가?(단, 주어진 조건 외의 시간은 무시한다)

① 2시간 20분
② 2시간 40분
③ 3시간 20분
④ 3시간 40분

**23** 국민건강보험공단에 재직 중인 A사원이 혼자 보험 안내자료를 정리하는 데 15일이 걸리고 B사원과 같이 하면 6일 만에 끝낼 수 있다. 이때, B사원 혼자 정리하는 데 걸리는 시간은 며칠인가?

① 8일                   ② 9일

③ 10일                ④ 11일

**24** 국민건강보험공단에서 올해 하반기 신입사원 공고문을 발표했다. 서류 지원자 중 필기시험에 응시할 수 있는 인원은 면접을 볼 수 있는 인원의 4.5배수이고, 필기시험을 통과한 최종 합격 인원의 2배수가 면접을 볼 수 있다. 면접시험에서 신입사원 250명이 최종 합격자가 될 때, 서류 지원자는 최소 몇 명인가?(단, 서류 지원자는 필기시험에 응시할 수 있는 인원 이상이다)

① 2,550명           ② 2,250명

③ 2,050명           ④ 1,850명

**25** K금고는 두 달 동안 예금과 적금에 가입한 남성과 여성 고객들의 통계를 정리하였다. 여성과 남성은 각각 50명씩이었으며, 여성 가입고객 중 예금을 가입한 인원은 35명, 적금은 30명이었다. 남성 가입고객의 경우 예금과 적금 모두 가입한 고객은 남성고객 총인원의 20%였다. 전체 가입고객 중 예금과 적금 모두 가입한 고객의 비중은 몇 %인가?

① 25%               ② 30%

③ 35%               ④ 40%

**26** K공단의 T부서는 다과비 50,000원으로 간식을 구매하려고 한다. a스낵은 1,000원, b스낵은 1,500원, c스낵은 2,000원이며 세 가지 스낵을 각각 한 개 이상 산다고 한다. 다과비에 맞춰 스낵을 구입할 때, 구입한 스낵의 최대 개수는 몇 개인가?

① 48개               ② 47개

③ 45개               ④ 43개

**27** 지혜는 농도가 7%인 소금물 300g과 농도가 8%인 소금물 500g을 모두 섞었다. 섞은 소금물의 물을 증발시켜 농도가 10% 이상인 소금물을 만들려고 할 때, 지혜가 증발시켜야 하는 물의 양은 최소 몇 g 이상인가?

① 200g

② 190g

③ 185g

④ 175g

**28** K여행사에서 올해 크리스마스 행사로 경품 추천을 진행하려 한다. 작년에는 제주도 숙박권 10명, 여행용 파우치 20명을 추첨하여 경품을 주었으며, 올해는 작년보다 제주도 숙박권은 20%, 여행용 파우치는 10% 더 준비했다. 올해 경품을 받는 인원은 작년보다 몇 명 더 많은가?

① 1명

② 2명

③ 3명

④ 4명

**29** 다음은 K마트의 과자 종류에 따른 가격을 나타낸 표이다. K마트는 A∼C 세 가지 과자에 기획 상품 할인을 적용하여 팔고 있다. A∼C과자를 정상가로 각각 2봉지씩 구매할 수 있는 금액을 가지고 각각 2봉지씩 할인된 가격으로 구매 후 A과자를 더 산다고 할 때, A과자를 몇 봉지를 더 살 수 있는가?

〈과자별 가격 및 할인율〉

| 구분 | A | B | C |
|---|---|---|---|
| 정상가 | 1,500원 | 1,200원 | 2,000원 |
| 할인율 | 20% | | 40% |

① 4봉지

② 3봉지

③ 2봉지

④ 1봉지

**30** 금연프로그램을 신청한 흡연자 A씨는 국민건강보험공단에서 진료 및 상담비용과 금연보조제 비용의 일정 부분을 지원받고 있다. A씨는 의사와 상담을 6회 받았고, 금연보조제로 니코틴패치 3묶음을 구입했다고 할 때, 다음 지원 현황에 따라 흡연자 A씨가 지불하는 부담금은 얼마인가?

〈금연프로그램 지원 현황〉

| 구분 | 진료 및 상담 | 금연보조제(니코틴패치) |
| --- | --- | --- |
| 가격 | 30,000원/회 | 12,000원/묶음 |
| 지원금 비율 | 90% | 75% |

※ 진료 및 상담료 지원금은 6회까지 지원한다.

① 21,000원
② 23,000원
③ 25,000원
④ 27,000원

**31** 남자 2명, 여자 3명 중 두 명의 대표를 선출하고자 한다. 이때, 대표가 모두 여자로 선출될 확률은?

① 70%
② 60%
③ 50%
④ 30%

**32** 은경이는 직접 믹서기를 사용하여 오렌지 주스를 만들기로 하였다. 오렌지 2개로 주스 125mL를 만들 수 있다고 할 때, 오렌지 14개로 만들 수 있는 주스 용량은 몇 mL인가?

① 625mL
② 750mL
③ 875mL
④ 950mL

**33** K대학교는 신입생 오리엔테이션을 하기 위해 10개의 강의실을 예약하였다. 신입생 75명을 한 강의실에 배정하였을 때 180명이 들어가지 못했다면, 신입생 총인원은 몇 명인가?

① 930명
② 950명
③ 970명
④ 990명

**34** K회사는 휴대폰 부품 A, B를 생산하고 있다. 각 부품에 대한 불량률이 다음과 같을 때, 한 달간 생산되는 A, B부품의 불량품 개수 차이는?

〈부품별 한 달 생산 개수 및 불량률〉

| 구분 | A부품 | B부품 |
| --- | --- | --- |
| 생산 개수 | 3,000개 | 4,100개 |
| 불량률 | 25% | 15% |

① 120개      ② 125개

③ 130개      ④ 135개

**35** 같은 회사에 근무 중인 L주임, O사원, C사원, J대리가 이번 달 직원휴게실 청소 당번이 되었다. 서로 역할을 분담한 뒤 결정한 청소 당번 규칙이 〈조건〉과 같을 때, 다음 중 항상 참이 되는 것은?

조건
• 커피를 타는 담당자는 커피 원두를 채우지 않는다.
• 화분 관리를 담당하는 O사원은 주변 정돈을 담당하는 J대리를 도와준다.
• 주변 정돈을 하고 있는 사람은 커피를 타지 않는다.
• C사원은 주변 정돈을 도우면서 커피 원두를 채운다.

① O사원은 커피 원두를 채운다.
② J대리는 O사원의 화분 관리를 도와준다.
③ L주임이 바쁘면 커피를 타지 못한다.
④ C사원은 커피를 탄다.

**36** 짱구, 철수, 유리, 훈이, 맹구는 어떤 문제에 대한 해결 방안으로 A ~ E 다섯 개 중 각각 하나씩 제안하였다. 다음 〈조건〉이 모두 참일 때, 제안자와 그 제안이 바르게 연결된 것은?(단, 모두 서로 다른 하나의 제안을 제시하였다)

조건
• 짱구와 훈이는 B를 제안하지 않았다.
• 철수와 짱구는 D를 제안하지 않았다.
• 유리는 C를 제안하였으며, 맹구는 D를 제안하지 않았다.
• 맹구는 B와 E를 제안하지 않았다.

① 짱구 A, 맹구 B      ② 짱구 A, 훈이 D

③ 철수 B, 짱구 E      ④ 철수 B, 훈이 E

**37** S는 게임 동호회 회장으로 주말에 진행되는 게임 행사에 동호회 회원인 A ~ E 다섯 명의 참여 가능 여부를 조사하려고 한다. 〈조건〉을 참고하여 E가 행사에 참여하지 않는다고 할 때, 행사에 참여 가능한 사람은 몇 명인가?

> **조건**
> • A가 행사에 참여하지 않으면 B가 행사에 참여한다.
> • A가 행사에 참여하면 C는 행사에 참여하지 않는다.
> • B가 행사에 참여하면 D는 행사에 참여하지 않는다.
> • D가 행사에 참여하지 않으면 E가 행사에 참여한다.

① 1명  
③ 3명  
② 2명  
④ 4명

**38** K회사에 근무 중인 A ~ D 네 명의 사원 중 1명이 주임으로 승진하였다. 다음 대화에서 한 명만 진실을 말하고 있을 때, 주임으로 승진한 사람은 누구인가?

> A : B가 주임으로 승진했어.
> B : A가 주임으로 승진했어.
> C : D의 말은 모두 참이야.
> D : C와 B 중 한 명이 주임으로 승진했어.

① A사원  
③ C사원  
② B사원  
④ D사원

**39** K부서 A ~ E 다섯 명의 직원이 원탁에 앉아 저녁을 먹기로 했다. 다음 〈조건〉에 따라 원탁에 앉을 때, C직원을 첫 번째로 하여 시계 방향으로 세 번째에 앉은 사람은 누구인가?

> **조건**
> • C 바로 옆 자리에 E가 앉고, B는 앉지 못한다.
> • D가 앉은 자리와 B가 앉은 자리 사이에 1명 이상 앉아 있다.
> • A가 앉은 자리의 바로 오른쪽은 D가 앉는다.
> • 좌우 방향은 원탁을 바라보고 앉은 상태를 기준으로 한다.

① A  
③ D  
② B  
④ E

**40** 다음은 가전제품 핵심부품의 보증기간에 대한 자료이다. 제품별 핵심부품의 품질보증기간이 옳지 않은 것은?

> 공정거래위원회는 가전제품에서 중추적인 기능을 하는 부품을 핵심부품으로 정해 소비자분쟁해결 기준에 명시하고 있다. 핵심부품은 제품별로 분쟁이 주로 발생하는 부품과 A/S 시 소비자 입장에서 서비스비용이 가장 부담되는 부품 위주로 선정된다. 에어컨·냉장고의 컴프레서, 세탁기의 모터 등 이 대표적인 핵심부품이다. 이 부품의 보증기간은 3~4년으로 통상 1년으로 정해지는 일반부품보 다 월등히 길다.
>
> 핵심부품에 대한 보증기간은 제조업체들이 자체적으로 정할 수 있어 실제로는 소비자분쟁해결기준 이 명시하고 있는 것보다 더 긴 경우가 많다. S전자와 L전자는 세탁기 모터의 보증기간을 10년 이 상으로 정하고 있다.
>
> 스마트폰의 경우 핵심부품이 별도로 정해져 있지 않다. 공정거래위원회 측은 "플렉시블 디스플레이 등 새로운 기술이 빠르게 도입되는 스마트폰의 경우 핵심부품을 별도로 정하는 게 소비자들의 권리 를 오히려 제약하는 상황이라 판단했다."라며, "핵심부품에 대해서만 보증기간을 2년으로 연장하는 안을 검토하기도 했지만, 소비자들이 약정으로 사용하는 측면을 감안해 모든 부품을 2년으로 연장 하게 되었다."라고 밝혔다.
>
> 해당 업계 관계자는 "제품의 성능을 좌우하는 중요한 부품을 핵심부품으로 보고 별도의 보증기간을 책정하고 있다."라며, "보증기간 이내라면 수리비, 출장비, 부품비가 모두 무료"라고 말했다.

〈소비자분쟁해결기준이 정하고 있는 품목별 핵심부품〉

| 제품 | 부품 | 보증기간 | 비고 |
|---|---|---|---|
| LCD TV, 모니터 | 패널 | 2년 | 노트북 제외 |
| PDP TV | | | - |
| LED TV, 모니터 | | | 노트북 제외 |
| 퍼스널 컴퓨터 | 메인보드 | | - |
| 세탁기 | 모터 | 3년 | - |
| TV, 모니터 | CPT | | - |
| 전자레인지 | 마그네트론 | | - |
| VTR | 헤드드럼 | | - |
| 비디오카메라 | | | - |
| 팬히터, 로터리히터 | 버너 | | - |
| 냉장고 | 컴프레서 | | - |
| 에어컨 | | 4년 | - |

※ TV, 모니터 패널의 경우 소비자가 확인 가능한 타이머 부착 제품으로 5,000시간 초과한 경우 기간 만료로 보증에서 제외됨

① 에어컨 : 4년
② 냉장고 : 4년
③ 스마트폰 : 2년
④ 세탁기 : 3년

※ 다음은 국민건강보험공단 K부서의 문서정리 작업 일정이다. 이어지는 질문에 답하시오. **[41~44]**

〈5월 달력〉

| 일요일 | 월요일 | 화요일 | 수요일 | 목요일 | 금요일 | 토요일 |
|---|---|---|---|---|---|---|
|  |  |  | 1 | 2 | 3 | 4 |
| 5 | 6 | 7 | 8 | 9 | 10 | 11 |
| 12 | 13 | 14 | 15 | 16 | 17 | 18 |
| 19 | 20 | 21 | 22 | 23 | 24 | 25 |
| 26 | 27 | 28 | 29 | 30 | 31 |  |

※ 일주일의 시작은 일요일이며, 첫째 주는 1일부터이다.

〈문서별 정리 일정〉

• A문서 : 매주 수요일, 목요일에 정리를 한다.
• B문서 : E문서를 정리한 주를 제외하고, 토요일에 정리한다.
• C문서 : A 또는 E문서를 정리하는 날에 같이 정리하며, 매달 3번씩 정리한다.
• D문서 : B문서를 정리하고 이틀 후에 문서를 정리하여 같이 보관한다.
• E문서 : 매달 9일과 20일에 정리하여 보관한다.
• F문서 : 매주 화요일에 정리한다.

**41** A ~ F문서 중 5월에 두 번째로 정리를 많이 한 문서는 무엇인가?

① A문서      ② D문서
③ E문서      ④ F문서

**42** 5월 중 3종류 이상 문서를 정리하지 않은 주는 언제인가?

① 첫째 주                    ② 셋째 주
③ 다섯째 주                  ④ 알 수 없음

**43** C문서를 14일 전까지 끝내려고 할 때, 5월 중 문서정리 횟수가 가장 많은 주에 속하는 날짜는 언제인가?(단, F문서를 정리하는 주에는 C문서를 두 번 정리한다)

① 5월 6일                    ② 5월 13일
③ 5월 22일                   ④ 5월 27일

**44** A～F문서 중 5월에 문서정리 주기가 같은 문서끼리 짝지은 것은?

① A, E                      ② A, F
③ B, C                      ④ B, D

정답 및 해설 p.060

**| 의사소통능력**

**01** 다음 중 ㉠, ㉡에 들어갈 접속어를 순서대로 바르게 나열한 것은?

> 일반적으로 공황발작이란 극심한 불안을 말한다. 사람은 누구나 생명의 위협을 느끼거나 매우 놀라는 위기상황에서 극심한 불안을 느끼며, 이는 정상적인 생리 반응이다. ㉠ 공황장애에서의 공황발작은 아무런 이유 없이 아무 때나 예치지 못하게 반복적으로 발생한다. 공황발작이 발생하게 되면 심장이 두근거리기도 하고 가슴이 답답하고 아플 수도 있으며, 숨쉬기 어렵거나 숨이 막힐 것 같은 기분이 들 수 있다. 또 구역질이 나거나 복통이 있을 수도 있고, 두통이나 어지러움이 느껴져 기절할 것 같은 느낌이 들고 땀이 나면서 온몸에 힘이 빠지거나 손발이 저릿할 수도 있다. 이러한 여러 가지 증상들이 모두 다 나타날 수도 있고, 이 중에 몇 가지만 나타날 수도 있는데, 특징적으로 이러다 미쳐버릴 것 같거나 이러다 죽을지도 모른다는 공포감을 느끼게 된다. 특별한 위기상황이나 스트레스 상황이 아닌데도 길을 걷다가, 앉아서 수업을 듣다가, 자려고 누웠다가 공황발작이 발생할 수도 있다. ㉡ 예치지 못하게 공황발작이 나타나게 되면 다음에 또다시 발작이 생길까 걱정하며 본인 나름의 발작 이유나 결과에 대해 생각하며 행동의 변화가 생기게 된다. 특히 언제 다시 발작이 생길지 몰라 불안해 하며, 발작이 생기면 도움을 청할 수 있는 사람과 함께 있으려 한다든지 혼자 외출을 못하고 집에만 있으려고 해 일상생활이 어려워지는 경우도 많다.

| | ㉠ | ㉡ |
|---|---|---|
| ① | 그리고 | 하지만 |
| ② | 그리고 | 이와 같이 |
| ③ | 그러나 | 하지만 |
| ④ | 그러나 | 이와 같이 |

**02** 다음 빈칸에 들어갈 접속어로 가장 적절한 것은?

> 우리나라는 빠른 속도로 증가하는 치매의 사회경제적 부담에 대응하기 위하여 선제적으로 치매환자와 가족을 위한 정책 비전을 제시하고, 치매국가책임제 발표를 통해 관련한 세부 과제들을 더욱 구체화함으로써 큰 틀에서의 방향성은 확고히 마련되었다고 볼 수 있다. 하지만 이렇게 마련된 정책이 국민에게 맞춤형으로 적절히 제공되기 위해서는 수립된 계획을 적극적으로 추진해 나갈 수 있도록 재정확보, 전문 인력 양성, 국민의 인식제고 등의 노력이 함께 뒷받침되어야 한다.
>
> 이번에 제시된 치매국가책임제의 내용은 제3차 국가치매관리종합계획에서 제시한 치매환자를 위한 보건복지 관련 정책 및 제도적 추진 방향을 보다 구체화하고 확대하였다는 점에서 큰 의의가 있다. 그럼에도 불구하고 치매안심센터가 지역 내 치매환자를 위한 종합적인 정보제공, 상담 등의 역할을 충실히 담당해나갈 수 있도록 기능을 명확히 하고 관계자들의 전문성 확보, 효과적인 기관 설립 및 운영이 가능할 수 있도록 정부차원의 적극적인 지원이 필요할 것으로 사료된다. _____ 치매환자를 위한 장기요양서비스를 확대함에 있어서도 인프라 확충과 함께 관련 직종의 관계자가 치매케어를 보다 전문적으로 수행할 수 있도록 치매증상에 맞춘 서비스 제공기술 고도화 등의 노력이 전제되어야 할 것이며, 의료서비스 기관의 확충 역시 충분히 그 역할을 담당해 나갈 수 있도록 정책적 지원이 수반되어야 한다.
>
> 치매환자 및 가족을 위한 관련 정책을 신속히 안착시키기 위해서는 지역주민들이 치매환자에 대한 부정적 인식을 가지기보다는 일상생활상의 불편함을 함께 극복해 나가는 사회적 분위기가 조성될 수 있도록 국민들의 치매에 대한 관심을 높이고, 홍보를 적극적으로 추진해 나가는 노력이 필요하다. 무엇보다도 치매질환을 갖고 있다고 해서 시설이나 병원으로 가야할 것이 아니라 충분히 내 집에서, 우리 동네에서 살아갈 수 있음을 제시해 주는 인식 대전환의 기회들이 적극적으로 제시되어야 할 것이다.

① 그러나
② 이렇듯
③ 하지만
④ 또한

※ 다음은 포괄수가제에 대한 글이다. 이어지는 질문에 답하시오. [3~4]

포괄수가제(DRG; Diagnosis Related Group)는 치료과정이 비슷한 입원환자들을 묶어 그 일련의 치료행위 전체에 하나의 가격을 매기는 의료비 지불방식이다. 포괄수가제에서는 의료서비스의 종류나 양과 관계없이 어떤 질병의 진료를 위해 입원했는지에 따라 미리 정해진 일정액의 진료비만을 부담하면 된다.

의료서비스의 항목별로 가격을 매기는 행위별 수가제(Fee for Service)는 개별 진료행위의 가격을 모두 합해 총진료비를 산출하기 때문에 환자에게 진료행위량을 늘릴수록 의사의 수입이 늘어날 수밖에 없는 구조적 한계가 있으며, 이로 인해 환자에게 꼭 필요한 만큼의 진료행위량을 넘어선 과잉진료가 발생할 수 있는 문제가 있다.

포괄수가제는 이러한 행위별 수가제의 단점을 보완하고, 의료체계를 발전시키기 위한 방안으로 도입되어 5년간의 시범사업을 거쳐 2002년 1월 1일부터 시행되었다. 2012년 7월 1일부터 입원환자가 많은 백내장 수술 등 7개 질병군에 대해 모든 병·의원에 당연적용되었고, 2013년 7월 1일부터는 종합병원과 상급종합병원에도 당연적용되어 전국 모든 병원에서 7개 질병군의 입원환자는 포괄수가제 혜택을 받을 수 있게 되었다.

┃ 의사소통능력

**03** 다음 중 포괄수가제의 실시 목적으로 가장 적절한 것은?

① 의사의 수입을 늘리고, 의료사업의 발전을 도모하기 위하여

② 희귀질병환자의 진료비 부담을 줄여주기 위하여

③ 보다 많은 환자에게 의료서비스 혜택을 제공하기 위하여

④ 환자 본인부담금 수준을 낮추고, 의사들의 과잉진료를 줄이기 위하여

**04** 다음은 포괄수가제의 적용대상 질병군과 질병군별 본인부담금에 대한 자료이다. 이에 대한 내용으로 적절하지 않은 것은?

---

### 〈적용대상 질병군〉

- 병원에 입원(외래는 제외됨)하여 수술을 받거나 분만한 경우에 적용
  - 안과 : 수정체 수술(백내장 수술)
  - 이비인후과 : 편도 및 아데노이드 수술
  - 일반외과 : 항문 및 항문 주위 수술(치질 수술), 샅 및 대퇴부 탈장 수술(신생아 제외), 충수 절제술(맹장염 수술)
  - 산부인과 : 자궁 및 자궁부속기 수술(악성종양 제외), 제왕절개분만
- 수정체 수술, 기타 항문 수술, 샅 및 대퇴부 탈장 수술은 수술을 받고 6시간 미만 관찰 후 퇴원하는 경우에도 포괄수가제가 적용됨
  ※ 의료급여대상자, 혈우병 환자, 에이즈(HIV) 감염자는 포괄수가제 적용에서 제외

### 〈포괄수가제 적용 질병군의 본인부담금〉

포괄수가제의 진료비는 요양기관 종별(상급종합병원, 종합병원, 병원, 의원), 입원일수, 환자의 중증도 등에 따라 금액이 다르다. 포괄수가제 대상 질병군으로 수술을 받고 퇴원할 때 정해진 정액 진료비 전체(기존의 환자 별도부담 비급여 항목까지 포함)에 건강보험이 적용되어 환자는 아래의 항목을 제외하고 그 진료비의 20%를 부담하게 된다. 단, 제왕절개분만 수술의 경우 진료비의 5%를 부담한다.

### 〈환자가 전액 부담하는 항목〉

- 단순피로 등 일상생활에 지장이 없는 질환
- 미용목적
- 본인희망의 건강검진 등 예방진료
- 상급병실료 차액
- 전문의 선택진료료
- 응급진료를 위하여 앰뷸런스를 이용하면서 받는 응급의료 이송처치료 등

---

① 포괄수가제는 환자가 입원하여 수술을 받거나 분만한 경우에만 적용되므로 외래의 경우 적용되지 않는다.

② 포괄수가제는 일련의 치료행위 전체에 하나의 가격을 정한 것이므로 동일 질병에는 같은 금액의 진료비가 적용된다.

③ 백내장 수술은 환자가 수술을 받은 뒤 3시간 만에 퇴원한 경우에도 포괄수가제 혜택이 적용된다.

④ 의료급여대상자나 에이즈 감염자는 백내장 수술을 받더라도 포괄수가제 혜택을 받을 수 없다.

※ 다음은 한국의 사회보장에 대한 글이다. 이어지는 질문에 답하시오. [5~6]

우리나라의 사회보장기본법에 따르면 ㉠사회보장이란 출산, 양육, 실업, 노령, 장애, 질병, 빈곤 및 사망 등의 사회적 위험으로부터 모든 국민을 보호하고 국민의 삶의 질을 향상시키는 데 필요한 소득과 서비스를 보장하는 사회보험, 공공부조, 사회서비스를 말한다.

㉡사회보험이란 국민에게 발생하는 사회적 위험을 보험의 방식으로 대처함으로써 국민의 건강과 소득을 보장하는 것으로, 기본적으로 미래에 직면할 수 있는 사회적 위험에 대비하여 평소 경제활동을 통하여 소득이 있을 때 그 소득의 일부를 강제로 갹출하여 사전에 대비하는 제도를 말한다. 사회보험은 민간보험과 마찬가지로 가입자의 기여금(보험료)을 재원으로 가입자에게 발생하는 위험(보험사고)을 분산하는 보험원리를 이용하고 있지만, 영리를 목적으로 하는 민간보험과는 다른 성격을 가지게 된다.

㉢공공부조는 사회보장제도 중 사회보험 다음으로 큰 비중을 차지하고 있는 비기여, 소득ㆍ자산조사 프로그램으로, 스스로 생활유지 능력이 없거나 생활이 어려운 사람들에게 국가가 인간다운 생활을 영위할 수 있도록 하는 제도이다. 기여금을 지불하지 않는다는 측면에서 가입자들이 지불한 기여금에 의한 소득과 서비스를 보장하는 제도인 사회보험과는 구별되며, 공공부조가 사후적으로 빈곤의 문제를 해결하는 사회안전망(Social Safety Net)인 반면, 사회보험은 사람들이 빈곤으로 떨어지지 않도록 미리 예방하는 제도이다.

㉣사회서비스는 국가ㆍ지방자치단체 및 민간부문의 도움이 필요한 모든 국민에게 복지, 보건의료, 교육, 고용, 주거, 문화, 환경 등의 분야에서 인간다운 생활을 보장하고 상담, 재활, 돌봄, 정보의 제공, 관련 시설의 이용, 역량 개발, 사회참여 지원 등을 통하여 국민의 삶의 질이 향상되도록 지원하는 것이다. 사회서비스는 현금급여와 더불어 현물급여의 형태로 지급되며 개별차원의 서비스를 제공한다는 점에서 공공부조와 구분된다. 즉, 기여금을 지불하지 않았으나 일정한 소득 및 자산조사를 거쳐 그 조건에 해당하는 사람들에게 급여를 제공하거나 일정한 인구학적 기준만 충족되면(아동, 장애인, 노인 등) 기여금은 물론 소득 및 자산조사 없이도 급여를 제공하는 것이다. 사회서비스의 재원은 주로 국가의 일반조세에 의해 충당되나 일부는 본인부담에 의해 충당되는 경우도 있다.

**ㅣ 의사소통능력**

**05**  다음 중 밑줄 친 ㉠~㉣의 관계에 대한 설명으로 적절하지 않은 것은?

① ㉡~㉣은 ㉠의 하위 단계에 속한다.

② ㉡~㉣은 서로 동일한 층위에 있다.

③ ㉡~㉣은 ㉠을 의미적으로 함의한다.

④ ㉠은 ㉡~㉣과 유의 관계에 있다.

**06** 다음 표를 참고할 때, 윗글에 대한 설명으로 적절하지 않은 것은?

| 구분 | 사회보험(공보험) | 민간보험(사보험) |
|---|---|---|
| 책임주체 | 국가 | 개인 |
| 법적근거 | 사회보험법 | 상법(보험법) |
| 가입 | 의무 | 임의 |
| 운영·관리체계 | 국가 또는 공법인(공단) | 사기업(회사) |
| 보험료의 부담 | 소득수준에 따른 능력비례부담 | 위험크기에 따른 부담 |
| 보험급여 | 균등급여 | 계약에 따라 급여 |
| 급여형태 | 현금 또는 현물 | 현금 |

① 사회보험은 사회보험법에 근거하고 있으나, 민간보험은 상법에 근거하고 있으므로 서로 다른 법
   적 근거를 갖는다.
② 사회보험과 민간보험 모두 가입자의 보험료를 재원으로 가입자에게 발생하는 위험을 분산하는
   보험원리를 따른다.
③ 사회보험과 민간보험은 모두 영리를 목적으로 하나, 사회보험의 경우 소득수준에 따라 보험료를
   다르게 부담한다.
④ 사회보험은 민간보험과 달리 의무적으로 가입해야 하며, 경제활동을 통해 소득이 발생하면 소득
   의 일부를 강제로 납부해야 한다.

**07** 다음 빈칸에 들어갈 접속어로 가장 적절한 것은?

간은 몸속 화학 공장이라 일컬어질 만큼 다양한 역할을 하고 있다. 체내로 유입되는 독소와 노폐물의 75%가 간에서 해독되며, 몸에 침투되는 세균들은 식균작용을 통해 1% 미만만이 우리 몸속으로 들어오게 된다. 탄수화물 대사, 아미노산 및 단백질 대사, 지방 대사, 비타민 및 무기질 대사, 호르몬 대사, 영양소 합성 등 또한 간의 몫이다. 이처럼 간은 우리 몸에서 하는 일이 500가지가 넘는 중요한 기관이지만 이상 여부를 알아채기는 쉽지 않다. 간의 기능이 저하되면 해독과 대사가 원활하게 진행되지 않아 피로감을 느끼기 쉽다. 실제로 만성피로 환자 중 약 20%는 간 기능 이상 진단을 받는다는 보고도 있다.

간 손상은 지방간에서 시작된다. 지방간이란 간세포에 지방이 쌓이는 것을 말하며, 간에 지방이 축적되어 전체 간의 5% 이상이 지방이 되면 지방간으로 간주한다. 지방간은 크게 음주로 인한 알코올성 지방간과 지방간을 일으킬 수 있는 기저질환 없이 발생하는 비알코올성 지방간으로 나뉜다. 지방간은 흔히들 과도한 음주로 인해 발생한다고 알려져 있다. _____ 술을 전혀 입에 대지 않아도 서구화된 식습관, 비만을 비롯한 대사증후군 환자의 증가 등으로 인하여 비알코올성 지방간 환자가 지속적으로 증가하는 추세이다. 특히, 한국인의 경우 탄수화물 함량이 높은 흰쌀밥 위주의 식습관으로 인한 지방간 발생 비율이 전체 인구의 약 30%에 이를 정도로 높으므로 각별한 주의가 필요하다.

① 그러므로      ② 그리고
③ 그러나      ④ 또한

**08** 다음은 국민건강보험공단의 임신·출산 진료비 지원 사업 관련 보고서이다. 이에 대한 내용으로 적절하지 않은 것은?

| 사업명 | 임신·출산 진료비 지원 사업 |
|---|---|
| 사업개요 및 추진경과 | • 추진배경<br>　– 저출산 장기화 및 출생아 감소 등 인구절벽에 대한 출산 친화적 환경 조성을 위해 임산부 의료비 부담을 경감하여 출산의욕 고취<br>• 추진기간 : 2018. 1. 1. ~ (매년 사업)<br>• 총사업비 : 235,867백만 원(2018년 예산 기준)<br>• 주요내용<br>　– 건강보험 가입자(피부양자) 중 임신 중인 자가 산부인과 전문의로부터 발급받은 '임신·출산 진료비 지원 신청서'를 금융기관(카드사·은행) 또는 공단 지사에 제출 후 바우처 등록 및 카드를 발급 후 지정요양기관에서 임신 및 출산과 관련하여 진료받은 급여, 비급여 비용 중 임산부 본인이 부담한 금액을 국민행복카드로 결제<br>　　※ 지정요양기관 : 산부인과, 조산원, 한의원 등<br>• 추진경과<br>　– (2008. 12) 출산 전 진료비 지원(부가급여 법령 제정)<br>　– (2009. 7) 명칭변경 : 출산 전 진료비 → 임신·출산 진료비<br>　– (2010. 4) 지원 금액 인상 20만 원 → 30만 원<br>　– (2011. 4) 지원 금액 인상 30만 원 → 40만 원<br>　– (2012. 4) 지원 금액 인상 40만 원 → 50만 원, 지정요양기관에 조산원 확대<br>　– (2012. 7) 다태아 임산부 지원금 인상(50만 원 → 70만 원)<br>　– (2013. 4) 한방의료기관 지정요양기관 확대, 지원금 1일 사용한도 폐지<br>　– (2015. 5) 고운맘 카드 → 국민행복카드(다수 바우처를 하나의 카드로 이용)<br>　　　　　　　 위탁금융사 확대 및 변경<br>　– (2016. 7) 분만 취약지 20만 원 추가지원, 임신확인서 발급기준 마련<br>　– (2017. 1) 다태아 임산부 지원금 인상(70만 원 → 90만 원)<br>　　　　　　　 공단 직접 방문 접수 → 공단 홈페이지 온라인 지원신청 확대<br>　– (2017. 9) 지원신청대상 확대(임신 중 신청자 → 유·출산 후 신청자) |
| 추진실적 | • 임신·출산 진료비 지원 – 2018년 6월 기준<br>（단위 : 명, 억 원） |

| 구분 | 2009년 | 2010년 | 2011년 | 2012년 | 2013년 | 2014년 | 2015년 | 2016년 | 2017년 | 2018년 |
|---|---|---|---|---|---|---|---|---|---|---|
| 신청자 수 | 453,569 | 499,106 | 479,225 | 492,714 | 468,769 | 482,077 | 462,705 | 424,384 | 392,833 | 189,119 |
| 지급액 | 1,029 | 1,192 | 1,664 | 2,104 | 2,376 | 2,347 | 2,301 | 2,160 | 1,868 | 944 |

① 임신·출산 진료비 지원 신청자 수는 2014년 이후 2018년 현재까지 계속 감소하는 추세이다.

② 임신·출산 진료비 지원 금액은 2018년 현재 45만 원 이상을 지원받을 수 있다.

③ 2016년 7월 이후 분만 취약지에 거주하는 임산부의 경우 20만 원을 추가로 지원받을 수 있게 되었다.

④ 국민행복카드를 발급받기 위해서는 지원신청서를 임산부가 직접 공단 지사에 제출해야 한다.

**09** 다음은 국민건강보험법 시행령의 건강검진에 대한 내용이다. 이에 대한 내용으로 적절하지 않은 것은?

---

**건강검진(법 시행령 제25조)**

① 법 제52조에 따른 건강검진(이하 "건강검진"이라 한다)은 2년마다 1회 이상 실시하되, 사무직에 종사하지 아니하는 직장가입자에 대해서는 1년에 1회 실시한다. 다만, 암검진은 암관리법 시행령에서 정한 바에 따르며, 영유아건강검진은 영유아의 나이 등을 고려하여 보건복지부장관이 정하여 고시하는 바에 따라 검진주기와 검진횟수를 다르게 할 수 있다.

② 건강검진은 건강검진기본법 제14조에 따라 지정된 건강검진기관(이하 "검진기관"이라 한다)에서 실시하여야 한다.

③ 공단은 건강검진을 실시하려면 건강검진의 실시에 관한 사항을 다음 각 호의 구분에 따라 통보하여야 한다.
  1. 일반건강검진 및 암검진 : 직장가입자에게 실시하는 건강검진의 경우에는 해당 사용자에게, 직장가입자의 피부양자 및 지역가입자에게 실시하는 건강검진의 경우에는 검진을 받는 사람에게 통보
  2. 영유아건강검진 : 직장가입자의 피부양자인 영유아에게 실시하는 건강검진의 경우에는 그 직장가입자에게, 지역가입자인 영유아에게 실시하는 건강검진의 경우에는 해당 세대주에게 통보

④ 건강검진을 실시한 검진기관은 공단에 건강검진의 결과를 통보하여야 하며, 공단은 이를 건강검진을 받은 사람에게 통보하여야 한다. 다만, 검진기관이 건강검진을 받은 사람에게 직접 통보한 경우에는 공단은 그 통보를 생략할 수 있다.

⑤ 건강검진의 검사항목, 방법, 그에 드는 비용, 건강검진 결과 등의 통보 절차, 그 밖에 건강검진을 실시하는 데 필요한 사항은 보건복지부장관이 정하여 고시한다.

---

① 검진기관이 직접 건강검진을 받은 사람에게 결과를 통보할 수 있다.
② 사무직에 종사하지 않는 직장가입자의 건강검진은 1년에 1회 실시한다.
③ 건강검진은 반드시 지정된 검진기관에서 받아야 한다.
④ 직장가입자의 건강검진 실시 관련 사항은 공단이 직접 검진을 받는 사람에게 통보해야 한다.

**10** 다음은 노인장기요양보험법의 일부 내용이다. 장기요양급여에 대한 내용으로 적절하지 않은 것은?

**장기요양급여의 제공 시기(법 제27조)**
① 수급자는 제17조 제1항에 따른 장기요양인정서와 같은 조 제3항에 따른 개인별장기요양이용계획서가 도달한 날부터 장기요양급여를 받을 수 있다.
② 제1항에도 불구하고 수급자는 돌볼 가족이 없는 경우 등 대통령령으로 정하는 사유가 있는 경우 신청서를 제출한 날부터 장기요양인정서가 도달되는 날까지의 기간 중에도 장기요양급여를 받을 수 있다.
⑤ 제2항에 따른 장기요양급여 인정 범위와 절차, 제4항에 따른 장기요양급여 제공 계획서 작성 절차에 관한 구체적인 사항 등은 대통령령으로 정한다.

**장기요양급여의 월 한도액(법 제28조)**
① 장기요양급여는 월 한도액 범위 안에서 제공한다. 이 경우 월 한도액은 장기요양등급 및 장기요양급여의 종류 등을 고려하여 산정한다.
② 제1항에 따른 월 한도액의 산정기준 및 방법, 그 밖에 필요한 사항은 보건복지부령으로 정한다.

**장기요양급여의 제한(법 제29조)**
① 공단은 장기요양급여를 받고 있는 자가 정당한 사유 없이 제15조 제4항에 따른 조사나 제60조 또는 제61조에 따른 요구에 응하지 아니하거나 답변을 거절한 경우 장기요양급여의 전부 또는 일부를 제공하지 아니하게 할 수 있다.
② 공단은 장기요양급여를 받고 있거나 받을 수 있는 자가 장기요양기관이 거짓이나 그 밖의 부정한 방법으로 장기요양급여비용을 받는 데에 가담한 경우 장기요양급여를 중단하거나 1년의 범위에서 장기요양급여의 횟수 또는 제공 기간을 제한할 수 있다.

**자료의 제출 등(법 제60조)**
① 공단은 장기요양급여 제공내용 확인, 장기요양급여의 관리·평가 및 장기요양보험료 산정 등 장기요양사업 수행에 필요하다고 인정할 때 다음 각 호의 어느 하나에 해당하는 자에게 자료의 제출을 요구할 수 있다.
  1. 장기요양보험가입자 또는 그 피부양자 및 의료급여수급권자
  2. 수급자 및 장기요양기관
② 제1항에 따라 자료의 제출을 요구받은 자는 성실히 이에 응하여야 한다.

① 모든 수급자는 신청서를 제출한 날부터 장기요양인정서가 도달되는 날까지의 기간 중에도 장기요양급여를 받을 수 있다.
② 장기요양급여는 장기요양등급 및 장기요양급여의 종류 등을 고려하여 산정된 월 한도액 범위 안에서 제공된다.
③ 이미 장기요양급여를 받고 있더라도 거짓으로 장기요양인정을 받은 사실이 밝혀지면 공단은 장기요양급여를 중단할 수 있다.
④ 공단이 자료 제출을 요구했음에도 불구하고 수급자가 자료를 제출하지 않았다면 공단은 장기요양급여를 제공하지 않을 수 있다.

**11** 다음은 국민건강보험법의 보험료에 대한 일부 글이다. 이에 대한 내용으로 적절하지 않은 것은?

---

**급여의 정지(법 제54조)**

보험급여를 받을 수 있는 사람이 다음 각 호의 어느 하나에 해당하면 그 기간에는 보험급여를 하지 아니한다. 다만, 제3호 및 제4호의 경우에는 제60조에 따른 요양급여를 실시한다.

1. 삭제(2020. 4. 7.)
2. 국외에 체류하는 경우
3. 병역법에 따른 현역병(지원에 의하지 아니하고 임용된 하사를 포함한다), 전환복무된 사람 및 군간부후보생
4. 교도소, 그 밖에 이에 준하는 시설에 수용되어 있는 경우

**현역병 등에 대한 요양급여비용 등의 지급(법 제60조)**

① 공단은 제54조 제3호 및 제4호에 해당하는 사람이 요양기관에서 대통령령으로 정하는 치료 등(이하 이 조에서 "요양급여"라 한다)을 받은 경우 그에 따라 공단이 부담하는 비용(이하 이 조에서 "요양급여비용"이라 한다)과 제49조에 따른 요양비를 법무부장관·국방부장관·경찰청장·소방청장 또는 해양경찰청장으로부터 예탁 받아 지급할 수 있다. 이 경우 법무부장관·국방부장관·경찰청장·소방청장 또는 해양경찰청장은 예산상 불가피한 경우 외에는 연간(年間) 들어갈 것으로 예상되는 요양급여비용과 요양비를 대통령령으로 정하는 바에 따라 미리 공단에 예탁하여야 한다.

② 요양급여, 요양급여비용 및 요양비 등에 관한 사항은 제41조, 제41조의4, 제42조, 제42조의2, 제44조부터 제47조까지, 제47조의2, 제48조, 제49조, 제55조, 제56조, 제56조의2 및 제59조 제2항을 준용한다.

**보험료부과점수(법 제72조)**

① 제69조 제5항에 따른 보험료부과점수는 지역가입자의 소득 및 재산을 기준으로 산정한다. 다만, 대통령령으로 정하는 지역가입자가 실제 거주를 목적으로 대통령령으로 정하는 기준 이하의 주택을 구입 또는 임차하기 위하여 금융실명거래 및 비밀보장에 관한 법률 제2조 제1호에 따른 금융회사 등(이하 "금융회사 등"이라 한다)으로부터 대출을 받고 그 사실을 공단에 통보하는 경우에는 해당 대출금액을 대통령령으로 정하는 바에 따라 평가하여 보험료부과점수 산정 시 제외한다.

② 제1항에 따라 보험료부과점수의 산정방법과 산정기준을 정할 때 법령에 따라 재산권의 행사가 제한되는 재산에 대하여는 다른 재산과 달리 정할 수 있다.

④ 제1항 및 제2항에 따른 보험료부과점수의 산정방법·산정기준 등에 필요한 사항은 대통령령으로 정한다.

**보험료의 면제(법 제74조)**

① 공단은 직장가입자가 법 제54조 제2호부터 제4호까지의 어느 하나에 해당하는 경우(같은 조 제2호에 해당하는 경우에는 1개월 이상의 기간으로서 대통령령으로 정하는 기간 이상 국외에 체류하는 경우에 한정한다. 이하 이 조에서 같다) 그 가입자의 보험료를 면제한다. 다만, 제54조 제2호에 해당하는 직장가입자의 경우에는 국내에 거주하는 피부양자가 없을 때에만 보험료를 면제한다.

② 지역가입자가 제54조 제2호부터 제4호까지의 어느 하나에 해당하면 그 가입자가 속한 세대의 보험료를 산정할 때 그 가입자의 제72조에 따른 보험료부과점수를 제외한다.

---

③ 제1항에 따른 보험료의 면제나 제2항에 따라 보험료의 산정에서 제외되는 보험료부과점수에 대하여는 제54조 제2호부터 제4호까지의 어느 하나에 해당하는 급여정지 사유가 생긴 날이 속하는 달의 다음 달부터 사유가 없어진 날이 속하는 달까지 적용한다. 다만, 다음 각 호의 어느 하나에 해당하는 경우에는 그 달의 보험료를 면제하지 아니하거나 보험료의 산정에서 보험료부과점수를 제외하지 아니한다.
1. 급여정지 사유가 매월 1일에 없어진 경우
2. 제54조 제2호에 해당하는 가입자 또는 그 피부양자가 국내에 입국하여 입국일이 속하는 달에 보험급여를 받고 그 달에 출국하는 경우

① 인도네시아에서 근무 중인 혈혈단신 A씨는 직장가입자로, 근무기간 동안 보험료를 납부할 필요가 없다.
② 세 달 동안 유럽으로 배낭여행을 떠난 B씨는 3개월간 보험급여를 받을 수 없다.
③ 교도소에 수감 중인 C씨가 직장가입자일 경우 보험료가 면제되므로 수술을 받더라도 공단은 요양급여비용을 부담할 필요가 없다.
④ 태국 현지의 국내기업에서 근무하는 D씨는 직장가입자로, 국내에 있는 피부양자를 위해 보험료를 납부해야 한다.

※ 다음은 연명의료 중단에 대한 규정이다. 이어지는 질문에 답하시오. [12~13]

---

■ 연명의료 중단 등 결정의 이행

연명의료 중단 등 결정을 이행하려는 담당의사는 ① 이행 대상 환자인지 판단하고 ② 연명의료 중단 등 결정에 관한 해당 환자의 의사를 확인한 후 ③ 이행하여야 함

① 이행 대상 환자 판단
- 담당의사와 해당 분야 전문의 1명은 해당 환자가 임종과정에 있는지 여부를 판단하여야 하며, 그 결과를 기록하여야 함
② 연명의료 중단 등 결정에 관한 환자 의사 확인
- 임종과정에 있는 환자에 대하여 연명의료 중단 등 결정을 이행하려는 담당의사는 다음 중 어느 하나의 방법으로 환자의 의사를 확인하고 기록하여야 함
가. 연명의료계획서로 확인
나. 사전연명의료의향서로 확인
  - (환자의 의사능력이 있는 경우) 환자가 미리 작성한 사전연명의료의향서(이하 '의향서')가 있는 경우 담당의사가 그 내용을 환자에게 확인
  - (환자의 의사능력이 없는 경우) 미리 작성한 의향서가 있어도 환자가 의향서의 내용을 확인하기에 충분한 의사능력이 없다는 의학적 판단이 있는 경우, 의향서의 적법성을 담당의사와 해당 분야의 전문의가 함께 확인
다. 환자의 의사에 대한 환자가족 2인 이상의 일치하는 진술로 확인
  - 위의 방법으로 환자의 의사를 확인할 수 없고, 환자도 자신의 의사를 표현할 수 없는 의학적인 상태인 경우, 담당의사와 해당 분야 전문의 1명은 환자의 연명의료 중단 등 결정에 관한 의사로 보기에 충분한 기간 동안 일관하여 표시된 연명의료 중단 등에 관한 의사에 대하여 19세 이상의 환자가족 2명 이상의 일치하는 진술을 확인하면 환자의 의사로 간주함
  - '환자가족'이란 19세 이상인 자로서 ① 배우자, ② 직계비속, ③ 직계존속을 말하며, ①, ②, ③이 모두 없는 경우에만 형제자매가 해당
  - 환자가족이 1명만 있는 경우에는 해당하는 1명의 진술로 가능
  - 환자가족의 진술과 배치되는 내용의 다른 환자가족의 진술이나 객관적인 증거가 있는 경우에는 환자의 의사로 추정할 수 없음
라. 환자가족 전원의 합의를 통한 환자의 연명의료 중단 등 결정
  - 연명의료계획서나 사전연명의료의향서 또는 환자가족의 진술 등으로 환자의 의사를 확인할 수 없고, 환자가 자신의 의사를 표현할 수 없는 의학적 상태일 때는 환자가족 전원의 합의로 연명의료 중단 등 결정의 의사표시를 하고 이를 담당의사와 해당 분야 전문의 1명이 확인
  - 이때, ① 경찰관서에 행방불명 사실이 신고된 날부터 3년 이상 경과한 사람, ② 실종선고를 받은 사람, ③ 의식불명 또는 이에 준하는 사유로 자신의 의사를 표현할 수 없는 의학적 상태에 있는 사람으로서 전문의 1명 이상의 진단·확인을 받은 사람은 환자가족의 범위에서 제외
  - 미성년자에 대해서는 환자의 친권자인 법정대리인의 의사표시를 담당의사와 해당 분야 전문의 1명이 확인
  - 다만, 담당의사 또는 해당 분야 전문의 1명이 환자가 연명의료 중단 등 결정을 원하지 아니하였다는 사실을 확인한 경우에는 할 수 없음

③ 이행

- 담당의사는 확인된 환자의 연명의료 중단 등 결정을 존중하여 이행하여야 함
- 이행하는 경우에도 통증완화를 위한 의료행위와 영양분 공급, 물 공급, 산소의 단순 공급은 시행하지 않거나 중단해서는 아니 됨
- 담당의사는 이행을 거부할 수 있으며, 이 경우 의료기관의 장은 의료기관윤리위원회의 심의를 거쳐 담당의사를 교체하여야 함. 다만, 연명의료 중단 등 결정의 이행 거부를 이유로 담당의사에게 해고나 그 밖의 불리한 처우를 하여서는 아니 됨
- 담당의사는 이행 과정 및 결과를 기록하여야 하며, 의료기관의 장은 그 결과를 관리기관의 장에게 통보하여야 함

▌의사소통능력

**12** 다음 중 연명의료결정 제도에 대해 옳지 않은 내용을 이야기한 사람은?

① 갑 : 연명의료 중단 등 결정을 이행하기 전에 담당의사는 두 가지 단계를 거쳐야 해.

② 을 : 맞아. 해당 환자인지 판단할 때는 담당의사뿐만 아니라 해당 분야 전문의의 의견도 필요해.

③ 병 : 환자 의사를 확인할 경우 환자가 사전에 의향서를 작성했다면 담당의사는 그 내용을 바탕으로 연명의료를 중단할 수 있어.

④ 정 : 만약 담당의사가 환자의 연명의료 중단을 거부한다고 해도 이것을 이유로 의사에게 불리한 처우를 할 수는 없어.

▌의사소통능력

**13** 다음 〈보기〉의 상황에서 갑이 판단할 수 있는 내용으로 적절하지 않은 것은?

> **보기**
>
> K병원의 의사 갑의 담당환자 중 연명의료 중단을 원하는 말기 암 환자인 김길동 씨가 있다. 김길동 씨는 가족들에게 경제적 부담을 주기 싫다며 세달 전 사전연명의료의향서를 작성하였다. 최근 상태가 급격히 악화된 김길동 씨는 본인의 의사도 제대로 표현할 수 없을 정도가 되었으며, 더 이상 어떠한 치료도 무의미한 상태가 되었다.

① 가족 중 김길동 씨의 어머니가 실종되었다고 들었는데, 어머니는 환자가족 범위에 포함되지 않지만 18살인 막내아들은 포함해야 하겠네.

② 환자가족들을 불러 김길동 씨가 평소 연명의료 중단에 대해 일관된 의사를 보였는지 진술을 확인해야겠어.

③ 만약 환자가족의 진술로도 정확히 확인할 수 없다면 환자가족 전원의 합의가 필요할 거야.

④ 김길동 씨에게는 배우자와 두 아들이 있으니 김길동 씨 누나의 진술은 법적으로 효과가 없을 거야.

## 1. 간호·간병통합서비스 개념

간호·간병통합서비스는 적정 간호인력 배치를 통한 팀 간호체계의 총체적인 전문 간호 제공과 병동 환경개선 및 환자 안전관리 등 간호·간병통합서비스 제공에 필요한 여건을 갖춘 병동에서 제공하는 입원서비스를 의미한다.

## 2. 목적 및 기대효과

가. 목적

1) 간호인력에 의한 간호·간병통합서비스 제공으로 입원서비스의 질적 향상을 도모한다.

2) 가족 간병으로 인한 사회적 부담 및 개인 간병인 고용에 따른 경제적 부담을 경감시킨다.

나. 기대효과

1) 입원서비스의 질적 향상

가) 환자에 대한 총체적 간호를 지속적으로 제공한다.

나) 환자 간호에 대한 간호사의 책임 강화로 간호의 전문성을 제고한다.

다) 병실 환경개선으로 환자의 안전관리를 강화한다(안전사고 발생 방지, 응급 상황 대응, 모니터링 강화).

2) 병동 내 보호자나 간병인이 상주하지 않으므로 쾌적한 병동 환경을 유지할 수 있다.

3) 환자 간병으로 인한 사회적·경제적 부담 경감

가) 간병인을 사적으로 고용함으로써 발생하는 경제적 부담과 가족 간병으로 인한 사회적 비용을 경감시킨다.

4) 환자의 자가간호 능력 향상으로 조기회복 촉진

가) 교육과 상담을 통해 환자의 자가간호 능력을 향상시켜 질병으로부터의 조기회복을 도모한다.

## 3. 간호·간병통합서비스 모형

가. 원칙

1) 간호·간병통합서비스는 별도 병동운영을 전제로 하여 병동 단위로 제공하며 환자 입원에 따르는 모든 간호·간병서비스를 병원이 책임지고 제공한다.

2) 간호·간병통합서비스는 병동에는 사적 고용 간병인이나 보호자가 상주하지 않도록 제한하고, 병문안 기준을 마련하여 운영하는 등 쾌적한 입원 환경이 제공되도록 한다.

나. 인력 구성 및 업무분담

1) 간호인력은 '간호사'와 간호업무를 보조하는 '간호조무사'로 구성한다.

2) 간호사와 간호조무사 간 업무분담은 '팀 간호체계'의 특성을 감안하여 간호·간병통합서비스 제공기관에서 다음을 참고하여 자율적으로 결정한다.

가) '간호사'는 환자 안전과 직접 연관이 있고, 의학적 지식 요구도가 높은 전문 영역의 간호 행위를 수행한다.

나) '간호조무사'는 간호사의 지도·감독 하에 간호 보조, 환자의 기본적인 일상생활(위생, 식사, 체위변경 등)을 보조하는 업무를 수행한다.

3) 간호인력이 간호·간병통합서비스에 전념할 수 있도록 병동의 행정 업무보조, 검체의 이송, 환자 이송, 환경정리 등을 담당하는 간병지원인력을 배치한다.

다. 보호자 및 병문안객 관리방안 마련

간호 · 간병통합서비스 병동의 감염관리 및 안정적인 병실환경 유지를 위해 보호자 및 병문안객 관리방안에는 '의료기관 입원환자 병문안 기준'을 적용하여 다음의 내용을 포함한다.

1) 입원환자의 병문안 자제를 기본 원칙으로 한다. 다만, 의료인과의 환자 진료상담 등을 위한 직계가족의 방문은 환자 병문안에 포함하지 않는다.

2) 예외적으로 병문안을 허용하고자 할 때는 평일(18:00 ~ 20:00), 주말 · 공휴일(10:00 ~ 12:00, 18:00 ~ 20:00) 내에서 면회시간을 설정한다.

3) 병원은 '병문안객 기록지'를 비치하여 환자별 병문안객 성명, 방문날짜 등을 기록하여 관리한다.

**14** 다음 중 윗글의 내용으로 적절하지 않은 것은?

① 간호 · 간병통합서비스는 간호사와 간호조무사가 팀을 이루어 환자에게 제공하는 입원서비스이다.

② 간호 · 간병통합서비스 시행으로 입원환자 가족의 간병비가 줄어드는 효과를 기대할 수 있다.

③ 환자의 자가간호 능력 향상을 위해 교육과 상담을 제공한다.

④ 병동 내 전문 간병인이 상주하여 보호자가 본인의 생활을 유지할 수 있도록 한다.

**15** 국민건강보험공단에 근무 중인 A씨는 간호 · 간병서비스를 자세히 설명해 달라는 요청을 받았다. 다음 중 A씨의 설명으로 적절하지 않은 것은?

① 간호 · 간병통합서비스는 별도의 병동을 운영하여 제공하는 서비스입니다.

② 간병지원인력인 간호조무사는 간호사가 업무에 집중할 수 있도록 보조하는 역할을 합니다.

③ 간호 · 간병통합서비스 병동은 감염 예방과 쾌적한 병실환경을 위해 자유로운 병문안이 불가합니다.

④ 다만, 입원환자의 진료상담을 위한 직계가족의 방문은 병문안에 포함되지 않으므로 걱정하지 않으셔도 됩니다.

## 16 다음 글의 제목으로 가장 적절한 것은?

정신질환이란 정신기능에 장애가 온 상태를 총칭한 것인데, 그 범위에는 넓은 뜻과 좁은 뜻의 정신질환이 있다. 정신보건법에서는 정신병자(중독성 정신병자를 포함)와 정신박약자 및 정신병질자를 정신장애자로 하고, 비정신병성 정신장애는 포함하지 않고 있다. 이에 대해서 세계보건기구의 국제질병분류에서는 (1) 정신병, (2) 신경병 및 그 밖의 인격장애로 크게 나뉘어지고, (1)의 정신병은 기질정신병과 그 밖의 정신병으로 나뉘어진다.

기질정신병에는 노년기정신병 및 초로기정신병, 알코올정신병, 약물정신병, 일과성기질정신병, 그 밖의 기질정신병이 있으며, 그 밖의 정신병에는 조현병(정신분열병), 조울병망상상태, 그 밖의 비기질정신병, 소아기정신병이 포함된다. 또 (2)에는 신경증, 인격장애, 성적장애, 알코올 의존증, 약물의존증, 약물남용, 정신적 제요인에 따른 신체적 병태 그리고 분류되지 않은 특수증상 또는 증상군, 급성스트레스반응, 부적응반응, 기질장애에 뒤따르는 비정신병성 정신장애, 그 밖에 분류되지 않은 정신적 요인, 정신박약이 포함된다. 한편, 이와 같은 것들은 더욱 세분되고 있다.

① 정신질환의 특성　　　　　　　　② 정신질환의 원인
③ 정신질환의 종류　　　　　　　　④ 정신질환 발병률

## 17 다음 글의 주제로 가장 적절한 것은?

누구나 깜빡 잊어버리는 증상을 겪을 수 있다. 나이가 들어서 자꾸 이런 증상이 나타난다면 치매가 아닐까 걱정하게 마련인데, 이 중 정말 치매인 경우와 단순 건망증을 어떻게 구분해 낼 수 있을까? 치매란 기억력 장애와 함께 실행증, 집행기능의 장애 등의 증상이 나타나며, 이런 증상이 사회적, 직업적 기능에 중대한 지장을 주는 경우라고 정의한다. 증상은 원인 질환의 종류 및 정도에 따라 다른데, 아주 가벼운 기억장애부터 매우 심한 행동장애까지 다양하게 나타난다. 일상생활은 비교적 정상적으로 수행하지만 뚜렷한 건망증이 있는 상태를 '경도인지장애'라고 하는데, 이는 매년 10 ～ 15%가 치매로 진행되기 때문에 치매의 위험인자로 불린다. 모든 치매 환자에게서 공통으로 보이는 증상은 기억장애와 사고력, 추리력, 언어능력 등의 영역에서 동시에 장애를 보이는 것이다. 인격장애, 공격성, 성격의 변화와 비정상적인 행동들도 치매가 진행됨에 따라 나타날 수 있는 증상들이다. 국민건강보험 일산병원 신경과 교수는 "치매를 예방하기 위해서는 대뇌(Cerebrum) 활동 참여, 운동, 뇌졸중 예방, 식습관 개선 및 음주, 흡연을 자제해야 한다."라고 말했다.

한편, 치매는 시간이 지나면 악화가 되고 여러 행동이상(공격성, 안절부절 못함, 수면장애, 배회 등)을 보이며 시간이 지나면서 기억력 저하 등의 증상보다는 이런 행동이상에 의한 문제가 더 크기 때문에 행동이상에 대한 조사도 적절히 시행되어야 한다.

① 치매의 의미　　　　　　　　　　② 치매의 종류
③ 인지장애단계 구분　　　　　　　④ 건망증의 분류

※ 다음은 성별 및 연령대별 일자리 비율을 나타낸 자료이다. 이어지는 질문에 답하시오. [18~20]

<성별 및 연령대별 일자리 비율 현황>

| 구분 | 지속일자리(%) | | 신규채용일자리(%) | | 총 일자리 수(만 개) |
|---|---|---|---|---|---|
| | 남성 | 여성 | 남성 | 여성 | |
| 19세 이하 | 6.0 | 6.0 | 44.0 | 44.0 | 25.0 |
| 20 ~ 29세 | 23.3 | 25.4 | 26.9 | 24.4 | 330.5 |
| 30 ~ 39세 | 44.6 | 27.3 | 16.9 | 11.2 | 529.6 |
| 40 ~ 49세 | 45.6 | 28.6 | 14.1 | 11.7 | 617.8 |
| 50 ~ 59세 | 44.9 | 28.0 | 15.4 | 11.6 | 531.6 |
| 60세 이상 | 44.6 | 23.4 | 19.0 | 12.9 | 288.2 |

※ (총 일자리 수)=(지속일자리 수)+(신규채용일자리 수)

※ 총 일자리 수는 남자, 여자 모두 포함된 개수이다.

| 수리능력

**18** 20 ~ 29세 여성의 신규채용일자리 수와 50 ~ 59세 남성의 지속일자리 수의 차이는 얼마인가?(단, 결괏값은 백의 자리에서 반올림한다)

① 157.6만 개
② 158.0만 개
③ 158.4만 개
④ 158.8만 개

| 수리능력

**19** 40대 남성의 총 일자리 수 대비 지속일자리 수의 비율은?(단, 비율은 소수점 둘째 자리에서 반올림한다)

① 76.4%
② 76.0%
③ 75.6%
④ 75.2%

| 수리능력

**20** 다음 〈보기〉에서 성별 및 연령대별 일자리 비율 현황에 대해 옳은 것을 모두 고르면?

보기

ㄱ. 50세 미만 남성의 지속일자리 비율과 50세 미만 남성의 신규채용일자리 비율의 증감추세는 반대이다.
ㄴ. 30 ~ 59세 여성의 지속일자리 비율과 30 ~ 59세 여성의 신규채용일자리 비율의 증감추세는 같다.
ㄷ. 20대의 총 일자리 수는 40대 총 일자리 수의 55% 이상이다.
ㄹ. 40대 연령대에서 남성 신규채용일자리 대비 여성 신규채용일자리 비율은 80% 이상이다.

① ㄱ, ㄷ
② ㄴ, ㄹ
③ ㄱ, ㄴ, ㄹ
④ ㄴ, ㄷ, ㄹ

※ 다음은 K공단의 성과급 평가 결과와 점수별 성과급 지급액에 대한 자료이다. 이어지는 질문에 답하시오. [21~22]

### 〈연구원 성과급 평가 결과〉

| 구분 | 업무기여도 (30%) | 연구성과 (40%) | 자기개발(10%) | | 태도 (20%) | 결과 |
| --- | --- | --- | --- | --- | --- | --- |
| | | | 자격증(6%) | 영어(4%) | | |
| 갑 | 56점 | 82점 | 1개 | 495점 | 92점 | |
| 을 | 70점 | 43점 | 2개 | 830점 | 88점 | |
| 병 | 81점 | 73점 | 3개 | 645점 | 63점 | |
| 정 | 67점 | 55점 | 0개 | 900점 | 95점 | |

※ 자격증취득개수
- 0개 : 20점
- 1~2개 : 40점
- 3개 이상 : 60점

※ 영어취득점수 (토익 기준)
- 500점 이하 : 20점
- 501~700점 : 40점
- 701~800점 : 70점
- 801점 이상 : 100점

※ 자격증 점수는 60점 만점이므로 100점 만점으로 환산하여 적용함. 이때, 소수점 첫째 자리에서 반올림하여 산출함

### 〈점수별 성과급 지급액〉

| 점수 | 50점 이하 | 51~65점 | 66~70점 | 71~75점 | 76~85점 | 86점 이상 |
| --- | --- | --- | --- | --- | --- | --- |
| 성과급 | 100만 원 | 110만 원 | 130만 원 | 150만 원 | 180만 원 | 200만 원 |

| 수리능력

**21** 다음 중 성과급 점수 합산 결과 가장 높은 점수를 받은 사람은?

① 갑
② 을
③ 병
④ 정

| 수리능력

**22** K공단은 영어점수가 자기개발에 큰 도움이 되지 않는다고 생각하여 성과급 평가방법을 변경하였다. 영어점수를 평가항목에서 삭제하고 태도점수 반영률을 30%로 향상시켰으며, 자격증은 개수에 상관없이 취득하면 무조건 10만 원을 지급하기로 하였다. 이때, 가장 많이 받는 사람의 성과급은?

① 210만 원
② 190만 원
③ 160만 원
④ 150만 원

**23** 다음은 천식 의사진단율에 대한 자료이다. 이에 대한 내용으로 옳은 것은?(단, 소수점 첫째 자리에서 버림한다)

<표>
〈2018년 천식 의사진단율〉

| 구분 | 남학생 | | 여학생 | |
|------|--------------|---------|--------------|---------|
| | 분석대상자 수(명) | 진단율(%) | 분석대상자 수(명) | 진단율(%) |
| 중1 | 5,178 | 9.1 | 5,011 | 6.7 |
| 중2 | 5,272 | 10.8 | 5,105 | 7.6 |
| 중3 | 5,202 | 10.2 | 5,117 | 8.5 |
| 고1 | 5,069 | 10.4 | 5,096 | 7.6 |
| 고2 | 5,610 | 9.8 | 5,190 | 8.2 |
| 고3 | 5,293 | 8.7 | 5,133 | 7.6 |

① 분석대상자 수는 남학생과 여학생 모두 학년이 올라갈수록 증가한다.
② 중학교와 고등학교 모두 학년별 남학생의 수가 여학생의 수보다 많다.
③ 중학교 때는 남학생의 천식 진단율이 여학생보다 높았지만 고등학교 때는 반대이다.
④ 천식 진단을 받은 여학생의 수는 중·고등학교 모두 남학생보다 적다.

**24** 2009년 우리나라에 거주하는 외국인 중 결핵환자는 580명이었다. 9년 후 결핵환자 수는 2009년의 2.8배로 증가하였으며 매년 외국인 결핵환자 수의 25%가 베트남 출신이라고 할 때, 2018년 베트남 결핵환자 수는?

① 400명                    ② 406명
③ 417명                    ④ 423명

**25** 연봉이 3,400만 원 이상이면 초과된 부분의 6%만큼 보험료를 징수한다. 현재 연봉이 5,000만 원인 A씨의 연봉이 1년마다 500만 원씩 오른다면 A씨가 내년까지 납부해야 할 보험료는?

① 198만 원                    ② 222만 원
③ 276만 원                    ④ 300만 원

**26** B씨의 집에서 우체국까지 갈 수 있는 경로와 구간별 거리가 다음과 같을 때, B씨가 우체국까지 가장 빠르게 갈 수 있는 방법과 그 속력을 구하면?

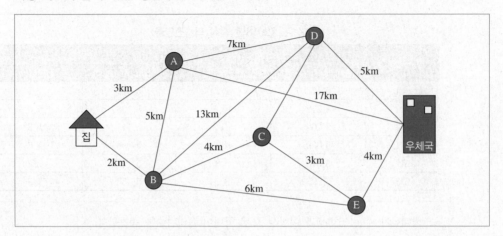

① 집 – A – 우체국, 5km/h
② 집 – A – D – 우체국, 3km/h
③ 집 – B – E – 우체국, 4km/h
④ 집 – B – D – 우체국, 5km/h

**27** 다음은 K한의원의 요금표에 대한 자료이다. A, B씨가 〈조건〉과 같이 치료를 받았을 때, 각각 얼마의 비용을 지불해야 하는가?

〈K한의원 요금표〉

| 구분 | 금액 |
| --- | --- |
| 약침 | 10,000원/개 |
| 체열진단 | 5,000원/회 |
| 감기약 | 2,000원/포 |
| 피로회복제 | 3,000원/포 |
| 경옥고 | 300,000원/제 |
| 청심환 | 5,000원/개 |
| 소화환 | 3,500원/개 |
| 변비환 | 3,500원/개 |
| 공진단 | 25,000원/환 |

**조건**

- A씨와 B씨는 월 ~ 일요일 동안 진료를 받으러 K한의원을 방문했다.
- A씨와 B씨는 진료 첫 날 체열진단을 받았다.
- B씨는 피로회복제를 하루에 2포씩 먹기 위해 3일치를 지었다.
- A씨는 청심환 2개와 소화환, 변비환을 1개씩 구입했다.
- A씨는 약침을 허리에 4개씩 월요일·수요일·금요일에 맞았고, B씨는 어깨에 5개씩 토요일·일요일에 맞았다.

|  | A씨 | B씨 |
| --- | --- | --- |
| ① | 140,000원 | 120,000원 |
| ② | 142,000원 | 123,000원 |
| ③ | 144,000원 | 126,000원 |
| ④ | 146,000원 | 129,000원 |

정답 및 해설 p.065

※ 다음은 공공기관 청년인턴제도에 대한 기사 내용이다. 이어지는 질문에 답하시오. [1~2]

조선시대에는 노비선상제가 있었다. 국가에 귀속된 노비인 관노비 중에서 일부를 차출해 매년 일정 기간 서울에 있는 관청에서 일하게 만든 제도였다. 서울에 사는 노비들이 주로 차출됐지만, 숫자가 부족해 지방에 사는 외방노비들을 6개월씩 데려다 쓰기도 했다. 노비선상제는 의무였기 때문에 선상에 드는 비용은 사실상 노비가 스스로 부담해야 했다.

2017년인 지금에도 노비선상제의 관노비가 존재한다. 바로 공공기관 청년인턴제도이다. 근무 기간은 5개월이며, 최저임금만을 받는다. 주요 업무는 커피 타기, 과일 깎기, 복사, 팩스 등이다. 잡무에 쓰인 후 정규직 전환이나 근무 연장의 기회 없이 계약이 종료된다. 강제로 끌려오는 것은 아니지만, 공공기관에 취업하는 데 도움이 되는 가산점을 얻기 위해서는 울며 겨자 먹기로 해야 한다는 점에서 자유로운 선택도 아닌 것이다. 이러한 공공기관 청년인턴제도는 2008년 이명박 정부 때 도입됐다. 청년들에게 공공기관의 직무 역량과 이해도를 높이겠다는 취지에서였다. 공공기관 청년인턴제도는 변화에 변화를 거듭해 박근혜 정부까지 이어져 왔다. 또한, 박근혜 정부는 '고용률 70% 달성'을 약속하며, 청년실업 해소를 핵심 국정과제로 내걸었다. 그러나 '질보다 양'에 치중한 탓에 수치상의 취업률은 올랐으나 일자리의 질은 확 떨어졌다. 작년에 현대경제연구원이 낸 보고서에는 "정부의 청년고용 대책은 일자리 연계, 일자리 박람회, 청년인턴 등 취업률을 높이는 데 초점이 맞춰져 있으며, 정규직 등으로의 일자리 이동성을 촉진하는 대책은 미흡하다."라고 설명되어 있다. 즉, 오늘날의 공공기관 청년인턴제도는 취업률 상승을 위한 빛 좋은 개살구인 것이다.

현재 공공기관 청년인턴제도에는 '채용형'과 '체험형' 두 가지가 있다. 2015년에 공개된 기획재정부의 '공공기관 청년인턴 채용 가이드라인'에 따르면, 채용형은 계약 종료 후 근무 평가를 거쳐 정규직 전환의 기회를 보장받는다. 하지만 많은 수가 정규직으로 전환되는 것은 아니다. 기획재정부의 '공공기관 청년인턴 정규직 전환 현황'에 따르면 2015년 청년인턴을 채용한 245개 공공기관 중 한 명이라도 인턴을 정규직으로 전환한 곳은 93곳에 불과했다. 이와 달리 체험형은 말 그대로 '체험'만 하고 계약이 종료된다.

게다가 청년인턴은 실업급여도 받을 수 없다. 현재 청년인턴의 근무 기간은 1~5개월 사이로 회사마다 다른데, 근무 기간 180일(6개월)을 충족하지 않아 실업급여도 받을 수 없는 것이다. 임금도 회사별로 상이하다. 보통은 최저임금대로 지급하지만, 최저임금보다 조금 더 주더라도 150만 원 이하인 경우가 대부분이다. 복지도 천차만별이다. 취업 시험에 응시하거나 취업박람회가 있을 경우 청년인턴에게 휴가를 제공하는 회사가 있는가 하면, 절대 제공하지 않는 회사도 있다. 2015년 가을에 모 공단에서 체험형 청년인턴으로 근무했던 E씨는 "다른 부서 부장은 청년인턴이 취업 엑스포에 간다고 하면 보내줬다."라며, "그런데 우리 부장만 보내주지 않았다. 어떻게 한 회사 안에서도 이렇게 다를 수 있나."라고 토로했다. E씨도 근무 기간 5개월을 다 채우지 않고 두 달 만에 회사를 나왔다.

이러한 공공기관 청년인턴제도의 가이드라인을 만든 기획재정부와 근로 환경을 감시·감독하는 고용노동부 관계자는 서로 '나 몰라라' 하고 있다. 기획재정부 관계자는 "인턴은 말 그대로 인턴이지 취직이 목적이 아니다."라며 청년의 현실과 동떨어진 설명을 했다. 실업급여도 받을 수 없는 근무기간 5개월에 대해서는 "6개월이 넘어가면 교육적 효과보다는 노동력 활용으로 악용될 우려가 있다는 전문가 의견을 수렴해서 기간을 정한 것"이라고 말했다.

잡무 위주로 시키는데 교육을 어떻게 받느냐고 되묻자 "누가 인턴한테 중요한 일을 시키나."라며, "우리가 감사원도 아니고 상주하는 것도 아닌데 어떻게 일일이 관리·감독을 할 수 있겠나."라고 설명했다. 고용노동부 관계자는 "우리는 근로기준법 등에서 정하고 있는 기준을 준수하도록 감시·감독한다."라며 원론적인 설명만 되풀이했다.

앞서 언급한 기획재정부의 가이드라인에 따르면, 공공기관은 청년인턴을 채용할 때 채용형과 체험형 중에서 기관별 특성을 고려해 자율적으로 선택할 수 있다. 다만, 채용형 인턴은 '정규직 채용절차의 일환'이기 때문에 정규직 채용절차에 따라 인재를 선발해야 한다. 까다로운 과정을 거쳐서 뽑으라는 것이다. 반면, 체험형 인턴은 학교장과 경제단체의 추천 등 다양한 방법을 활용할 수 있다고 되어 있다. 대부분의 체험형 인턴을 선발할 때는 서류 – 면접 2단계의 간편한 과정만 거친다.

상황이 이렇다 보니 많은 공공기관이 채용형 보다는 체험형 인턴 위주로 뽑고 있다. 체험형이 채용형보다 덜 번거롭기 때문이다. 2015년과 작년 상반기에 채용형 청년인턴을 한 번도 뽑지 않은 공공기관은 80% 가까이 된다. 사실상 공공기관이 '체험형 인턴'이라는 이름의 젊은 관노비를 5개월마다 갈아치우고 있는 것이다.

**▌의사소통능력**

**01** 다음 중 제시된 기사의 논지로 가장 적절한 것은?

① 공공기관은 체험형 인턴이 아닌 채용형 인턴의 기회를 마련해야 한다.
② 청년실업 해소를 위해 공공기관 청년인턴제도의 근무 기간을 늘려야 한다.
③ 오늘날 공공기관 청년인턴제도는 현대판 관노비 제도로 볼 수 있다.
④ 공공기관 청년인턴제도를 통해 공공기관의 직무 역량과 이해도를 높일 수 있다.

**▌의사소통능력**

**02** 다음 중 제시된 기사를 읽고 이해한 내용으로 적절하지 않은 것은?

① 청년인턴은 150만 원 이하의 실업급여를 받고 있다.
② 공공기관은 부담이 적은 체험형 인턴을 위주로 청년인턴을 뽑고 있다.
③ 청년인턴의 복지 문제도 심각한 상황이다.
④ 인턴은 중요한 업무를 수행하기 힘든 상황이다.

※ 다음은 부정청탁 및 금품 등 수수의 금지에 관한 법률인 일명 김영란법에 대한 글이다. 이어지는 질문에 답하시오. [3~4]

'부정청탁 및 금품 등 수수의 금지에 관한 법률(청탁금지법·김영란법)'은 2015년 3월 3일 국회 본회의에서 통과돼 3월 27일 공포됐다. 2011년 6월 김영란 당시 국민권익위원장이 처음 제안하고 2012년 발의한 법이어서 '김영란법'이라고 불린다. 이 법은 1년 6개월의 유예 기간을 거쳐 2016년 9월 28일부터 시행됐다. 법안은 당초 공직자의 부정한 금품 수수를 막겠다는 취지로 제안됐지만 입법 과정에서 적용 대상이 언론인, 사립학교 교직원 등으로까지 확대되었다. 한편, 청탁금지법에 따르면 금품과 향응을 받은 공직자뿐만 아니라 부정청탁을 한 사람에게도 과태료가 부과된다. 또한, 공직자는 배우자가 금품을 받은 사실을 알면 즉시 신고해야 하며, 신고 의무를 어길 시에는 형사처벌 또는 과태료 처분을 받게 된다. 법안의 주요 내용을 살펴보면 다음과 같다.

우선 공직자를 비롯해 언론인·사립학교 교직원 등 법안 대상자들이 직무 관련성이나 대가성에 상관없이 1회 100만 원(연간 300만 원)을 초과하는 금품을 수수하면 형사처벌(3년 이하의 징역 또는 3,000만 원 이하의 벌금)을 받도록 규정했다. 또 직무 관련자에게 1회 100만 원(연간 300만 원) 이하의 금품을 받았다면 대가성이 입증되지 않더라도 수수금액의 2~5배를 과태료로 물도록 했다.

또한, 법안 시행 초기에는 식사·다과·주류·음료 등 음식물은 3만 원, 금전 및 음식물을 제외한 선물은 5만 원, 축의금·조의금 등 부조금과 화환·조화를 포함한 경조사비는 10만 원을 기준으로 했다. 그러나 국민권익위원회는 2017년 12월 선물 상한액은 농수축산물에 한해 10만 원으로 오르고 경조사비는 5만 원으로 낮아지는 내용의 개정안을 의결해 입법예고했다. 이에 따르면 선물비의 경우 상한액을 5만 원으로 유지하되 농축수산물(화훼 포함)에 한해 5만 원에서 10만 원으로 상향한다. 여기에는 농수축산물 원재료가 50% 이상인 가공품도 함께 해당한다. 경조사비는 기존 10만 원에서 5만 원으로 상한액이 낮아지는데 현금 5만 원과 함께 5만 원짜리 화환은 제공할 수 있다. 만약 현금 없이 경조사 화환만 제공할 경우에는 10만 원까지 인정된다. 다만, 음식물은 유일하게 현행 상한액(3만 원)이 유지된다.

아울러 법안은 누구나 직접 또는 3자를 통해 공직자 등에게 부정청탁을 해선 안 된다고 규정하고, 부정청탁 대상 직무를 인·허가, 인사 개입, 수상·포상 선정, 학교 입학·성적 처리 등 총 14가지로 구분했다. 다만, 공개적으로 요구하거나 공익적 목적으로 고충 민원을 전달하는 행위 등 5가지 행위에 대해서는 부정청탁의 예외 사유로 인정했다.

| 의사소통능력

**03** 다음 중 윗글의 내용으로 적절하지 않은 것은?

① 현금 없이 경조사 화한만 제공할 경우에는 10만 원까지 인정된다.

② 법안의 처음 취지는 공직자의 부정한 금품 수수를 막는 것이었다.

③ 직무 관련자에게 1회 100만 원 이하의 금품을 받았다면 수수금액의 5~7배를 과태료로 물어야 한다.

④ 부정청탁 대상 직무는 수상·포상 선정, 학교 입학·성적 처리 등 총 14가지이다.

**04** 다음 중 김영란법에 따라 적절한 답변을 한 사례는?

〈사례 A〉

학년 어머니 모임에서 조금씩 돈을 모아 인솔 교사 선생님들께 1인당 3만 원 미만의 간식을 제공하려고 한다.

▶ 답변 : 간식비가 100만 원을 넘지 않기 때문에 김영란법에 위배되지 않는다.

〈사례 B〉

K공단에 재직 중인 D사원은 같은 부서 동료 A사원의 결혼식을 축하하기 위하여 화환으로 10만 원을 지출했다.

▶ 답변 : 경조사비 상한액에 위배되므로 과태료 처분을 받아야 한다.

〈사례 C〉

M중학교 3학년 1반 학생 20명의 학부모들은 스승의 날을 맞이하여 평소 아이들을 자상하게 돌봐준 담임 A교사에게 각자 2만 원씩 돈을 모아 40만 원 상당의 백화점 상품권을 구입하여 선물로 드렸다.

▶ 답변 : 담임 A교사는 80 ~ 200만 원 상당의 과태료를 물어야 한다.

〈사례 D〉

S고등학교에 재직 중인 C교사는 얼마 전 D교장의 부친상으로 경조사비로 현금 10만 원을 지출했다.

▶ 답변 : 경조사비는 10만 원이 기준이기 때문에 가능하다.

※ 모든 사례는 2017년 12월 이후의 사례이다.

① 사례 A      ② 사례 B
③ 사례 C      ④ 사례 D

※ 다음은 국민건강보험공단의 보험급여제한에 대한 글이다. 이어지는 질문에 답하시오. [5~6]

〈보험급여의 제한〉

- **고의 또는 중대한 과실로 인한 범죄행위로 사고를 발생시킨 경우**
  건강보험은 보험의 원리에 의거 보험사고 발생에 우연성을 요구하므로 고의 또는 중대한 과실로 인한 범죄행위에 기인한 사고의 보험급여를 인정한다면 다수의 보험가입자가 공동으로 각출하여 일정한 보험사고에 대비해 경제적인 위험으로부터 보험급여를 받을 자를 보호하고자 하는 사회정의에 맞지 않고 건강보험의 이념에도 부합되지 않으므로 보험급여를 제한한다.

- **공단이나 요양기관의 요양에 관한 지시에 따르지 아니한 경우**
  요양에 관한 지시는 건강보험 가입자 및 피부양자가 적당한 진료를 받게 하여 상병치유의 목적을 신속히 달성할 수 있도록 하는 것이며, 이와 같은 요양에 관한 지시를 따르지 않으면 치료를 지연, 확대시킴은 물론 급여비용을 증액시키고 나아가 다른 가입자들의 부담을 증가시키는 것으로 상부상조 정신의 건강보험제도 본질에 반하기 때문에 보험급여를 제한한다.

- **고의 또는 중대한 과실로 제55조에 따른 문서, 기타 물건의 제출을 거부하거나 질문 또는 진단을 기피한 경우**
  보험급여의 적정성 확보를 위해 보험자가 보험사고에 대하여 조사할 수 있는 권한을 부여하고, 동 제도의 실효성을 거두기 위해 보험자의 제출명령 등에 대하여 보험급여를 받을 자가 그 이행을 거부하거나 기피할 경우에는 보험급여를 제한할 수 있으며, 동 규정은 보험급여를 받을 자가 이를 위반하더라도 법령상 벌칙 규정이 없으므로 보험자가 보험급여 제한을 함으로써 제도의 실효성을 보장하기 위함이다.

- **업무(공무)상 등 재해로 인하여 다른 법령에 의한 보험급여나 보상을 받게 되는 경우**
  업무(공무)상 재해에 관한 사용자의 의무를 건강보험급여의무에 우선시킴으로써 이중급여 배제와 사회보장의 형평성 도모를 위한 것으로 가입자가 업무상 또는 공무수행 중 업무 또는 공무에 의해 질병, 부상, 재해가 발생하여 다른 법령에 의한 보험급여나 보상을 받게 되는 경우에는 이중급여 배제차원에서 보험급여를 제한한다. 이는 업무상 또는 공무상 보험사고가 발생한 경우 근로기준법, 산업재해보상보험법, 공무원연금법 등 관련 법령 등에 의해 요양급여 또는 요양보상을 받게 되기 때문이며, 이러한 특별법상의 보상책임과 건강보험급여가 법 제도적으로 양립할 수 없기 때문이다.

- **건강보험료 체납에 따른 급여 제한**
  건강보험료를 6회 이상 납부하지 않은 경우 체납보험료를 전액 납부할 때까지 건강보험의 혜택을 받을 수 없다. 체납기간 중 보험급여를 받은 사실이 있음을 공단이 통지한 날부터 2개월이 경과한 날이 속한 달의 보험료 납부기한 이내에 체납된 보험료를 완납한 경우에는 보험급여를 인정한다. 체납보험료를 전액 납부하지 않은 상태로 병·의원이나 약국 등을 이용할 경우에는 건강보험으로 진료받은 진료비(공단부담)를 환수하게 되며 연 소득 2천만 원 또는 재산이 1억 원 초과하는 경우에는 병·의원 및 약국 이용 시 진료비 전액(공단부담금＋본인부담금)을 본인이 직접 부담(사전급여 제한)할 수 있다.

**| 의사소통능력**

**05** 다음 중 윗글의 내용으로 적절하지 않은 것은?

① 건강보험료를 6회 이상 납부하지 않은 경우 건강보험 혜택을 받을 수 없다.

② 특별법상의 보상책임과 건강보험급여는 법 제도적으로 양립될 수 있다.

③ 보험사고의 발생에는 우연성을 요구한다.

④ 건강보험제도의 본질은 상부상조 정신에 있다.

**06** 국민건강보험공단의 A사원은 보험급여제한과 관련된 자료를 참고하여 보험급여제한에 대한 민원에 답변하고자 한다. 각 민원 (A) ~ (D)에 대한 답변을 순서대로 바르게 나열한 것은?

> **민원 (A)** : 아니, 내가 내 몸이 괜찮은 것 같아서 퇴원한 건데, 보험급여를 받을 수 없다니 그게 무슨 소립니까? 내 병원비 전부 내줄 건가요?

> **민원 (B)** : 일하던 중 기계에 오른쪽 손가락을 절단당하는 상해를 입었습니다. 회사가 산재보험에 가입되어 있는데도 사장은 "치료비는 내가 전액 부담하겠으니 의료보험으로 처리하라."라고 합니다. 가능한가요?

> **민원 (C)** : 내 차의 블랙박스 내용이 도대체 왜 필요하다는 겁니까? 이건 사생활 침해 아닌가요? 당장 교통사고에 대해서 보험금을 지급해 주세요.

> **민원 (D)** : 최근에 약국을 이용했는데 건강보험으로 진료받은 진료비가 환수되었습니다. 무슨 일인가요?

> **답변 (A)** : 보험급여의 적정성이 확보되도록 하기 위해서 보험급여를 받을 자가 보험자의 문서나 기타 물건의 제출명령 등에 대해서 거부하거나 기피할 경우 보험급여를 제한할 수 있습니다.

> **답변 (B)** : 가입자가 다른 법령에 의한 보험급여를 받은 경우 이중급여 배제차원에서 보험급여를 제한하고 있습니다. 이는 사회보장의 형평성을 도모하기 위함입니다.

> **답변 (C)** : 요양에 관한 지시를 따르지 않았기 때문입니다. 요양에 관한 지시를 따르지 아니할 경우 치료를 지연, 확대시킴은 물론 급여비용을 증액시키고 다른 가입자들의 부담을 증가시키기 때문에 보험급여를 제한하는 것입니다.

> **답변 (D)** : 체납보험료를 전액 납부하지 않은 상태로 병·의원이나 약국 등을 이용할 경우에는 건강보험으로 진료받은 진료비를 환수하게 됩니다. 체납보험료가 있는지 확인해 보셔야 할 것 같습니다.

|   | 민원 (A) | 민원 (B) | 민원 (C) | 민원 (D) |
|---|---|---|---|---|
| ① | 답변 (C) | 답변 (B) | 답변 (A) | 답변 (D) |
| ② | 답변 (B) | 답변 (C) | 답변 (A) | 답변 (D) |
| ③ | 답변 (A) | 답변 (B) | 답변 (C) | 답변 (D) |
| ④ | 답변 (C) | 답변 (A) | 답변 (B) | 답변 (D) |

2016년을 시작하며 세계경제포럼(WEF; World Economic Forum)은 향후 세계가 직면할 화두로 '4차 산업혁명'을 던졌다. 그 이후 4차 산업혁명이 유행어처럼 회자되었고 많은 논의가 이루어지기 시작했다. 더욱이 2016년 3월 알파고(AlphaGo)와 이세돌의 바둑 대결은 4차 산업혁명의 한 단면을 보여주는 사건으로 다가왔다. 인공지능과 로봇, 사물인터넷(IoT; Internet of Things), 빅데이터 등을 통한 새로운 융합과 혁신이 빠르게 진행되고 있음을 보여주는 사건이었다.

특히 인공지능은 인간의 미래에 대해 커다란 화두를 던졌다. 인공지능이 인간의 일자리를 빼앗고 기계류가 인류를 대신할 것인가 등의 현실적인 문제부터 인공지능이 인간의 지능을 모방하는 데 그치지 않고 인간의 지능을 초월한 초지능을 갖게 될 경우 인간의 존재는 어떻게 될 것인가 하는 근본적인 문제를 던지는 계기가 되었다.

또한, 2016년 6월 국회에서는 3당 대표연설이 있었다. 여기서 3당 대표 모두 앞으로의 변화로 4차 산업혁명을 들었다. 전문가들만이 아니라 정치권에서까지 거론할 정도가 되었다면 4차 산업혁명이라는 말은 이미 널리 일반화된 것으로 볼 수 있다. 그런데 우리는 4차 산업혁명에 대해 얼마나 알고 있을까? 4차 산업혁명에 들어섰거나 들어설 예정이라는 데 모두들 동의하는가?

사실 4차 산업혁명이 무엇인가에 대해서는 확립된 개념도, 이론도, 실체도 아직 없다. 2016년 세계경제포럼에서 4차 산업혁명을 제시하기 전인 2011년에 독일 정부는 이미 '인더스트리 4.0(제조업 4.0)' 정책을 추진하기 위해 4차 산업혁명 개념을 사용했다. 인더스트리 4.0은 제조업의 혁신을 통해 경쟁력을 강화하기 위한 것으로, (가) 사물인터넷을 통해 인터넷을 기반으로 사람과 사물, 사물과 사물 간에 정보를 상호 소통함으로써 제조업의 완전한 자동 생산 체계를 구축하고 전체 생산과정을 최적화하는 목표로 추진되었다.

나아가 2016년에 4차 산업혁명의 화두를 본격적으로 던진 세계경제포럼의 클라우스 슈바프(Klaus Schwab) 회장은 4차 산업혁명이 속도, 범위, 체제에 대한 충격의 세 측면에서 3차 산업혁명과 확연히 다르다고 강조했다. 4차 산업혁명을 기존의 산업혁명들과 비교했을 때 선형적인 변화가 아니라 완전히 차원이 다른, 지각 변동 수준이라고까지 보았다. 게다가 지난 산업혁명과 달리 새로운 산업혁명은 모든 국가, 모든 산업 분야에서 이루어지며, 경제, 사회, 문화에 대한 영향력이 다르다고 강조했다. 그러면서 산업혁명을 아래의 표와 같이 구분했다.

<산업혁명의 변화>

| 산업혁명 구분 | 시기 | 내용 |
|---|---|---|
| 1차 산업혁명 | 1784년 | 증기, 기계 생산 |
| 2차 산업혁명 | 1879년 | 전기, 노동 분업, 대량생산 |
| 3차 산업혁명 | 1969년 | 전자, 정보기술, 자동생산 |
| 4차 산업혁명 | ? | 사이버 – 물리시스템 |

여기에서 슈바프도 4차 산업혁명이 언제 도래할 것인지는 확정하지 못했다는 것을 알 수 있다. 그러나 한 가지 분명한 것은 4차 산업혁명이 3차 산업혁명과 본질적으로 다르다고 본 것이다.

**07** 다음 중 윗글의 제목으로 가장 적절한 것은?

① 인공지능으로 맞이한 4차 산업혁명의 전성기
② 왜 4차 산업혁명이라고 할까?
③ 4차 산업혁명, 독일에서 시작되다
④ 산업혁명의 변화과정

**08** 다음 중 밑줄 친 (가)에 대한 사례로 적절하지 않은 것은?

① 스마트홈은 사용자에 맞춰 전기나 난방 등을 관리해 줌으로써 난방, 전기요금을 절약할 수 있도록 하고 있다.
② 소셜 미디어는 이용자들의 상호작용적 참여와 커뮤니케이션을 통해 실속 있는 온라인 소비를 가능하게 했다.
③ 버스정보시스템은 GPS가 달린 버스를 전광판이 파악함으로써 버스를 이용하는 사람들에게 버스가 언제 도착할지 알려주는 편리한 시스템이다.
④ 스마트키를 가지고 차에 다가가면 자동으로 차 문이 열리고 시동이 걸린다.

오늘날 고기술 첨단 정보지식 중심 산업으로의 산업구조 변화는 많은 고용을 흡수했던 제조업의 축소를 가져왔다. 이로 인해 한국의 성장률은 둔화되고 기업에 의한 고용이 제한되어 대졸자 신규 취업 희망자들의 노동시장에서의 경쟁이 치열해졌을 뿐만 아니라 취업 자체도 어려워졌다. 그러나 한국 청년들에게 불행을 안겨주는 또 다른 요소는 취업의 위계구조를 향한 경쟁에서의 불공정성이다. 대학의 서열 구조 속에서 상위 대학 입학을 위한 경쟁력을 갖기 위해서는 좋은 고등학교에 가야 하고, 이는 중학교와 초등학교 때부터 투자를 요한다. 그럼으로써 종국에는 가정환경 내지 배경의 문제까지 거슬러 올라가는 것이 오늘의 현실이다. 요컨대 경쟁으로 들어가는 출발선이 사전에 너무 일찍 결정된다는 점이다. 그것은 불평등하고 공정하지 못한 차별적 출발선을 뜻한다. 이러한 상황으로 청년실업은 청년들의 노동의욕을 상실케 할 뿐만 아니라 사회적으로 배제되었다는 좌절감을 주어 자존감에 커다란 상처를 입힐 수 있다. 또한, 취업이 늦어지면서 결혼과 출산도 지연되어 고령화 사회 속 저출산 문제를 더욱 악화시킨다는 점에서도 사회적 재생산의 큰 장애가 된다. 미래세대인 청년실업 문제는 개인은 물론이고 사회적 차원에서도 미래의 전망을 어둡게 하는 것이다. 청년실업의 원인 중 가장 큰 문제를 지적한다면 바로 교육구조의 문제라고 할 수 있을 것이다. 심각한 만큼 해결방안도 다양하지만 관련연구 대부분이 공통으로 지적하는 방안을 소개하면 다음과 같다. 우선 직업, 진로, 취업 및 창업 등에 관한 교과과정을 개선하는 대학에 대해 프로그램 개발과 강사진 등을 지원하고 졸업 및 취직시즌에는 대학에 취업전문 상담요원을 배치함으로써 취업알선과 기업체 추천업무 등을 지원해야 한다. 그리고 인력은행의 청소년층 직업상담기능을 강화하고, 인턴제·직업훈련·취업알선을 하나의 정책패키지로 만들어 청소년층의 자격, 능력 및 선호에 따라 지원하는 체계화된 시스템을 구축해야 하며, 청년층 실업자에 대한 심층적인 취업상담에 기초한 프로그램을 제공하고, 청년층 전담창구와 상담원 책임상담제를 실시해야 할 것이다.

다음으로 노동시장 정보시스템의 구축과 제공이 이루어져야 한다. 우선 학교교육·노동시장 이행과정 파악을 위한 청년 조사자료 구축이 시급하다. 청년층 조사자료는 교육·훈련을 통한 인적자원의 축적과정, 학교에서 노동시장으로의 이행과정 등 청년층 인적자원 형성 및 수급 관련 정책의 기초자료를 제공함으로써 학교교육, 직업훈련, 노동시장 참여에서의 경험 등이 청년층 인적자본 형성과정과 노동시장 참여에 미치는 영향 및 정책효과를 분석·판단할 수 있도록 한다. 또 중장기 인력수급전망에 나타난 결과를 바탕으로 교육정책을 수립하는 한편, 직업세계와 노동시장에 관한 다양한 정보를 체계적으로 구축하고 청소년들이 이에 쉽게 접근할 수 있는 프로그램 등을 개발해야 한다.

또한, 기업의 신규인력 채용확대도 요구된다. 공공부문에서도 청년 계약직 인턴채용을 통해 실업률을 낮출 수 있지만 민간부분의 경우에도 인턴사원 채용의 확대를 통한 고용유연성을 증대시켜야 한다. 한편에서는 청년 인턴사원의 확충을 반대하기도 한다. 정확히 말하면 인턴사원제의 악용을 반대하는 것이다. 인턴사원제가 임시적, 사후적 대책으로 조급하게 마련되었기 때문에 불안정한 임시 고용의 형태를 가지고 있음을 지적하고 있으며, 합법적인 착취를 용인하는 반민중적인 고용문화를 강요하고 있다는 것이다. 월 40~50만원의 월급으로 정상적인 근무를 요구하고 정식 사원으로의 임용도 불투명한 인턴사원은 노동 착취를 제도적으로 용인하는 것에 지나지 않는다는 것이다. 나아가 몇몇 대기업의 경우 채용 내정자들을 인턴사원으로 전환하는 것을 추진하는 등 악용의 사례가 계속 드러나고 있음을 지적한다. 결국 인턴사원제 모집은 실제 문제 해결에는 전혀 도움이 되지 못하면서 고용 유연화 전략만을 사회적으로 용인시키기 위한 정책에 지나지 않는다는 것이다.

**09** 다음 중 각 문단에 해당하는 제목으로 적절하지 않은 것은?

① 첫 번째 문단 : 고령화, 저출산의 원인이 되는 청년실업
② 두 번째 문단 : 교육구조의 문제와 이를 위한 해결방안
③ 세 번째 문단 : 청년실업 해결을 위한 노동시장 정보시스템 개발
④ 네 번째 문단 : 인턴사원제의 양면성

**10** 다음 중 윗글을 읽고 판단한 내용으로 적절하지 않은 것은?

① 인턴사원제에 대해서는 찬반 의견을 보이고 있다.
② 경쟁에서의 불공정성은 청년들에게 불행을 안겨주고 있다.
③ 청년실업의 가장 큰 문제점은 세대갈등이다.
④ 한국 사회에서 고용이 제한되는 원인 중 하나는 제조업의 축소이다.

**11** 청년실업 해결방안을 주제로 토론을 진행할 때, 다음 중 윗글과 관련된 내용이 아닌 것은?

① 인턴채용 확대를 통한 고용의 유연성이 필요하다고 생각해. 이것은 기업체의 신규인력 채용 시 권장할만한 사항이야.
② 인턴채용이 가지는 문제점도 생각해야 할 거야. 이는 합법적인 착취로 이어질 수 있기 때문에 조심해야 해.
③ 대학에서 적극적으로 청년취업에 힘써줘야 해. 취업 관련 프로그램을 개발하고 적극적인 상담업무를 추진해야 한다고 봐.
④ 여성의 경제활동을 적극적으로 지원해서 청년실업률을 낮추는 것이 바람직해. 이를 위해서는 여성 전담 상담원을 양성해야 할 거야.

**12** 정신건강증진센터에서 근무하는 아내를 둔 A기자는 아내의 고충을 듣고 상담서비스에 대한 기사를 작성하였다. 이를 읽고 독자가 이해하였을 내용으로 적절하지 않은 것은?

일반적으로 가장 떠올리기 쉬운 심리상담서비스는 사설 상담서비스이다. 그중에서 규모가 큰 상담서비스는 기업형 상담센터에서 찾아볼 수 있다. 그런데 보건복지부, 한국상담심리학회 등 공신력 있는 기관의 1급 자격증을 취득한 전문가나 경영자가 운영하는 기업형 상담센터는 대체로 50분 1회 기당 10만 원에 달하는 상담비를 요구한다. 상담자의 숙련도와 유명세에 따라 상담비가 시간당 20만 원을 넘는 경우도 있다. 보통 상담이 10 ~ 20회기에 걸쳐 진행된다는 것을 감안했을 때 부담되는 가격인 것이다. 그러나 상담자가 전문성을 얻기까지 적지 않은 비용이 드는 것도 사실이다. 보건복지부 1급 정신보건임상심리사 조영은 박사는 "장기간의 무급수련과 월급이 200만 원도 안 되는 고된 박봉 생활, 수년간 위와 비슷한 상담비를 지급하며 교육 분석을 받았다는 점이 (상담비 책정에) 반영되었을 것이다."라고 설명했다.

상담비용의 부담은 심리상담이 국민건강보험(의료보험)의 적용 대상이 되지 않는 데서 가중된다. 상담영역의 전문가가 의료인으로 인정되지 않기 때문에 상담서비스도 의료서비스로 간주되지 않는다. 정신과 전문의의 진료와 약물 처방, 기타 정신과 치료에 대해서는 국민건강보험과 의료급여의 혜택을 받을 수 있지만, 상담은 제외되는 것이다. 이에 강상경 교수(서울대 사회복지학과)는 "상담은 정신건강을 위한 치료나 예방 모두에서 가장 기본적인 요소인데도 우리나라에서는 비용 문제 때문에 상담에 대한 접근성이 약물치료나 다른 병원치료에 비해 크게 떨어진다."라고 문제를 제기했다.

한편, 사설 상담서비스에는 서비스 이용자가 상담자의 전문성을 확인하기가 어렵다는 문제도 있다. 현재 우리나라에서는 민간 자격증을 갖고 사업자등록을 하면 누구나 사설 상담기관을 개소하고 운영할 수 있다. 상담 관련 자격증을 발급하는 기관이 일원화되어 있지 않은 데다 상담·상담자·상담기관을 통제하는 법규가 없다 보니 검증되지 않은 기관에서 각종 자격증을 판매하다시피 발급하기도 한다. 수강자가 자체 시험에 합격하면 아동 심리상담사, 미술 심리상담사, 부모 상담전문가 등의 자격증을 발급해준다고 광고하는 회사는 물론, 학습과 시험, 과제 제출의 과정만 거치면 아동 심리상담 자격증을 취득하게 해준다고 홍보하는 홈페이지도 찾아볼 수 있다. 이렇다보니 상담 관련 자격증은 추적할 수 없을 정도로 무분별하게 발급되는 실정이다. 문제는 이를 규제할 아무런 법 조항이 없다는 데 있다. 이런 상황에서 업계에 대한 지식이 부족한 상담서비스 이용자가 상담자의 전문성을 판단하는 것은 쉽지 않은 것이다.

현재 이러한 사설 상담서비스의 대안으로 운영되는 것이 공공 상담서비스이다. 대표적으로 보건복지부는 지역주민들의 정신건강을 위해 지자체 및 지역보건소와 협력해 전국 225개소에 달하는 정신건강증진센터를 설립해 운영 중이다. 그러나 공공 상담서비스는 상담 인력이 부족하고 상담사들의 근무환경이 안전하지 않아 안정적으로 제공되기 어려운 상황이다.

정신건강증진센터의 인력은 센터의 모든 업무를 담당하기 충분하지 않다. 정신건강증진센터는 만성·중증정신장애인이나 자살 고위험군에 대한 사례 관리와 함께, 각종 사건·사고나 재해가 발생하면 피해자들에 대한 심리적 지원까지 담당한다. 가까운 예로 세월호 침몰이나 메르스 파동 때도 피해자(생존자, 유가족, 격리 감금 당사자 등)를 위한 심리적 지원에 센터 직원들이 투입되었던 것이다.

하지만 정신건강증진센터 한 곳에서는 많아야 14명의 정신보건 전문요원들이 근무한다. 이들이 자살 고위험군 환자 관리, 중증정신장애인 진료, 재해 심리지원 등을 모두 책임지다 보니 지역주민의 정신건강 증진과 질병 예방을 위한 상담서비스에는 충분한 인력이 배치되지 못하는 상황이다. 전국보건의료산업노동조합(보건의료노조) 서울시 정신보건지부 고진선 정책부장은 "센터 예산을 50 : 50으로 지원하는 지자체와 보건소가 인력을 위한 예산을 잘 늘리지 않아 인원 확충이 불가능한 상황이다."라며 어려움을 토로했다.

① 사설 상담서비스는 상담자의 전문성 판단이 요구된다.

② 공공 상담서비스는 충분한 인력이 배치되지 못하는 상황이다.

③ 기업형 상담센터의 비용이 비싼 원인으로는 상담자의 장기간 무급수련을 볼 수 있다.

④ 상담전문가는 의료인으로 인정되나, 상담서비스는 의료급여의 혜택을 받을 수 없다.

| 의사소통능력

**13** 다음 중 한글 맞춤법상 옳지 않은 문장은?

① 오늘은 웬일인지 은총이가 나에게 웃으며 인사해주었다.

② 그녀의 집은 살림이 넉넉지 않다.

③ 분위기에 걸맞은 옷차림이다.

④ 영희한테 들었는데 이 집 자장면이 그렇게 맛있데.

망막에는 빛에 감응하는 두 가지 종류의 시세포인 간상세포와 원추세포가 있다. 간상세포는 외절과 내절의 두 부분으로 이루어져 있으며, 외절은 가늘고 이 속에 들어있는 로돕신은 빛에 의해 옵신과 레티넨으로 쉽게 분해된다. 이때 나오는 분해에너지가 시세포를 흥분시켜 뇌에 자극을 전달해주며 시각이 성립된다. 또한, 레티넨은 비타민 A로부터 공급되므로 비타민 A가 부족하면 로돕신이 잘 합성되지 않기 때문에 밤에 물체를 제대로 구별하지 못하는 야맹증이 발생할 수 있다.

어두운 환경에서 희미한 빛을 인식하는 간상세포는 황반의 중심부에 자리잡고 있는 원추세포와는 달리, 황반 위에는 없고 황반 주위에 퍼져 있다. 따라서 밤에 매우 희미한 물체를 볼 때, 그 물체를 직접 보면 잘 보이지 않는다. 예를 들어 밤하늘에서 어두운 별을 관찰할 때 별을 직접 쳐다보면 원추세포는 약한 빛에서는 작용하지 않고 간상세포가 거의 없는 황반에는 별의 이미지가 맺히지 않으므로 이를 인식할 수가 없다. 따라서 밤에 어두운 별을 잘 보려면 그것을 직접 겨냥해 보지 않고 곁눈질로 보는 것이 중요하다. 또한, 어두운 방 안에서 벽시계를 볼 때도 벽시계 판에 초점을 맞추기보다는 시계 주변에 초점을 맞출 때 시각을 대강 어림짐작할 수 있다. 이는 황반 주위에 퍼져 있는 간상세포를 이용해야 하기 때문이다.

인간은 색깔을 매우 자세히 구별할 수 있다. 이는 망막 위에 존재하는 시세포인 원추세포의 작용에 의한 것이다. 사람의 망막에는 대략 700만 개의 원추세포와 1억 2,000만 개 정도의 간상세포가 존재한다. 이 중에서 원추세포에는 세 종류가 있는데, 각각 적색·녹색·청색의 가시광선을 인식하는 적추체·녹추체·청추체가 있어서 여러 가지 색깔을 인식할 수 있게 되는 것이다. 이는 컬러TV나 컴퓨터 그래픽 프로그램에서 적색·녹색·청색을 적당한 비율로 섞어서 온갖 색깔을 만들어내는 것과 같은 원리이다.

원추세포에 이상이 생기면 적색·녹색·청색 중 하나 이상의 색깔을 느끼지 못하는 색맹(색각이상)이 나타나게 된다. 가장 흔한 경우는 적색과 녹색을 구분하지 못하는 적색각 이상과 녹색을 인식할 수 없는 녹색각 이상이 있으며, 세 가지 원추세포에 모두 이상이 생겨서 색깔 자체를 인식하지 못하는 전색각 이상도 있다. 전색각인 경우에는 세상이 흑백TV에서처럼 명암의 구분만 존재하는 회색 톤으로 보이게 되는 것이다. 정상인 사람도 이와 같은 경험을 하는데, 밤에는 빛의 세기가 약해서 원추세포가 작용하지 않아 색깔을 구별할 수가 없다. 오직 빛의 밝기만 느낄 수 있는 한 종류의 세포로 구성되어 있는 간상세포에 의해 보기 때문에 흑백으로 보이게 된다.

**| 의사소통능력**

**14** 다음 중 각 문단에 해당하는 소제목으로 적절하지 않은 것은?

① 첫 번째 문단 : 간상세포 속 로돕신에 의한 시각의 성립

② 두 번째 문단 : 어두운 곳에서 물체를 잘 보는 방법

③ 세 번째 문단 : 색깔을 구별할 수 있게 해주는 간상세포

④ 네 번째 문단 : 원추세포의 이상으로 나타나는 현상

**15** 다음 중 윗글을 읽고 이해한 내용으로 적절하지 않은 것은?

① 간상세포 속 로돕신이 분해되면서 나오는 에너지가 뇌를 자극해 시각이 성립된다.

② 간상세포는 희미한 빛을 인식할 수 있으므로 어두운 곳에서 물체를 보려면 물체에 초점을 맞춰야
한다.

③ 원추세포가 색을 구별하는 방법과 컬러TV가 색을 만들어 내는 원리는 같다.

④ 적추체・녹추체・청추체 모두에 이상이 생기면 사람은 물체를 명암으로 구별하게 된다.

**16** 윗글을 바탕으로 〈보기〉를 해석한 내용으로 가장 적절한 것은?

> 보기
>
> 점묘주의 혹은 분할주의는 신인상주의가 사용하는 독창적인 테크닉의 기반을 이루는 것으로, 캔버
> 스에 색칠을 할 때 순색(純色)만을 사용하되, 이를 팔레트에서 뒤섞지 않고 작은 점으로 찍어나가는
> 방법을 말한다.

① 채색을 하지 않고 먹의 농담(명암)으로 그리는 수묵화와 유사한 방식이다.

② 빛과 대기의 변화에 따라 색채가 일으키는 변화에 흥미를 갖고 사물의 인상을 중시한다.

③ 색조의 순도는 그대로 유지하면서 보는 이의 망막에서 중간색이 형성되는 방식이다.

④ 붓질의 크기나 방향감을 이용하여 결을 표현하여 대상의 질감을 시각적으로 표현한다.

**17** 다음은 K공단 인사규정의 일부이다. 이를 근거로 할 때, 옳지 않은 것을 〈보기〉에서 모두 고르면?

**휴직(제34조)**

직원이 다음 각 호의 어느 하나에 해당할 때에는 휴직을 명할 수 있다.

1. 신체 정신상의 장애로 2개월 이상 장기요양이 필요할 때
2. 업무로 인한 질병 또는 부상으로 6개월 이상 장기요양이 필요할 때
3. 병역법에 따른 병역의무를 위하여 징집 또는 소집되었을 때
4. 천재지변 또는 전시사변이나 그 밖의 사유로 생사 또는 소재가 불명하게 되었을 때
5. 법령에 따른 의무를 수행하기 위하여 직무를 이탈할 때
6. 국제기구, 외국기관 및 민간기업에 임시 채용되었을 때
7. 공사 업무와 유관한 분야의 해외유학을 하게 될 때
8. 만 8세 이하(취학 중인 경우에는 초등학교 2학년 이하를 말한다)의 자녀를 양육하기 위하여 필요하거나 여자직원이 임신 또는 출산하게 된 때
9. 부모, 배우자, 자녀 또는 배우자의 부모가 사고나 중병으로 간호가 필요할 때
10. 배우자가 국외근무를 하게 된 때
11. 배우자가 학위취득을 목적으로 해외유학을 하거나 본인 또는 배우자가 외국에서 1년 이상 연구나 연수하게 된 때
12. 5년 이상(대학 재학 중 입사한 직원의 학위취득 목적인 경우는 예외로 한다) 재직한 직원이 직무 관련 연구과제 수행 또는 자기개발을 위하여 학습, 연구 등을 하게 된 때

**휴직기간(제35조)**

휴직기간은 다음 각 호와 같다.

1. 제34조 제1호의 경우 : 1년 이내로 하되, 부득이한 경우 1년의 범위에서 연장 가능
2. 제34조 제2호의 경우 : 3년 이내
3. 제34조 제3호 및 제5호의 경우 : 징집·소집기간 또는 해당 의무 수행기간
4. 제34조 제4호의 경우 : 3개월 이내
5. 제34조 제6호의 경우 : 3년 이내
6. 제34조 제7호, 제10호 및 제11호의 경우 : 3년 이내로 하되, 부득이한 경우에는 2년의 범위에서 연장 가능
7. 제34조 제8호의 경우 : 3년 이내
8. 제34조 제9호의 경우 : 1년(재직기간 중 총 3년) 이내
9. 제34조 제13호의 경우 : 1년 이내

**휴직의 효력(제36조)**

① 휴직자는 직원의 신분은 보유하나 직무에 종사하지 못한다.
② 휴직기간은 재직기간에 산입하지 않는다.

ㄱ. 업무 중 큰 발목 부상을 당해 8개월 이상의 치료가 필요한 A의 경우, 3년 이내의 휴직이 가능하다.

ㄴ. 업무와 관련하여 해외유학을 하게 된 B의 경우, 해당 사유로 최대 3년간 휴직이 가능하다.

ㄷ. 배우자가 미국에서 1년 이상 연구를 진행하게 된 C의 경우, 본인도 학위취득을 목적으로 해외유학을 가지 않는 한 휴직은 불가능하다.

ㄹ. 인도로 출장을 갔다가 실종된 D의 경우, 3개월 이내의 휴직이 가능하다.

① ㄱ, ㄴ

② ㄱ, ㄷ

③ ㄴ, ㄷ

④ ㄷ, ㄹ

※ 아이를 키우고 있는 A씨는 아이에게 보충식을 먹이기 위한 준비를 하고 있다. 보충식에 대한 다음 글을 읽고 이어지는 질문에 답하시오. [18~19]

1. 목적

보충식이란 영아가 어른들이 먹는 음식으로 점차 바꾸어 나가기 위해 모유 또는 분유 이외에 주는 음식을 의미합니다. 우리나라에서는 이유식이란 용어를 흔히 쓰고 있으나, 모유나 분유 외에 추가로 영양을 보충하는 것이지 완전대체가 아니므로 이유기의 보충식이 더 정확한 용어입니다. 이유기란 모유 또는 분유의 액상식에서 고형식으로 이행하는 시기를 뜻합니다. 생후 2년 동안의 영양은 영유아의 성장과 발달뿐 아니라 성인이 되어서도 건강에 장기적으로 영향을 미칩니다. 영유아기의 맛 선호도는 평생 지속될 수 있으므로 처음부터 달고 짠 맛에 길들여지지 않도록 주의해야 합니다.

2. 좋은 보충식의 조건

보충식은 충분한 열량과 단백질, 미량영양소를 공급해야 합니다. 주식은 주로 곡류로 탄수화물이며 열량과 일부에서는 단백질도 공급합니다. 이외에 영양적 요구를 충족시키기 위해 다양한 음식을 먹어야 합니다.

• 육류, 가금류, 난류, 생선 등의 동물성 식품은 단백질, 철, 아연이 풍부합니다. 간에는 비타민 A와 엽산도 풍부하며, 난황은 단백질과 비타민 A는 풍부하나, 철분 공급원으로는 충분치 않습니다. 동물성 식품을 국물로 먹기보다는 직접 먹는 것이 필요합니다. 즉, 고기 육수보다는 고기를 직접 먹는 것이 낫습니다. 식물성 식품만으로는 영유아가 필요로 하는 양질의 단백질, 철과 아연을 충분히 제공할 수가 없습니다. 동물성 식품을 먹을 수 없다면 차선책으로 영양강화 식품이나 영양보충제를 먹어야 합니다.

• 우유, 치즈, 요구르트 등의 유제품은 칼슘과 단백질, 열량과 비타민 B가 풍부합니다.

• 콩(완두콩, 강낭콩, 렌즈콩, 땅콩, 대두 등)은 단백질, 일부에서 철분이 풍부합니다. 비타민 C가 풍부한 음식을 같이 먹으면 철분 흡수가 좋아집니다.

• 주황색 과일과 채소(당근, 호박 등)나 진한 녹색 잎(시금치 등)에는 비타민 A의 전구체인 카로틴과 비타민 C가 풍부합니다.

• 지방과 기름은 열량이 농축되어 있으며, 일부 지방산이 풍부합니다. 지방은 음식의 열량 밀도를 높이고 맛을 좋게 해줍니다. 또한, 비타민 A를 비롯한 지용성 비타민의 흡수를 용이하게 해줍니다. 몸에 해로운 포화지방이나 트랜스지방 섭취는 줄이고 단일불포화지방과 다중불포화지방(필수지방산)이 섞여 있는 식물성 기름을 먹도록 합니다. 대두기름(콩기름)과 채종류(카놀라유)에는 필수지방산이 풍부합니다. 지방은 24개월까지는 제한하지 않으며 전체 열량의 30 ~ 45%가 적당합니다.

• 설탕은 열량이 높으나, 영양가는 없으며 치아를 썩게 만들고 과체중이나 비만을 유발합니다. 설탕과 주스나 가당 액상 요구르트 등 단 음료는 다른 영양가 있는 음식에 대한 식욕을 떨어뜨릴 수 있으므로 피하도록 하며, 커피, 차 등도 철분 흡수를 방해하기 때문에 먹이지 않도록 합니다.

• 알레르기를 잘 일으키는 음식으로 우유, 계란, 생선, 견과류, 해산물이 있습니다. 아직까지 음식을 제한하는 것이 알레르기를 예방하는지에 대해서는 정립된 의견이 없으므로 알레르기에 대한 걱정으로 부모와 양육자 마음대로 음식을 제한하는 것은 삼가야 합니다.

**18** 다음 중 A씨가 윗글을 읽고 이해한 내용으로 적절하지 않은 것은?

① 이유식이라는 단어보다는 보충식이라는 단어를 사용해야겠구나.

② 이유기는 모유나 분유를 떼고 고형분의 음식에서 영양분을 섭취하는 단계야.

③ 생후 2년간의 식습관이 평생 건강을 좌우하는구나.

④ 사람의 입맛은 평생 달라지는 것이므로 영유아기 때 다양한 맛을 느끼게 해주는 게 중요해.

**19** 다음 중 A씨가 윗글을 참고하여 보충식으로 정한 식단으로 가장 적절한 것은?

① 밥, 고기, 콩, 호박

② 밥, 땅콩, 오징어, 오렌지주스

③ 시금치, 호박, 완두콩

④ 카놀라유, 치즈, 녹차, 고기

**20** 국민건강보험공단에서 근무 중인 A사원은 온라인 상담게시판 운영을 담당하고 있다. 다음을 참고하여 A사원이 한 답변으로 옳지 않은 것은?

---

▶ 건강보험안내 > 급여정지 및 해제에 따른 신고 안내

국민건강보험법 제54조에 의거 군입대자, 특수시설수용자, 국외출국자는 급여정지 및 해제 대상입니다. 해당되시는 분은 사유가 발생된 날부터 14일 이내에 가까운 공단에 신고하시기 바랍니다.

1. 입국으로 인한 급여정지해제 신고
   - 국외 출국(1개월 이상)으로 급여정지 중 국내 1개월 미만 일시 체류 후 재출국하는 경우는 계속적으로 급여정지 됩니다.
   - 다만, 1개월 미만 일시 체류 중 보험급여를 받고자 하는 경우는 급여정지해제 신고를 하셔야 합니다.
   - 한편, 1개월 이상 국내에 체류하는 경우 또는 최종 입국한 경우는 공단에 급여정지해제 신고를 하셔야 합니다.

2. 국외체류자 중 일시 귀국자 보험료 부과 기준
   - 1개월 이상 국내에 거주한 경우 : 보험료 부과(입국 월 제외, 출국한 날이 속하는 달 부과)
   - 1개월 미만 국내에 거주하여 진료 사실이 있는 경우 : 입국 월을 제외한 출국 월 부과(단, 월중 입국해서 월중 진료 받고 월중에 출국하는 경우 부과하지 않으나, 입국일이 1일인 경우 부과대상임)
   - 1개월 미만 국내 거주하여 진료 사실이 없는 경우 : 보험료 미부과

3. 유형별 급여정지 및 해제 일자

| 유형별 | 급여정지일 | 급여정지해제일 |
|---|---|---|
| 현역 군복무 | 입대일의 다음 날<br>(사관생도는 입교일 다음 날) | 전역일의 다음 날<br>(사관생도는 임관일 다음 날) |
| 보충역 훈련기간(4주) | 입대일의 다음 날 | 교육소집해제일의 다음 날 |
| 특수시설수용자 | 입소일의 다음 날 | 출소일, 가석방일, 형집행정지일,<br>구속집행정지일 |
| 국외출국자 | 출국일의 다음 날 | 입국일 |
| | • 2005. 2. 28. 이전 : 유학, 국외근무 사유를 제외한 자는 6개월 이상 출국하여야 급여정지 대상임<br>• 2005. 3. 1. 이후 : 출국사유 불문하고 1개월 이상 출국하여야 급여정지 대상임 | |

① Q : 아들이 오늘 사관생도로 입교하게 되었습니다. 오늘부터 급여가 정지되나요?

　A : 현역 군복무로 인한 급여정지를 신청하실 경우 입교일 다음날부터 급여가 정지됩니다.

② Q : 해외체류로 급여정지를 신청해 놓은 상태인데 이번에 병원문제로 두 달간 한국에 들어가게 되었습니다. 이런 경우 보험급여를 받을 수 있나요?

　A : 해외에 거주하시다가 1개월 이상 국내에 체류하실 경우 진료 사실이 발생하면 입국날짜와 연계되어 급여정지가 자동으로 해지됩니다. 따라서 보험급여를 받으실 수 있습니다.

③ Q : 회사 업무로 1년간 해외 출장을 가게 되었습니다. 저도 급여정지 대상이 됩니까?

　A : 2005년 3월 1일 이후 출국사유를 불문하고 1개월 이상 출국하는 경우는 급여정지 대상이 됩니다.

④ Q : 해외 유학 중인 학생입니다. 2월 1일부터 약 2주 동안 한국에 머물 예정인데요. 이 사이에 병원 진료를 받으면 보험료가 부과되나요?

　　A : 1개월 미만 국내에 거주하여 진료 사실이 있는 경우 입국일이 1일이라면 보험료 부과대상이 됩니다.

---

※ 다음 글을 읽고 이어지는 질문에 답하시오. [21~23]

> (가) 따라서 급속하게 증가하는 고령화로 인한 국민의 노후에 대한 불안을 해소하고 치매·중풍 등으로 거동이 불편한 노인의 '삶의 질' 향상과 그 가족의 부양부담을 경감하기 위한 사회안전망으로 사회보장이 필요하다.
>
> (나) 결국 노인장기요양보험은 노인 요양문제에 따르는 젊은 층의 노인 부양비용을 사회적 연대원리에 의해 충당하는 제도로, 젊은 층의 안정적 생활을 위해 반드시 마련되어야 하는 사회보험제도라는 인식 개선이 필요하다.
>
> (다) 사람이라면 누구든지 치매·중풍 등의 노화 현상과 노인성질환 등으로 인한 장기요양의 필요성으로부터 자유로울 수 없으며, 노인장기요양보험제도는 이러한 장기요양의 문제를 사회적으로 공동 해결하기 위하여 노인 및 그 가족뿐만 아니라 국민 전체에 의한 사회적 부양이라는 측면에서 사회적 연대원리로 운영되는 사회보험제도이다.
>
> (라) 우리 사회의 급격한 고령화에 따라 치매·중풍·파킨슨 등 노인성질병으로 일상생활을 혼자서 수행하기 어려운 노인들이 급속히 증가하고 있다. 요양이 필요한 노인은 증가하고 있지만 우리 사회의 핵가족화와 여성의 사회참여 증가로 가정에 의한 돌봄은 이미 한계에 도달하였고, 치매·중풍 등의 노인을 돌보는 가정에서는 비용부담, 부양문제로 인한 가족 간의 갈등이 빈번하게 발생하고 있는 실정이다.

**| 의사소통능력**

**21** 다음 중 (가) ~ (라)를 논리적 순서대로 바르게 나열한 것은?

① (라) - (가) - (다) - (나)　　　　② (라) - (나) - (가) - (다)

③ (다) - (라) - (가) - (나)　　　　④ (다) - (나) - (가) - (라)

**| 의사소통능력**

**22** 다음 중 윗글의 주제로 가장 적절한 것은?

① 사회보험의 현재와 미래　　　　② 고령화의 원인과 해결방안

③ 고령화와 사회보장　　　　　　④ 우리나라의 사회보험제도

**| 의사소통능력**

**23** 윗글이 어떤 질문에 대한 답이 된다면, 다음 중 그 질문으로 가장 적절한 것은?

① 사회보장이란 무엇인가요?

② 노인장기요양보험은 왜 필요한가요?

③ 고령화를 극복하기 위한 방법은 무엇이 있나요?

④ 다른 나라와 우리나라의 사회보험제도의 차이점은 무엇인가요?

※ 다음은 2017년도 요양보호사 직무교육 실시 안내문이다. 이어지는 질문에 답하시오. [24~25]

### 〈2017년도 요양보호사 직무교육 실시 안내문〉

요양보호사 직무교육을 위해 노력하시는 직무교육기관 대표님께 감사드리며, 2017년도 요양보호사 직무교육 관련하여 아래와 같이 안내드리오니 아래 내용을 반드시 참고하시어 교육을 실시하여 주시기 바랍니다.

■ **2017년도 요양보호사 직무교육 실시**

1. 실시기간 : 2017. 4. 1. ~ 12. 31.
2. 교육기관 : 고용노동부 직업능력심사평가원 통합심사 승인된 기관
   ※ 상시심사(1 : 1기업 마춤형 교육) 신청 업무는 관할 산업인력공단으로 문의바랍니다.
3. 교육장소 : 고용노동부로부터 인정된 교육장소에서 집합교육 실시
   - 장기요양기관의 요청 등에 의한 출장교육은 불인정
   - 공단에서 직무교육기관으로 지정받기 전 실시한 직무교육은 불인정

■ **직무교육기관 유이사항**

1. 요양보호사 직무교육은 사업주 위탁 훈련비용 지원 교육과정으로 실시하고 있어 훈련과정이 관련기관으로부터 불인정을 받거나 공단의 직무교육 관련 세부사항을 준수하지 아니한 경우 직무교육 실시가 인정되지 않을 수 있사오니 이점 유념하시기 바랍니다.
2. 2017년도 요양보호사 직무교육을 실시할 수 있는 직무교육기관은 2016년도 하반기에 직업능력심사평가원의 직업능력개발 훈련과정(요양보호사 직무교육) 통합심사 과정을 2017년도 교재로 승인받은 기관에서 교육을 실시할 수 있습니다.
3. 2016년도 상반기 통합심사과정에 2016년도 교육교재로 승인받은 기관은 인정유효기간(예 2017. 6. 30.까지)이 남아있어도 교육교재가 다르므로 2017년도 상반기 중에는 직무교육을 실시할 수 없사오니, 2017년도 하반기 운영(공단 교육 참여기간 : 2017년 하반기) 통합심사과정을 승인받아 교육에 참여해 주시기 바라며, 이점 유의하시어 추후 훈련비용 지원 등에 불이익이 없도록 바랍니다.
4. 통합심사 신청절차 등 자세한 사항은 직업능력심사평가원으로 문의하여 주시기 바랍니다.
5. 교육진행 시 주의사항
   - 고용보험 훈련비용 지원과정으로 교육 실시
   - 공단에서 선정한 대상자 중 고용보험 가입자로 훈련비용 지원 대상자인 경우에 교육 진행
   - 사업장에서 교육위탁 의뢰한 대상자 중 ① 공단에서 선정한 대상자가 아닌 자, ② 고용보험 미가입자는 교육을 이수하더라도 공단에서 직무교육급여비용이 지원되지 않으므로 사업장에 반드시 확인 후 교육 진행
   - 직무교육 시작일 전에 교육 실시한 건은 직무교육급여비용이 지원되지 않음
6. 교육기관은 강사 변경 사항이 있는 경우 공단(관할지사)에 신고 후 교육 실시
7. 직무교육기관 지정 관련(신규지정 신청기관만 혜당)
   - 공단이 제공하는 교재를 기본으로 한 '요양보호사 직무교육 훈련과정'을 직업능력심사평가원 직업능력개발훈련과정(고용보험 훈련비용 지원과정)으로 인정받은 후 강사요건을 갖추어 세부사항의 별지 제3호 서식 요양보호사 직무교육기관 지정신청서 및 첨부서류를 관할지사에 제출
     ※ 기 공단에 지정된 직무교육기관(통합심사 승인기관)은 별도의 지정 신청 없이 교육을 실시하며, 신규 최초 지정신청 교육기관만 해당함
   - (지정제한 기준) : 최근 1년간 요양보호사 자격시험 응시인력이 없고 요양보호사 직무능력향상 관련 교육실적도 없는 교육기관 → 하나 이상의 실적이 있으면 신청 가능

**24** B직무교육기관에 근무하는 T씨는 건강보험공단에서 제공하는 요양보호사 직무교육을 작년에 이어 올해도 실시한다. 다음 중 T씨가 할 행동으로 적절하지 않은 것은?

① 교육을 시작하기 전에 대상자가 공단에서 선정한 대상자인지, 고용보험에 가입되어 있는지 확인을 해야겠어.
② 이번 우리 기관에 강사가 바뀌었으니 교육 전에 어서 관할 공단에 신고해야지.
③ 저번 달에 실시한 A장기요양기관에서의 출장교육은 요양보호사 직무교육으로 인정되지 않는군.
④ 직무교육기관으로 지정받기 위해서 '요양보호사 직무교육 훈련과정'을 먼저 직업능력개발훈련과정으로 인정받은 후에 강사요건과 첨부서류를 관할지사에 제출해야겠군.

**25** 다음 중 제시된 안내문에서 틀린 단어의 개수는?

① 3개                    ② 4개
③ 5개                    ④ 6개

**26** 다음은 데이터센터에 대한 기사 내용이다. 이에 대한 내용으로 적절하지 않은 것은?

데이터센터(Data Center)란 컴퓨터 시스템과 통신장비, 저장장치인 스토리지(Storage) 등이 설치된 시설을 말한다. 데이터센터는 인터넷 검색과 이메일, 온라인 쇼핑 등의 작업을 처리하는 공간이다. 잠시라도 전원 공급이 중단되면 이러한 기능이 마비되기 때문에 예비 전력 공급 장치와 예비데이터 통신장비를 갖추고 있다. 또한, 컴퓨터 장비에서는 열기가 배출되기 때문에 냉방 시설이 중요하며 소방 시설과 보안 장치 등을 갖추고 있다.

컴퓨터가 처음 도입되었을 때도 컴퓨터 장비를 설치하기 위해서는 데이터센터와 같은 넓은 공간이필요했다. 초창기 컴퓨터는 장비 자체도 매우 컸고 이를 운영하기 위한 특별한 환경이 필요했기 때문이다. 장비를 연결하는 복잡한 케이블과 장비를 설치하기 위한 설비, 큰 용량의 전력 설비와 고가의 장비 보호를 위한 보안 설비가 필수였다.

이러한 데이터센터가 주목받기 시작한 것은 인터넷이 활성화되기 시작하면서부터다. 기업이 빠르고편리하게 인터넷을 이용하려면 전용 시설이 필요했기 때문이다. 대기업의 경우 인터넷 데이터센터(IDC; Internet Data Center)라는 명칭의 대규모 시설을 보유하기 시작했으며, 규모가 작은 기업은 비용 절감을 위해 자사의 장비 보관과 관리를 전문 시설을 갖춘 업체에 위탁하게 되었다. 현재인터넷 데이터센터는 기업의 인터넷 장비(서버)를 맡아 대신 관리하기 때문에 서버 호텔 혹은 임대서버 아파트라고도 불린다.

데이터센터 건물은 통상 축구 경기장 넓이(1만 $m^2$) 규모로 건설된다. 데이터센터는 서버가 설치된장소와 네트워크를 24시간 관리하는 운영센터(NOC; Network Operating Center), 냉각시설과전력공급시설로 구성된다. 서버 장비는 온도와 습도에 민감하므로 일정 기준으로 유지할 수 있는설비가 기본이다. 적정 온도는 16 ~ 24℃이며 습도는 40 ~ 55%를 유지해야 한다. 또 지진과 홍수와 같은 재해에 대비한 안전장치와 보안시설이 필요하다.

또한, 데이터센터는 대규모 전력을 필요로 한다. 특히 서버와 스토리지, 네트워크 장비에서 발생하는 뜨거운 열기를 식히는 데 많은 전력을 사용하고 있다. 데이터센터가 사용하는 전력의 효율성을측정하는 지표로 PUE(Power Usage Effectiveness)가 있다. PUE는 데이터센터의 전체 전력사용량과 IT 장비에 사용되는 전력량의 비로 계산하며, PUE가 1에 가까운 값인 경우 거의 모든 에너지가 컴퓨팅을 위해 사용된다는 의미이다.

오늘날 데이터센터의 대규모 전력 사용 문제 해결을 위해 다양한 시도가 진행되고 있다. 구글의 핀란드 데이터센터는 발틱해의 찬 바닷물을 시스템 냉각에 사용한다. 페이스북의 스웨덴 데이터센터와 HP의 영국 북해 연안의 데이터센터도 차가운 바다 공기를 이용한다. 구글의 오클라호마 데이터센터는 풍력으로 생산되는 전력을 사용한다. 구글은 그동안 풍력과 같은 청정에너지 분야에 수억달러를 투자했다.

현재 데이터센터 중 가장 큰 규모로는 구글을 볼 수 있다. 구글은 자신의 데이터센터를 인터넷이 사는 곳이라고 부른다. 구글코리아 자료에 따르면 181개국에서 146개 언어를 사용해서 발생하는 하루 평균 검색량이 10억 건에 달한다. 매일 입력되는 검색어 중에서 16%는 새로 생기는 검색어다. 2003년 이후 새로 입력된 검색어는 4,500억 개에 달하는데, 검색 결과를 보여주는 데 걸리는 시간은 평균 0.25초에 불과하다. 많은 정보를 빠르게 처리하려면 대규모 데이터센터가 필수적인 것이다.

지금까지 구글은 데이터센터에 대해서 철저한 보안을 유지하다가 2012년 10월 처음으로 자사의 홈페이지를 통해 데이터센터 내부를 공개했다. '구글 스트리트뷰'를 이용하면 미국 노스캐롤라이나주 르노어시에 위치한 구글 데이터센터 내부를 방문할 수 있다.

① 데이터센터는 서버가 설치된 장소와 운영센터, 냉각시설과 전력공급시설로 이루어져 있다.
② 청정에너지를 통해 데이터센터의 전력 문제를 해결하려는 시도가 진행되고 있다.
③ 소규모기업은 데이터센터를 보유하는 대신 전문 시설을 갖춘 업체에 위탁하여 비용을 절감한다.
④ 구글에서는 현재까지 데이터센터 내부를 공개하지 않고 있다.

**27**  새해를 맞이하여 독서를 새해 목표로 세운 A씨는 휴대하기 편리한 전자책 구매를 고민하는 중에 전자책 시장에 대한 기사를 접했다. A씨가 기사를 읽고 판단한 내용으로 적절하지 않은 것은?

국내에서는 종이책과 전자책이 저마다 확고한 시장을 확보하고 공존하고 있다. 출판업계 관계자들은 전자책에 대해 종이책을 밀어내는 '경쟁자'의 입장이 아닌 '보완재' 혹은 '동력자'의 관계로 보고 있다. K문고 관계자에 따르면 "종이책과 전자책은 저마다의 장점이 있다. 종이책은 책의 속성인 종이를 넘기는 경험을 주고 전자책은 갖고 다니기 편리한 점이 있다."라며, "전자책의 등장으로 출판업의 형태가 변화했을 뿐 전자책과 종이책을 경쟁상대로 보는 것은 맞지 않다."라고 말했다. 즉, 종이책과 전자책은 상생하고 있다는 것이다.

일주일에 한 번은 서점을 들른다는 김 모(26) 씨도 인터넷신문이 등장하면서 종이신문을 보기 힘들게 된 것처럼 전자책이 종이책을 잡아먹을 것이라고 생각했다. 그러나 "종이책 고유의 감성은 강했다."라며, "종이책이 가진 감성을 전자책이 메우기는 힘들다."라고 말했다. K문고 이비즈니스본부장은 "먼 미래에는 어떻게 환경이 바뀌게 될지 예측하기 어렵지만 당분간은 종이책과 전자책이 공존하면서 독서시장을 키울 것으로 보인다. 종이책의 적은 전자책이 아니며, 전자책이 전체 독서시장의 외연을 넓히는 순기능을 할 것으로 기대하고 있다."라고 말했다.

현재 국내 전자책 시장은 '웹소설'과 '웹툰'을 필두로 입지를 다지고 있다. 어느 웹소설 전문사이트의 경우 지난 2008년 최초로 웹소설 판매를 시작한 이후 2009년 2억 원이던 연매출이 지난해 125억 원으로 급성장했다. 웹툰 시장은 지난해 5,840억 원에서 올해 7,240억 원으로 23% 성장했다. 한국전자출판협회 관계자는 "출판사는 전자책과 종이책 판매량을 따지지만 협회에서는 개별로 본다."라며, "국내 출판산업은 전자책과 종이책을 비교할 수 없는 구조이다. 종이책을 만들지 않는 웹소설과 웹툰도 전자책으로 분류할 수 있어 시장 구분이 모호하다."라며 비교대상이 아니라고 말했다. 한편, "책이라는 큰 카테고리 안에서 전자책은 종이책과 공존해야 할 대상이라고 생각한다."라고 덧붙였다.

프랑스는 종이책의 선전(善戰)을 입증하는 나라로 꼽힌다. 한때 프랑스에 전자책이 상륙하면서 오프라인 서점과 종이책은 3년 내 멸종할 것이란 전망까지 나왔지만 뚜껑을 열고 보니 오판이었다. 전통을 중시하는 프랑스에서 전자책은 전 세계에서 가장 힘을 못 쓰고 있는 것이다.

전통을 존중하는 프랑스가 원체 유별나긴 해도 미국도 사실 크게 다르지 않다. 2007년 아마존이 전자책을 출시하면서 매년 급속한 성장을 이어가던 전자책은 최근 영어권 국가를 중심으로 성장률에 정체 신호가 들어왔다. 미국출판협회(AAP) 집계에 따르면, 2016년 1월부터 9월까지 도서 판매에서 전자책 매출은 18.7% 감소하고, 종이책은 7.5% 증가했다고 발표했다. 영국출판협회(PA)도 2016년 영국의 전자책 판매가 17% 감소, 종이책은 7% 증가했다고 발표했다. 전자책 전용 단말기 판매도 2011년 최고치를 기록한 이후 5년간 약 40% 정도 감소했다.

이러한 해외 전자책 시장 정체의 주요 원인으로는 이용자들의 디지털 피로도 현상과 메이저 출판사들의 전자책 가격 인상으로 나타났다. 이용자 관점에서 보았을 때 다수 독자가 느끼는 전자기기를 통한 장문 읽기의 부담감과 다양한 멀티미디어와 엔터테인먼트 콘텐츠 이용률의 증가가 정체의 원인으로 나타난 것이다.

책은 지식 정보의 전달 수단만이 아니라 인간의 감성을 다루는 예술이다. 종이책은 책장 넘기는 소리, 저마다 다른 종이 재질 그리고 잉크 냄새 등 전자책은 흉내낼 수 없는 아날로그 감수성의 결집체이다. 이것이 전자책이 출시된 지 10년이 지난 지금도 많은 인문주의자가 책의 내용만큼 책 그 자체를 아끼는 이유이다.

① 해외시장에서의 전자책 성장률 정체는 이용자들이 전자기기를 통한 장문 읽기에 부담을 느꼈기 때문이야.

② 해외시장의 사례를 보아 국내에서 전자책은 종이책보다 경쟁력이 뒤처질 것임을 알 수 있어.

③ 종이책이 살아남을 수 있었던 이유는 이용자의 아날로그 감성을 자극했기 때문이군.

④ 국내 시장에서 종이책과 전자책은 저마다의 확고한 시장 속에서 공존하고 있어.

| 수리능력

**28** 귀하는 국민건강보험공단의 미납보험료에 대한 연체료 계산 업무를 맡게 되었다. 현재 공단의 미납보험료에 대해 개정된 연체료 계산 방식이 다음과 같을 때, 미납보험료과 연체일에 따른 연체료를 계산한 결과로 순서대로 바르게 나열한 것은?(단, 원 단위는 절사한다)

〈연체료 일할계산 제도시행 안내〉

건강·연금보험료 미납자의 경제적 부담완화를 위한 연체료 일할계산 제도가 국민건강보험법 제80조 제1항 및 제2항, 노인장기요양보험법 제11조에 따라 다음과 같이 개정되어 시행됩니다.

▶ 개정내용

| 구분 | | (개정 전)월 단위 사전부과방식 | (개정 후)일 단위 사후정산방식 |
|---|---|---|---|
| 납부기한 경과 후 | 30일까지 | 1개월까지 미납보험료의 3% 가산 | 매 1일이 경과할 때마다 미납보험료의 1천분의 1 가산 |
| | 31일부터 | 1개월 경과마다 미납보험료의 1% 가산 | 매 1일이 경과할 때마다 미납보험료의 3천분의 1 가산 |
| | 최대 | 9% 이내 | |

|   | 미납보험료 | 연체일 | 연체료 |
|---|---|---|---|
| ① | 51,000원 | 211일 | 4,600원 |
| ② | 72,000원 | 62일 | 2,710원 |
| ③ | 66,000원 | 83일 | 3,140원 |
| ④ | 123,000원 | 54일 | 4,530원 |

**29** K공단의 작년 정규직 수는 1,275명, 계약직 수는 410명이였다. 올해는 작년에 비해 정규직 남성은 4%, 여성은 2% 증가하면서 정규직 수가 40명 증가하였다. 계약직의 경우는 남성이 6% 증가하고, 여성이 5% 감소하면서 총 4명이 감소하였다. 올해 남성의 정규직 수와 계약직 수는 각각 몇 명인가?

|   | 정규직 수 | 계약직 수 |
|---|---|---|
| ① | 754명 | 159명 |
| ② | 754명 | 150명 |
| ③ | 725명 | 159명 |
| ④ | 725명 | 150명 |

**30** 취업상담기관에 근무하고 있는 K사원은 2017년까지의 비정규직 근로자 비율을 알아보고자 통계청에 자료를 검색해보았다. 검색 결과가 다음과 같을 때, K사원이 이해한 내용으로 옳지 않은 것은?

〈성별 및 연령집단별 비정규직 비율〉

(단위 : %)

| 구분 | | 2008년 | 2009년 | 2010년 | 2011년 | 2012년 | 2013년 | 2014년 | 2015년 | 2016년 | 2017년 |
|---|---|---|---|---|---|---|---|---|---|---|---|
| 성별 | 남자 | 28.8 | 28.2 | 27.1 | 27.8 | 27.2 | 26.5 | 26.6 | 26.5 | 26.4 | 26.4 |
| | 여자 | 40.8 | 44.1 | 41.8 | 42.8 | 41.5 | 40.6 | 39.9 | 40.2 | 41 | 41.1 |
| 연령집단성별 | 15 ~ 19세 | 65.1 | 74.9 | 69.8 | 69.4 | 75.9 | 74.8 | 69.5 | 74.3 | 75.5 | 73.7 |
| | 20 ~ 29세 | 31 | 31.7 | 31.3 | 31.6 | 30.5 | 31.2 | 32 | 32.1 | 32 | 32.8 |
| | 30 ~ 39세 | 26.7 | 25.2 | 23.3 | 24.3 | 23.1 | 22.2 | 21.8 | 21.2 | 21.1 | 20.6 |
| | 40 ~ 49세 | 31.6 | 32.3 | 29.8 | 30.5 | 29.1 | 27.2 | 26.6 | 26 | 26.1 | 26.1 |
| | 50 ~ 59세 | 39.6 | 40.6 | 39.3 | 39.6 | 37.6 | 37.1 | 34.6 | 34.5 | 34 | 33.8 |
| | 60세 이상 | 65.7 | 72.7 | 69.6 | 70.5 | 70.5 | 67.5 | 68.7 | 67.4 | 68.2 | 67.4 |
| 전체 | | 33.8 | 34.9 | 33.3 | 34.2 | 33.3 | 32.6 | 32.4 | 32.5 | 32.8 | 32.9 |

※ (비정규직 비율)=(비정규직 수)÷(전체 임금근로자 수)×100
※ 비정규직은 한시적근로자, 시간제근로자, 비전형근로자 등을 포함함

① 50대의 비정규직 근로자 비율은 2014년부터 지속해서 감소하고 있다.

② 2017년 20대 전체 임금근로자수가 360만 명이라면 2017년도 20 ~ 29세 비정규직 인구는 약 118만 명이다.

③ 2009 ~ 2017년의 전체 비정규직 근로자의 비율과 여성 비정규직 근로자 비율의 증감추이는 같다.

④ 2017년 비정규직 근로자 비율의 2008년 대비 감소율이 가장 큰 연령대는 40 ~ 49세이다.

**31** 다음은 2010 ~ 2016년까지 우리나라의 암 사망자 수를 나타낸 자료이다. 이에 대한 내용으로 옳지 않은 것은?(단, 소수점 둘째 자리에서 반올림한다)

〈우리나라 암 사망자 수〉

(단위 : 명)

| 구분 | 2010년 | 2011년 | 2012년 | 2013년 | 2014년 | 2015년 | 2016년 |
|------|--------|--------|--------|--------|--------|--------|--------|
| 위암 | 10,032 | 9,719 | 9,342 | 9,180 | 8,917 | 8,526 | 8,264 |
| 폐암 | 15,623 | 15,867 | 16,654 | 17,177 | 17,440 | 17,399 | 17,963 |
| 간암 | 11,205 | 10,946 | 11,335 | 11,405 | 11,566 | 11,311 | 11,001 |
| 대장암 | 7,701 | 7,721 | 8,198 | 8,270 | 8,397 | 8,380 | 8,432 |
| 유방암 | 1,868 | 2,018 | 2,013 | 2,244 | 2,271 | 2,354 | 2,472 |
| 자궁암 | 1,272 | 1,294 | 1,219 | 1,232 | 1,300 | 1,374 | 1,300 |
| 기타 암 | 24,345 | 24,014 | 24,998 | 25,826 | 26,720 | 27,511 | 28,762 |
| 모든 암 | 72,046 | 71,579 | 73,759 | 75,334 | 76,611 | 76,855 | 78,194 |

① 위암 사망자는 매년 모든 암 중에서 10% 이상의 비율을 보여주고 있다.

② 기타 암을 제외하고 2010년 대비 2016년 암 사망자 수의 증감률이 가장 높은 것은 유방암이다.

③ 폐암 사망자는 기타 암을 제외하고 매년 가장 높은 암 사망자 수 비율을 보이고 있다.

④ 대장암 사망자 수는 매년 자궁암 사망자 수보다 6배 이상 많다.

**32** 국민건강보험공단의 기획팀의 남녀 비율은 3 : 2이고, 그중 기혼여성과 미혼여성의 비율은 1 : 2이다. 기혼여성이 6명이라고 할 때, 기획팀의 인원은 총 몇 명인가?

① 42명

② 45명

③ 48명

④ 50명

※ 다음은 국민건강보험공단의 본인부담상한제에 대한 자료이다. 이어지는 질문에 답하시오. [33~34]

<본인부담상한제 안내>

1. 본인부담액상한제란?

고액 중증질환의 의료비 부담을 덜어드리기 위하여 환자가 부담한 연간 본인부담금 총액이 가입자 소득 수준에 따른 본인부담 상한액을 초과하는 경우 그 초과금액을 전액 환자에게 돌려주는 제도입니다(단, 비급여 항목 제외).

2. 2014 ~ 2016년도 분위별 월 보험료구간

| 구분 | 2014년 | | 구분 | 2015년 | | 구분 | 2016년 | |
|---|---|---|---|---|---|---|---|---|
| | 지역 | 직장 | | 지역 | 직장 | | 지역 | 직장 |
| 1분위 | 9,830원 이하 | 30,440원 이하 | 1분위 | 9,960원 이하 | 33,040원 이하 | 1분위 | 10,050원 이하 | 34,420원 이하 |
| 2~3분위 | 9,830원 초과 24,050원 이하 | 30,440원 초과 45,640원 이하 | 2~3분위 | 9,960원 초과 24,740원 이하 | 33,040원 초과 48,110원 이하 | 2~3분위 | 10,050원 초과 26,760원 이하 | 34,420원 초과 50,110원 이하 |
| 4~5분위 | 24,050원 초과 54,430원 이하 | 45,640원 초과 67,410원 이하 | 4~5분위 | 24,740원 초과 56,420원 이하 | 48,110원 초과 69,800원 이하 | 4~5분위 | 26,760원 초과 60,380원 이하 | 50,110원 초과 72,290원 이하 |
| 6~7분위 | 54,430원 초과 105,000원 이하 | 67,410원 초과 103,010원 이하 | 6~7분위 | 56,420원 초과 108,400원 이하 | 69,800원 초과 106,220원 이하 | 6~7분위 | 60,380원 초과 114,030원 이하 | 72,290원 초과 109,480원 이하 |
| 8분위 | 105,000원 초과 141,000원 이하 | 103,010원 초과 132,770원 이하 | 8분위 | 108,400원 초과 145,240원 이하 | 106,220원 초과 136,960원 이하 | 8분위 | 114,030원 초과 151,760원 이하 | 109,480원 초과 141,440원 이하 |
| 9분위 | 141,000원 초과 190,870원 이하 | 132,770원 초과 179,700원 이하 | 9분위 | 145,240원 초과 196,510원 이하 | 136,960원 초과 185,880원 이하 | 9분위 | 151,760원 초과 204,200원 이하 | 141,440원 초과 192,780원 이하 |
| 10분위 | 190,870원 초과 | 179,700원 초과 | 10분위 | 196,510원 초과 | 185,880원 초과 | 10분위 | 204,200원 초과 | 192,780원 초과 |

3. 본인부담상한액 기준

| 소득분위 | 1분위 | 2~3분위 | 4~5분위 | 6~7분위 | 8분위 | 9분위 | 10분위 |
|---|---|---|---|---|---|---|---|
| 2014년도 | 120만 원 | 150만 원 | 200만 원 | 250만 원 | 300만 원 | 400만 원 | 500만 원 |
| 2015년도 | 121만 원 | 151만 원 | 202만 원 | 253만 원 | 303만 원 | 405만 원 | 506만 원 |
| 2016년도 | 121만 원 | 152만 원 | 203만 원 | 254만 원 | 305만 원 | 407만 원 | 509만 원 |
| 2017년도 | 122만 원 | 153만 원 | 205만 원 | 256만 원 | 308만 원 | 411만 원 | 514만 원 |

4. 적용 방법

가. 사전급여 : 동일 요양기관에서 진료를 받고 발생한 당해 연도 본인부담액 총액이 각 분위의 상환액을 넘는 경우 환자는 상환액까지만 부담하고, 초과분은 병·의원에서 공단으로 청구합니다.

나. 사후급여 : 당해 연도에 환자가 여러 병·의원(약국포함)에서 진료를 받고 부담한 연간 본인부담액을 다음해에 최종 합산하여 보험료 수준에 따른 본인부담상한액을 넘는 경우에는 그 넘는 금액을 공단이 환자에게 돌려줍니다.

5. 본인부담사후환급 적용

(사후환급금)=(당해 연도 본인부담금)−(당해 연도 본인부담상한액)

**33** 제시된 자료를 참고해 (A) ~ (C)에 들어갈 본인부담상한액을 순서대로 바르게 나열한 것은?

---

- 2014년도 직장가입자(월 보험료 55,252원) → 2014년도 본인부담상한액 (A)
- 2016년도 지역가입자(월 보험료 125,642원) → 2016년도 본인부담상한액 (B)
- 2015년도 지역가입자(월 보험료 73,358원) → 2015년도 본인부담상한액 (C)

---

|  | (A) | (B) | (C) |
|---|---|---|---|
| ① | 200만 원 | 305만 원 | 253만 원 |
| ② | 200만 원 | 254만 원 | 202만 원 |
| ③ | 200만 원 | 305만 원 | 202만 원 |
| ④ | 150만 원 | 305만 원 | 253만 원 |

**34** 국민건강보험공에 근무하는 K사원은 고객으로부터 2016년 사후환급금에 관한 문의 전화를 받았다. 직장가입자인 고객은 2016년에 월 보험료로 125,486원을 납입했으며 2016년에 지불한 의료비가 다음과 같다고 할 때, 고객에게 안내해야 할 사후환급금액은?

| 1월 | 3월 | 4월 | 9월 |
|---|---|---|---|
| A병원 250만 원 | Z병원 127만 원<br>O병원 78만 원 | P약국 84만 원 | E약국 53만 원 |

① 275만 원　　　　　　　　　　② 280만 원

③ 287만 원　　　　　　　　　　④ 293만 원

**35** K대리가 A지점에서 출발하여 B지점까지 가는데 중간 경유지인 X ~ Z지점을 경유하지 않고 가는 최단 경로의 수는?

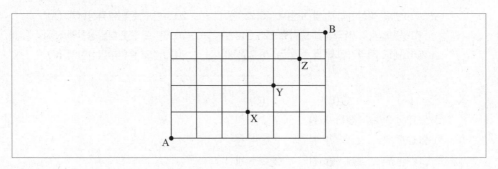

① 46가지

② 48가지

③ 50가지

④ 52가지

**36** P대리는 자신의 회사인 출발지 A지점에서 출장 장소인 도착지 K지점까지 최단경로로 가고자 한다. 다음 중 최단경로의 산출거리는?[단, 구간별 숫자는 거리(km)를 나타낸다]

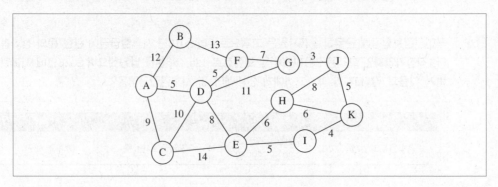

① 22km

② 23km

③ 24km

④ 25km

**37** 다음 그림과 같이 정육면체 4개가 붙어 있을 때, 점 A에서 점 B로 가는 최단 경로의 수는?

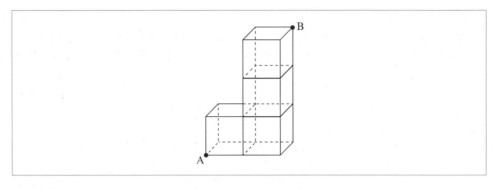

① 38가지　　　　　　　　　　　② 40가지

③ 42가지　　　　　　　　　　　④ 44가지

**38** 갑은 개인사유로 인해 5년간 재직했던 회사를 그만두게 되었다. 갑에게 지급된 퇴직금이 1,900만 원일 때, 갑의 평균 연봉을 바르게 계산한 것은?(단, 1일 평균임금 계산 시 천의 자리에서 올림한다)

---

〈퇴직금 산정방법〉

• 고용주는 퇴직하는 근로자에게 계속근로기간 1년에 대해 30일분 이상의 평균임금을 퇴직금으로 지급해야 합니다.
　– "평균임금"이란 이를 산정해야 할 사유가 발생한 날 이전 3개월 동안에 해당 근로자에게 지급된 임금의 총액을 그 기간의 총일수로 나눈 금액을 말합니다.
　– 평균임금이 근로자의 통상임금보다 적으면 그 통상임금을 평균임금으로 합니다.
• 퇴직금 산정공식
　(퇴직금)＝[(1일 평균임금)×30일×(총 계속근로기간)]÷365

---

① 4,110만 원　　　　　　　　　　② 4,452만 원

③ 4,650만 원　　　　　　　　　　④ 4,745만 원

※ 서울에 위치한 K회사는 직원들의 건강증진을 위해 근처 생태공원에서 걷기대회를 개최하고자 한다. 이어지는 질문에 답하시오. [39~40]

조건

K회사는 대회에 참여하는 직원들을 위해 걷기대회 마지막 구간에서 직원들의 사기를 진작시킬 수 있도록 이벤트를 계획하고자 한다. 걷기대회의 마지막 구간은 그림과 같으며 도로의 폭은 26m로 일정하다.

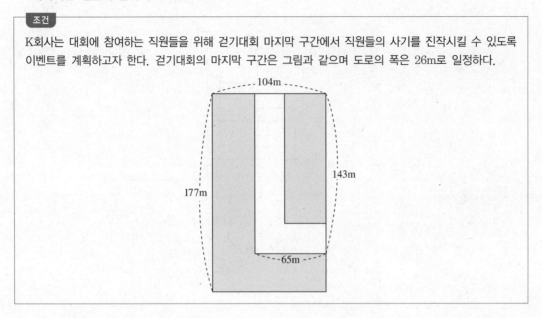

**39** K회사는 걷기대회에 참여하지 않는 직원들을 마지막 구간에 일정한 간격으로 배치하여 응원이벤트를 하고자 한다. 구간의 양끝과 코너의 모서리에 반드시 한 명의 직원을 각각 배치하고 응원이벤트에 참여하는 직원들에게는 동일한 일당을 지급한다. 예산이 150만 원으로 책정되었다고 할 때, 일당은 얼마인가?(단, 인원은 최소가 되도록 배치하고 직원 간 거리는 양쪽이 같다)

① 5만 원          ② 6만 원

③ 7만 원          ④ 8만 원

**40** K회사는 이벤트를 위해 배너를 제작하기로 결정했다. 배너 제작 요청서와 제작 규정을 보고 제작 비용을 바르게 계산한 것은?

---

〈배너 제작 요청서〉                     17-07-24(월) 16:41

보낸사람 : K회사 A
받는사람 : R업체 B                     첨부파일 : 배너 최종 디자인.eps

---

안녕하십니까? K회사의 A대리입니다.
저희 회사 행사에 쓰일 배너를 주문 제작하고자 합니다.
가로 250cm×세로 120cm의 크기로 디자인은 첨부파일을 확인해 주십시오.
첨부된 디자인대로 3색으로 제작해 주시고, 행사 일정상 이번 주 금요일까지는 완료되어야 하오니 양해 부탁드립니다.
일정에 차질이 있는 경우나 문의가 있으시면 첨부파일의 전화번호로 연락해 주십시오.
좋은 하루 보내십시오. 감사합니다.

---

〈제작 규정〉

- 배너 제작 시 $2m^2$까지는 기본 판에 해당되어 15,000원으로 일정하게 부과되며, 기본 판을 초과 하는 부분에 대해서는 $3,000원/m^2$가 추가됩니다.
- 흑백과 2색까지 추가 비용이 없으며, 3색부터는 3,000원, 5색 이상은 7,000원이 추가됩니다.
- 주문 시 일주일 정도 여유를 두고 주문해 주십시오. 만약 일주일 내로 완성해야 하는 경우 제작비 의 10%가 수수료로 부과됩니다.
- 배송료는 3,000원이며, 도서산간 지역은 5,000원입니다.

---

① 26,100원                    ② 28,400원
③ 30,000원                    ④ 32,700원

※ 2014 ~ 2015년 연봉이 3,000만 원(세전)이었던 직장인 B씨는 최근 국민건강보험공단으로부터 2016년 보수 변동에 따른 직장인 건강보험료를 정산한다는 통지를 받았다. 다음과 같은 규칙으로 보험료를 정산한다고 할 때, 이어지는 질문에 답하시오. [41~42]

### 〈2016년 보수 변동에 따른 직장인 건강보험료 정산 개요〉

▶ 2016년 건강보험료는 2015년 보수(1 ~ 3월은 2014년 보수)를 기준으로 부과하고 다음 해인 2017년 4월에 2016년 보수변동(호봉승급, 성과급 등)을 확정한 후 정산 실시

| 구분 | | 1 ~ 3월 | 4 ~ 12월 |
|---|---|---|---|
| 2016년에 실제 납부한 보험료 | (A) | 2014년 보수 기준 | 2015년 보수 기준 |
| 2016년에 납부했어야 하는 보험료 | (B) | 2016년 보수 기준 (사업장에서 2017년에 공단에 확정 신고) | |
| 정산 보험료 | | B－A | |

▶ 보험료 산정방법

(건강보험료)＝(보수월액)×(보험료율)

※ 보수월액은 동일사업장에서 당해연도에 지급받은 보수총액을 근무월수로 나눈 금액을 의미함

※ 세전 금액으로 계산함

▶ 보험료율
• 연도별 보험료율

| 적용기간 | 건강보험료율 | 장기요양보험료율 | 비고 |
|---|---|---|---|
| 2012. 9 ~ 2012. 12 | 5.80% | | |
| 2013. 1 ~ 2013. 12 | 5.89% | | |
| 2014. 1 ~ 2014. 12 | 5.99% | 6.55% | 장기요양보험료는 2008년 7월부터 부과 |
| 2015. 1 ~ 2015. 12 | 6.07% | | |
| 2016. 1 ~ | 6.12% | | |

• 보험료 부담비율

| 구분 | 계 | 가입자부담 | 사용자부담 | 국가부담 |
|---|---|---|---|---|
| 근로자 | | | 3.06% | － |
| 공무원 | 6.12% | 3.06% | － | 3.06% |
| 사립학교교원 | | | 1.836%(30%) | 1.224%(20%) |

**41** 2016년 B씨의 연봉이 2015년보다 5% 올랐을 때, B씨가 2017년 4월에 추가 납부해야 할 건강보험료를 바르게 계산한 것은?(단, 보수의 소득과 경감 사유는 없는 것으로 가정한다)

① 40,510원

② 43,200원

③ 45,900원

④ 변동 없음

**42** 2016년 B씨의 연봉이 2015년보다 5% 줄었다면 B씨가 2017년 4월에 추가 납부 혹은 환급받아야 할 금액은?(단, 보수의 소득과 경감 사유는 없는 것으로 가정한다)

① 43,200원 환급

② 45,900원 환급

③ 40,510원 추가 납부

④ 변동 없음

※ 글로벌협력사업단의 K부장은 G과장과 함께 중남미 보건의료시장 진출 지원을 위해 칠레로 출장을 가게 되었다. 이어지는 질문에 답하시오. **[43~44]**

▶ 비행스케줄

출국편 2017-09-01(금) 인천(ICN) → 산티아고(SCL)

| 항공 | 출발도시/시간 | 도착도시/시간 |
|---|---|---|
| U항공 | 인천<br>2017-09-01(금) 16:40 | 샌프란시스코<br>2017-09-01(금) 11:30 |
| | 샌프란시스코<br>2017-09-01(금) 14:10 | 휴스턴(IAH)<br>2017-09-01(금) 20:16 |
| | 휴스턴(IAH)<br>2017-09-01(금) 21:50 | 산티아고<br>2017-09-02(토) 9:10 |
| A항공 | 인천<br>2017-09-01(금) 11:10 | 도쿄(나리타)<br>2017-09-01(금) 13:45 |
| | 도쿄(나리타)<br>2017-09-01(금) 18:30 | 댈러스(DFW)<br>2017-09-01(금) 16:15 |
| | 댈러스(DFW)<br>2017-09-01(금) 20:15 | 산티아고<br>2017-09-02(토) 07:45 |
| B항공 | 인천<br>2017-09-01(금) 12:35 | 도쿄(나리타)<br>2017-09-01(금) 14:55 |
| | 도쿄(나리타)<br>2017-09-01(금) 16:05 | 휴스턴(IAH)<br>2017-09-01(금) 14:15 |
| | 휴스턴(IAH)<br>2017-09-01(금) 21:50 | 산티아고<br>2017-09-02(토) 09:10 |
| T항공 | 인천<br>2017-09-01(금) 12:30 | 프랑크푸르트<br>2017-09-01(금) 16:50 |
| | 프랑크푸르트<br>2017-09-01(금) 21:50 | 상파울루(GRU)<br>2017-09-02(토) 04:50 |
| | 상파울루(GRU)<br>2017-09-02(토) 08:05 | 산티아고<br>2017-09-02(토) 12:20 |

▶ 시차

| 기준도시 | 비교도시 | 시차 |
|---|---|---|
| 댈러스(DFW) | 산티아고 | -1 |
| 도쿄 | 댈러스(DFW) | 14 |
| 상파울루(GRU) | 산티아고 | 1 |
| 샌프란시스코 | 휴스턴(IAH) | -2 |
| 서울 | 샌프란시스코 | 16 |
| 서울 | 도쿄 | 0 |
| 서울 | 프랑크푸르트 | 7 |
| 프랑크푸르트 | 상파울루(GRU) | 5 |
| 휴스턴(IAH) | 산티아고 | -1 |

**43** K부장은 최소한의 체력소모를 위해 이동시간이 가능한 짧은 것으로 했으면 좋겠다는 의견을 G과 장에게 제시하였다. K부장의 의견을 참고할 때, 다음 중 G과장이 선택할 항공사는?

① U항공               ② A항공

③ B항공               ④ T항공

**44** 다음 중 한국(서울)과 칠레(산티아고)의 시차를 바르게 계산한 것은?

① 12시간               ② 13시간

③ 14시간               ④ 15시간

※ 재가노인복지시설에서 요양보호사로 일하고 있는 C씨는 얼마 전 방문요양서비스를 신청한 가정집에 배정되어 일을 시작하였다. 이어지는 질문에 답하시오. **[45~46]**

---

▶ 장기요양급여비용 등의 산정(장기요양급여비용 등에 관한 고시)

1. **장기요양급여비용 산정의 일반원칙**
   장기요양급여비용은 급여종류별 급여비용 및 산정기준에 의하여 산정하되, 급여비용의 가산 및 감산에 의하여 산출된 금액에 10원 미만의 단수가 있을 때는 반올림합니다.

2. **재가급여비용(2017. 1. 1. 기준)**
   • 방문요양

| 금액(단위 : 원/회) | | | | | | | |
|---|---|---|---|---|---|---|---|
| 30분 | 60분 | 90분 | 120분 | 150분 | 180분 | 210분 | 240분 이상 |
| 11,810 | 18,130 | 24,310 | 30,690 | 34,880 | 38,560 | 41,950 | 45,090 |

   ※ 야간가산 20%, 심야 및 휴일가산 30%(야간·심야·휴일가산이 동시에 적용되는 경우 중복하여 가산하지 아니함)

   • 방문목욕

| 금액(단위 : 원/회) | | |
|---|---|---|
| 차량 이용(차량 내 목욕) | 차량 이용(가정 내 목욕) | 차량 미이용 |
| 72,540 | 65,410 | 40,840 |

   ※ 방문목욕 급여비용은 2인 이상의 요양보호사가 60분 이상 서비스를 제공한 경우에 산정하고, 소요시간이 40분 이상 60분 미만인 경우에는 해당 급여비용의 80%를 산정

   • 방문간호

| 금액(단위 : 원/회) | | |
|---|---|---|
| 30분 미만 | 30분 이상 60분 미만 | 60분 이상 |
| 33,640 | 42,200 | 50,770 |

   ※ 야간가산 20%, 심야 및 휴일가산 30%(야간·심야·휴일가산이 동시에 적용되는 경우 중복하여 가산하지 아니함)

**45** C씨는 2주간 자신의 업무를 기록해 둔 플래너를 잃어버려 기억나는 대로 달력에 적어 보았다. 기록이 다음과 같을 때, C씨는 최소 몇 시간을 일하였는가?(단, 적힌 금액 이외의 다른 조건들은 고려하지 않는다)

| 일요일 | 월요일 | 화요일 | 수요일 | 목요일 | 금요일 | 토요일 |
|---|---|---|---|---|---|---|
| 5 | 6<br>요양<br>41,950원 | 7<br>요양<br>30,690원 | 8 | 9<br>간호<br>42,200원 | 10 | 11<br>목욕<br>65,410원 |
| 12<br>간호<br>50,770원 | 13<br>목욕<br>40,840원 | 14 | 15<br>요양<br>38,560원 | 16 | 17<br>요양<br>11,810원 | 18 |

① 11시간   ② 11시간 30분
③ 12시간   ④ 12시간 30분

**46** 다음 날 C씨는 사무실 책상에 꽂혀 있던 플래너를 발견하였다. 추가적인 세부사항이 다음과 같을 때, C씨가 일하는 가정집의 총 급여비용은?(단, 반올림은 총합에서 적용한다)

〈세부사항〉

- 6일 : 야간근무
- 9일 : 70분 근무
- 13일 : 50분 근무
- 15일 : 야간근무

① 281,230원   ② 322,230원
③ 353,970원   ④ 358,360원

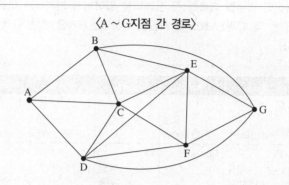

〈A ~ G지점 간 경로〉

〈구간별 거리〉

| 지점 | A | B | C | D | E | F | G |
|------|-----|-----|-----|-----|-----|-----|-----|
| A | – | 52 | 108 | 51 | – | – | – |
| B | 52 | – | 53 | – | 66 | – | 128 |
| C | 108 | 53 | – | 56 | 53 | 55 | – |
| D | 51 | – | 56 | – | 62 | 69 | 129 |
| E | – | 66 | 53 | 62 | – | 59 | 58 |
| F | – | – | 55 | 69 | 59 | – | 54 |
| G | – | 128 | – | 129 | 58 | 54 | – |

※ 지점과 지점 사이 경로가 없는 경우 '–'로 표시한다.

▎수리능력

**47** A지점으로 출장을 나온 K사원은 업무를 마치고 사무실이 있는 G지점으로 운전해 돌아가려고 한다. K사원이 갈 수 있는 최단거리는?(단, 모든 지점을 거칠 필요는 없다)

① 159km

② 163km

③ 167km

④ 171km

▎수리능력

**48** K사원은 최단거리를 확인한 후 A지점에서 사무실이 있는 G지점으로 출발하려 했으나, C지점에 출장을 갔던 H대리가 픽업을 요청해 C지점에 들러 H대리를 태우고 사무실이 있는 G지점으로 돌아가려고 한다. 이때, C지점을 거치지 않았을 때 최단거리와 C지점을 거쳐갈 때의 최단거리의 차는?

① 41km

② 43km

③ 45km

④ 47km

**49** K구청은 주민들의 정보화 교육을 위해 정보화 교실을 동별로 시행하고 있다. 주민들은 각자 일정에 맞춰 정보화 교육을 수강하려고 할 때, 다음 중 개인 일정상 신청과목을 수강할 수 없는 사람은? (단, 하루라도 수강을 빠진다면 수강이 불가능하다)

〈정보화 교육 일정표〉

| 교육날짜 | 교육시간 | 장소 | 과정명 | 장소 | 과정명 |
|---|---|---|---|---|---|
| 화요일, 목요일 | 09:30 ~ 12:00 | A동 주민 센터 | 인터넷 활용하기 | C동 주민 센터 | 스마트한 클라우드 활용하기 |
| | 13:00 ~ 15:30 | | 그래픽 초급 픽슬러 에디터 | | 스마트폰 SNS 활용하기 |
| | 15:40 ~ 18:10 | | ITQ 한글 2010(실전반) | | – |
| 수요일, 금요일 | 09:30 ~ 12:00 | | 한글 문서 활용하기 | | Windows 10 활용하기 |
| | 13:00 ~ 15:30 | | 스마트폰 / 탭 / 패드(기본앱) | | 스마트한 클라우드 활용하기 |
| | 15:40 ~ 18:10 | | 컴퓨터 기초(윈도우 및 인터넷) | | – |
| 월요일 | 09:30 ~ 15:30 | | 포토샵 기초 | | 사진 편집하기 |
| 화 ~ 금요일 | 09:30 ~ 12:00 | B동 주민 센터 | 그래픽 편집 달인되기 | D동 주민 센터 | 한글 시작하기 |
| | 13:00 ~ 15:30 | | 한글 활용 작품 만들기 | | 사진 편집하기 |
| | 15:40 ~ 18:10 | | – | | 엑셀 시작하기 |
| 월요일 | 09:30 ~ 15:30 | | Windows 10 활용하기 | | 스마트폰 사진 편집 & 앱 |

〈개인 일정 및 신청과목〉

| 구분 | 개인일정 | 신청과목 |
|---|---|---|
| D동의 홍길동 씨 | • 매주 월 ~ 금요일 08:00 ~ 15:00 편의점 아르바이트<br>• 매주 월요일 16:00 ~ 18:00 음악학원 수강 | 엑셀 시작하기 |
| A동의 이몽룡 씨 | • 매주 화, 수, 목요일 09:00 ~ 18:00 학원 강의<br>• 매주 월요일 16:00 ~ 20:00 배드민턴 동호회 활동 | 포토샵 기초 |
| C동의 성춘향 씨 | • 매주 수, 금요일 17:00 ~ 22:00 호프집 아르바이트<br>• 매주 월요일 10:00 ~ 12:00 과외 | 스마트한 클라우드 활용하기 |
| B동의 변학도 씨 | • 매주 월요일, 화요일 08:00 ~ 15:00 카페 아르바이트<br>• 매주 수요일, 목요일 18:00 ~ 20:00 요리학원 수강 | 그래픽 편집 달인되기 |

① 홍길동 씨　　　　　　　　　　② 이몽룡 씨
③ 성춘향 씨　　　　　　　　　　④ 변학도 씨

※ 다음은 국민건강보험공단의 2017년 간호·간병통합서비스 시설개선비 지원계획에 대한 글이다. 이어지는 질문에 답하시오. [50~51]

---

### 〈2017년 간호·간병통합서비스 시설개선비 지원계획〉

☐ **지원대상**
- 2016 ~ 2017년 신규로 지정받은 기관 및 기존 참여기관이면서 2017년 병동을 추가 확대한 병원 중 사업을 개시한 요양기관을 대상으로 예산 소진 시까지 한시 지급하되, 공공병원 우선 지원(단, 상급종합 제외)

☐ **지원기준** : 공공병원과 민간병원을 구분하여 적용
- (공공병원) 병상당 1백만 원, 기관당 최대 1억 원 이내
  - 공공병원은 의무참여를 고려하여 지원금 일부를 우선 할당
- (민간병원) 병상당 1백만 원, 기관당 최대 5천만 원 이내
  - 취약지 소재 병원은 참여여건이 더욱 열악함을 감안하여 지원금 일부를 우선 할당
- (병동확대) 2013 ~ 2016년도 사업에 참여한 기관으로서 2017년도에 병동을 추가 확대하는 경우 과년도(2013 ~ 2016년) 기 지원액을 포함하여 공공 및 민간병원의 각 한도액 내에서 지원
- (공통) 공공 및 민간병원 각각 사업 개시일자 우선순위로 지급

☐ **지원내용** : 간호·간병통합서비스 병동 내 전동침대 우선 구입
- (사양) 침상 높낮이, 상·하체 침상 조절이 가능한 전동침대(3모터)
  ※ 병상 자체를 전동침대로 교체하여야 하고, 수동 병상에 모터 부착 등은 불가
  - 단, 간호·간병통합서비스 병동 내 전동침대가 100% 구비된 경우만 추가 품목(스트레쳐카트, 낙상감지장치, 낙상감지센서) 구입 가능

☐ **행정사항**
- 지원금 수령일로부터 6개월 이내에 요양기관 사정에 의해 지정이 취소된 경우, 지급한 시설개선비 전액 환수 예정
- 시설개선비로 구입한 품목(전동침대 등)이 간호·간병통합서비스 병동 이외의 일반병동에서 사용 사실이 확인되는 경우(추후 현지점검 예정), 지급한 시설개선비 전액 환수 예정

**붙임** 간호·간병통합서비스 병동 시설개선비 지원 예비 신청서 1부
　　　간호·간병통합서비스 병동 시설개선비 지원금 청구서 1부
　　　서약서 1부

**50** 다음 중 윗글을 보고 옳지 않은 내용을 이야기한 사원은?

> A사원 : 예산 소진 시까지 민간병원보다는 공공병원에 우선 지급되겠군.
> B사원 : K병원은 간호·간병통합서비스 병동 내 일부 침대를 제외하고는 전동침대로 되어있으니 낙상감지장치를 구입할 수 있겠어.
> C사원 : 지원금 수령일로부터 6개월 이내에 지정이 취소된다면 지급한 금액 모두 환수될 거야.
> D사원 : 지원 순서는 공공병원, 취약지 소재 민간병원, 일반 민간병원이 되겠네.

① A사원
② B사원
③ C사원
④ D사원

**51** K사원은 윗글을 참고해서 각 병원의 신청내역을 다음과 같이 정리하였을 때, 정리 내용이 적절하지 않은 병원은?

| 병원명 | 구분 | 신청 병상 개수 | 보유 병상 개수 | 지원금액 | 비고 |
|-------|------|-------------|-------------|---------|------|
| A병원 | 민간병원 | 60개 | – | 5,000만 원 | – |
| B병원 | 민간병원 | 35개 | 20개 | 3,000만 원 | 병동확대<br>(기 지원액 : 2,000만 원) |
| C병원 | 공공병원 | 70개 | 40개 | 6,000만 원 | – |
| D병원 | 공공병원 | 50개 | 50개 | 5,000만 원 | 병동확대<br>(기 지원액 : 5,000만 원) |

① A병원
② B병원
③ C병원
④ D병원

**52** 국민건강보험공단에서는 지역가입자의 생활수준 및 경제활동 점수표를 기준으로 지역보험료를 산정한다. 다음 〈조건〉을 보고 지역가입자 A ~ D씨의 보험료를 옳게 구한 것은?(단, 원 단위는 절사한다)

〈생활수준 및 경제활동 점수표〉

| 구분 | | 1구간 | 2구간 | 3구간 | 4구간 | 5구간 | 6구간 | 7구간 |
|---|---|---|---|---|---|---|---|---|
| 가입자 성별 및 연령별 | 남성 | 20세 미만 / 65세 이상 | 60세 이상 65세 미만 | 20세 이상 30세 미만 / 50세 이상 60세 미만 | 30세 이상 50세 미만 | – | – | – |
| | 점수(점) | 1.4 | 4.8 | 5.7 | 6.6 | | | |
| | 여성 | 20세 미만 / 65세 이상 | 60세 이상 65세 미만 | 25세 이상 30세 미만 / 50세 이상 60세 미만 | 20세 이상 25세 미만 / 30세 이상 50세 미만 | – | – | – |
| | 점수(점) | 1.4 | 3 | 4.3 | 5.2 | | | |
| 재산(만 원) | | 450 이하 | 450 초과 900 이하 | 900 초과 1,500 이하 | 1,500 초과 3,000 이하 | 3,000 초과 7,500 이하 | 7,500 초과 15,000 이하 | 15,000 초과 |
| 점수(점) | | 1.8 | 3.6 | 5.4 | 7.2 | 9 | 10.9 | 12.7 |
| 연간 자동차세액 (만 원) | | 6.4 이하 | 6.4 초과 10 이하 | 10 초과 22.4 이하 | 22.4 초과 40 이하 | 40 초과 55 이하 | 55 초과 66 이하 | 66 초과 |
| 점수(점) | | 3 | 6.1 | 9.1 | 12.2 | 15.2 | 18.3 | 21.3 |

※ (지역보험료)＝[(성별 및 연령 구간별 점수)＋(재산구간별 점수)＋(연간 자동차세액 구간별 점수)]×(부과점수당 금액)
※ 모든 사람의 재산등급별 점수는 200점, 자동차세액별 점수는 100점으로 가정한다.
※ 부과점수당 금액은 183원이다.

조건

| 구분 | 성별 | 연령 | 재산 | 연간 자동차세액 |
|---|---|---|---|---|
| A씨 | 남성 | 32세 | 2,500만 원 | 12.5만 원 |
| B씨 | 여성 | 56세 | 5,700만 원 | 35만 원 |
| C씨 | 남성 | 55세 | 20,000만 원 | 43만 원 |
| D씨 | 여성 | 23세 | 1,400만 원 | 6만 원 |

① A씨 : 57,030원
② B씨 : 58,130원
③ C씨 : 60,010원
④ D씨 : 57,380원

**53** K사원은 영국 시각으로 1월 3일 오후 4시에 시작되는 국제영유아정신건강학회 참석을 위해 런던으로 출장을 다녀왔다. 학회에 참석하기 전 경유지인 베이징에서 S대리를 만났는데, 그때 시각은 공항 전광판 기준 오전 10시였다. K사원과 S대리가 학회에 늦지 않게 참석했을 때, K사원이 탄 항공편으로 옳은 것은?

| | 〈비행 스케줄〉 | | | 〈시차〉 | | |
|---|---|---|---|---|---|---|
| 항공 | 출발도시/현지시간 | 도착도시 | | 기준도시 | 비교도시 | 시차 |
| A항공 | 서울 / 2018-01-03(수) 08:40 | 베이징 | | 서울 | 이슬라마바드 | −4 |
| | 베이징 / 2018-01-03(수) 11:25 | 런던 | | 모스크바 | 런던 | −3 |
| B항공 | 서울 / 2018-01-03(수) 09:30 | 베이징 | | 두바이 | 파리 | −3 |
| | 베이징 / 2018-01-03(수) 13:50 | 런던 | | 이슬라마바드 | 베이징 | +3 |
| C항공 | 서울 / 2018-01-03(수) 08:20 | 베이징 | | 서울 | 모스크바 | −6 |
| | 베이징 / 2018-01-03(수) 11:15 | 런던 | | 싱가포르 | 케이프타운 | −6 |
| D항공 | 서울 / 2018-01-03(수) 07:30 | 베이징 | | 서울 | 두바이 | −5 |
| | 베이징 / 2018-01-03(수) 12:40 | 런던 | | 케이프타운 | 런던 | −2 |

※ 비행시간은 서울 − 베이징 2시간, 베이징 − 런던 12시간이다.
※ 런던 히드로공항에서 학회장까지 이동시간은 40분이다.
※ 이외에 나머지 시간은 고려하지 않는다.

① A항공
② B항공
③ C항공
④ D항공

※ 다음은 K통신사의 휴대폰 멤버십에 대한 안내문이다. 이어지는 질문에 답하시오. [54~55]

〈K멤버십 등급 안내〉

K통신사가 고객님께 제공하는 고객등급 제도!
고객님의 연간이용요금(최종수납금액)에 따른 포인트로 매년 1월 1일에 등급이 산정됩니다.
※ 연간이용요금은 등급산정 기준시점(매년 11월 1일 0시)에 가입하고 있는 상품을 모두 포함하며, 등급산정 기준시점 직전 12개월의 합산 포인트임
※ 연간 이용금액 기준 예시 : 2017년 등급은 15년 11월 ~ 2016년 10월 이용요금기준

▶ 멤버십 등급 기준

| 등급 | VIP | 골드 | 실버 | 화이트 | 일반 |
|---|---|---|---|---|---|
| 포인트 | 100 이상 | 60 이상 100 미만 | 40 이상 60 미만 | 20 이상 40 미만 | 20 미만 |

▶ 포인트 지급률
1. 휴대폰 요금제별 지급 포인트

| 요금제 | 포인트 | |
|---|---|---|
| | 기본제공 | 추가제공 |
| 3만 원 미만 | 5 | 1 |
| 3만 원 이상 5만 원 미만 | 8 | 1 |
| 5만 원 이상 8만 원 미만 | 10 | 2 |
| 8만 원 이상 10만 원 미만 | 15 | 3 |
| 10만 원 이상 | 20 | 5 |

※ 요금제에 따른 포인트 계산은 (기본제공 포인트)+(매달 추가제공 포인트)이며, 등급산정 기준시점(매년 11월 1일 0시) 등급산정 이후 초기화됨
※ 요금제 가입/변경 시 포인트 즉시 변경 지급되어 기본제공 포인트가 1회 지급되며, 지급되는 달의 익월부터 추가 포인트 제공(월중 요금제 변경 시 변경된 요금제 포인트가 지급되며 그 달에 지급되었던 추가제공 포인트는 삭제)

2. 모바일 가입기간별 지급 포인트(가입일 기준)

| 가입기간 | 포인트 |
|---|---|
| 만 3년 이상 만 4년 미만 고객 | 10 |
| 만 4년 이상 만 7년 미만 고객 | 15 |
| 만 7년 이상 만 10년 미만 고객 | 20 |
| 모바일 실사용기간(정지기간 제외) 만 10년 이상 고객 | 25 |

※ 특별 포인트 지급 : 매년 가입일 기준, 모바일 만 3년/만 6년/만 9년인 고객에게 10포인트 추가 제공

3. 기타 포인트 제공(신청한 당월 한 번만 지급)

| 대상 | 포인트 |
|---|---|
| 모바일 E-mail 명세서 신청 고객 | 5 |
| 모바일+집전화 | 5 |
| 모바일+인터넷 or IPTV | 10 |
| 모바일+집전화+인터넷 or IPTV | 15 |
| 모바일+집전화+인터넷+IPTV | 25 |

**54** K통신사의 고객인 B씨의 〈조건〉이 다음과 같을 때, B씨의 2018년 멤버십 등급은?

---

조건

- 2015년 7월 1일에 K통신사 가입
- 2015년 7월 1일 ~ 2016년 11월 14일 : 월 38,420원 요금제 사용
- 2016년 11월 15일 ~ 2017년 2월 20일 : 월 52,870원 요금제 사용
- 2017년 2월 21일 ~ 현재(2017년 4월 15일) : 월 89,300원 요금제 사용
  (현재 사용하고 있는 요금제를 변동 없이 계속 유지한다고 가정한다)
- 모바일 E-mail 명세서 2016년 9월 1일 신청
- 2017년 3월 30일에 모바일+IPTV 결합상품 가입

---

① VIP

② 골드

③ 실버

④ 화이트

**55** K통신사의 고객인 D씨는 전화요금 납부를 위해 명세서를 확인하였는데, 아래 부분이 찢어져 얼마를 납부해야 하는지 확인할 수가 없다. K통신사 할인제도와 D씨의 〈조건〉이 다음과 같을 때, D씨가 이달에 납부해야 할 금액은?(단, 단계별 10원 미만의 가격은 절사한다)

---

### 〈K통신사 할인제도〉

• 멤버십 등급 기준에 따른 할인율

| 등급 | VIP | 골드 | 실버 | 화이트 | 일반 |
| --- | --- | --- | --- | --- | --- |
| 요금할인율 | 4% | 3% | 2% | 없음 | 없음 |

• K모바일 결합상품별 할인율

| 결합상품 | 할인율 |
| --- | --- |
| 모바일+집전화 | 1% |
| 모바일+인터넷 or IPTV | 1% |
| 모바일+집전화+인터넷 or IPTV | 2% |
| 모바일+집전화+인터넷+IPTV | 3% |

• K-family 결합 할인율

| 결합인원 | 할인율 |
| --- | --- |
| 2인 | 2% |
| 3인 | 3% |
| 4인 이상 | 4% |

※ 멤버십 등급 기준에 따른 할인율을 우선 적용한 후 모바일 결합상품 또는 K-family 결합상품 할인율을 추가로 적용한다.
※ 단, 모바일 결합상품과 K-family 결합이 중복이 될 경우 할인율이 높은 것으로 적용한다.

---

**조건**

• 2016년 11월 기준 D씨의 현재 등급은 골드이다.
• D씨는 월 99,800원의 모바일 요금제를 사용하고 있다.
• D씨는 두 달 전 K모바일의 집전화와 인터넷 결합상품에 가입하였다.
• D씨는 4인 가족의 가장으로 D씨는 아내와 딸과 함께 K모바일의 K-family 결합상품을 이용하고 있다.

① 96,800원  ② 93,900원
③ 93,890원  ④ 92,700원

**56** 국민건강보험공단 총무부에 근무하고 있는 C사원은 업무에 필요한 프린터를 구매할 예정이다. 제품별 성능과 점수표가 다음과 같을 때, 프린터 성능 가중치를 이용하여 가장 높은 점수를 받은 프린터는?

〈제품별 프린터 성능〉

| 구분 | 출력 가능 용지 장수 | 출력 속도 | 인쇄 해상도 |
|------|------------------|----------|-----------|
| A프린터 | 5,500장 | 10ppm | 500dpi |
| B프린터 | 7,300장 | 7ppm | 900dpi |
| C프린터 | 4,700장 | 15ppm | 600dpi |
| D프린터 | 10,000장 | 11ppm | 400dpi |

〈프린터 성능 점수표〉

| 출력 가능 용지 장수 | 출력 속도 | 인쇄 해상도 | 점수 |
|-------------------|----------|-----------|------|
| 4,000장 미만 | 10ppm 미만 | 500dpi 미만 | 60점 |
| 4,000장 이상 5,000장 미만 | 10ppm 이상 13ppm 미만 | 500dpi 이상 700dpi 미만 | 70점 |
| 5,000장 이상 6,000장 미만 | 13ppm 이상 15ppm 미만 | 700dpi 이상 900dpi 미만 | 80점 |
| 6,000장 이상 7,000장 미만 | 15ppm 이상 18ppm 미만 | 900dpi 이상 1,200dpi 미만 | 90점 |
| 7,000장 이상 | 18ppm 이상 | 1,200dpi 이상 | 100점 |

〈프린터 성능 가중치〉

| 출력 가능 용지 장수 | 출력 속도 | 인쇄 해상도 |
|-------------------|----------|-----------|
| 50% | 30% | 20% |

① A프린터　　　　　　　　　② B프린터
③ C프린터　　　　　　　　　④ D프린터

**당직의 구분(법 제3조)**
① 당직(재택당직을 포함한다)은 일직과 숙직으로 구분한다.
② 일직근무는 휴일에 정상근무일의 근무시간에 준하는 시간 동안 근무하는 것을 말한다.
③ 숙직근무는 정상근무 또는 일직근무가 끝난 때부터 다음 날 정상근무 또는 일직근무 전까지 근무하는
  것을 말한다.
④ 재택당직은 자택에서의 대기근무를 원칙으로 한다.

**당직의 편성(법 제5조)**
① 당직근무자(재택당직근무자를 제외한다)는 2명 이상으로 편성하되, 근무자 중 1명은 국민건강보험공단
  (이하 "공단"이라 한다)과 계약한 사업주가 파견한 근로자로 편성할 수 있다. 다만, 지역본부 및 지사는
  당직근무자를 1명으로 할 수 있다.

**당직명령 및 변경(법 제6조)**
① 당직명령은 주관부서의 장(본부 : 이사장, 지역본부 : 지역본부장, 지사 : 지사장)이 월 단위로 근무예정
  월 시작일의 5일 전까지 하여야 한다.
② 당직명령을 받은 직원이 출장, 휴가, 그 밖의 부득이한 사유로 당직근무를 할 수 없는 경우에는 지체 없
  이 별지 제1호 서식의 당직근무교체승인신청서를 주관부서의 장에게 제출하여 승인받아야 한다.

**당직자의 준수사항(법 제10조)**
① 당직근무자는 근무구역을 이탈해서는 아니 되며, 당직자로서의 품위를 손상하거나 당직근무에 지장이
  있는 행위를 하여서는 아니 된다.
② 당직근무자는 복장을 단정히 하여야 한다.
③ 재택당직근무자는 당직근무시간 동안 비상연락망을 유지하여야 하며, 비상사태가 발생하거나 비상근무
  가 발령되면 즉시 당직실에 복귀하여 상황을 파악하고 사태에 대한 지휘 및 상황보고를 하여야 한다.

**당직책임자(법 제11조)**
당직근무자가 2명 이상인 경우에 상위직급에 있는 직원을 당직책임자로 한다.

**당직근무자의 휴무(법 제12조)**
① 당직근무자(재택당직근무자는 제외한다. 이하 이 조에서 같다)는 다음 각 호의 어느 하나에 해당하는 날
  에 휴무한다.
  1. 숙직근무자 : 다음 각 목의 구분에 따른 날
    가. 숙직근무가 끝나는 시간이 속하는 날이 휴일이 아닌 경우 : 그 근무가 끝나는 시간이 속하는 날
    나. 숙직근무가 끝나는 시간이 속하는 날이 휴일인 경우 : 휴일(휴일이 2일 연속된 경우에는 마지막
      휴일을 말한다)의 다음 날
  2. 일직근무자 : 그 근무일의 다음 날. 이 경우 그 근무일의 다음 날이 휴일인 경우에는 그 휴일(휴일이
    2일 연속된 경우에는 마지막 휴일을 말한다)의 다음 날
② 제1항에도 불구하고 3일 이상 휴일이 연속되는 기간 중의 당직근무자(그 연속되는 휴일의 마지막 날에
  근무가 시작되는 숙직근무자를 제외한다)는 그 마지막 휴일의 다음 날부터 7일 이내의 날을 정하여 휴무
  할 수 있다.

**57** 다음 중 당직근무 규칙을 읽고 나눈 대화로 가장 적절한 것은?

① A사원 : 당직근무자는 2명 이상으로 편성해야 하며, 2명 모두 공단 소속의 직원이어야 합니다.

② B사원 : 지역본부에서 부득이한 사유로 당직근무를 할 수 없는 경우 이사장의 승인을 받아야 합니다.

③ C사원 : 재택당직근무자는 비상사태 발생 시 자택에 대기하면서 수시로 상황을 보고받아야 합니다.

④ D사원 : 당직근무자가 3급 직원과 4급 직원 2명일 경우 상위직급인 3급 직원이 당직책임자가 됩니다.

**58** 사원 A ~ D 네 명은 당직근무 일정을 고려하여 대체휴무를 신청하였다. 다음 중 대체휴무를 잘못 신청한 사람은?

| 〈2월〉 | | | | | | |
| --- | --- | --- | --- | --- | --- | --- |
| 일요일 | 월요일 | 화요일 | 수요일 | 목요일 | 금요일 | 토요일 |
| | | | | 1 | 2 | 3 |
| 4 | 5 | 6 | 7 | 8 | 9 | 10 |
| 11 | 12 | 13 | 14 | 15 | 16 | 17 |
| 18 | 19 | 20 | 21 | 22 | 23 | 24 |
| 25 | 26 | 27 | 28 | | | |

※ 매주 토요일과 일요일은 휴일이며, 15일과 16일은 설 연휴이다.

〈2월 당직근무 일정〉

| 구분 | A사원 | B사원 | C사원 | D사원 |
| --- | --- | --- | --- | --- |
| 당직근무일정 | 3일 일직근무 | 7 ~ 8일 숙직근무 | 14 ~ 15일 숙직근무 | 23 ~ 24일 숙직근무 |
| 대체휴무신청일 | 2월 5일 | 2월 8일 | 2월 26일 | 2월 26일 |

① A사원

② B사원

③ C사원

④ D사원

※ 다음은 건강보험 자동이체 안내문이다. 이어지는 질문에 답하시오. [59~60]

---

### 〈건강보험 자동이체 안내(지역가입자)〉

#### 1. 신청방법

| 신청방법 | 은행방문 | 공단방문 | 인터넷 |
| --- | --- | --- | --- |
| 준비물 | • 예금통장<br>• 도장<br>• 건강보험증(또는 전월납부영수증) | 예금통장 | – |
| 신청장소 | • 예금통장 발행은행 | 가까운 지사 | • www.giro.or.kr<br>• www.nhis.or.kr<br>• www.4insure.or.kr |

#### 2. 자동이체 적용/해제 시기

① 신규(변경) 신청
  • 신규(변경) 신청분은 신청월 보험료부터 적용할 수 있다.
  • 다만, 1일부터 자동이체 정기 청구파일 생성 전 신규(변경) 신청분은 신청월의 전월보험료부터 적용한다.
    예 3월 5일 청구파일 생성
       3월 2일 신청자는 2월분 보험료부터 적용한다(3월 10일 출금).
       3월 8일 신청자는 3월분 보험료부터 적용한다(4월 10일 출금).

② 해지 신청
  • 즉시 해지 적용한다(단, 자동이체 청구파일 생성 후부터 청구일 사이에 해지된 건은 출금한다).
    예 3월 2일 해지 신청자는 3월 10일 납부할 보험료를 미출금한다.
       3월 8일 해지 신청자는 3월 10일 납부할 보험료를 출금한다.
       ※ 정기 청구파일 생성일(재청구 포함) : 납부마감일 −3일(휴일 제외)
       ※ 말일 청구파일 생성일 : 납부마감일 −2일(휴일 제외)
  • 청구파일 생성 : 생성일 19시부터 익일(휴일 제외) 오전 9시까지
  • 청구파일 생성기간에 신청한 경우 공단에 자동이체 적용 월을 확인
  • 출금일은 매월 10일(또는 매월 말일), 미이체 시 가산금을 포함하여 25일과 다음달 10일, 25일에 재출금된다.
  • 해당 월의 보험료는 최대 2개월(4회)까지만 출금되고, 이후에는 독촉고지서로 은행창구에 직접 납부해야 한다.
    ※ 6개월 이상 연속하여 출금되지 않을 경우 직권해지된다.
    ※ 외국인 건강보험료도 자동이체를 실시한다(2008년 10월 15일부터).
    ※ 납기일 잔액 부족 시에는 잔액 한도 내에서 출금되며, 미납보험료는 익월 10일, 익월 25일에 재출금된다.

**59** 주부 G씨는 다른 지역으로 이사를 하게 되면서 건강보험료 납입을 위한 자동이체 방법을 알아보았다. 다음 중 G씨가 이해한 내용으로 적절하지 않은 것은?

① 납기일에 잔액이 부족한 경우에는 다음 달 10일 또는 25일에 보험료 전액이 빠져나가는구나.

② 예금통장과 도장, 건강보험증을 챙겨 예금통장 발행은행을 찾아가면 신청할 수 있겠어.

③ 국민건강보험공단 지사가 회사 옆에 있으니 통장만 들고 가서 신청하면 되겠네.

④ 3개월 동안 자동이체하지 못한 보험료를 납부하려면 은행창구에서 직접 해야 하는구나.

**60** A씨와 B씨의 〈조건〉이 다음과 같을 때, 자동이체 출금일을 순서대로 바르게 나열한 것은?

| 〈4월〉 | | | | | | |
|---|---|---|---|---|---|---|
| 일요일 | 월요일 | 화요일 | 수요일 | 목요일 | 금요일 | 토요일 |
| | | | | | | 1 |
| 2 | 3 | 4 | 5 | 6 | 7 | 8 |
| 9 | 10 | 11 | 12 | 13 | 14 | 15 |
| 16 | 17 | 18 | 19 | 20 | 21 | 22 |
| 23 | 24 | 25 | 26 | 27 | 28 | 29 |
| 30 | | | | | | |

**조건**

- A씨 : 자동이체 신규 신청 – 2017년 4월 7일
  정기 청구파일 생성일 – 2017년 4월 6일
  출금일 – 매달 10일
- B씨 : 해지 신청 – 2017년 4월 3일
  출금일 – 매달 10일

|  | A씨 | B씨 |
|---|---|---|
| ① | 5월 10일 | 즉시 자동이체 해지 |
| ② | 5월 10일 | 4월 10일 |
| ③ | 4월 10일 | 즉시 자동이체 해지 |
| ④ | 4월 10일 | 4월 10일 |

훌륭한 가정만한 학교가 없고, 덕이 있는 부모만한 스승은 없다.

– 마하트마 간디 –

# PART

# II

주요 공기업 NCS 기출복원문제

정답 및 해설 p.078

| 코레일 한국철도공사 / 의사소통능력

**01**   다음 글을 읽고 보인 반응으로 적절하지 않은 것은?

> 열차 내에서의 범죄가 급격하게 증가함에 따라 한국철도공사는 열차 내에서의 범죄 예방과 안전 확
> 보를 위해 2023년까지 현재 운행하고 있는 열차의 모든 객실에 CCTV를 설치하고, 모든 열차 승무
> 원에게 바디 캠을 지급하겠다고 밝혔다.
> CCTV는 열차 종류에 따라 운전실에서 비상시 실시간으로 상황을 파악할 수 있는 '네트워크 방식'과
> 각 객실에서의 영상을 저장하는 '개별 독립 방식'의 2가지 방식으로 사용 및 설치가 진행될 예정이
> 며, 객실에는 사각지대를 없애기 위해 4대 가량의 CCTV가 설치된다. 이 중 2대는 휴대 물품 도난
> 방지 등을 위해 휴대 물품 보관대 주변에 위치하게 된다.
> 이에 따라 한국철도공사는 CCTV 제품 품평회를 가져 제품의 형태와 색상, 재질 등에 대한 의견을
> 나누고 각 제품이 실제로 열차 운행 시 진동과 충격 등에 적합한지 시험을 거친 후 도입할 예정이다.

① 현재는 모든 열차에 CCTV가 설치되어 있진 않겠군.

② 과거에 비해 승무원에 대한 승객의 범죄행위 증거 취득이 유리해지겠군.

③ CCTV의 설치를 통해 인적 피해와 물적 피해 모두 예방할 수 있겠군.

④ CCTV의 설치를 통해 실시간으로 모든 객실을 모니터링할 수 있겠군.

⑤ CCTV의 내구성뿐만 아니라 외적인 디자인도 제품 선택에 영향을 줄 수 있겠군.

**02** 다음 중 (가) ~ (다)에 들어갈 접속사를 순서대로 바르게 나열한 것은?

> 무더운 여름 기차나 지하철을 타면 "실내가 춥다는 민원이 있어 냉방을 줄인다."라는 안내방송을 손쉽게 들을 수 있을 정도로 우리는 쾌적한 기차와 지하철을 이용할 수 있는 시대에 살고 있다.
>
> ___(가)___ 이러한 쾌적한 환경을 누리기 시작하게 된 것은 그리 오래되지 않은 일이다. 1825년 세계 최초로 영국의 증기기관차가 시속 16km로 첫 주행을 시작하였고, 이 당시까지만 해도 열차 내의 유일한 냉방 수단은 창문뿐이었다. 열차에 에어컨이 설치되기 시작된 것은 100년이 더 지난 1930년대 초반 미국에서였고, 우리나라는 이보다 훨씬 후인 1969년 지금의 새마을호라 불리는 '관광호'에서였다. 이는 국내에 최초로 철도가 개통된 1899년 이후 70년 만으로, '관광호' 이후 국내에 도입된 특급열차들은 대부분 전기 냉난방시설을 갖추게 되었다.
>
> ___(나)___ 지하철의 에어컨 도입은 열차보다 훨씬 늦었는데, 이는 우리나라뿐만 아니라 해외도 마찬가지였으며, 실제로 영국의 경우 아직도 지하철에 에어컨이 없다.
>
> 우리나라는 1974년 서울 지하철이 개통되었는데, 이 당시 객실에는 천장에 달린 선풍기가 전부였기 때문에 한여름에는 땀 냄새가 가득한 찜통 지하철이 되었다. ___(다)___ 1983년이 되어서야 에어컨이 설치된 지하철이 등장하기 시작하였고, 기존에 에어컨이 설치되지 않았던 지하철들은 1989년이 되어서야 선풍기를 떼어내고 에어컨으로 교체하기 시작하였다.

|   | (가) | (나) | (다) |
|---|------|------|------|
| ① | 따라서 | 그래서 | 마침내 |
| ② | 하지만 | 반면 | 마침내 |
| ③ | 하지만 | 왜냐하면 | 그래서 |
| ④ | 왜냐하면 | 반면 | 마침내 |
| ⑤ | 반면 | 왜냐하면 | 그래서 |

**03** 다음 글의 내용으로 가장 적절한 것은?

한국철도공사는 철도시설물 점검 자동화에 '스마트글라스'를 활용하겠다고 밝혔다. 스마트글라스란 안경처럼 착용하는 스마트 기기로 검사와 판독, 데이터 송수신과 보고서 작성까지 모든 동작이 음성 인식을 바탕으로 작동한다. 이를 활용하여 작업자는 스마트글라스 액정에 표시된 내용에 따라 철도 시설물을 점검하고, 이를 음성 명령을 통해 사진 촬영 후 해당 정보와 검사 결과를 전송해 보고서로 작성한다.

작업자들은 스마트글라스의 사용으로 직접 자료를 조사하고 측정한 내용을 바탕으로 시스템 속 여러 단계에 거쳐 수기 입력하던 기존 방식에서 벗어나 이 일련의 과정들을 중앙 서버를 통해 한 번에 처리할 수 있게 되었다.

이와 같은 스마트 기기의 도입은 중앙 서버의 효율적 종합 관리를 가능하게 할 뿐만 아니라 작업자 의 안전도 향상에도 크게 기여하였다. 이는 작업자들이 음성인식이 가능한 스마트글라스를 사용함 으로써 두 손이 자유로워져 추락 사고를 방지할 수 있게 되었고, 또 스마트글라스 내부 센서가 충격 과 기울기를 감지할 수 있어 작업자에게 위험한 상황이 발생하면 지정된 컴퓨터로 바로 통보되는 시스템을 갖추었기 때문이다.

한국철도공사는 주요 거점 현장을 시작으로 스마트글라스를 보급하여 성과 분석을 거치고 내년부터 는 보급 현장을 확대하겠다고 밝혔으며, 국내 철도 환경에 맞춰 스마트글라스 시스템을 개선하기 위해 현장 검증을 진행하고 스마트글라스를 통해 측정된 데이터를 총괄 제어할 수 있도록 안전점검 플랫폼 망도 마련할 예정이다.

더불어 스마트글라스를 통해 기존의 인력 중심 시설점검을 간소화시켜 효율성과 안전성을 향상시키 고 나아가 철도에 맞춤형 스마트 기술을 도입시켜 시설물 점검뿐만 아니라 유지보수 작업도 가능하 도록 철도기술 고도화에 힘쓰겠다고 전했다.

① 작업자의 음성인식을 통해 철도시설물의 점검 및 보수 작업이 가능해졌다.
② 스마트글라스의 도입으로 철도시설물 점검의 무인작업이 가능해졌다.
③ 스마트글라스의 도입으로 철도시설물 점검 작업 시 안전사고 발생 횟수가 감소하였다.
④ 스마트글라스의 도입으로 철도시설물 작업 시간 및 인력이 감소하고 있다.
⑤ 스마트글라스의 도입으로 작업자의 안전사고 발생을 바로 파악할 수 있게 되었다.

**04**  다음 글에 대한 설명으로 적절하지 않은 것은?

> 2016년 4월 27일 오전 7시 20분경 임실역에서 익산으로 향하던 열차가 전기 공급 중단으로 멈추는 사고가 발생해 약 50여 분간 열차 운행이 중단되었다. 원인은 바로 전차선에 지은 까치집 때문이었는데, 까치가 집을 지을 때 사용하는 젖은 나뭇가지나 철사 등이 전선과 닿거나 차로에 떨어져 합선과 단전을 일으키게 된 것이다.
>
> 비록 이번 사고는 단전에서 끝났지만, 고압 전류가 흐르는 전차선인 만큼 철사와 젖은 나뭇가지만으로도 자칫하면 폭발사고로 이어질 우려가 있다. 지난 5년간 까치집으로 인한 단전사고는 한 해 평균 3 ~ 4건이 발생하고 있으며, 한국철도공사는 사고방지를 위해 까치집 방지 설비를 설치하고 설비가 없는 구간은 작업자가 육안으로 까치집 생성 여부를 확인해 제거하고 있는데, 이렇게 제거해 온 까치집 수가 연평균 8,000개에 달하고 있다. 하지만 까치집은 빠르면 불과 4시간 만에 완성되어 작업자들에게 큰 곤욕을 주고 있다.
>
> 이에 한국철도공사는 전차선로 주변 까치집 제거의 효율성과 신속성을 높이기 위해 인공지능(AI)과 사물인터넷(IoT) 등 첨단 기술을 활용하기에 이르렀다. 열차 운전실에 영상 장비를 설치해 달리는 열차에서 전차선을 촬영한 화상 정보를 인공지능으로 분석해 까치집 등의 위험 요인을 찾아 해당 위치와 현장 이미지를 작업자에게 실시간으로 전송하는 '실시간 까치집 자동 검출 시스템'을 개발한 것이다. 하지만 시속 150km로 빠르게 달리는 열차에서 까치집 등의 위험 요인을 실시간으로 판단해 전송하는 것이다 보니 그 정확도는 65%에 불과했다.
>
> 이에 한국철도공사는 전차선과 까치집을 정확하게 식별하기 위해 인공지능이 스스로 학습하는 '딥러닝' 방식을 도입했고, 전차선을 구성하는 복잡한 구조 및 까치집과 유사한 형태를 빅데이터로 분석해 이미지를 구분하는 학습을 실시한 결과 까치집 검출 정확도는 95%까지 상승했다. 또한 해당 이미지를 실시간 문자메시지로 작업자에게 전송해 위험 요소와 위치를 인지시켜 현장에 적용할 수 있다는 사실도 확인했다. 현재는 이와 더불어 정기열차가 운행하지 않거나 작업자가 접근하기 쉽지 않은 차량 정비 시설 등에 드론을 띄워 전차선의 까치집을 발견 및 제거하는 기술도 시범 운영하고 있다.

① 인공지능도 학습을 통해 그 정확도를 향상시킬 수 있다.

② 빠른 속도에서 인공지능의 사물 식별 정확도는 낮아진다.

③ 사람의 접근이 불가능한 곳에 위치한 까치집의 제거도 가능해졌다.

④ 까치집 자동 검출 시스템을 통해 실시간으로 까치집 제거가 가능해졌다.

⑤ 인공지능 등의 스마트 기술 도입으로 까치집 생성의 감소를 기대할 수 있다.

**05** K인터넷카페의 4월 회원 수는 260명 미만이었고, 남녀의 비는 2 : 3이었다. 5월에는 남자보다 여자가 2배 더 가입하여 남녀의 비는 5 : 8이 되었고, 전체 회원 수는 320명을 넘었다. 5월 전체 회원의 수는?

① 322명                 ② 323명

③ 324명                 ④ 325명

⑤ 326명

**06** 다음은 철도운임의 공공할인 제도에 대한 내용이다. 심하지 않은 장애를 가진 A씨가 보호자 1명과 함께 열차를 이용하여 주말여행을 다녀왔다. 두 사람은 왕복 운임의 몇 %를 할인받는가?(단, 열차의 종류와 노선 길이가 동일한 경우 요일에 따른 요금 차이는 없다고 가정한다)

- A씨와 보호자의 여행 일정
  - 2023년 3월 11일(토) 서울 → 부산 : KTX
  - 2023년 3월 13일(월) 부산 → 서울 : KTX
- 장애인 공공할인 제도(장애의 정도가 심한 장애인은 보호자 포함)

| 구분 | KTX | 새마을호 | 무궁화호 이하 |
| --- | --- | --- | --- |
| 장애의 정도가 심한 장애인 | 50% | 50% | 50% |
| 장애의 정도가 심하지 않은 장애인 | 30% (토·일·공휴일 제외) | 30% (토·일·공휴일 제외) | |

① 7.5%                 ② 12.5%

③ 15%                 ④ 25%

⑤ 30%

**07** 다음 자료에 대한 설명으로 가장 적절한 것은?

---

- **KTX 마일리지 적립**
  - KTX 이용 시 결제금액의 5%가 기본 마일리지로 적립됩니다.
  - 더블적립(×2) 열차로 지정된 열차는 추가로 5%가 적립(결제금액의 총 10%)됩니다.
    ※ 더블적립 열차는 홈페이지 및 코레일톡 애플리케이션에서만 승차권 구매 가능
  - 선불형 교통카드 Rail+(레일플러스)로 승차권을 결제하는 경우 1% 보너스 적립도 제공되어 최대 11% 적립이 가능합니다.
  - 마일리지를 적립받고자 하는 회원은 승차권을 발급받기 전에 코레일 멤버십카드 제시 또는 회원번호 및 비밀번호 등을 입력해야 합니다.
  - 해당 열차 출발 후에는 마일리지를 적립받을 수 없습니다.

- **회원 등급 구분**

| 구분 | 등급 조건 | 제공 혜택 |
|---|---|---|
| VVIP | • 반기별 승차권 구입 시 적립하는 마일리지가 8만 점 이상인 고객 또는 기준일부터 1년간 16만 점 이상 고객 중 매년 반기 익월 선정 | • 비즈니스 회원 혜택 기본 제공<br>• KTX 특실 무료 업그레이드 쿠폰 6매 제공<br>• 승차권 나중에 결제하기 서비스 (열차 출발 3시간 전까지) |
| VIP | • 반기별 승차권 구입 시 적립하는 마일리지가 4만 점 이상인 고객 또는 기준일부터 1년간 8만 점 이상 고객 중 매년 반기 익월 선정 | • 비즈니스 회원 혜택 기본 제공<br>• KTX 특실 무료 업그레이드 쿠폰 2매 제공 |
| 비즈니스 | • 철도 회원으로 가입한 고객 중 최근 1년간 온라인에서 로그인한 기록이 있거나, 회원으로 구매실적이 있는 고객 | • 마일리지 적립 및 사용 가능<br>• 회원 전용 프로모션 참가 가능<br>• 열차 할인상품 이용 등 기본서비스와 멤버십 제휴서비스 등 부가서비스 이용 |
| 패밀리 | • 철도 회원으로 가입한 고객 중 최근 1년간 온라인에서 로그인한 기록이 없거나, 회원으로 구매실적이 없는 고객 | • 멤버십 제휴서비스 및 코레일 멤버십 라운지 이용 등의 부가서비스 이용 제한<br>• 휴면 회원으로 분류 시 별도 관리하며, 본인 인증 절차로 비즈니스 회원으로 전환 가능 |

  - 마일리지는 열차 승차 다음날 적립되며, 지연료를 마일리지로 적립하신 실적은 등급 산정에 포함되지 않습니다.
  - KTX 특실 무료 업그레이드 쿠폰 유효기간은 6개월이며, 반기별 익월 10일 이내에 지급됩니다.
  - 실적의 연간 적립 기준일은 7월 지급의 경우 전년도 7월 1일부터 당해 연도 6월 30일까지 실적이며, 1월 지급은 전년도 1월 1일부터 전년도 12월 31일까지의 실적입니다.
  - 코레일에서 지정한 추석 및 설 명절 특별수송기간의 승차권은 실적 적립 대상에서 제외됩니다.
  - 회원 등급 기준 및 혜택은 사전 공지 없이 변경될 수 있습니다.
  - 승차권 나중에 결제하기 서비스는 총 편도 2건 이내에서 제공되며, 3회 자동 취소 발생(열차 출발 전 3시간 내 미결제) 시 서비스가 중지됩니다. 리무진+승차권 결합 발권은 2건으로 간주되며, 정기권, 특가상품 등은 나중에 결제하기 서비스 대상에서 제외됩니다.

---

① 코레일에서 운행하는 모든 열차는 이용 때마다 결제금액의 최소 5%가 KTX 마일리지로 적립된다.
② 회원 등급이 높아져도 열차 탑승 시 적립되는 마일리지는 동일하다.
③ 비즈니스 등급은 기업회원을 구분하는 명칭이다.
④ 6개월간 마일리지 4만 점을 적립하더라도 VIP 등급을 부여받지 못할 수 있다.
⑤ 회원 등급이 높아도 승차권을 정가보다 저렴하게 구매할 수 있는 방법은 없다.

### 〈2023 한국의 국립공원 기념주화 예약 접수〉

• 우리나라 자연환경의 아름다움과 생태 보전의 중요성을 널리 알리기 위해 K은행은 한국의 국립공원 기념주화 3종(설악산, 치악산, 월출산)을 발행할 예정임
• 예약 접수일 : 3월 2일(목) ~ 3월 17일(금)
• 배부 시기 : 2023년 4월 28일(금)부터 예약자가 신청한 방법으로 배부
• 기념주화 상세

| 화종 | 앞면 | 뒷면 |
|---|---|---|
| 은화 I – 설악산 | | |
| 은화 II – 치악산 | | |
| 은화 III – 월출산 | | |

• 발행량 : 화종별 10,000장씩 총 30,000장
• 신청 수량 : 단품 및 3종 세트로 구분되며 단품과 세트에 중복신청 가능
  – 단품 : 1인당 화종별 최대 3장
  – 3종 세트 : 1인당 최대 3세트
• 판매 가격 : 액면금액에 판매 부대비용(케이스, 포장비, 위탁판매수수료 등)을 부가한 가격
  – 단품 : 각 63,000원(액면가 50,000원＋케이스 등 부대비용 13,000원)
  – 3종 세트 : 186,000원(액면가 150,000원＋케이스 등 부대비용 36,000원)
• 접수 기관 : 우리은행, 농협은행, 한국조폐공사
• 예약 방법 : 창구 및 인터넷 접수
  – 창구 접수
    신분증[주민등록증, 운전면허증, 여권(내국인), 외국인등록증(외국인)]을 지참하고 우리·농협은행 영업점을 방문하여 신청
  – 인터넷 접수
    ① 우리·농협은행의 계좌를 보유한 고객은 개시일 9시부터 마감일 23시까지 홈페이지에서 신청
    ② 한국조폐공사 온라인 쇼핑몰에서는 가상계좌 방식으로 개시일 9시부터 마감일 23시까지 신청
• 구입 시 유의사항
  – 수령자 및 수령지 등 접수 정보가 중복될 경우 단품별 10장, 3종 세트 10세트만 추첨 명단에 등록
  – 비정상적인 경로나 방법으로 접수할 경우 당첨을 취소하거나 배송을 제한

**08** 다음 중 한국의 국립공원 기념주화 발행 사업의 내용으로 옳은 것은?

① 국민들을 대상으로 예약 판매를 실시하며, 외국인에게는 판매하지 않는다.

② 1인당 구매 가능한 최대 주화 수는 10장이다.

③ 기념주화를 구입하기 위해서는 우리・농협은행 계좌를 사전에 개설해 두어야 한다.

④ 사전예약을 받은 뒤, 예약 주문량에 맞추어 제한된 수량만 생산한다.

⑤ 한국조폐공사를 통한 예약 접수는 온라인에서만 가능하다.

**09** 외국인 A씨는 이번에 발행되는 기념주화를 예약 주문하려고 한다. 다음 상황을 참고하여 A씨가 기념주화 구매 예약을 할 수 있는 방법으로 옳은 것은?

> 〈외국인 A씨의 상황〉
> • A씨는 국내에 거주 중으로 거주 외국인으로 등록된 사람이다.
> • A씨의 명의로 국내은행에 개설된 계좌는 총 2개로, 신한은행, 한국씨티은행에 각 1개씩이다.
> • A씨는 우리은행이나 농협은행과는 거래이력이 없다.

① 여권을 지참하고 우리은행이나 농협은행 지점을 방문한다.

② 한국조폐공사 온라인 쇼핑몰에서 신용카드를 사용한다.

③ 계좌를 보유한 신한은행이나 한국씨티은행의 홈페이지를 통해 신청한다.

④ 외국인등록증을 지참하고 우리은행이나 농협은행 지점을 방문한다.

⑤ 우리은행이나 농협은행의 홈페이지에서 신청한다.

**10** 다음은 기념주화를 예약한 5명의 신청내역이다. 이 중 가장 많은 금액을 지불한 사람의 구매 금액은?

(단위 : 세트, 장)

| 구매자 | 3종 세트 | 단품 | | |
| --- | --- | --- | --- | --- |
| | | 은화Ⅰ – 설악산 | 은화Ⅱ – 치악산 | 은화Ⅲ – 월출산 |
| A | 2 | 1 | – | – |
| B | – | 2 | 3 | 3 |
| C | 2 | 1 | 1 | – |
| D | 3 | – | – | – |
| E | 1 | – | 2 | 2 |

① 558,000원

② 561,000원

③ 563,000원

④ 564,000원

⑤ 567,000원

**11** 다음 중 $1^2 - 2^2 + 3^2 - 4^2 + \cdots + 199^2$의 값은?

① 17,500

② 19,900

③ 21,300

④ 23,400

⑤ 25,700

**12** 어떤 학급에서 이어달리기 대회 대표로 A ~ E학생 5명 중 3명을 순서와 상관없이 뽑을 수 있는 경우의 수는?

① 5가지

② 10가지

③ 20가지

④ 60가지

⑤ 120가지

**13** 커피 X 300g은 A원두와 B원두의 양을 1 : 2 비율로 배합하여 만들고, 커피 Y 300g은 A원두와 B원두의 양을 2 : 1 비율로 배합하여 만든다. 커피 X, Y 300g의 판매 가격이 각각 3,000원, 2,850원일 때, B원두의 100g당 원가는?(단, 판매가격은 원가의 합의 1.5배이다)

① 500원

② 600원

③ 700원

④ 800원

⑤ 1,000원

코로나19는 2019년 중국 우한에서 처음 발생한 감염병으로 전 세계적으로 확산되어 대규모의 유행을 일으켰다. 코로나19는 주로 호흡기를 통해 전파되며 기침, 인후통, 발열 등의 경미한 증상에서 심각한 호흡곤란 같이 치명적인 증상을 일으키기도 한다.

코로나19의 유행은 공공의료체계에 큰 영향을 주었다. 대부분의 국가는 코로나19 감염환자의 대량 입원으로 병상부족 문제를 겪었으며 의료진의 업무부담 또한 매우 증가되었다. 또한 예방을 위한 검사 및 검체 채취, 밀접 접촉자 추적, 격리 및 치료 등의 과정에서 많은 인력과 시간이 ___㉠___ 되었다.

국가 및 지역 사회에서 모든 사람들에게 평등하고 접근 가능한 의료 서비스를 제공하기 위한 공공의료는 전염병의 대유행 상황에서 매우 중요한 역할을 담당한다. 공공의료는 환자의 치료와 예방, 감염병 관리에서 필수적인 역할을 수행하며 코로나19 대유행 당시 검사, 진단, 치료, 백신 접종 등 다양한 서비스를 국민에게 제공하여 사회 전체의 건강보호를 담당하였다.

공공의료는 국가와 지역 단위에서의 재난 대응 체계와 밀접하게 연계되어 있다. 정부는 공공의료 시스템을 효과적으로 운영하여 감염병의 확산을 억제하고, 병원 부족 문제를 해결하며, 의료진의 안전과 보호를 보장해야 한다. 이를 위해 예방 접종 캠페인, 감염병 관리 및 예방 교육, 의료 인력과 시설의 지원 등 다양한 조치를 취하고 있다.

코로나19 대유행은 공공의료의 중요성과 필요성을 다시 한 번 강조하였다. 강력한 공공의료 체계는 전염병과의 싸움에서 핵심적인 역할을 수행하며, 국가와 지역 사회의 건강을 보호하는 데 필수적이다. 이를 위해서는 지속적인 투자와 개선이 이루어져야 하며, 협력과 혁신을 통해 미래의 감염병에 대비할 수 있는 강력한 공공의료 시스템을 구축해야 한다.

**| 건강보험심사평가원 / 의사소통능력**

**14** 다음 중 윗글에 대한 주제로 가장 적절한 것은?

① 코로나19 유행과 지역사회 전파 방지를 위한 노력

② 감염병과 백신의 중요성

③ 코로나19의 격리 과정

④ 코로나19 유행과 공공의료의 중요성

⑤ 코로나19의 대표적 증상

**| 건강보험심사평가원 / 의사소통능력**

**15** 다음 중 밑줄 친 ㉠에 들어갈 단어로 가장 적절한 것은?

① 대비 ② 대체

③ 제공 ④ 초과

⑤ 소요

**16** 5개의 임의의 양수 $a \sim e$에 대해 서로 다른 2개를 골라 더한 값 10개가 다음과 같을 때, 5개의 양수 $a \sim e$의 평균과 분산은?

| 8 | 10 | 11 | 13 | 12 | 13 | 15 | 15 | 17 | 18 |

① 평균 : 6.6, 분산 : 5.84
② 평균 : 9.6, 분산 : 5.84
③ 평균 : 6.6, 분산 : 8.84
④ 평균 : 9.6, 분산 : 8.84
⑤ 평균 : 6.6, 분산 : 12.84

**17** 어느 날 민수가 사탕 바구니에 있는 사탕의 $\frac{1}{3}$을 먹었다. 그다음 날 남은 사탕의 $\frac{1}{2}$을 먹고 또 그다음 날 남은 사탕의 $\frac{1}{4}$을 먹었다. 남은 사탕의 개수가 18개일 때, 처음 사탕 바구니에 들어있던 사탕의 개수는?

① 48개      ② 60개
③ 72개      ④ 84개
⑤ 96개

**18** 다음은 K중학교 재학생의 2013년과 2023년의 평균 신장 변화에 대한 자료이다. 2013년 대비 2023년 신장 증가율이 큰 순서대로 바르게 나열한 것은?(단, 소수점 셋째 자리에서 반올림한다)

**〈K중학교 재학생 평균 신장 변화〉**

(단위 : cm)

| 구분 | 2013년 | 2023년 |
|------|--------|--------|
| 1학년 | 160.2 | 162.5 |
| 2학년 | 163.5 | 168.7 |
| 3학년 | 168.7 | 171.5 |

① 1학년 – 2학년 – 3학년
② 1학년 – 3학년 – 2학년
③ 2학년 – 1학년 – 3학년
④ 2학년 – 3학년 – 1학년
⑤ 3학년 – 2학년 – 1학년

**19** A는 K공사 사내 여행 동아리의 회원으로 이번 주말에 가는 여행에 반드시 참가할 계획이다. 다음 〈조건〉에 따라 여행에 참가한다고 할 때, 여행에 참석하는 사람을 모두 고르면?

> **조건**
> - C가 여행에 참가하지 않으면, A도 여행에 참가하지 않는다.
> - E가 여행에 참가하지 않으면, B는 여행에 참가한다.
> - D가 여행에 참가하지 않으면, B도 여행에 참가하지 않는다.
> - E가 여행에 참가하면, C는 여행에 참가하지 않는다.

① A, B

② A, B, C

③ A, B, D

④ A, B, C, D

⑤ A, C, D, E

**20** 다음은 K중학교 2학년 1반 국어, 수학, 영어, 사회, 과학에 대한 학생 9명의 성적표이다. 학생들의 평균 점수를 가장 높은 순서대로 구하고자 할 때, [H2] 셀에 들어갈 함수로 옳은 것은?(단, G열의 평균 점수는 구한 것으로 가정한다)

〈2학년 1반 성적표〉

|  | A | B | C | D | E | F | G | H |
|---|---|---|---|---|---|---|---|---|
| 1 |  | 국어 | 수학 | 영어 | 사회 | 과학 | 평균 점수 | 평균 점수 순위 |
| 2 | 강○○ | 80 | 77 | 92 | 81 | 75 |  |  |
| 3 | 권○○ | 70 | 80 | 87 | 65 | 88 |  |  |
| 4 | 김○○ | 90 | 88 | 76 | 86 | 87 |  |  |
| 5 | 김△△ | 60 | 38 | 66 | 40 | 44 |  |  |
| 6 | 신○○ | 88 | 66 | 70 | 58 | 60 |  |  |
| 7 | 장○○ | 95 | 98 | 77 | 70 | 90 |  |  |
| 8 | 전○○ | 76 | 75 | 73 | 72 | 80 |  |  |
| 9 | 현○○ | 30 | 60 | 50 | 44 | 27 |  |  |
| 10 | 황○○ | 76 | 85 | 88 | 87 | 92 |  |  |

① =RANK(G2,G\$2:G\$10,0)

② =RANK(G2,\$G2\$:G10,0)

③ =RANK(G2,\$B2\$:G10,0)

④ =RANK(G2,\$B\$2:\$G\$10,0)

⑤ =RANK(G2,\$B\$2\$:\$F\$F10,0)

**21** K유통사는 창고 내 자재의 보안 강화와 원활한 관리를 위해 국가별, 제품별로 분류하여 9자리 상품코드 및 바코드를 제작하였다. 상품코드 및 바코드 규칙이 다음과 같을 때 8자리 상품코드와 수입 국가, 전체 9자리 바코드가 바르게 연결된 것은?

〈K유통사 상품코드 및 바코드 규칙〉

1. 상품코드의 첫 세 자릿수는 수입한 국가를 나타낸다.

| 첫 세 자리 | 000 ~ 099 | 100 ~ 249 | 250 ~ 399 | 400 ~ 549 | 550 ~ 699 | 700 ~ 849 | 850 ~ 899 | 900 ~ 999 |
| --- | --- | --- | --- | --- | --- | --- | --- | --- |
| 국가 | 한국 | 독일 | 일본 | 미국 | 캐나다 | 호주 | 중국 | 기타 국가 |

2. 상품코드의 아홉 번째 수는 바코드의 진위 여부를 판단하는 수로, 앞선 여덟 자릿수를 다음 규칙에 따라 계산하여 생성한다.
   ① 홀수 번째 수에는 2를, 짝수 번째 수에는 5를 곱한 다음 여덟 자릿수를 모두 합한다.
   ② 모두 합한 값을 10으로 나누었을 때, 그 나머지 수가 아홉 번째 수가 된다.

3. 바코드는 각 자리의 숫자에 대응시켜 생성한다.

| 구분 | 코드 | 구분 | 코드 |
| --- | --- | --- | --- |
| 0 | | 5 | |
| 1 | | 6 | |
| 2 | | 7 | |
| 3 | | 8 | |
| 4 | | 9 | |

| | 8자리 상품코드 | 수입 국가 | 9자리 바코드 |
|---|---|---|---|
| ① | 07538627 | 한국 | |
| ② | 23978527 | 일본 | |
| ③ | 51227532 | 미국 | |
| ④ | 73524612 | 호주 | |
| ⑤ | 93754161 | 기타 국가 | |

**22** 다음 〈보기〉의 단어들의 관계를 토대로 빈칸 ㉠에 들어갈 단어로 옳은 것은?

> **보기**
>
> • 치르다 – 지불하다       • 연약 – 나약
> • 가쁘다 – 벅차다       • 가뭄 – ____㉠____

① 갈근       ② 해수
③ 한발       ④ 안건

※ 다음 글을 읽고 이어지는 질문에 답하시오. [23~24]

(가) 경영학 측면에서도 메기 효과는 한국, 중국 등 고도 경쟁사회인 동아시아 지역에서만 제한적으로 사용되며 영미권에서는 거의 사용되지 않는다. 기획재정부의 조사에 따르면 메기에 해당하는 해외 대형 가구업체인 이케아(IKEA)가 국내에 들어오면서 청어에 해당하는 중소 가구업체의 입지가 더욱 좁아졌다고 한다. 이처럼 경영학 측면에서도 메기 효과는 과학적으로 검증되지 않은 가설이다.

(나) 결국 메기 효과는 과학적으로 증명되진 않았지만 '경쟁'의 양면성을 보여주는 가설이다. 기업의 경영에서 위협이 발생하였을 때, 위기감에 의한 성장 동력을 발현시킬 수는 있을 것이다. 그러나 무한 경쟁사회에서 규제 등의 방법으로 적정 수준을 유지하지 못한다면 거미의 등장으로 인해 폐사한 메뚜기와 토양처럼 거대한 위협이 기업과 사회를 항상 좋은 방향으로 이끌어나가지는 않을 것이다.

(다) 그러나 메기 효과가 전혀 시사점이 없는 것은 아니다. 이케아가 국내에 들어오면서 도산할 것으로 예상되었던 일부 국내 가구 업체들이 오히려 성장하는 현상 또한 관찰되고 있다. 강자의 등장으로 약자의 성장 동력이 어느 정도는 발현되었다는 것을 보여주는 사례라고 할 수 있다.

(라) 그러나 최근에는 메기 효과가 검증되지 않고 과장되어 사용되거나 심지어 거짓이라고 주장하는 사람들이 있다. 먼저 메기 효과의 기원부터 의문점이 있다. 메기는 민물고기로 바닷물고기인 청어는 메기와 연관점이 없으며, 실제로 북유럽의 어부들이 수조에 메기를 넣어 효과가 있었는지 검증되지 않았다. 실제로 2012년 『사이언스』에서 제한된 공간에 메뚜기와 거미를 두었을 때 메뚜기들은 포식자인 거미로 인해 스트레스의 수치가 증가하고 체내 질소 함량이 줄어들었고, 죽은 메뚜기에 포함된 질소 함량이 줄어들면서 토양 미생물이 줄어들고 황폐화되었다.

(마) 우리나라에서 '경쟁'과 관련된 이론 중 가장 유명한 것은 영국의 역사가 아널드 토인비가 주장했다고 하는 '메기 효과(Catfish Effect)'이다. 메기 효과란 냉장시설이 없었던 과거에 북유럽의 어부들이 잡은 청어를 싱싱하게 운반하기 위하여 수조 속에 천적인 메기를 넣어 끊임없이 움직이게 했다는 것이다. 이 가설은 경영학계에서 비유적으로 사용되며, 기업의 경쟁력을 키우기 위해서는 적절한 위협과 자극이 필요하다고 주장하고 있다.

| K-water 한국수자원공사 / 의사소통능력

**23** 윗글의 문단을 논리적 순서대로 바르게 나열한 것은?

① (가) – (라) – (나) – (다) – (마)  ② (다) – (마) – (가) – (나) – (라)

③ (마) – (가) – (라) – (다) – (나)  ④ (마) – (라) – (가) – (다) – (나)

| K-water 한국수자원공사 / 의사소통능력

**24** 다음 중 윗글을 이해한 내용으로 적절하지 않은 것은?

① 거대 기업의 출현은 해당 시장의 생태계를 파괴할 수도 있다.

② 메기 효과는 과학적으로 검증되지 않았으므로 낭설에 불과하다.

③ 발전을 위해서는 기업 간 경쟁을 적정 수준으로 유지해야 한다.

④ 메기 효과는 경쟁을 장려하는 사회에서 널리 사용되고 있다.

**25** 어느 회사에 입사하는 사원수를 조사하니 올해 남자 사원수는 작년에 비하여 8% 증가하고 여자 사원수는 10% 감소했다. 작년의 전체 사원은 820명이고, 올해는 작년에 비하여 10명이 감소하였다고 할 때, 올해의 여자 사원수는?

① 378명
② 379명
③ 380명
④ 381명

**26** 철호는 50만 원으로 K가구점에서 식탁 1개와 의자 2개를 사고, 남은 돈은 모두 장미꽃을 구매하는 데 쓰려고 한다. 판매하는 가구의 가격이 다음과 같을 때, 구매할 수 있는 장미꽃의 수는?(단, 장미꽃은 한 송이당 6,500원이다)

〈K가구점 가격표〉

| 종류 | 책상 | 식탁 | 침대 | 의자 | 옷장 |
|---|---|---|---|---|---|
| 가격 | 25만 원 | 20만 원 | 30만 원 | 10만 원 | 40만 원 |

※ 30만 원 이상 구매 시 10% 할인

① 20송이
② 21송이
③ 22송이
④ 23송이

**27** 다음 〈보기〉의 전제 1에서 항상 참인 결론을 이끌어 내기 위한 전제 2로 옳은 것은?

> 보기
> • 전제 1 : 흰색 공을 가지고 있는 사람은 모두 검은색 공을 가지고 있지 않다.
> • 전제 2 : _____
> • 결론 : 흰색 공을 가지고 있는 사람은 모두 파란색 공을 가지고 있다.

① 검은색 공을 가지고 있는 사람은 모두 파란색 공을 가지고 있다.
② 파란색 공을 가지고 있지 않은 사람은 모두 검은색 공도 가지고 있지 않다.
③ 파란색 공을 가지고 있지 않은 사람은 모두 검은색 공을 가지고 있다.
④ 파란색 공을 가지고 있는 사람은 모두 검은색 공을 가지고 있다.

※ 다음은 보조배터리를 생산하는 K사의 시리얼 넘버에 대한 자료이다. 이어지는 질문에 답하시오. [28~29]

〈시리얼 넘버 부여 방식〉

시리얼 넘버는 [제품 분류] – [배터리 형태][배터리 용량][최대 출력] – [고속충전 규격] – [생산날짜] 순서로 부여한다.

〈시리얼 넘버 세부사항〉

| 제품 분류 | 배터리 형태 | 배터리 용량 | 최대 출력 |
| --- | --- | --- | --- |
| NBP : 일반형 보조배터리<br>CBP : 케이스 보조배터리<br>PBP : 설치형 보조배터리 | LC : 유선 분리형<br>LO : 유선 일체형<br>DK : 도킹형<br>WL : 무선형<br>LW : 유선+무선 | 4 : 40,000mAH 이상<br>3 : 30,000mAH 이상<br>2 : 20,000mAH 이상<br>1 : 10,000mAH 이상 | A : 100W 이상<br>B : 60W 이상<br>C : 30W 이상<br>D : 20W 이상<br>E : 10W 이상 |

| 고속충전 규격 | 생산날짜 | | |
| --- | --- | --- | --- |
| P31 : USB–PD3.1<br>P30 : USB–PD3.0<br>P20 : USB–PD2.0 | B3 : 2023년<br>B2 : 2022년<br>…<br>A1 : 2011년 | 1 : 1월<br>2 : 2월<br>…<br>0 : 10월<br>A : 11월<br>B : 12월 | 01 : 1일<br>02 : 2일<br>…<br>30 : 30일<br>31 : 31일 |

**28** 다음 〈보기〉 중 시리얼 넘버가 잘못 부여된 제품은 모두 몇 개인가?

보기

- NBP – LC4A – P20 – B2102
- CBP – WK4A – P31 – B0803
- NBP – LC3B – P31 – B3230
- CNP – LW4E – P20 – A7A29
- PBP – WL3D – P31 – B0515
- CBP – LO3E – P30 – A9002
- PBP – DK1E – P21 – A8B12
- PBP – DK2D – P30 – B0331
- NBP – LO3B – P31 – B2203
- CBP – LC4A – P31 – B3104

① 2개  
③ 4개  
② 3개  
④ 5개

**29** K사 고객지원팀에 재직 중인 S주임은 보조배터리를 구매한 고객으로부터 다음과 같은 전화를 받았다. 해당 제품을 회사 데이터베이스에서 검색하기 위해 시리얼 넘버를 입력할 때, 고객이 보유 중인 제품의 시리얼 넘버로 가장 적절한 것은?

| |
|---|
| S주임 : 안녕하세요. K사 고객지원팀 S입니다. 무엇을 도와드릴까요?<br>고객 : 안녕하세요. 지난번에 구매한 보조배터리가 작동을 하지 않아서요.<br>S주임 : 네, 고객님. 해당 제품 확인을 위해 시리얼 넘버를 알려주시기 바랍니다.<br>고객 : 제품을 들고 다니면서 시리얼 넘버가 적혀 있는 부분이 지워졌네요. 어떻게 하면 되죠?<br>S주임 : 고객님 혹시 구매하셨을때 동봉된 제품설명서를 가지고 계실까요?<br>고객 : 네, 가지고 있어요.<br>S주임 : 제품설명서 맨 뒤에 제품 정보가 적혀 있는데요. 순서대로 불러주시기 바랍니다.<br>고객 : 설치형 보조배터리에 70W, 24,000mAH의 도킹형 배터리이고, 규격은 USB-PD3.0이고, 생산날짜는 2022년 10월 12일이네요.<br>S주임 : 확인 감사합니다. 고객님 잠시만 기다려 주세요. |

① PBP – DK2B – P30 – B1012
② PBP – DK2B – P30 – B2012
③ PBP – DK3B – P30 – B1012
④ PBP – DK3B – P30 – B2012

**30** K하수처리장은 오수 1탱크를 정수로 정화하는 데 A ~ E 5가지 공정을 거친다고 한다. 공정당 소요시간이 다음과 같을 때 30탱크 분량의 오수를 정화하는 데 걸린 최소 시간은?(단, 공정별 걸린 시간에는 정비시간이 포함되어 있다)

〈K하수처리장 공정별 소요시간〉

| 공정 | A | B | C | D | E |
|---|---|---|---|---|---|
| 걸린 시간 | 4시간 | 6시간 | 5시간 | 4시간 | 6시간 |

① 181시간
② 187시간
③ 193시간
④ 199시간

**31** 다음 중 스마트 팩토리(Smart Factory)에 대한 설명으로 옳지 않은 것은?

① 공장 내 설비에 사물인터넷(IoT)을 적용한다.

② 기획 및 설계는 사람이 하고, 이를 바탕으로 인공지능(AI)이 전반적인 공정을 진행한다.

③ 정부에서는 4차 산업혁명의 시대에 맞추어 제조업 전반의 혁신 및 발전을 위해 꾸준히 지원하고 있다.

④ 국가별 제조업 특성 및 강점, 산업 구조 등에 따라 구체적인 전략은 다양한 형태를 갖춘다.

**32** 다음 중 그래핀과 탄소 나노 튜브를 비교한 내용으로 옳은 것은?

① 그래핀과 탄소 나노 튜브 모두 2차원 평면 구조를 가지고 있다.

② 그래핀과 탄소 나노 튜브 모두 탄소로 이루어져 있으므로 인장강도는 약하다.

③ 그래핀과 탄소 나노 튜브 모두 격자 형태로 불규칙적이다.

④ 그래핀과 탄소 나노 튜브 모두 그 두께가 $1\mu\mathrm{m}$보다 얇다.

**33** 다음은 1g당 80원인 A회사 우유와 1g당 50원인 B회사 우유를 각각 100g씩 섭취했을 때 얻을 수 있는 열량과 단백질의 양을 나타낸 표이다. 우유 A, B를 합하여 300g을 만들어 열량 490kcal 이상과 단백질 29g 이상을 얻으면서 가장 저렴하게 구입하였을 때, 그 가격은 얼마인가?

〈A, B회사 우유의 100g당 열량과 단백질의 양〉

| 식품 \ 성분 | 열량(kcal) | 단백질(g) |
|---|---|---|
| A회사 우유 | 150 | 12 |
| B회사 우유 | 200 | 5 |

① 20,000원
② 21,000원
③ 22,000원
④ 23,000원
⑤ 24,000원

**34** 다음은 S헬스 클럽의 회원들이 하루 동안 운동하는 시간을 조사하여 나타낸 도수분포표이다. 하루 동안 운동하는 시간이 80분 미만인 회원이 전체의 80%일 때, $A - B$의 값은?

〈S헬스 클럽 회원 운동시간 도수분포표〉

| 시간(분) | 회원 수(명) |
|---|---|
| 0 이상 20 미만 | 1 |
| 20 이상 40 미만 | 3 |
| 40 이상 60 미만 | 8 |
| 60 이상 80 미만 | $A$ |
| 80 이상 100 미만 | $B$ |
| 합계 | 30 |

① 2
② 4
③ 6
④ 8
⑤ 10

**35** A가게와 B가게에서의 연필 1자루당 가격과 배송비가 다음과 같을 때 연필을 몇 자루 이상 구매해야 B가게에서 주문하는 것이 유리한가?

〈구매정보〉

| 구분 | 연필 가격 | 배송비 |
|------|-----------|--------|
| A가게 | 500원/자루 | 무료 |
| B가게 | 420원/자루 | 2,500원/건 |

① 30자루
② 32자루
③ 34자루
④ 36자루
⑤ 38자루

**36** S마스크 회사에서는 지난 달에 제품 A, B를 합하여 총 6,000개를 생산하였다. 이번 달에 생산한 양은 지난 달에 비하여 제품 A는 6% 증가하고, 제품 B는 4% 감소하여 전체 생산량은 2% 증가하였다고 한다. 이번 달 두 제품 A, B의 생산량의 차는 얼마인가?

① 1,500개
② 1,512개
③ 1,524개
④ 1,536개
⑤ 1,548개

**37** 다음 중 기계적 조직의 특징으로 적절한 것을 〈보기〉에서 모두 고르면?

보기

㉠ 변화에 맞춰 쉽게 변할 수 있다.
㉡ 상하 간 의사소통이 공식적인 경로를 통해 이루어진다.
㉢ 대표적으로 사내벤처팀, 프로젝트팀이 있다.
㉣ 구성원의 업무가 분명하게 규정되어 있다.
㉤ 많은 규칙과 규제가 있다.

① ㉠, ㉡, ㉢
② ㉠, ㉣, ㉤
③ ㉡, ㉢, ㉣
④ ㉡, ㉣, ㉤
⑤ ㉢, ㉣, ㉤

**38** 다음 중 글로벌화에 대한 설명으로 적절하지 않은 것은?

① 범지구적 시스템과 네트워크 안에서 기업 활동이 이루어지는 국제경영이 중요시된다.

② 글로벌화가 이루어지면 시장이 확대되어 상대적으로 기업 경쟁이 완화된다.

③ 경제나 산업에서 벗어나 문화, 정치 등 다른 영역까지 확대되고 있다.

④ 활동 범위가 세계로 확대되는 것을 의미한다.

⑤ 다국적 기업의 증가에 따라 국가 간 경제통합이 강화되었다.

**39** 다음 중 팀워크에 대한 설명으로 적절하지 않은 것은?

① 조직에 대한 이해 부족은 팀워크를 저해하는 요소이다.

② 팀워크를 유지하기 위해 구성원은 공동의 목표의식과 강한 도전의식을 가져야 한다.

③ 공동의 목적을 달성하기 위해 상호관계성을 가지고 협력하여 업무를 수행하는 것이다.

④ 사람들이 집단에 머물도록 만들고, 집단의 멤버로서 계속 남아 있기를 원하게 만드는 힘이다.

⑤ 효과적인 팀은 갈등을 인정하고 상호신뢰를 바탕으로 건설적으로 해결한다.

**40** 다음은 협상과정 단계별 세부 수행 내용이다. 협상과정의 단계를 순서대로 바르게 나열한 것은?

> ㉠ 겉으로 주장하는 것과 실제로 원하는 것을 구분하여 실제로 원하는 것을 찾아낸다.
> ㉡ 합의문을 작성하고 이에 서명한다.
> ㉢ 갈등문제의 진행상황과 현재의 상황을 점검한다.
> ㉣ 상대방의 협상의지를 확인한다.
> ㉤ 대안 이행을 위한 실행계획을 수립한다.

① ㉠ - ㉢ - ㉤ - ㉣ - ㉡
② ㉠ - ㉤ - ㉢ - ㉣ - ㉡
③ ㉢ - ㉠ - ㉤ - ㉣ - ㉡
④ ㉣ - ㉠ - ㉢ - ㉤ - ㉡
⑤ ㉣ - ㉢ - ㉠ - ㉤ - ㉡

**41** 다음 중 Win – Win 전략에 의거한 갈등 해결 단계에 포함되지 않는 것은?

① 비판적인 패러다임을 전환하는 등 사전 준비를 충실히 한다.

② 갈등 당사자의 입장을 명확히 한다.

③ 서로가 받아들일 수 있도록 중간지점에서 타협적으로 주고받아 해결점을 찾는다.

④ 서로의 입장을 명확히 한다.

⑤ 상호 간에 중요한 기준을 명확히 말한다.

**42** 다음 중 직업이 갖추어야 할 속성과 그 의미가 옳지 않은 것은?

① 계속성 : 주기적으로 일을 하거나 계절 또는 명확한 주기가 없어도 계속 행해지며, 현재 하고 있는 일을 계속할 의지와 가능성이 있어야 한다.

② 경제성 : 직업은 경제적 거래 관계가 성립되는 활동이어야 한다.

③ 윤리성 : 노력이 전제되지 않는 자연적인 이득 활동은 직업으로 볼 수 없다.

④ 사회성 : 모든 직업 활동이 사회 공동체적 맥락에서 의미 있는 활동이어야 한다.

⑤ 자발성 : 속박된 상태에서의 제반 활동은 직업으로 볼 수 없다.

**43** 다음 중 근로윤리의 판단 기준으로 적절한 것을 〈보기〉에서 모두 고르면?

> **보기**
>
> ㉠ 예절　　　　　　　　　　　　㉡ 준법
> ㉢ 정직한 행동　　　　　　　　　㉣ 봉사와 책임
> ㉤ 근면한 자세　　　　　　　　　㉥ 성실한 태도

① ㉠, ㉡, ㉢　　　　　　　　② ㉠, ㉡, ㉣

③ ㉡, ㉢, ㉤　　　　　　　　④ ㉢, ㉤, ㉥

⑤ ㉣, ㉤, ㉥

**44** 다음 중 직장에서의 예절로 적절한 것을 〈보기〉에서 모두 고르면?

> **보기**
> ㉠ 악수는 상급자가 먼저 청한다.
> ㉡ 명함을 받았을 때는 곧바로 집어넣는다.
> ㉢ 상급자가 운전하는 차량에 단 둘이 탑승한다면 조수석에 탑승해야 한다.
> ㉣ 엘리베이터에서 상사나 손님이 탑승하고 내릴 때는 문열림 버튼을 누르고 있어야 한다.

① ㉠, ㉡
② ㉠, ㉣
③ ㉠, ㉢, ㉣
④ ㉡, ㉢, ㉣
⑤ ㉠, ㉡, ㉢, ㉣

**45** K빌딩 시설관리팀에서 건물 화단 보수를 위해 두 팀으로 나누었다. 한 팀은 작업 하나를 마치는 데 15분이 걸리지만 작업을 마치면 도구 교체를 위해 5분이 걸리고, 다른 한 팀은 작업 하나를 마치는 데 30분이 걸리지만 한 작업을 마치면 도구 교체 없이 바로 다른 작업을 시작한다고 한다. 오후 1시부터 두 팀이 쉬지 않고 작업한다고 할 때, 두 팀이 세 번째로 동시에 작업을 시작하는 시각은?

① 오후 3시 30분
② 오후 4시
③ 오후 4시 30분
④ 오후 5시

※ 다음은 2019년부터 2022년까지의 K농장의 귤 매출액의 증감률에 대한 자료이다. 이를 읽고 이어지는 질문에 답하시오. [46~47]

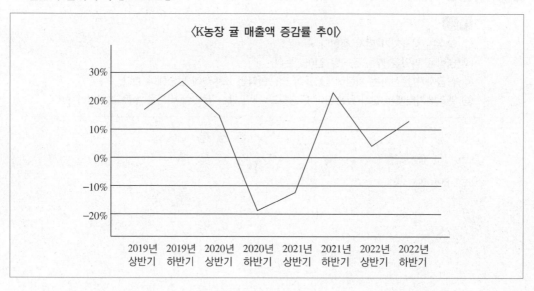

┃ 한국관광공사 / 수리능력

**46** 다음 중 자료에 대한 설명으로 옳지 않은 것은?

① 매출액은 2021년 하반기부터 꾸준히 증가하였다.

② 2019년 하반기의 매출 성장 폭이 가장 크다.

③ 2020년 하반기 매출액은 2018년 하반기 매출액보다 적다.

④ 2019년 상반기부터 2022년 하반기까지 매출액이 가장 적은 때는 2021년 상반기이다.

┃ 한국관광공사 / 수리능력

**47** 다음은 신문에 실린 어떤 기사의 일부이다. 이 기사의 작성 시기로 가장 적절한 것은?

> … (중략) …
> 이 병해충에 감염되면 식물의 엽록소가 파괴되어 잎에 반점이 생기고 광합성 능력이 저하되며 결국 고사(枯死)하게 된다. 피해 지역 농민들은 감염된 농작물을 전량 땅에 묻으며 생계에 대한 걱정에 눈물을 보이고 있다. 실제로 병충해로 인해 피해 농가의 매출액이 감염 전에 비해 큰 폭으로 떨어지고 있다. 현재 피해 지역이 전국적으로 확산되고 있으며 수확을 앞둔 다른 농가에서도 이 병해충에 대한 걱정에 잠을 못 이루고 있다.
> … (후략) …

① 2019년 상반기 ~ 2019년 하반기

② 2020년 하반기 ~ 2021년 상반기

③ 2021년 하반기 ~ 2022년 상반기

④ 2022년 상반기 ~ 2022년 하반기

**48** 연도별 1분기 K국립공원 방문객 수가 다음과 같을 때, 2022년 1분기 K국립공원 방문객 수와 방문객 수의 비율을 바르게 나열한 것은?(단, 방문객 수는 천의 자리에서 반올림하고, 방문객 수의 비율은 소수점 아래는 버리며, 증감률은 소수점 둘째 자리에서 반올림한다)

〈연도별 1분기 K국립공원 방문객 수〉

| 구분 | 방문객 수(명) | 방문객 수 비율 | 증감률 |
| --- | --- | --- | --- |
| 2018년 | 1,580,000 | 90 | – |
| 2019년 | 1,680,000 | 96 | 6.3% |
| 2020년 | 1,750,000 | 100 | 4.2% |
| 2021년 | 1,810,000 | 103 | 3.4% |
| 2022년 | | | −2.8% |

※ 방문객 수 비율은 2020년을 100으로 한다.

|     | 방문객 수 | 방문객 수 비율 |
| --- | --- | --- |
| ① | 1,760,000 | 103 |
| ② | 1,760,000 | 100 |
| ③ | 1,780,000 | 101 |
| ④ | 1,780,000 | 100 |

※ 다음은 M공사 정보보안팀에서 배포한 사내 메신저 계정의 비밀번호 설정 규칙이다. 이를 읽고 이어지는 질문에 답하시오. [49~50]

---

〈비밀번호 설정 규칙〉

• 오름차순 또는 내림차순으로 3회 이상 연이은 숫자, 알파벳은 사용할 수 없다.
  (예 123, 876, abc, jih, …)
• 쿼터 키보드에서 자판이 3개 이상 나열된 문자는 사용할 수 없다.
• 특수문자를 반드시 포함하되 같은 특수문자를 연속하여 2회 이상 사용할 수 없다.
• 숫자, 특수문자, 알파벳 소문자와 대문자를 구별하여 8자 이상으로 설정한다.
  (단, 대문자는 반드시 1개 이상 넣는다)
• 3자 이상 알파벳을 연이어 사용할 경우 단어가 만들어지면 안 된다.
  (단, 이니셜 및 약어까지는 허용한다)

〈불가능한 비밀번호 예시〉

• 3756#DefG99
• xcv@cL779
• UnfkCKdR$$7576
• eXtra2@CL377
• ksn3567#38cA
  ⋮

---

❙ 한국마사회 / 정보능력

**49** M공사에 근무하는 B사원은 비밀번호 설정 규칙에 따라 사내 메신저 계정 비밀번호를 새로 설정하였으나 규칙에 어긋난다고 하였다. 재설정한 비밀번호가 다음과 같을 때, 어떤 규칙에 위배되었는가?

---

qdfk#9685@21ck

---

① 숫자가 내림차순으로 3회 연달아 배치되어서는 안 된다.
② 같은 특수문자가 2회 이상 연속되어서는 안 된다.
③ 알파벳 대문자가 1개 이상 들어가야 한다.
④ 특정 영단어가 형성되어서는 안 된다.

❙ 한국마사회 / 정보능력

**50** B사원이 비밀번호 설정 규칙에 따라 사내 메신저 계정 비밀번호를 다시 설정할 때, 가장 적절한 것은?

① Im#S367            ② asDf#3689!
③ C8&hOUse100%ck      ④ 735%#Kmpkd2R6

# 앞선 정보 제공! 도서 업데이트

## 언제, 왜 업데이트될까?

도서의 학습 효율을 높이기 위해 자료를 추가로 제공할 때!
공기업 · 대기업 필기시험에 변동사항 발생 시 정보 공유를 위해!
공기업 · 대기업 채용 및 시험 관련 중요 이슈가 생겼을 때!

**01** SD에듀 도서
www.sdedu.co.kr/book
홈페이지 접속

**02** 상단 카테고리
「도서업데이트」
클릭

**03** 해당
기업명으로
검색

참고자료, 시험 개정사항 등 정보 제공으로 학습효율을 높여 드립니다.

기출이 답이다

# 국민건강
# 보험공단

## NCS & 법률 7개년 기출복원문제 + 무료건보특강

# 정답 및 해설

# PART

# I

## 국민건강보험공단
## 기출복원문제
## 정답 및 해설

# 01 2023년 상반기 시행 기출복원문제

## |01| 직업기초능력

| 01 | 02 | 03 | 04 | 05 | 06 | 07 | 08 | | | | | | | | | | | |
|----|----|----|----|----|----|----|----|---|---|---|---|---|---|---|---|---|---|---|
| ② | ③ | ③ | ③ | ① | ③ | ② | ④ | | | | | | | | | | | |

### 01 정답 ②

제시된 기사는 독거노인·장애인을 위한 응급안전안심서비스의 집중신청기간을 고지하면서 이에 대한 참여를 설명하는 글이다. 따라서 기사의 주제는 독거노인·장애인 응급안전안심서비스 정책과 집중신청기간 안내가 가장 적절하다.

#### 오답분석

① 정책소개를 위해 2022년 한 해 동안의 성과를 소개하고 있지만 전체적인 기사의 주제는 아니다.
③ 독거노인·장애인 응급안전안심서비스는 가정에 ICT 기반의 장비를 설치하여 구급·구조를 돕는 서비스이지만 장비 목록 자체가 제시된 기사의 주제는 아니다.
④ 보건복지부는 응급안전안심서비스 집중신청기간 동안 신청자를 받고 있으며 따로 대상자를 현장조사하지는 않는다. 따라서 제시된 기사와는 관련 없다.

### 02 정답 ③

마지막 문단에서 '집중신청기간 이후에도 계속해서 신청 창구는 열려있으니 많은 신청 바란다.'라고 하였으므로 집중신청기간이 지나도 계속해서 서비스를 신청할 수 있음을 알 수 있다.

#### 오답분석

① 세 번째 문단에서 기초지자체장이 생활여건 등을 고려해 상시 보호 필요하다고 인정하는 경우 응급안전안심서비스를 신청하여 이용할 수 있다고 하였다.
② 두 번째 문단에서 응급안전안심서비스를 이용하는 경우 가정 내 화재, 화장실 내 실신 또는 침대에서 낙상 등의 응급상황을 화재·활동량 감지기가 자동으로 119와 응급관리요원에 알리거나, 응급호출기로 간편하게 119에 신고할 수 있다고 하였다.
④ 세 번째 문단에서 집중신청기간 동안 서비스 대상자나 그 보호자는 행정복지센터나 시·군·구 지역센터에 방문하거나 전화 등으로 서비스를 신청할 수 있다고 하였다.

### 03 정답 ③

제53조 5항에서 공단으로부터 분할납부 승인을 받고 승인된 보험료를 1회 이상 낸 경우에는 보험급여를 할 수 있다고 하였으므로 분할납부가 완료될 때까지 보험급여가 제한되지 않는다.

#### 오답분석

① 제53조 1항 2호에 따르면 고의 또는 중대한 과실로 공단 및 요양기관의 요양에 관한 지시를 따르지 아니한 경우 보험급여를 하지 않는다.
② 제53조 2항에서 국가나 지방자치단체로부터 보험급여에 상당하는 급여를 받게 되는 경우에는 그 한도에서 보험급여를 하지 않는다고 하였다.
④ 승인받은 분할납부 횟수가 5회 미만인 경우이므로 해당 분할납부 횟수인 4회 이상 보험료를 내지 않으면 보험급여가 제한된다.

## 04 정답 ③

A씨의 2021년 장기요양보험료를 구하기 위해서는 A씨의 소득을 먼저 구해야 한다. 2023년 A씨가 낸 장기요양보험료는 20,000원이고, 보험료율이 0.91%이므로 A씨의 소득은 20,000÷0.0091≒2,197,802원이다. 따라서 A씨의 지난 5년간 소득은 2,197,802원으로 동일하므로 2021년 장기요양보험료는 2,197,802×0.0079≒17,363원이다.

## 05 정답 ①

고독사 및 자살 위험이 크다고 판단되는 경우 만 60세 이상으로 하향 조정이 가능하다.

**오답분석**

② 노인맞춤돌봄서비스 중 생활교육서비스에 해당한다.
③ 특화서비스는 가족, 이웃과 단절되거나 정신건강 등의 문제로 자살, 고독사 위험이 높은 취약 노인을 대상으로 상담 및 진료서비스를 제공한다.
④ 안전지원서비스를 통해 노인의 안전 여부를 확인할 수 있다.

## 06 정답 ③

노인맞춤돌봄서비스는 만 65세 이상의 기초생활수급자, 차상위계층, 기초연금수급자의 경우 신청이 가능하다. F와 H는 소득수준이 기준에 해당하지 않으므로 제외되며, J는 만 64세이므로 제외된다. 또한 E, G, K는 유사 중복사업의 지원을 받고 있으므로 제외된다. 따라서 E, F, G, H, J, K 6명은 노인맞춤돌봄서비스 신청이 불가능하다.

**오답분석**

A와 I의 경우 만 65세 이하이지만 자살, 고독사 위험이 높은 우울형 집단에 속하고, 만 60세 이상이므로 신청이 가능하다.

## 07 정답 ②

시도별 2021년 대비 2022년 정신건강 예산의 증가폭은 다음과 같다.
• 서울 : 58,981,416−53,647,039=5,334,377천 원
• 부산 : 24,205,167−21,308,849=2,896,318천 원
• 대구 : 12,256,595−10,602,255=1,654,340천 원
• 인천 : 17,599,138−12,662,483=4,936,655천 원
• 광주 : 13,479,092−12,369,203=1,109,889천 원
• 대전 : 14,142,584−12,740,140=1,402,444천 원
• 울산 : 6,497,177−5,321,968=1,175,209천 원
• 세종 : 1,515,042−1,237,124=277,918천 원
• 제주 : 5,600,120−4,062,551=1,537,569천 원
따라서 증가폭이 가장 큰 지역부터 순서대로 나열하면 서울 – 인천 – 부산 – 대구 –제주 – 대전 – 울산 – 광주 – 세종이 된다.

## 08 정답 ④

2022년 시도별 전문의 의료 인력 대비 간호사 인력 비율은 다음과 같다. 실제 시험에서는 선택지에 제시된 지역만 구하여 시간을 절약하도록 한다.

- 서울 : $\frac{8,286}{1,905} \times 100 ≒ 435\%$
- 부산 : $\frac{2,755}{508} \times 100 ≒ 542.3\%$
- 대구 : $\frac{2,602}{546} \times 100 ≒ 476.6\%$
- 인천 : $\frac{679}{112} \times 100 ≒ 606.3\%$
- 광주 : $\frac{2,007}{371} \times 100 ≒ 541\%$
- 대전 : $\frac{2,052}{399} \times 100 ≒ 514.3\%$
- 울산 : $\frac{8}{2} \times 100 = 400\%$
- 세종 : $\frac{594}{118} \times 100 ≒ 503.4\%$
- 경기 : $\frac{6,706}{1,516} \times 100 ≒ 442.3\%$
- 강원 : $\frac{1,779}{424} \times 100 ≒ 419.6\%$
- 충북 : $\frac{1,496}{308} \times 100 ≒ 485.7\%$
- 충남 : $\frac{955}{151} \times 100 ≒ 632.5\%$
- 전북 : $\frac{1,963}{358} \times 100 ≒ 548.3\%$
- 전남 : $\frac{1,460}{296} \times 100 ≒ 493.2\%$
- 경북 : $\frac{1,158}{235} \times 100 ≒ 492.8\%$
- 경남 : $\frac{4,004}{783} \times 100 ≒ 511.4\%$
- 제주 : $\frac{1,212}{229} \times 100 ≒ 529.3\%$

따라서 전문의 의료 인력 대비 간호사 인력 비율이 가장 높은 지역은 충남이다.

# | 02 | 국민건강보험법

| 01 | 02 | 03 | 04 | 05 | 06 | 07 | 08 | 09 | 10 | 11 | 12 | 13 | 14 | 15 | 16 | 17 | 18 | 19 | |
|----|----|----|----|----|----|----|----|----|----|----|----|----|----|----|----|----|----|----|---|
| ① | ② | ② | ② | ① | ④ | ② | ③ | ① | ③ | ③ | ② | ④ | ③ | ③ | ② | ③ | ④ | ② | |

## 01 정답 ①

**자격의 취득 시기 등(법 제8조 제1항)**
가입자는 국내에 거주하게 된 날에 직장가입자 또는 지역가입자의 자격을 얻는다. 다만, 다음 각 호의 어느 하나에 해당하는 사람은 그 해당되는 날에 각각 자격을 얻는다.
1. 수급권자이었던 사람은 그 대상자에서 제외된 날
2. 직장가입자의 피부양자이었던 사람은 그 자격을 잃은 날
3. 유공자 등 의료보호대상자이었던 사람은 그 대상자에서 제외된 날
4. 보험자에게 건강보험의 적용을 신청한 유공자 등 의료보호대상자는 그 신청한 날

**자격의 상실 시기 등(법 제10조 제1항)**
가입자는 다음 각 호의 어느 하나에 해당하게 된 날에 그 자격을 잃는다.
1. 사망한 날의 다음 날
2. 국적을 잃은 날의 다음 날
3. 국내에 거주하지 아니하게 된 날의 다음 날
4. 직장가입자의 피부양자가 된 날
5. 수급권자가 된 날
6. 건강보험을 적용받고 있던 사람이 유공자 등 의료보호대상자가 되어 건강보험의 적용배제신청을 한 날

## 02 　정답　②

2023년 직장가입자의 보험료율은 1만 분의 709(7.09%)로 하되, A는 국외에서 업무에 종사하는 직장가입자이므로 보험료율은 정해진 보험료율의 100분의 50으로 감경(법 제73조)되므로 3.545%가 된다. 그리고 A는 업무 목적으로 1개월 이상 국외에 체류(영제44조의2)하기 때문에 100% 면제되어야 하지만, 국내에 피부양자가 있는 경우이므로 50% 경감된 금액을 납부하면 된다(법 제73조 제2항, 법 제74조). 이를 계산하면 다음과 같다.

(건강보험료)＝(보수월액)×(보험료율)＝300만×3.545%＝106,350원

따라서 직장가입자는 사업주와 반씩 나누어 내므로(법 제76조) 월 보험료로 53,175원을 내야 한다.

## 03 　정답　②

임의계속가입자의 보수월액은 보수월액보험료가 산정된 최근 12개월간의 보수월액을 평균한 금액으로 한다(법 제110조 제3항).

### 오답분석

① 임의계속가입자의 보수월액보험료는 그 임의계속가입자가 전액을 부담하고 납부한다(법 제110조 제5항).
③ 임의계속가입자는 대통령령으로 정하는 기간 동안(사용관계가 끝난 날의 다음 날부터 기산하여 36개월이 되는 날을 넘지 아니하는 범위) 직장가입자의 자격을 유지한다(법 제110조 제2항).
④ 임의계속가입자의 보험료는 보건복지부장관이 정하여 고시하는 바에 따라 그 일부를 경감할 수 있다(법 제110조 제4항).

## 04 　정답　②

심의위원회는 위원장 1명과 부위원장 1명을 포함하여 25명의 위원으로 구성한다(법 제4조 제2항).

### 오답분석

① 심의위원회 위원의 임기는 3년으로 한다. 다만, 위원의 사임 등으로 새로 위촉된 위원의 임기는 전임위원 임기의 남은 기간으로 한다(법 제4조 제5항).
③ 요양급여의 기준 등 건강보험정책에 관한 사항들을 심의·의결하기 위하여 보건복지부장관 소속으로 건강보험정책심의위원회를 둔다(법 제4조 제1항 제2호).
④ 심의위원회 위원은 시민단체, 소비자단체, 농어업인단체 및 자영업자단체가 추천하는 각 1명이 포함되며, 보건복지부장관이 임명 또는 위촉한다(법 제4조 제4항 제2호).

## 05 　정답　①

요양급여비용을 청구하려는 요양기관은 심사평가원에 요양급여비용의 심사청구를 하여야 하며, 심사청구를 받은 심사평가원은 이를 심사한 후 지체 없이 그 내용을 공단과 요양기관에 알려야 한다(법 제47조 제2항).

따라서 요양급여비용의 청구 및 통보 순서는 '요양기관 → 심사평가원 → 공단'이다.

## 06 　정답　④

**외국인 등에 대한 특례(법 제109조 제8항)**

국내체류 외국인 등(제9항 단서의 적용을 받는 사람에 한정)에 해당하는 지역가입자의 보험료는 그 직전 월 25일까지 납부하여야 한다. 다만, 다음에 해당되는 경우에는 공단이 정하는 바에 따라 납부하여야 한다.

1. 자격을 취득한 날이 속하는 달의 보험료를 징수하는 경우
2. 매월 26일 이후부터 말일까지의 기간에 자격을 취득한 경우

## 07 정답 ②

**등기(법 제18조)**

공단의 설립등기에는 다음 각 호의 사항을 포함하여야 한다.

1. 목적
2. 명칭
3. 주된 사무소 및 분사무소의 소재지
4. 이사장의 성명·주소 및 주민등록번호


## 08 정답 ③

**보험료의 경감 등(법 제75조 제1항)**

다음 각 호의 어느 하나에 해당하는 가입자 중 <u>보건복지부령(⊙)</u>으로 정하는 가입자에 대하여는 그 가입자 또는 그 가입자가 속한 세대의 보험료의 일부를 경감할 수 있다.

1. 섬·벽지(僻地)·농어촌 등 <u>대통령령(ⓒ)</u>으로 정하는 지역에 거주하는 사람
2. 65세 이상인 사람
3. 장애인복지법에 따라 등록한 장애인
4. 국가유공자 등 예우 및 지원에 관한 법률에 따른 국가유공자
5. 휴직자
6. 그 밖에 생활이 어렵거나 천재지변 등의 사유로 보험료를 경감할 필요가 있다고 보건복지부장관이 정하여 고시하는 사람


## 09 정답 ①

- A : 가입자 및 피부양자의 개인정보를 누설하거나 직무상 목적 외의 용도로 이용 또는 정당한 사유 없이 제3자에게 제공한 자는 5년 이하의 징역 또는 <u>5천만 원</u> 이하의 벌금에 처한다(법 제115조 제1항).
- B : 업무를 수행하면서 알게 된 정보를 누설하거나 직무상 목적 외의 용도로 이용 또는 제3자에게 제공한 자는 3년 이하의 징역 또는 <u>3천만 원</u> 이하의 벌금에 처한다(법 제115조 제2항 제2호).
- C : 거짓이나 그 밖의 부정한 방법으로 보험급여를 받거나 타인으로 하여금 보험급여를 받게 한 사람은 2년 이하의 징역 또는 <u>2천만 원</u> 이하의 벌금에 처한다(법 제115조 제4항).
- D : 요양비 명세서나 요양 명세를 적은 영수증을 내주지 아니한 자는 <u>500만 원</u> 이하의 벌금에 처한다(법 제117조).

따라서 A가 가장 많은 벌금을 부과받는다.


## 10 정답 ③

직장가입자인 A와 B의 보험료를 계산하면 다음과 같다.

- A의 보험료

  2023년 직장가입자의 보험료율은 1만 분의 709(7.09%)이므로 220만 원의 보수월액을 받는 A의 건강보험료는 220만 ×7.09%= 155,980원이다. 이때 직장가입자는 사업주와 반씩 나누어 내므로 77,990원을 낸다(법 제76조 제1항).

- B의 보험료

  국외에서 업무에 종사하고 있는 직장가입자에 대한 보험료율은 7.09%의 100분의 50이므로 3.545%이다(법 제73조 제2항). 이때 국외에 체류하고 있지만 국내에 거주하는 피부양자가 있기 때문에 50% 감면된 금액을 낸다(법 제74조 제1항). 따라서 직장가입자 B의 건강보험료는 280만×3.545%=99,260원이지만 사업주와 반씩 나누어 내므로 49,630원을 낸다.

따라서 A와 B의 보험료를 합산한 금액은 77,990+49,630=127,620원이다.

> **보험요금 계산**
> - 직장가입자의 보수월액보험료 : (보수월액)×(보험료율)(법 제69조 제4항)
> - 직장가입자의 보수월액 : 직장가입자가 지급받는 보수를 기준으로 하여 산정하며(법 제70조 제1항), 직장가입자의 월 급여에 수당 등을 합산하여 구한다(소득세법에 따라 비과세되는 소득은 제외).

## 11 정답 ③

상임이사는 보건복지부령으로 정하는(상임이사추천위원회) 추천 절차를 거쳐 이사장이 임명한다(법 제20조 제3항).

**오답분석**

①·② 공단은 임원으로서 이사장 1명, 이사 14명 및 감사 1명을 둔다. 이 경우 이사장, 이사 중 5명 및 감사는 상임으로 한다(법 제20조 제1항).

④ 이사장의 임기는 3년, 이사(공무인 이사는 제외)와 감사의 임기는 각각 2년으로 한다(법 제20조 제7항).

## 12 정답 ②

**외국인 등에 대한 특례(법 제109조 제2항)**

국내에 체류하는 재외국민 또는 외국인이 적용대상사업장의 근로자, 공무원 또는 교직원이고, 제6조 제2항의 어느 하나에 해당하지 아니하면서 다음의 어느 하나에 해당하는 경우에는 직장가입자가 된다.

1. 주민등록법에 따라 등록한 사람
2. 재외동포의 출입국과 법적 지위에 관한 법률에 따라 국내거소신고를 한 사람
3. 출입국관리법에 따라 외국인등록을 한 사람

**가입자의 종류(법 제6조 제2항)**

모든 사업장의 근로자 및 사용자와 공무원 및 교직원은 직장가입자가 된다. 다만, 다음 각 호의 어느 하나에 해당하는 사람은 제외한다.

1. 고용 기간이 1개월 미만인 일용근로자
2. 병역법에 따른 현역병(지원에 의하지 아니하고 임용된 하사를 포함한다), 전환복무된 사람 및 군간부후보생
3. 선거에 당선되어 취임하는 공무원으로서 매월 보수 또는 보수에 준하는 급료를 받지 아니하는 사람
4. 그 밖에 사업장의 특성, 고용 형태 및 사업의 종류 등을 고려하여 대통령령으로 정하는 사업장의 근로자 및 사용자와 공무원 및 교직원

**직장가입자에서 제외되는 사람(영 제9조)**

1. 비상근 근로자 또는 1개월 동안의 소정(所定)근로시간이 60시간 미만인 단시간근로자
2. 비상근 교직원 또는 1개월 동안의 소정근로시간이 60시간 미만인 시간제공무원 및 교직원
3. 소재지가 일정하지 아니한 사업장의 근로자 및 사용자
4. 근로자가 없거나 제1호에 해당하는 근로자만을 고용하고 있는 사업장의 사업주

## 13 정답 ④

**임원(법 제20조 제4항)**

비상임이사는 다음 각 호의 사람을 보건복지부장관이 임명한다.

1. 노동조합·사용자단체·시민단체·소비자단체·농어업인단체 및 노인단체가 추천하는 각 1명
2. 대통령령(기획재정부장관, 보건복지부장관 및 인사혁신처장은 해당 기관 소속의 3급 공무원 또는 고위공무원단에 속하는 일반직 공무원 중에서 각 1명씩을 지명)으로 정하는 바에 따라 추천하는 관계 공무원 3명

## 14 정답 ③

- 보수월액보험료는 보수월액과 보험료율을 곱한 값이므로 보수월액은 보수월액보험료에서 보험료율로 나눈 값이다. 따라서 직장가입자 A의 국내 보수월액은 $392,000 \div 0.07 = 5,600,000$원이다.
- 국외에서 업무에 종사하고 있는 직장가입자에 대한 보험료율은 정해진 보험료율의 100분의 50(법 제73조 제2항)이다. 따라서 A의 국외 보수월액은 $392,000 \div 0.035 = 11,200,000$원이다.

## 15 정답 ③

**요양급여비용의 청구와 지급 등(법 제47조 제7항)**

요양기관은 심사청구를 다음의 단체가 대행하게 할 수 있다.

1. 의료법에 따른 의사회·치과의사회·한의사회·조산사회 또는 특별시장·광역시장·도지사·특별자치도지사 또는 시장·군수·구청장(의료법 제28조 제6항)에게 신고한 각각의 지부 및 분회
2. 의료법에 따른 의료기관 단체
3. 약사법에 따른 약사회 또는 특별시장·광역시장·도지사·특별자치도지사(약사법 제14조 제2항)에게 신고한 지부 및 분회

## 16 정답 ②

**요양기관(법 제42조 제1항)**

요양급여(간호와 이송은 제외한다)는 다음 각 호의 요양기관에서 실시한다. 이 경우 보건복지부장관은 공익이나 국가정책에 비추어 요양기관으로 적합하지 아니한 대통령령(영 제18조 제1항)으로 정하는 의료기관 등은 요양기관에서 제외할 수 있다.

1. 의료법에 따라 개설된 의료기관
2. 약사법에 따라 등록된 약국
3. 약사법에 따라 설립된 한국희귀·필수의약품센터
4. 지역보건법에 따른 보건소·보건의료원 및 보건지소
5. 농어촌 등 보건의료를 위한 특별조치법에 따라 설치된 보건진료소

> **요양기관에서 제외되는 의료기관(영 제18조 제1항)**
>
> "대통령령으로 정하는 의료기관 등"이란 다음 각 호의 의료기관 또는 약국을 말한다.
>
> 1. 의료법에 따라 개설된 부속 의료기관
> 2. 사회복지사업법에 따른 사회복지시설에 수용된 사람의 진료를 주된 목적으로 개설된 의료기관
> 3. 본인일부부담금을 받지 아니하거나 경감하여 받는 등의 방법으로 가입자나 피부양자를 유인(誘引)하는 행위 또는 이와 관련하여 과잉 진료행위를 하거나 부당하게 많은 진료비를 요구하는 행위를 하여 다음 각 목의 어느 하나에 해당하는 업무정지 처분 등을 받은 의료기관
>    가. 업무정지 또는 과징금 처분을 5년 동안 2회 이상 받은 의료기관
>    나. 면허자격정지 처분을 5년 동안 2회 이상 받은 의료인이 개설·운영하는 의료기관
> 4. 업무정지 처분 절차가 진행 중이거나 업무정지 처분을 받은 요양기관의 개설자가 개설한 의료기관 또는 약국

## 17 정답 ③

공단이 급여제한기간에 보험급여를 받은 사실이 있음을 가입자에게 통지한 날부터 2개월이 지난 날이 속한 달의 납부기한 이내에 체납된 보험료를 완납한 경우 보험급여로 인정한다(법 제53조 제6항 제1호).

**오답분석**

① 고의 또는 중대한 과실로 인한 범죄행위에 그 원인이 있거나 고의로 사고를 일으킨 경우 보험급여를 하지 아니한다(법 제53조 제1항 제1호).
② 대통령령으로 정하는 횟수 이상(6회) 소득월액보험료를 체납한 경우 그 체납한 보험료를 완납할 때까지 그 가입자 및 피부양자에 대하여 보험급여를 실시하지 아니할 수 있다(법 제53조 제3항).
④ 분할납부 승인을 받은 사람이 정당한 사유 없이 5회 이상 그 승인된 보험료를 내지 아니한 경우에는 보험급여로 인정하지 않는다(법 제53조 제6항 제2호).

## 18 　정답 ④

**요양기관(법 제42조 제1항)**

요양급여(간호와 이송은 제외)는 다음의 요양기관에서 실시한다. 이 경우 보건복지부장관은 공익이나 국가정책에 비추어 요양기관으로 적합하지 아니한 대통령령으로 정하는 의료기관 등은 요양기관에서 제외할 수 있다.

1. 의료법에 따라 개설된 의료기관
2. 약사법에 따라 등록된 약국
3. 약사법 제91조에 따라 설립된 한국희귀·필수의약품센터
4. 지역보건법에 따른 보건소·보건의료원 및 보건지소
5. 농어촌 등 보건의료를 위한 특별조치법에 따라 설치된 보건진료소

## 19 　정답 ②

업무를 수행하면서 알게 된 정보를 누설하거나 직무상 목적 외의 용도로 이용 또는 제3자에게 제공한 자는 3년 이하의 징역 또는 3천만 원 이하의 벌금에 처한다(법 제115조 제2항 제2호).

**오답분석**

① 거짓이나 그 밖의 부정한 방법으로 보험급여를 받거나 타인으로 하여금 보험급여를 받게 한 사람은 2년 이하의 징역 또는 2천만 원 이하의 벌금에 처한다(법 제115조 제4항).
③ 정당한 사유 없이 신고·서류제출을 하지 아니하거나 거짓으로 신고·서류제출을 한 자는 500만 원 이하의 과태료를 부과한다 (법 제119조 제3항 제2호).
④ 요양비 명세서나 요양 명세를 적은 영수증을 내주지 아니한 자는 500만 원 이하의 벌금에 처한다(법 제117조).

# | 03 | 노인장기요양보험법

| 01 | 02 | 03 | 04 | 05 | 06 | 07 | 08 | 09 | 10 | 11 | | | | | | | | | |
|----|----|----|----|----|----|----|----|----|----|----|---|---|---|---|---|---|---|---|---|
| ③ | ① | ② | ④ | ① | ④ | ③ | ③ | ③ | ③ | ③ | | | | | | | | | |

## 01 　정답 ③

**오답분석**

ⓛ · ⓜ 재가급여에 해당한다(법 제23조 제1항 제1호).

---

**장기요양급여의 종류(법 제23조 제1항)**
• 재가급여 : 방문요양, 방문목욕, 방문간호, 주·야간보호, 단기보호, 기타재가급여
• 시설급여 : 장기요양기관에 장기간 입소한 수급자에게 제공하는 장기요양급여
• 특별현금급여 : 가족요양비, 특례요양비, 요양병원간병비

---

## 02 정답 ①

등급판정위원회는 신청인이 신청서를 제출한 날부터 30일 이내에 장기요양등급판정을 완료하여야 한다. 다만, 신청인에 대한 정밀조사가 필요한 경우 등 기간 이내에 등급판정을 완료할 수 없는 부득이한 사유가 있는 경우 30일 이내의 범위에서 이를 연장할 수 있다(법 제16조 제1항).

**오답분석**

② 공단은 등급판정위원회가 장기요양인정 및 등급판정의 심의를 완료한 경우 <u>지체 없이</u> 해당 사항이 포함된 장기요양인정서를 작성하여 수급자에게 송부하여야 한다(법 제17조 제1항).

③ 공단은 조사가 완료된 때 조사결과서, 신청서, 의사소견서, 그 밖에 심의에 필요한 자료를 <u>등급판정위원회</u>에 제출하여야 한다(법 제15조 제1항).

④ 등급판정위원회는 신청인이 신청서를 제출한 날부터 <u>30일</u> 이내에 장기요양등급판정을 완료하여야 한다(법 제16조 제1항).

## 03 정답 ②

**등급판정위원회의 설치(법 제52조 제4항)**

등급판정위원회 위원은 다음 각 호의 자 중에서 공단 이사장이 위촉한다. 이 경우 특별자치시장·특별자치도지사·시장·군수·구청장이 추천한 위원은 7인, 의사 또는 한의사가 1인 이상 각각 포함되어야 한다.

1. 의료법에 따른 의료인
2. 사회복지사업법에 따른 사회복지사
3. 특별자치시·특별자치도·시·군·구 소속 공무원
4. 그 밖에 법학 또는 장기요양에 관한 학식과 경험이 풍부한 자

## 04 정답 ④

지정취소를 받은 후 3년이 지나지 아니한 자는 장기요양기관으로 지정받을 수 없다(법 제37조 제8항 제1호).

**오답분석**

① 특별자치시장·특별자치도지사·시장·군수·구청장은 장기요양기관을 지정한 때 <u>지체 없이</u> 지정 명세를 공단에 통보하여야 한다(법 제31조 제4항).

② 재가급여를 제공하는 장기요양기관 중 의료기관이 아닌 자가 설치·운영하는 장기요양기관이 방문간호를 제공하는 경우에는 방문간호의 관리책임자로서 <u>간호사</u>를 둔다(법 제31조 제5항).

③ 특별자치시장·특별자치도지사·시장·군수·구청장은 장기요양기관이 거짓이나 그 밖의 부정한 방법으로 지정을 받은 경우에는 <u>지정을 취소하여야 한다</u>(법 제37조 제1항 제1호).

## 05 정답 ①

공단은 규정에도 불구하고 외국인근로자의 고용 등에 관한 법률에 따른 외국인근로자 등 <u>대통령령(㉠)</u>으로 정하는 외국인이 신청하는 경우 <u>보건복지부령(㉡)</u>으로 정하는 바에 따라 장기요양보험가입자에서 제외할 수 있다(법 제7조 제4항).

## 06 정답 ④

특별자치시장·특별자치도지사·시장·군수·구청장은 제37조 제1항 제4호(거짓이나 그 밖의 부정한 방법으로 재가 및 시설 급여비용을 청구한 경우)에 해당하는 행위를 이유로 업무정지명령을 하여야 하는 경우로서 그 업무정지가 해당 장기요양기관을 이용하는 수급자에게 심한 불편을 줄 우려가 있는 등 보건복지부장관이 정하는 특별한 사유가 있다고 인정되는 경우에는 업무정지명령을 갈음하여 거짓이나 그 밖의 부정한 방법으로 청구한 금액의 5배 이하의 금액을 과징금으로 부과할 수 있다(법 제37조의2 제2항).
따라서 보기의 사례에서 업무정지에 갈음한 과징금의 최대 금액은 12,844천 원의 5배인 64,220천 원이다.

## 07 정답 ③

①·②·④는 가족요양비에 해당하며, ③은 요양병원간병비에 해당한다(법 제26조).

> **가족요양비(법 제24조 제1항)**
> 공단은 다음 각 호의 어느 하나에 해당하는 수급자가 가족 등으로부터 방문요양에 상당한 장기요양급여를 받은 때 대통령령으로 정하는 기준에 따라 해당 수급자에게 가족요양비를 지급할 수 있다.
> 1. 도서·벽지 등 장기요양기관이 현저히 부족한 지역으로서 보건복지부장관이 정하여 고시하는 지역에 거주하는 자
> 2. 천재지변이나 그 밖에 이와 유사한 사유로 인하여 장기요양기관이 제공하는 장기요양급여를 이용하기가 어렵다고 보건복지부장관이 인정하는 자
> 3. 신체·정신 또는 성격 등 대통령령으로 정하는 사유로 인하여 가족 등으로부터 장기요양을 받아야 하는 자

## 08 정답 ③

장기요양보험료는 국민건강보험법 제69조 제4항·제5항 및 제109조 제9항 단서에 따라 산정한 보험료액에서 같은 법 제74조 또는 제75조에 따라 경감 또는 면제되는 비용을 공제한 금액에 같은 법 제73조 제1항에 따른 건강보험료율 대비 장기요양보험료율의 비율을 곱하여 산정한 금액으로 한다(법 제9조 제1항).

2023년 건강보험료율은 7.09%(국민건강보험법 제73조 제1항 및 영 제44조 제1항)이고, 장기요양보험료율은 건강보험료율의 0.9082%(법 제9조 제1항, 영 제4조)이므로 0.9082%÷7.09%≒12.81%이다. 따라서 장기요양보험료는 70,000×12.81%=8,967원이고, 1원 단위 이하를 절사하여 8,960원이다.

## 09 정답 ③

수급자는 돌볼 가족이 없는 경우 등 대통령령으로 정하는 사유가 있는 경우 신청서를 제출한 날부터 장기요양인정서가 도달되는 날까지의 기간 중에도 장기요양급여를 받을 수 있다(법 제27조 제2항).

**오답분석**
① 수급자는 장기요양인정서와 개인별장기요양이용계획서가 <u>도달한 날부터</u> 장기요양급여를 받을 수 있다(법 제27조 제1항).
② 수급자는 장기요양급여를 받으려면 장기요양기관에 장기요양인정서와 개인별장기요양이용계획서를 제시하여야 한다. 다만, <u>수급자가 장기요양인정서 및 개인별장기요양이용계획서를 제시하지 못하는 경우 장기요양기관은 공단에 전화나 인터넷 등을 통하여 그 자격 등을 확인할 수 있다</u>(법 제27조 제3항).
④ 공단은 장기요양급여를 받고 있는 자가 정당한 사유 없이 등급판정에 따른 <u>조사나 자료의 제출 또는 보고 및 검사에 따른 요구에 응하지 아니하거나 답변을 거절한 경우 장기요양급여의 전부 또는 일부를 제공하지 아니하게 할 수 있다</u>(법 제29조 제1항).

## 10 정답 ③

재심사위원회의 재심사에 관한 절차에 관하여는 <u>행정심판법</u>을 준용한다(법 제56조의2 제1항).

**오답분석**
① 심사청구는 그 처분이 있음을 안 날부터 <u>90일</u> 이내에 문서(전자문서를 포함)로 하여야 하며, 처분이 있은 날부터 180일을 경과하면 이를 제기하지 못한다(법 제55조 제2항 본문).
② 정당한 사유로 그 기간에 심사청구를 할 수 없었음을 증명하면 그 기간이 지난 후에도 심사청구를 할 수 있다(법 제55조 제2항 단서).
④ 재심사위원회는 <u>보건복지부장관</u> 소속으로 두고, 위원장 1인을 <u>포함</u>한 20인 이내의 위원으로 구성한다(법 제56조 제2항).

## 11 　정답 ③

**결격사유(법 제32조의2)**

1. 미성년자, 피성년후견인 또는 피한정후견인
2. 정신건강증진 및 정신질환자 복지서비스 지원에 관한 법률의 정신질환자. 다만, 전문의가 장기요양기관 설립·운영 업무에 종사하는 것이 적합하다고 인정하는 사람은 그러하지 아니하다.
3. 마약류 관리에 관한 법률의 마약류에 중독된 사람
4. 파산선고를 받고 복권되지 아니한 사람
5. 금고 이상의 실형을 선고받고 그 집행이 종료(집행이 종료된 것으로 보는 경우를 포함)되거나 집행이 면제된 날부터 5년이 경과되지 아니한 사람
6. 금고 이상의 형의 집행유예를 선고받고 그 유예기간 중에 있는 사람
7. 대표자가 위의 규정 중 어느 하나에 해당하는 법인

## | 01 | 직업기초능력

| 01 | 02 | 03 | 04 | 05 | 06 | 07 | 08 | 09 | 10 | 11 | 12 | 13 | 14 | 15 | 16 | 17 | 18 | 19 | 20 |
|---|---|---|---|---|---|---|---|---|---|---|---|---|---|---|---|---|---|---|---|
| ① | ④ | ③ | ③ | ① | ④ | ① | ③ | ② | ④ | ② | ③ | ④ | ② | ④ | ③ | ② | ④ | ③ | ③ |

### 01  정답 ①

제시문은 국민건강보험공단이 국제 워크숍을 개최하면서 서로 다른 문화적·사회적 차이에 놓여있는 각 나라들의 지식과 정보를 습득하고, 이를 통해 필요한 방안을 모색할 계기를 만들 수 있다는 내용이다. 따라서 이 글에 대한 제목으로 가장 적절한 것은 ①이다.

### 02  정답 ④

네 번째 문단의 '아기의 호흡곤란 증상이 뚜렷하고 ~ 폐 표면 활성제를 투여한다.'를 통해 산후 치료로 가장 보편적인 것은 폐 전면 활성제가 아닌 폐 표면 활성제임을 할 수 있다.

### 03  정답 ③

제시문은 투명페트병 자원순환 프로젝트 기념행사의 개최에 대한 설명을 시작(ⓒ)으로, 그중에서도 자원순환 프로젝트의 일환인 투명페트병 무인회수기에 대한 소개(㉠)를 이어가고 있다. 추가적으로 무인회수기로 인해 일어나는 자원관리 효과에 대해 보충설명 (ⓔ)을 하고 있으며, 마무리로는 국민건강보험공단 이사장님의 말(ⓒ)을 인용하여 글을 정리하고 있다. 따라서 ⓒ - ㉠ - ⓔ - ⓒ 순서가 적절하다.

### 04  정답 ③

정부가 국민 건강 증진을 목적으로 담뱃값 인상을 실시했지만 이는 충분한 논의가 없어 흡연자의 반발을 사 기형적 소비를 만연하게 했다고 지적하고 있다. 또한 밀수 담배가 만연할 것이라는 근거를 들어 정부의 논리인 국민 건강 증진이 성립될 수 없다고 지적하고 있다. 따라서 이 글의 주제는 '정부의 담뱃값 인상 규제 완화가 필요하다.'가 가장 적절하다.

#### 오답분석

①·②·④ 글의 부분적인 내용만을 담고 있어, 글의 전반적인 내용을 아우를 수 있는 주제가 될 수 없다.

### 05  정답 ①

제시문의 첫 문단은 국민건강보험이 국민행복카드 서비스를 제공한다는 내용이다. 그 뒤에 올 내용은 왜 서비스를 제공하게 되었는 지를 설명하는 (나), 해결 방법인 (라), 부가 설명인 (가), 앞으로의 기대효과인 (다)가 와야 한다.

## 06 정답 ④

'개악하다'는 '고치어 도리어 나빠지게 하다.'는 뜻으로 '개선하다'의 반의어이다.

## 07 정답 ①

보기는 의약품 안전사용 모니터링이 약물 부작용 발생을 모니터링하는 시스템임을 알려주는 내용이므로 (가)에 들어가는 것이 적절하다. 또한 (가) 뒤에 이어지는 내용으로, 그동안 약물 부작용 사례 수집의 어려움이 이번 시스템 구축으로 용이해졌음을 말하고 있으므로, 이 또한 보기가 (가)에 들어갈 근거가 된다.

## 08 정답 ③

기사의 내용은 빅데이터를 활용하여 의약품 안전사용 모니터링이 가능해졌다는 것이므로 ③이 적절하다.

## 09 정답 ②

제시문은 사회보장제도가 무엇인지 정의하고 있으며 사회보장제도의 종류인 사회보험, 공공부조, 사회서비스에 대해 설명하고 있다. 따라서 제목으로는 사회보장제도의 의의와 종류가 가장 적절하다.

### 오답분석
① 두 번째 문단에서만 사회보험과 민간보험의 차이점을 언급하고 있다.
③ 우리나라만의 사회보장에 대한 설명은 아니다.
④ 대상자를 언급하고 있지만 글 내용의 일부로 글의 전체적인 제목으로는 적절하지 않다.

## 10 정답 ④

글의 앞부분에서는 청년내일저축계좌의 신청방법에 대해 서술하고 있으며, 빈칸의 뒷부분에서는 앞의 주제를 환기하면서 추가적으로 관심이 집중되고 있는 다른 부분에 대해 이야기하고 있다. 따라서 앞 문장과의 연결을 중단하고, 새로운 주제로 넘어가는 '한편'이 빈칸에 가장 적절하다.

## 11 정답 ②

네 번째 문단의 '청년내일저축계좌의 가입금액은 10만 원 이상 50만 원 이하(만 원 단위)까지 가능하며, 가입기간은 3년이다.'라는 글을 통해, ②의 내용이 적절하지 않음을 알 수 있다.

### 오답분석
① 세 번째 문단에서 알 수 있다.
③ 다섯 번째 문단에서 알 수 있다.
④ 여섯 번째 문단에서 알 수 있다.

## 12 정답 ③

제시문은 국민건강보험공단의 의료 마이데이터 활성화와 업무협약을 소개하는 글이다. 따라서 (다) 업무협약 체결 → (나) 업무협약의 내용 → (라) 토론회의 내용 → (가) 업무협약의 효과에 대한 기대 순으로 나열하는 것이 가장 적절하다.

## 13 정답 ④

20대의 연도별 흡연율은 40대 흡연율로, 30대는 50대의 흡연율로 반영되었으므로 옳지 않다.

## 14 정답 ②

정부지원금 유형 A의 수령자는 $200 \times 0.36 = 72$명, 20대는 $200 \times 0.41 = 82$명이므로 20대 중 정부지원금 유형 A의 수령자가 차지하는 비율은 $\frac{72}{82} \times 100 ≒ 87\%$이다.

**오답분석**

① $100만 \times (200 \times 0.36) + 200만 \times (200 \times 0.42) + 300만 \times (200 \times 0.22) = 37,200$만 원이다.

③ 20대는 $200 \times 0.41 = 82$명이고, 정부지원 수령금을 합산한 금액이 200만 원인 사람은 $200 \times 0.42 = 84$명이다. 따라서 200만 원 수령자 중 20대가 차지하는 비율은 $\frac{82}{84} \times 100 ≒ 97\%$이다.

④ 정부지원금 수혜자가 2배가 된다면 총 400명이 될 것이므로, 정부지원금에 들어간 총비용은 $100만 \times (400 \times 0.36) + 200만 \times (400 \times 0.42) + 300만 \times (400 \times 0.22) = 74,400$만 원으로 2배가 된다.

## 15 정답 ④

총무부서 직원은 총 $250 \times 0.16 = 40$명이다. 2020년과 2021년의 독감 예방접종 여부가 총무부서에 대한 자료라면, 총무부서 직원 중 2020년과 2021년의 예방접종자 수의 비율 차는 $56 - 38 = 18\%$p이다. 따라서 $40 \times 0.18 ≒ 7.2$이므로 약 7명 증가하였다.

**오답분석**

① 2020년 독감 예방접종자 수는 $250 \times 0.38 = 95$명, 2021년 독감 예방접종자 수는 $250 \times 0.56 = 140$명이므로, 2020년에는 예방접종을 하지 않았지만, 2021년에는 예방접종을 한 직원은 총 $140 - 95 = 45$명이다.

② 2020년의 예방접종자 수는 95명이고, 2021년의 예방접종자 수는 140명이다. 따라서 $\frac{140 - 95}{95} \times 100 ≒ 47\%$ 증가했다.

③ 2020년의 예방접종을 하지 않은 직원들을 대상으로 2021년의 독감 예방접종 여부를 조사한 자료라고 한다면, 2020년과 2021년 모두 예방접종을 하지 않은 직원은 총 $250 \times 0.62 \times 0.44 ≒ 68$명이다.

## 16 정답 ③

2020년 예방접종을 한 직원은 $250 \times 0.38 = 95$명이고, 부서별 예방접종을 한 직원은 $250 \times (0.08 + 0.06 + 0.14) = 70$명이다. 즉, 제조부서 직원 중 예방접종을 한 직원은 $95 - 70 = 25$명이다. 제조부서 직원은 총 $250 \times 0.44 = 110$명이므로, 제조부서 직원 중 2020년에 예방접종을 한 직원의 비율은 $\frac{25}{110} \times 100 ≒ 22\%$이다.

## 17 정답 ②

산모의 어머니인 B가 딸의 임신확인서와 산모와의 관계를 입증할 수 있는 서류인 주민등록등본을 가지고 지원 신청서를 작성하였으므로 지원제도 신청이 가능하다.

**오답분석**

① A는 산모의 친구이므로 지원이 불가능하다.

③ C는 의료급여를 받는 수급권자이므로 제외 대상자에 해당한다. 따라서 지원이 불가능하다.

④ D의 딸은 출국으로 인해 건강보험 급여정지자이므로 제외 대상자에 해당한다. 따라서 지원이 불가능하다.

**18** 정답 ④

각 인턴들의 업무 평가 결과에 따라 점수를 계산하면 다음과 같다.

| 인턴 | 업무량 | 업무 효율성 | 업무 협조성 | 업무 정확성 | 근무태도 | 합계 |
|------|--------|------------|------------|------------|----------|------|
| A인턴 | 우수 – 8점 | 탁월 – 20점 | 보통 – 16점 | 보통 – 10점 | 우수 – 10점 | 64점 |
| B인턴 | 보통 – 6점 | 보통 – 10점 | 우수 – 20점 | 우수 – 16점 | 보통 – 8점 | 60점 |
| C인턴 | 탁월 – 10점 | 보통 – 10점 | 탁월 – 30점 | 탁월 – 20점 | 보통 – 8점 | 78점 |
| D인턴 | 보통 – 6점 | 우수 – 16점 | 탁월 – 30점 | 탁월 – 20점 | 우수 – 10점 | 82점 |

A인턴은 20만 원, B인턴은 10만 원, C인턴은 30만 원, D인턴은 40만 원을 받으므로 D인턴이 가장 많은 장려금을 받는다.

**19** 정답 ③

변경된 평가 결과에 따라 점수를 계산하면 다음과 같다.

| 인턴 | 업무량 | 업무 효율성 | 업무 협조성 | 업무 정확성 | 근무태도 | 합계 |
|------|--------|------------|------------|------------|----------|------|
| A인턴 | 우수 – 8점 | 탁월 – 20점 | 보통 – 16점 | 우수 – 16점 | 우수 – 10점 | 70점 |
| B인턴 | 보통 – 6점 | 보통 – 10점 | 우수 – 20점 | 우수 – 16점 | 우수 – 10점 | 62점 |
| C인턴 | 탁월 – 10점 | 탁월 – 20점 | 탁월 – 30점 | 탁월 – 20점 | 보통 – 8점 | 88점 |
| D인턴 | 보통 – 6점 | 우수 – 16점 | 우수 – 20점 | 탁월 – 20점 | 우수 – 10점 | 72점 |

A인턴은 20만 원, B인턴은 20만 원, C인턴은 40만 원, D인턴은 30만 원을 받으므로 C인턴이 가장 많은 장려금을 받는다.

**20** 정답 ③

• 금연진료 · 상담료

S는 고혈압 진료를 병행하였으므로 금연(동시)진료 비용으로 책정해야 한다.
- 최초상담료 : $(22,500 \times 0.2) - 1,500 = 3,000$원
- 유지상담료 : $(13,500 \times 0.2) - 900 = 1,800$원

3회 차부터 금연진료 · 상담료의 본인부담금은 없으므로 S의 금연진료 · 상담료의 본인부담금은 $3,000 + 1,800 = 4,800$원이다.

• 약국금연 관리비용

약국을 2회 방문하였고 금연치료의약품을 처방받았으므로 약국금연 관리비용 본인부담금은 $1,600 \times 2 = 3,200$원이다.

• 금연치료의약품 비용

S가 처방받은 금연치료의약품은 챔픽스정이다.

챔픽스정의 1정당 본인부담금은 400원이고 7주간 처방받은 챔픽스정은 $2 \times (28 + 21) = 98$정이므로, 금연치료의약품 본인부담금은 $400 \times 98 = 39,200$원이다.

따라서 S가 낸 본인부담금은 $4,800 + 3,200 + 39,200 = 47,200$원이다.

## | 02 | 국민건강보험법

| 01 | 02 | 03 | 04 | 05 | 06 | 07 | 08 | 09 | 10 | 11 | 12 | 13 | 14 | 15 | 16 | 17 | 18 | 19 | 20 |
|---|---|---|---|---|---|---|---|---|---|---|---|---|---|---|---|---|---|---|---|
| ④ | ② | ④ | ② | ③ | ① | ② | ③ | ② | ③ | ④ | ① | ① | ① | ① | ④ | ④ | ④ | ④ | ③ |

| 21 | 22 | 23 | 24 | 25 | 26 | 27 | 28 | 29 | 30 | 31 | 32 | 33 | 34 | 35 | 36 | 37 | | | |
|---|---|---|---|---|---|---|---|---|---|---|---|---|---|---|---|---|---|---|---|
| ③ | ③ | ③ | ① | ④ | ② | ② | ② | ④ | ③ | ② | ③ | ② | ② | ② | ④ | ④ | | | |

### 01  정답 ④

행정소송(법 제90조)에 해당하는 내용이다.

**오답분석**

① 법 제87조 제1항
② 법 제87조 제3항
③ 법 제88조 제1항

### 02  정답 ②

직장가입자 대표 10명은 노동조합과 사용자단체에서 추천하는 각 5명으로 임명한다(법 제34조).

### 03  정답 ④

휴직자 등의 보수월액보험료를 징수할 권리의 소멸시효는 제79조 제5항에 따라 고지가 유예된 경우 휴직 등의 사유가 끝날 때까지 진행하지 아니한다(법 제91조 제3항).

**오답분석**

① 법 제91조 제1항 제6호
② 법 제91조 제1항 제1호
③ 법 제91조 제1항 제5호

### 04  정답 ②

- (A) : 보건복지부장관은 약사법 제47조 제2항의 위반과 관련된 제41조 제1항 제2호의 약제에 대하여는 요양급여비용 상한금액(제41조 제3항에 따라 약제별 요양급여비용의 상한으로 정한 금액을 말한다. 이하 같다)의 100분의 20을 넘지 아니하는 범위에서 그 금액의 일부를 감액할 수 있다(법 제41조의2 제1항).
- (B) : 보건복지부장관은 제1항에 따라 요양급여비용의 상한금액이 감액된 약제가 감액된 날부터 5년의 범위에서 대통령령으로 정하는 기간 내에 다시 제1항에 따른 감액의 대상이 된 경우에는 요양급여비용 상한금액의 100분의 40을 넘지 아니하는 범위에서 요양급여비용 상한금액의 일부를 감액할 수 있다(법 제41조의2 제2항).

### 05  정답 ③

**오답분석**

① 법 제72조의3 제2항 제1호
② 법 제72조의3 제2항 제2호
④ 법 제72조의3 제2항 제4호

## 06 정답 ①

보건복지부령으로 정하는 기간 동안 국내에 거주하였거나 해당 기간 동안 국내에 지속적으로 거주할 것으로 예상할 수 있는 사유로서 보건복지부령으로 정하는 사유에 해당해야 직장가입자가 된다(법 제109조 제3항 제1호).

오답분석

② 법 제109조 제2항 제1호
③ 법 제109조 제2항 제3호
④ 법 제109조 제2항 제2호

## 07 정답 ②

공단은 징수하여야 할 금액이나 반환하여야 할 금액이 1건당 2천 원 미만인 경우에는 징수 또는 반환하지 아니한다(법 제106조).

## 08 정답 ③

임명권자는 임원이 직무 여부와 관계없이 품위를 손상하는 행위를 한 경우 그 임원을 해임할 수 있다(법 제24조 제2항 제4호).

## 09 정답 ②

보건복지부장관은 종합계획에 따라 매년 연도별 시행계획을 건강보험정책심의위원회의 심의를 거쳐 수립·시행하여야 한다(법 제3조의2 제3항).

## 10 정답 ③

공단은 부당이득징수금체납정보공개심의위원회의 심의를 거친 인적사항등의 공개대상자에게 공개대상자임을 서면으로 통지하여 소명의 기회를 부여하여야 하며, 통지일부터 6개월이 경과한 후 체납자의 납부이행 등을 고려하여 공개대상자를 선정한다(법 제57조의2 제3항).

## 11 정답 ④

건강보험사업에 대한 운영비는 국고에서 공단에 지원된 재원을 사용한다.

#### 오답분석
① 법 제108조 제4항 제1호
② 법 제108조 제4항 제2호
③ 법 제108조 제4항 제3호


## 12 정답 ①

공단은 제94조 제1항에 따라 신고한 보수 또는 소득 등에 축소 또는 탈루(脫漏)가 있다고 인정하는 경우에는 보건복지부장관을 거쳐 소득의 축소 또는 탈루에 관한 사항을 문서로 국세청장에게 송부할 수 있다(법 제95조 제1항).


## 13 정답 ①

정부는 외국 정부가 사용자인 사업장의 근로자의 건강보험에 관하여는 외국 정부와 한 합의에 따라 이를 따로 정할 수 있다(법 제109조 제1항).

#### 오답분석
② 법 제109조 제2항
③ 법 제109조 제3항 제1호 및 제2호 가목
④ 법 제109조 제4항 제1호부터 제2호


## 14 정답 ①

국민건강보험법은 개인정보보호법이 아니라 공공기관의 정보공개에 관한 법률이다(법 제14조 제4항).

#### 오답분석
② 법 제77조 제1항 제1호
③ 법 제88조 제1항, 법 제89조 제1항
④ 법 제87조 제3항


## 15 정답 ①

보험료 등은 국세와 지방세를 제외한 다른 채권에 우선하여 징수한다. 다만, 보험료 등의 납부기한 전에 전세권·질권·저당권 또는 동산·채권 등의 담보에 관한 법률에 따른 담보권의 설정을 등기 또는 등록한 사실이 증명되는 재산을 매각할 때에 그 매각대금 중에서 보험료 등을 징수하는 경우 그 전세권·질권·저당권 또는 동산·채권 등의 담보에 관한 법률에 따른 담보권으로 담보된 채권에 대하여는 그러하지 아니하다(법 제85조).


## 16 정답 ④

"근로자"란 직업의 종류와 관계없이 근로의 대가로 보수(㉠)를 받아 생활하는 사람(법인의 이사와 그 밖의 임원을 포함한다)으로서 공무원(㉡) 및 교직원(㉢)을 제외한 사람을 말한다(법 제3조 제1호).


## 17 정답 ④

(월별 보험료액)=[(보수월액)×(보험료율)]+[(소득월액)×(보험료율)]=(300만×6%)+(700만×6%)=60만 원
따라서 국민건강보험법상 A의 월별 보험료액은 60만 원이다.

**18** 정답 ④

가·나·다. 보험급여가 제한되는 사유에 해당한다.

> **급여의 제한(법 제53조 제1항)**
> 공단은 보험급여를 받을 수 있는 사람이 다음 각 호의 어느 하나에 해당하면 보험급여를 하지 아니한다.
> 1. 고의 또는 중대한 과실로 인한 범죄행위에 그 원인이 있거나 고의로 사고를 일으킨 경우
> 2. 고의 또는 중대한 과실로 공단이나 요양기관의 요양에 관한 지시에 따르지 아니한 경우
> 3. 고의 또는 중대한 과실로 제55조에 따른 문서와 그 밖의 물건의 제출을 거부하거나 질문 또는 진단을 기피한 경우
> 4. 업무 또는 공무로 생긴 질병·부상·재해로 다른 법령에 따른 보험급여나 보상(報償) 또는 보상(補償)을 받게 되는 경우

**19** 정답 ④

국민건강보험법에 따른 보건복지부장관의 권한은 대통령령으로 정하는 바에 따라 그 일부를 <u>특별시장·광역시장·도지사 또는 특별자치도지사</u>에게 위임할 수 있다(법 제111조 제1항).

**20** 정답 ③

㉠ 요양기관은 제47조에 따라 요양급여비용을 최초로 청구하는 때에 요양기관의 시설·장비 및 인력 등에 대한 현황을 제62조에 따른 <u>건강보험심사평가원</u>에 신고하여야 한다(법 제43조 제1항).

㉡ 요양기관은 제1항에 따라 신고한 내용(제45조에 따른 요양급여비용의 증감에 관련된 사항만 해당한다)이 변경된 경우에는 그 변경된 날부터 <u>15일</u> 이내에 보건복지부령으로 정하는 바에 따라 <u>심사평가원</u>에 신고하여야 한다(법 제43조 제2항).

㉢ 제1항 및 제2항에 따른 신고의 범위, 대상, 방법 및 절차 등에 필요한 사항은 <u>보건복지부령</u>으로 정한다(법 제43조 제3항).

**21** 정답 ③

가입자는 사망한 날의 다음 날에 그 자격을 잃는다(법 제10조 제1호).

> **자격의 상실 시기 등(법 제10조 제1항)**
> 가입자는 다음 각 호의 어느 하나에 해당하게 된 날에 그 자격을 잃는다.
> 1. 사망한 날의 다음 날
> 2. 국적을 잃은 날의 다음 날
> 3. 국내에 거주하지 아니하게 된 날의 다음 날
> 4. 직장가입자의 피부양자가 된 날
> 5. 수급권자가 된 날
> 6. 건강보험을 적용받고 있던 사람이 유공자 등 의료보호대상자가 되어 건강보험의 적용배제신청을 한 날

**22** 정답 ③

국민건강보험법상 건강보험정책심의위원회의 심의·의결사항은 <u>직장가입자의 보수월액 및 소득월액이 아니라</u>, 직장가입자의 보험료율이다(법 제4조 제1항 제4호).

**23** 정답 ③

가입자가 자격을 잃은 경우 직장가입자의 사용자와 지역가입자의 세대주는 그 명세를 보건복지부령으로 정하는 바에 따라 자격을 잃은 날부터 <u>14일</u> 이내에 보험자에게 신고하여야 한다(법 제10조 제2항).

## 24　정답　①

요양급여비용은 공단의 이사장과 대통령령으로 정하는 의약계를 대표하는 사람들의 계약으로 정한다. 이 경우 계약기간은 1년으로 한다(법 제45조 제1항).

**오답분석**

② 법 제45조 제3항
③ 법 제45조 제4항
④ 법 제45조 제1항

## 25　정답　④

제1항에 따른 체납자 인적사항 등의 공개는 관보에 게재하거나 공단 인터넷 홈페이지에 게시하는 방법에 따른다(법 제83조 제4항).

**오답분석**

① 법 제83조 제5항
② 법 제83조 제1항
③ 법 제83조 제2항

## 26　정답　②

법 제96조의4를 위반하여 서류를 보존하지 아니한 자에게는 100만 원 이하의 과태료를 부과한다(법 제119조 제4항 제4호).

**오답분석**

①·③·④ 법 제119조 제3항에 해당하는 경우로 해당하는 자에게는 500만 원 이하의 과태료를 부과한다.

---

**서류의 보존(법 제96조의4)**

① 요양기관은 요양급여가 끝난 날부터 5년간 보건복지부령으로 정하는 바에 따라 제47조에 따른 요양급여비용의 청구에 관한 서류를 보존하여야 한다. 다만, 약국 등 보건복지부령으로 정하는 요양기관은 처방전을 요양급여비용을 청구한 날부터 3년간 보존하여야 한다.

② 사용자는 3년간 보건복지부령으로 정하는 바에 따라 자격 관리 및 보험료 산정 등 건강보험에 관한 서류를 보존하여야 한다.

③ 제49조 제3항에 따라 요양비를 청구한 준요양기관은 요양비를 지급받은 날부터 3년간 보건복지부령으로 정하는 바에 따라 요양비 청구에 관한 서류를 보존하여야 한다.

④ 제51조 제2항에 따라 보조기기에 대한 보험급여를 청구한 자는 보험급여를 지급받은 날부터 3년간 보건복지부령으로 정하는 바에 따라 보험급여 청구에 관한 서류를 보존하여야 한다.

---

## 27　정답　②

요양기관의 요영급여비용 심사는 국민건강보험공단의 업무가 아니라 심사평가원의 업무이다(법 제63조 제1항 제1호).

## 28　정답　②

국민 건강에 심각한 위험을 초래할 것이 예상되는 등 특별한 사유가 있다고 인정되는 때에는 해당 약제에 대한 요양급여비용 총액의 100분의 60을 넘지 아니하는 범위에서 과징금을 부과·징수할 수 있다(법 제99조 제2항 제2호).

**오답분석**

① 법 제99조 제1항
③ 법 제99조 제4항
④ 법 제99조 제5항

## 29 정답 ④

공단은 그 업무의 일부를 국가기관, 지방자치단체 또는 다른 법령에 따른 사회보험 업무를 수행하는 법인이나 그 밖의 자에게 위탁할 수 있다. 다만, 보험료와 징수위탁보험료 등의 징수 업무는 그러하지 아니하다(법 제112조 제2항).

**오답분석**

①·②·③ 법 제112조 제1항

## 30 정답 ③

보험급여를 받을 권리는 양도하거나 압류할 수 없다(법 제59조 제1항).

**오답분석**

① 법 제58조 제1항
③ 법 제59조 제1항
④ 법 제59조 제2항

## 31 정답 ②

• ㉠ : 직장가입자의 보험료율은 <u>1천분의 80</u>의 범위에서 심의위원회의 의결을 거쳐 대통령령으로 정한다(법 제73조 제1항).
• ㉡ : 국외에서 업무에 종사하고 있는 직장가입자에 대한 보험료율은 제1항에 따라 정해진 보험료율의 <u>100분의 50</u>으로 한다(법 제73조 제2항).

## 32 정답 ③

㉡ 공단은 건강보험사업 및 징수위탁근거법의 위탁에 따른 국민연금사업·고용보험사업·산업재해보상보험사업·임금채권보장 사업에 관한 회계를 공단의 다른 회계와 구분하여 각각 회계처리 하여야 한다(법 제35조 제3항).
㉣ 공단은 지출할 현금이 부족한 경우에는 차입할 수 있다. 다만, 1년 이상 장기로 차입하려면 보건복지부장관의 승인을 받아야 한다(법 제37조).

**오답분석**

㉠ 공단은 직장가입자와 지역가입자의 재정을 통합하여 운영한다(법 제35조 제2항).
㉢ 공단은 회계연도마다 예산안을 편성하여 이사회의 의결을 거친 후 보건복지부장관의 승인을 받아야 한다. 예산을 변경할 때에도 또한 같다(법 제36조).

## 33 정답 ②

제1항에 따른 준비금은 부족한 보험급여 비용에 충당하거나 지출할 현금이 부족할 때 외에는 사용할 수 없으며, 현금 지출에 준비금을 사용한 경우에는 <u>해당 회계연도 중에</u> 이를 보전(補塡)하여야 한다(법 제38조 제2항).

**오답분석**

① 법 제38조 제1항
③ 법 제39조 제1항
④ 법 제39조의2 전단

## 34 정답 ②

<u>보건복지부장관(㉠)</u>은 요양기관이 다음 각 호의 어느 하나에 해당하면 그 요양기관에 대하여 <u>1년(㉡)</u>의 범위에서 기간을 정하여 <u>업무정지(㉢)</u>를 명할 수 있다(법 제98조 제1항).

## 35 　정답 　②

직장가입자의 소득월액보험료는 직장가입자가 부담한다(법 제76조 제2항).

**오답분석**

① 법 제69조 제5항
③ 법 제76조 제1항 단서
④ 법 제76조 제1항 제2호

## 36 　정답 　④

제1호 외에 이 법에 따른 징수금을 체납한 경우 : 해당 체납금액의 1천분의 1에 해당하는 금액. 이 경우 연체금은 해당 체납금액의 1천분의 30을 넘지 못한다(법 제80조 제1항 제2호).

## 37 　정답 　④

공단은 그 업무의 일부를 국가기관, 지방자치단체 또는 다른 법령에 따른 사회보험 업무를 수행하는 법인이나 그 밖의 자에게 위탁할 수 있다. 다만, 보험료와 징수위탁보험료 등의 징수 업무는 그러하지 아니하다(법 제112조 제2항).

**오답분석**

① · ② · ③ 법 제112조 제1항

# | 03 | 노인장기요양보험법

| 01 | 02 | 03 | 04 | 05 | 06 | 07 | 08 | 09 | 10 | 11 | 12 | 13 | 14 | 15 | 16 | 17 | 18 | 19 | 20 |
|----|----|----|----|----|----|----|----|----|----|----|----|----|----|----|----|----|----|----|----|
| ④ | ③ | ④ | ① | ② | ③ | ① | ① | ② | ④ | ① | ③ | ③ | ④ | ④ | ② | ④ | ① | ① | ④ |
| 21 | 22 | 23 | 24 | 25 | 26 | 27 | 28 | 29 | 30 | 31 | 32 | 33 | 34 | 35 | 36 | 37 | 38 | 39 | 40 |
| ④ | ④ | ① | ④ | ① | ③ | ④ | ④ | ③ | ④ | ③ | ② | ④ | ① | ② | ② | ③ | ④ | ④ | ③ |

## 01 　정답 　④

노인장기요양보험법은 고령이나 노인성 질병 등의 사유로 일상생활을 혼자서 수행하기 어려운 노인 등에게 제공하는 신체활동(㉠) 또는 가사활동(㉡) 지원 등의 장기요양급여에 관한 사항을 규정하여 노후의 건강증진(㉢) 및 생활안정(㉣)을 도모하고 그 가족의 부담을 덜어줌으로써 국민의 삶의 질을 향상하도록 함을 목적으로 한다(법 제1조).

## 02 　정답 　③

장기요양보험료는 국민건강보험법 제69조(보험료) 제4항 · 제5항 및 제109조(외국인 등에 대한 특례) 제9항 단서에 따라 산정한 보험료액에서 같은 법 제74조(보험료의 면제) 또는 제75조(보험료의 경감 등)에 따라 경감 또는 면제되는 비용을 공제한 금액에 같은 법 제73조(보험료율) 제1항에 따른 건강보험료율 대비 장기요양보험료율의 비율을 곱하여 산정한 금액으로 한다(법 제9조 제1항).

**03** 정답 ④

특별자치시장·특별자치도지사·시장·군수·구청장은 제37조 제1항 각 호의 어느 하나(같은 항 제4호는 제외한다)에 해당하는 행위를 이유로 업무정지명령을 하여야 하는 경우로서(㉠) 그 업무정지가 해당 장기요양기관을 이용하는 수급자에게 심한 불편을 줄 우려가 있는 등 보건복지부장관이 정하는 특별한 사유가 있다고 인정되는 경우(㉡)에는 업무정지명령(㉢)을 갈음하여 2억 원 이하(㉣)의 과징금을 부과할 수 있다. 다만, 제37조 제1항 제6호를 위반한 행위로서 보건복지부령으로 정하는 경우에는 그러하지 아니하다(법 제37조의2 제1항).

**04** 정답 ①

장기요양급여란 제15조 제2항에 따라 6개월 이상 동안 혼자서 일상생활을 수행하기 어렵다고 인정되는 자에게 신체활동·가사활동의 지원 또는 간병 등의 서비스나 이에 갈음하여 지급하는 현금 등을 말한다(법 제2조 제2호).

**05** 정답 ②

제31조를 위반하여 지정받지 아니하고 장기요양기관을 운영하거나 거짓이나 그 밖의 부정한 방법으로 지정받은 자는 2년 이하의 징역 또는 2천만 원 이하의 벌금에 처한다(법 제67조 제2항 제1호).

**오답분석**

① 법 제67조 제3항 제1호
③ 법 제67조 제3항 제4호
④ 법 제67조 제3항 제2호

> **벌칙(법 제67조 제3항)**
> 다음 각 호의 어느 하나에 해당하는 자는 1년 이하의 징역 또는 1천만 원 이하의 벌금에 처한다.
> 1. 제35조 제1항을 위반하여 정당한 사유 없이 장기요양급여의 제공을 거부한 자
> 2. 거짓이나 그 밖의 부정한 방법으로 장기요양급여를 받거나 다른 사람으로 하여금 장기요양급여를 받게 한 자
> 3. 정당한 사유 없이 제36조 제3항 각 호에 따른 권익보호조치를 하지 아니한 사람
> 4. 제37조 제7항을 위반하여 수급자가 부담한 비용을 정산하지 아니한 자

**06** 정답 ③

제1항에 따른 심사청구는 그 처분이 있음을 안 날부터 90일(㉠) 이내에 문서(전자정부법 제2조 제7호에 따른 전자문서를 포함한다)로 하여야 하며, 처분이 있은 날부터 180일(㉡)을 경과하면 이를 제기하지 못한다. 다만, 정당한 사유로 그 기간에 심사청구를 할 수 없었음을 증명하면 그 기간이 지난 후에도 심사청구를 할 수 있다(법 제55조 제2항).

**07** 정답 ①

장기요양사업에 관련된 각종 서류의 기록, 관리 및 보관은 보건복지부령으로 정하는 바에 따라 전자문서로 한다(법 제59조 제1항).

**오답분석**

② 국가와 지방자치단체는 대통령령으로 정하는 바에 따라 의료급여수급권자의 장기요양급여비용, 의사소견서 발급비용, 방문간호지시서 발급비용 중 공단이 부담하여야 할 비용 및 관리운영비의 전액을 부담한다(법 제58조 제2항).
③ 제1항 및 제2항에도 불구하고 정보통신망 및 정보통신서비스 시설이 열악한 지역 등 보건복지부장관이 정하는 지역의 경우 전자문서·전산매체 또는 전자문서교환방식을 이용하지 아니할 수 있다(법 제59조 제3항).
④ 공단 및 장기요양기관은 장기요양기관의 지정신청, 재가·시설 급여비용의 청구 및 지급, 장기요양기관의 재무·회계정보 처리 등에 대하여 전산매체 또는 전자문서교환방식을 이용하여야 한다(법 제59조 제2항).

## 08 정답 ①

등급판정위원회, 장기요양위원회, 제37조의3 제3항에 따른 공표심의위원회, 심사위원회 및 재심사위원회 위원 중 공무원이 아닌 사람은 형법 제127조 및 제129조부터 제132조까지의 규정을 적용할 때에는 공무원으로 본다(법 제66조의2).

## 09 정답 ②

국가는 제6조의 장기요양기본계획을 수립·시행함에 있어서 노인뿐만 아니라 장애인 등 일상생활을 혼자서 수행하기 어려운 모든 국민이 장기요양급여, 신체활동지원서비스 등을 제공받을 수 있도록 노력하고 나아가 이들의 생활안정과 자립을 지원할 수 있는 시책을 강구하여야 한다(법 제5조).

## 10 정답 ④

장기요양기관은 수급자가 장기요양급여를 쉽게 선택하도록 하고 장기요양기관이 제공하는 급여의 질을 보장하기 위하여 장기요양 기관별 급여의 내용, 시설·인력 등 현황자료 등을 공단이 운영하는 인터넷 홈페이지에 게시하여야 한다(법 제34조 제1항).

## 11 정답 ①

보건복지부장관은 제3항에 따라 지정을 받은 인권교육기관이 다음 각 호의 어느 하나에 해당하면 그 지정을 취소하거나 6개월 이내의 기간을 정하여 업무의 정지를 명할 수 있다. 다만, 거짓이나 그 밖의 부정한 방법으로 지정을 받은 경우에 해당하면 그 지정을 취소하여야 한다(법 제35조의3 제4항 제1호).

## 12 정답 ③

ㄱ. 법 제45조 제1호
ㄴ. 법 제45조 제2호
ㄷ. 법 제45조 제3호
ㄹ. 법 제45조 제4조

**장기요양위원회의 설치 및 기능(법 제45조)**
다음 각 호의 사항을 심의하기 위하여 보건복지부장관 소속으로 장기요양위원회를 둔다.
1. 제9조 제2항에 따른 장기요양보험료율
2. 제24조부터 제26조까지의 규정에 따른 가족요양비, 특례요양비 및 요양병원간병비의 지급기준
3. 제39조에 따른 재가 및 시설 급여비용
4. 그 밖에 대통령령으로 정하는 주요 사항

## 13 정답 ③

**오답분석**
① 법 제14조 제1항 제1호
② 법 제14조 제1항 제2호
④ 법 제14조 제1항 제3호

## 14 정답 ④

지정 취소, 업무정지 등 행정제재처분의 효과가 승계되는 자는 ㉠, ㉡, ㉢, ㉣, ㉤이다.
㉠ 법 제37조의4 제1항 제1호
㉡ 법 제37조의4 제1항 제2호
㉢·㉣·㉤ 법 제37조의4 제1항 제3호

> **행정제재처분의 효과의 승계(법 제37조의4 제1항)**
> 제37조 제1항 각 호의 어느 하나에 해당하는 행위를 이유로 한 행정제재처분의 효과는 그 처분을 한 날부터 3년간 다음 각 호의 어느 하나에 해당하는 자에게 승계된다.
> 1. 장기요양기관을 양도한 경우 양수인
> 2. 법인이 합병된 경우 합병으로 신설되거나 합병 후 존속하는 법인
> 3. 장기요양기관 폐업 후 같은 장소에서 장기요양기관을 운영하는 자 중 종전에 행정제재처분을 받은 자(법인인 경우 그 대표자를 포함한다)나 그 배우자 또는 직계혈족

## 15 정답 ④

보건복지부장관 또는 특별자치시장·특별자치도지사·시장·군수·구청장은 장기요양기관이 거짓으로 재가·시설 급여비용을 청구하였다는 이유로 제37조(장기요양기관 지정의 취소 등) 또는 제37조의2(과징금의 부과 등)에 따른 처분이 확정된 경우로서 거짓으로 청구한 금액이 1,000만 원 이상인 경우에는 위반사실, 처분내용, 장기요양기관의 명칭·주소, 장기요양기관의 장의 성명, 그 밖에 다른 장기요양기관과의 구별에 필요한 사항으로서 대통령령으로 정하는 사항을 공표하여야 한다. 다만, 장기요양기관의 폐업 등으로 공표의 실효성이 없는 경우에는 그러하지 아니하다(법 제37조의3 제1항 제1호).

## 16 정답 ②

제37조(장기요양기관 지정의 취소 등) 제1항 각 호의 어느 하나에 해당하는 행위를 이유로 한 행정제재처분의 효과는 그 처분을 한 날부터 3년간 승계된다(법 제37조의4 제1항 각 호 외의 부분).

## 17 정답 ④

특별자치시장·특별자치도지사·시장·군수·구청장은 장기요양기관의 종사자가 거짓이나 그 밖의 부정한 방법으로 재가급여비용 또는 시설급여비용을 청구하는 행위에 가담한 경우 해당 종사자가 장기요양급여를 제공하는 것을 1년의 범위에서 제한하는 처분을 할 수 있다(법 제37조의5 제1항).

## 18 정답 ①

㉠ 법 제37조 제1항 제4호
㉡ 법 제37조 제1항 제3호의6
㉢ 법 제37조 제1항 제3호의3
㉣ 법 제37조 제1항 제3호의4
㉥ 법 제37조 제1항 제3호의2

**오답분석**

㉣ 특별자치시장·특별자치도지사·시장·군수·구청장은 장기요양기관이 제28조의2(급여외행위의 제공 금지)를 위반하여 급여외행위를 제공한 경우 그 지정을 취소하거나 6개월의 범위에서 업무정지를 명할 수 있다. 다만, 장기요양기관의 장이 그 위반행위를 방지하기 위하여 해당 업무에 관하여 상당한 주의와 감독을 게을리하지 아니한 경우는 제외한다(법 제37조 제1항 제1호의2).

## 19  정답  ①

㉠ 법 제37조 제1항 제5호
㉡ 법 제37조 제1항 제3호의7
㉢ 법 제37조 제1항 제6호 라목
㉣ 법 제37조 제1항 제6호 마목

**오답분석**

㉤ 특별자치시장·특별자치도지사·시장·군수·구청장은 장기요양기관의 종사자 등이 자신의 보호·감독을 받는 수급자를 유기하거나 의식주를 포함한 기본적 보호 및 치료를 소홀히 하는 방임행위를 한 경우 그 지정을 취소하거나 6개월의 범위에서 업무정지를 명할 수 있다. 다만, 장기요양기관의 장이 그 행위를 방지하기 위하여 해당 업무에 관하여 상당한 주의와 감독을 게을리하지 아니한 경우는 제외한다(법 제37조 제1항 제6호 다목).


## 20  정답  ④

보건복지부장관 또는 특별자치시장·특별자치도지사·시장·군수·구청장은 장기요양기관이 거짓으로 재가·시설 급여비용을 청구하였다는 이유로 제37조(장기요양기관 지정의 취소 등) 또는 제37조의2(과징금의 부과 등)에 따른 처분이 확정된 경우로서 거짓으로 청구한 금액이 장기요양급여비용 총액의 <u>100분의 10 이상</u>인 경우에는 위반사실, 처분내용, 장기요양기관의 명칭·주소, 장기요양기관의 장의 성명, 그 밖에 다른 장기요양기관과의 구별에 필요한 사항으로서 대통령령으로 정하는 사항을 공표하여야 한다(법 제37조의3 제1항 제2호).


## 21  정답  ④

장기요양급여를 받고자 하는 자 또는 수급자가 신체적·정신적인 사유로 이 법에 따른 장기요양인정의 신청, 장기요양인정의 갱신신청 또는 장기요양등급의 변경신청 등을 직접 수행할 수 없을 때 <u>본인의 가족이나 친족, 그 밖의 이해관계인</u>은 이를 대리할 수 있다(법 제22조 제1항).


## 22  정답  ④

(A) 3년 이하의 징역 또는 3천만 원 이하의 벌금(법 제67조 제1항 제2호)
(B) 1년 이하의 징역 또는 1천만 원 이하의 벌금(법 제67조 제3항 제2호)
(C) 2년 이하의 징역 또는 2천만 원 이하의 벌금(법 제67조 제2항 제5호)
(D) 1천만 원 이하의 벌금(법 제67조 제4항)
따라서 벌칙이 가벼운 순서대로 나열하면 (D) - (B) - (C) - (A)이다.


## 23  정답  ①

특별자치시장·특별자치도지사·시장·군수·구청장은 장기요양기관이 다음의 어느 하나에 해당하는 경우 그 지정을 취소하거나 6개월의 범위에서 업무정지를 명할 수 있다. 다만, 제1호(거짓이나 그 밖의 부정한 방법으로 지정을 받은 경우), 제2호의2(결격사유의 어느 하나에 해당하게 된 경우), 제3호의5(폐업 또는 휴업 신고를 하지 아니하고 1년 이상 장기요양급여를 제공하지 아니한 경우), 제7호(업무정지기간 중에 장기요양급여를 제공한 경우), 또는 제8호(사업자등록이나 고유번호가 말소된 경우)에 해당하는 경우에는 지정을 취소하여야 한다(법 제37조 제1항).


## 24  정답  ④

재심사위원회는 <u>보건복지부장관 소속</u>으로 두고, 위원장 1인을 포함한 20인 이내의 위원으로 구성한다(법 제56조 제2항).

## 25  정답 ①

보건복지부장관은 노인 등에 대한 장기요양급여를 원활하게 제공하기 위하여 5년 단위로 장기요양기본계획을 수립·시행하여야 한다(법 제6조 제1항).


## 26  정답 ③

재심사위원회의 위원은 관계 공무원, 법학, 그 밖에 장기요양사업 분야의 학식과 경험이 풍부한 자 중에서 보건복지부장관이 임명 또는 위촉한다. 이 경우 공무원이 아닌 위원이 전체 위원의 과반수가 되도록 하여야 한다(법 제56조 제3항).

**오답분석**
① 재심사위원회는 보건복지부장관 소속으로 두고, 위원장 1인을 포함한 20인 이내의 위원으로 구성한다(법 제56조 제2항)
② 재심사위원회의 구성·운영 및 위원의 임기, 그 밖에 필요한 사항은 대통령령으로 정한다(법 제56조 제4항).
④ 재심사위원회의 위원은 관계 공무원, 법학, 그 밖에 장기요양사업 분야의 학식과 경험이 풍부한 자 중에서 보건복지부장관이 임명 또는 위촉한다. 이 경우 공무원이 아닌 위원이 전체 위원의 과반수가 되도록 하여야 한다(법 제56조 제3항).


## 27  정답 ④

공단은 장기요양급여를 받은 자 또는 장기요양급여비용을 받은 자가 그 밖에 노인장기요양보험법상의 원인 없이 공단으로부터 장기요양급여를 받거나 장기요양급여비용을 지급받은 경우에 해당하는 경우 그 장기요양급여, 장기요양급여비용 또는 의사소견서 등 발급비용에 상당하는 금액을 징수한다(법 제43조 제1항 제5호).


## 28  정답 ④

특별자치시장·특별자치도지사·시장·군수·구청장은 장기요양기관 재무·회계기준을 위반한 장기요양기관에 대하여 6개월 이내의 범위에서 일정한 기간을 정하여 시정을 명할 수 있다(법 제36조의2 제2호).


## 29  정답 ③

장기요양위원회를 구성할 경우, 위원장이 아닌 위원은 보건복지부장관이 임명 또는 위촉한 자로 하고, 대통령령으로 정하는 관계 중앙행정기관의 고위공무원단 소속 공무원, 장기요양에 대한 학계 또는 연구계를 대표하는 자, 공단 이사장이 추천하는 자를 임명한다(법 제46조 제2항의3).


## 30  정답 ④

공표 여부의 결정 방법, 공표 방법·절차 및 공표심의위원회의 구성·운영 등에 필요한 사항은 대통령령으로 정한다(법 제37조의3 제4항).


## 31  정답 ③

장기요양인정(㉠)·장기요양등급·장기요양급여(㉡)·부당이득(㉢)·장기요양급여비용 또는 장기요양보험료 등에 대한 공단의 처분에 이의가 있는 자는 공단에 심사청구를 할 수 있다(법 제55조 제1항).

**오답분석**
㉣ 장기요양급여비용에 대한 공단의 처분에 이의가 있는 자가 공단에 심사청구를 할 수 있다.
㉤ 장기요양보험료에 대한 공단의 처분에 이의가 있는 자가 공단에 심사청구를 할 수 있다.

## 32  정답 ②

공단은 특별현금급여를 받는 수급자의 신청이 있는 경우에는 특별현금급여를 수급자 명의의 지정된 계좌("특별현금급여수급계좌")로 입금하여야 한다. 다만, 정보통신장애나 그 밖에 대통령령으로 정하는 불가피한 사유로 특별현금급여수급계좌로 이체할 수 없을 때에는 현금 지급 등 대통령령으로 정하는 바에 따라 특별현금급여를 지급할 수 있다(법 제27조의2 제1항).

## 33  정답 ④

장기요양기관의 종사자 등이 다수급자를 위하여 증여 또는 급여된 금품을 그 목적 외의 용도에 사용하는 행위를 한 경우, (다만, 장기요양기관의 장이 그 행위를 방지하기 위하여 해당 업무에 관하여 상당한 주의와 감독을 게을리 하지 아니한 경우는 제외한다) 장기요양기관 지정을 취소하여야 한다(법 제37조 제1항 제6호 라목).

## 34  정답 ①

**오답분석**

② 장기요양인정의 갱신 신청은 유효기간이 만료되기 전 30일까지 이를 완료하여야 한다(법 제20조 제2항).
③ 제12조부터 제19조까지의 규정은 장기요양인정의 갱신절차에 관하여 준용한다(법 제20조 제3항).
④ 장기요양인정의 유효기간은 최소 1년 이상으로서 대통령령으로 정한다(법 제19조 제1항).

## 35  정답 ②

제1항에도 불구하고 거동이 현저하게 불편하거나 도서·벽지 지역에 거주하여 의료기관을 방문하기 어려운 자 등 대통령령으로 정하는 자는 의사소견서를 제출하지 아니할 수 있다(법 제13조 제2항).

## 36  정답 ②

**오답분석**

① 제55조에 따른 심사청구에 대한 결정에 불복하는 사람은 그 결정통지를 받은 날부터 90일 이내에 장기요양재심사위원회(이하 "재심사위원회"라 한다)에 재심사를 청구할 수 있다(법 제56조 제1항).
③ 재심사위원회의 위원은 관계 공무원, 법학, 그 밖에 장기요양사업 분야의 학식과 경험이 풍부한 자 중에서 보건복지부장관이 임명 또는 위촉한다. 이 경우 공무원이 아닌 위원이 전체 위원의 과반수가 되도록 하여야 한다(법 제56조 제3항).
④ 재심사위원회는 보건복지부장관 소속으로 두고, 위원장 1인을 포함한 20인 이내의 위원으로 구성한다(법 제56조 제2항).

## 37  정답 ③

특별자치시장·특별자치도지사·시장·군수·구청장은 장기요양기관 재무·회계기준을 위반한 장기요양기관에 대하여 6개월 이내의 범위에서 일정한 기간을 정하여 시정을 명할 수 있다(법 제36조의2).

**오답분석**

① 법 제3조 제1항
② 법 제6조 제1항
④ 법 제44조 제1항

## 38 정답 ④

① 법 제48조 제2항 제2호
② 법 제48조 제2항 제3호
③ 법 제48조 제2항 제1호

**관리운영기관 등(법 제48조 제2항)**
공단은 다음 각 호의 업무를 관장한다.
1. 장기요양보험가입자 및 그 피부양자와 의료급여수급권자의 자격관리
2. 장기요양보험료의 부과·징수
3. 신청인에 대한 조사
4. 등급판정위원회의 운영 및 장기요양등급 판정
5. 장기요양인정서의 작성 및 개인별 장기요양이용계획서의 제공
6. 장기요양급여의 관리 및 평가
7. 수급자 및 그 가족에 대한 정보제공·안내·상담 등 장기요양급여 관련 이용지원에 관한 사항
8. 재가 및 시설 급여비용의 심사 및 지급과 특별현금급여의 지급
9. 장기요양급여 제공내용 확인
10. 장기요양사업에 관한 조사·연구 및 홍보
11. 노인성질환예방사업
12. 이 법에 따른 부당이득금의 부과·징수 등
13. 장기요양급여의 제공기준을 개발하고 장기요양급여비용의 적정성을 검토하기 위한 장기요양기관의 설치 및 운영
14. 그 밖에 장기요양사업과 관련하여 보건복지부장관이 위탁한 업무

## 39 정답 ④

제1항에 따라 조사를 하는 자는 조사일시, 장소 및 조사를 담당하는 자의 인적사항 등을 미리 신청인에게 통보하여야 한다(법 제14조 제3항).

① 제1항에도 불구하고 거동이 현저하게 불편하거나 도서·벽지 지역에 거주하여 의료기관을 방문하기 어려운 자 등 대통령령으로 정하는 자는 의사소견서를 제출하지 아니할 수 있다(법 제13조 제2항).
② 의사소견서의 발급비용·비용부담방법·발급자의 범위, 그 밖에 필요한 사항은 보건복지부령으로 정한다(법 제13조 제3항).
③ 공단은 제1항 각 호의 사항을 조사하는 경우 2명 이상의 소속 직원이 조사할 수 있도록 노력하여야 한다(법 제14조 제2항).

## 40　정답　③

장기요양기관에 대한 업무정지명령에 갈음하여 과징금을 적용할 수 있는 경우는 ㉠, ㉢, ㉣이다.
㉠ 법 제37조의2 제1항 및 제2항 제1호 가목
㉢ 법 제37조의2 제1항 및 제2항 제2호 다목
㉣ 법 제37조의2 제1항 및 제2항 제2호 마목

### 오답분석
㉡ 법 제37조의2 제1항 및 제2항 제1호 나목
㉤ 법 제37조의2 제1항 및 제2항 제2호 나목

---

**장기요양기관에 대한 업무정지명령에 갈음한 과징금 적용기준(보건복지부고시 제2020-328호 제2조)**

노인장기요양보험법 제37조의2 제1항 및 같은 조 제2항에서 "보건복지부장관이 정하는 특별한 사유가 있다고 인정되는 경우"란 다음 각 호의 어느 하나에 해당하는 경우를 말한다.

1. 다음 각 목에 해당하는 경우로서 장기요양기관에 대한 업무정지명령이 수급자 및 그 가족에게 심한 불편을 줄 우려가 있는 경우
   가. 인근지역에 급여유형이 동일한 장기요양기관이 없거나 수급자 정원의 충족 등의 사유로 인하여 실질적으로 대체 이용이 어려운 경우
   나. 시설급여제공 기관으로서 1등급 수급자가 전체 현원의 20% 이상인 장기요양기관. 다만, 30인 이하 소규모요양시설 및 9인 이하 노인요양공동생활가정은 1등급이 5인 이상이거나 전체 현원의 30%이상이어야 한다.
2. 그 밖에 특별한 사유가 있다고 인정되는 경우
   가. 지방자치단체장이나 국민건강보험공단이 직접 또는 민간에 위탁하여 운영하는 장기요양기관인 경우
   나. 해당 장기요양기관에서 최초로 적발된 위반행위로서 업무정지기간이 30일 이하에 해당하는 경우
   다. 장기요양기관의 폐업 또는 법인이 개설한 장기요양기관의 대표자 인격 변경 등으로 인하여 업무정지명령이 제재수단으로서 실효성이 없어 과징금 처분이 타당하다고 판단되는 경우
   라. 2인 이상이 공동으로 개설한 장기요양기관 중에서 조사 대상기간 동안에 개설자 및 개설기간을 달리하는 등으로 인하여 각 개설자별 및 각 개설기간별로 부당금액이나 업무정지기간을 구분하여 산출하기 어려운 경우
   마. 업무정지명령을 하게 되면 장기요양급여에 중대한 차질이 우려되는 등 공익상 필요성에 따라 과징금 처분이 타당하다고 판단되는 경우

# 03 2021년 시행 기출복원문제

## | 01 | 직업기초능력

| 01 | 02 | 03 | 04 | 05 | 06 | 07 | 08 | 09 | 10 | 11 | 12 | 13 | 14 | | | | | | |
|----|----|----|----|----|----|----|----|----|----|----|----|----|----|---|---|---|---|---|---|
| ② | ② | ① | ④ | ④ | ② | ① | ④ | ③ | ④ | ② | ④ | ② | ③ | | | | | | |

### 01 정답 ②

디지털 고지 안내문 발송서비스가 시행되면 환급금 조회뿐 아니라 신청까지 모바일을 통해 가능하게 된다.

오답분석

① 디지털 전자문서를 통해 모바일 환경에서 손쉽게 고지서를 확인할 수 있게 되었다.
③ 고지·안내문에 담긴 개인정보와 민감정보는 공단 모바일(The 건강보험)로 연동하여 확인하도록 하여 이용자의 개인정보를 안전하게 보호할 수 있도록 추진한다.
④ 사업은 5년 동안 단계별로 고지·안내방식 전환 및 발송을 진행될 예정이다.

### 02 정답 ②

두 번째 문단에서 손을 씻을 때 생일축하 노래를 처음부터 끝까지 두 번 부르는 데 걸리는 시간이면 된다고 하였으므로 ②는 적절하지 않다.

오답분석

① 두 번째 문단에서 가능한 손 씻기를 수시로 하는 것이 좋으며, 하루에 몇 번 손을 씻었는지 세보는 것도 방법이라고 하였으므로 적절하다.
③ 마지막 문단에서 손 소독제보다 손을 흐르는 물에 씻는 것이 더 효과적이라고 하였으므로 적절하다.
④ 네 번째 문단에서 젖은 손은 미생물의 전이를 돕기 때문에 손을 건조하는 것이 매우 중요하다고 하였으므로 적절하다.

### 03 정답 ①

가. 뇌혈관은 중증질환에 해당되고, 소득수준도 조건에 해당되기 때문에 이 사업의 지원금을 받을 수 있다.
나. 기준중위소득 50% 이하는 160만 원 초과 시 지원할 수 있다.

오답분석

다. 기준중위소득 200%는 연소득 대비 의료비부담비율을 고려해 개별심사를 지원할 수 있다. 이때 재산 과표 5.4억 원을 초과하는 고액재산보유자는 지원이 제외되나 재산이 5.4억 원인 다의 어머니는 심사에 지원할 수 있다.
라. 통원 치료는 대상질환에 해당하지 않는다.

### 04 정답 ④

외국인의 경우 공단뿐만 아니라 지자체에도 신고할 필요 없이 자동으로 가입처리가 된다.

## 05 정답 ④

ⅰ) 총 원화금액 : $(4 \times 1,000) + (3 \times 1,120) + (2 \times 1,180) = 9,720$원

ⅱ) 평균환율 : $\dfrac{9,720}{9} = 1,080$원/달러

## 06 정답 ②

$200 \times 1,080 = 216,000$원

## 07 정답 ①

입구와 출구가 같고, 둘레의 길이가 456m인 타원 모양의 호수 둘레를 따라 4m 간격으로 일정하게 심어져 있는 가로수는 $456 \div 4 = 114$그루이며, 입구에 심어져 있는 가로수를 기준으로 6m 간격으로 가로수를 옮겨 심으려고 할 때, 4m와 6m의 최소공배수인 12m 간격의 가로수 $456 \div 12 = 38$그루는 그 자리를 유지하게 된다. 이때 호수 둘레를 따라 6m 간격으로 일정하게 가로수를 심을 때, 필요한 가로수는 $456 \div 6 = 76$그루이므로 그대로 두는 가로수 38그루를 제외한 $76 - 38 = 38$그루를 새롭게 옮겨 심어야 한다.

## 08 정답 ④

ㄷ. 온라인은 복지로 홈페이지, 오프라인은 읍면동 주민센터에서 보조금 신청서를 작성 후 제출하면 되지만, 카드사의 홈페이지에서는 보조금 신청서 작성이 불가능하다.

ㄹ. 제시된 은행 지점 및 읍면동 주민센터 외에도 해당되는 카드사를 방문하여도 카드를 발급받을 수 있다.

**오답분석**

ㄱ. 어린이집 보육료 및 유치원 학비는 신청자가 별도로 인증하지 않아도 보조금 신청 절차에서 인증된다.

ㄴ. 온라인과 오프라인 신청 모두 연회비가 무료임이 명시되어 있다.

## 09 정답 ③

- 일비 : 2만×3=6만 원
- 철도운임 : 7만×2=14만 원
- 숙박비 : 15만×2=30만 원
- 항공운임 : 100만×2=200만 원
- 자가용승용차운임 : 20만×3=60만 원
- 식비 : 2.5만×3=7.5만 원

따라서 A부장이 받을 수 있는 여비의 총액은 6만+200만+14만+60만+30만+7.5만=317.5만 원이다.

## 10 정답 ④

- 가군
  - 일비 : 2만×2=4만 원
  - 항공운임 : 100만×1=100만 원
  - 선박운임 : 50만×1=50만 원
  - 철도운임 : 7만×2=14만 원
  - 버스운임 : 1,500×2=3,000원
  - 자가용승용차운임 : 20만×2=40만 원
  - 숙박비 : 15만×1=15만 원
  - 식비 : 2.5만×2=5만 원

그러므로 4만+100만+50만+14만+0.3만+40만+15만+5만=228만 3천 원이다.

- 나군
  - 일비 : 2만×2=4만 원
  - 항공운임 : 50만×1=50만 원
  - 선박운임 : 20만×1=20만 원
  - 철도운임 : 7만×2=14만 원
  - 버스운임 : 1,500×2=3,000원
  - 자가용승용차운임 : 20만×2=40만 원
  - 숙박비 : 7만×1=7만 원
  - 식비 : 2만×2=4만 원

  그러므로 4만+50만+20만+14만+0.3만+40만+7만+4만=139만 3천 원이다.
- 다군
  - 일비 : 2만×2=4만 원
  - 항공운임 : 50만×1=50만 원
  - 선박운임 : 20만×1=20만 원
  - 철도운임 : 3만×2=6만 원
  - 버스운임 : 1,500×2=3,000원
  - 자가용승용차운임 : 20만×2=40만 원
  - 숙박비 : 6만×1=6만 원
  - 식비 : 2만×2=4만 원

  그러므로 4만+50만+20만+6만+0.3만+40만+6만+4만=130만 3천 원이다.

따라서 228.3만+139.3만+130.3만=497만 9천 원이다.

## 11 　정답　 ②

감사실은 이사장 직속 부서가 아니라 따로 분리된 독립 부서이다.

### 오답분석
① 각 상임이사는 모두 3개의 부서를 가지고 있다.
③ 급여보장실과 급여관리실은 급여상임이사 소속이다.
④ 자격부과실과 고객지원실은 징수상임이사 소속으로, 징수상임이사를 통해 보고한다.

## 12 　정답　 ④

안전관리실이 안전관리본부로 새롭게 개편되므로 총무상임이사 소속부서는 인력지원실, 경영지원실이다.

### 오답분석
① 급여상임이사 소속 부서는 급여지원실(급여보장실, 급여관리실 통합), 약가관리실, 의료기관지원실, 건강관리실, 보장지원실로 총 5개로 개편될 것이다.
② 개편기준에 징수상임이사 소속 부서는 포함되지 않는다.
③ 개편기준에 따라 이사장 직속 부서였던 기획조정실이 기획상임이사 소속으로 추가되었다.

## 13 　정답　 ②

A는 지역가입자로서 경감을 받을 수 있는 요건에 해당되므로 주택임대소득을 반영하지 않은 경우보다 반영한 경우의 건강보험료가 더 높아야 경감을 받을 수 있다.

### 오답분석
① A는 4년 단기주택등록을 하였으므로 적용되는 건강보험 경감률은 40%이다.
③ A가 등록한 소형 임대주택의 기준시가가 50% 상승하더라도 요건인 6억 미만이므로 경감 여부에는 변화가 없다.
④ A의 소형 임대주택이 서울에 위치한 주택이었더라도 주거전용면적상 요건을 충족하므로 보험료 경감을 받을 수 있다.

**14** 정답 ③

ㄱ. 민원요기요 증명서 발급 및 확인란에서 보험료 납부확인서 발급이 가능하고, 보험료 조회란에서 4대보험료 계산이 가능하다.
ㄷ. 민원요기요 보험료 고지서란에서 송달지 변경 신청이 가능하며, 증명서 발급 및 확인란에서 증명서 진위 확인이 가능하다.

오답분석

ㄴ. 민원요기요 보험료 고지서란에서 재발급 가능하다.

## | 02 | 국민건강보험법

| 01 | 02 | 03 | 04 | 05 | 06 | 07 | 08 | 09 | 10 | 11 | 12 | 13 | 14 | 15 | 16 | 17 | 18 | 19 | 20 |
|----|----|----|----|----|----|----|----|----|----|----|----|----|----|----|----|----|----|----|----|
| ③ | ④ | ③ | ④ | ① | ② | ③ | ③ | ④ | ③ | ④ | ④ | ④ | ③ | ④ | ③ | ③ | ④ | ④ | ④ |
| 21 | | | | | | | | | | | | | | | | | | | |
| ④ | | | | | | | | | | | | | | | | | | | |

**01** 정답 ③

ⓒ 가입자는 수급권자가 된 날에 그 자격을 잃는다(법 제10조 제1항 제5호).
ⓔ 가입자는 국적을 잃은 날의 다음 날에 그 자격을 잃는다(법 제10조 제1항 제2호).

오답분석

ⓐ 법 제10조 제1항 제1호
ⓑ 법 제10조 제1항 제3호

> **자격의 상실 시기 등(법 제10조 제1항)**
> 가입자는 다음 각 호의 어느 하나에 해당하게 된 날에 그 자격을 잃는다.
> 1. 사망한 날의 다음 날
> 2. 국적을 잃은 날의 다음 날
> 3. 국내에 거주하지 아니하게 된 날의 다음 날
> 4. 직장가입자의 피부양자가 된 날
> 5. 수급권자가 된 날
> 6. 건강보험을 적용받고 있던 사람이 유공자등 의료보호대상자가 되어 건강보험의 적용배제신청을 한 날

**02** 정답 ④

비상임이사는 노동조합·사용자단체·시민단체·소비자단체·농어업인단체 및 노인단체가 추천하는 각 1명, 대통령령으로 정하는 바에 따라 추천하는 관계 공무원 3명의 사람을 보건복지부장관이 임명한다(법 제20조 제4항).

오답분석

① 법 제20조 제1항
② 법 제20조 제3항
③ 법 제20조 제5항

## 03  정답  ③

가입자와 피부양자의 질병, 부상, 출산 등에 대하여 진찰·검사(㉠), 약제·치료재료의 지급(㉢), 처치·수술 및 그 밖의 치료(㉣), 예방·재활, 입원, 간호, 이송 등의 요양급여를 실시한다(법 제41조 제1항).

## 04  정답  ④

법 제17조 제1항, 제18조에 따라 ④는 설립등기가 아니라 정관에 포함되는 항목이다.

| 정관(국민건강보험법 제17조 제1항) | 등기(국민건강보험법 제18조) |
|---|---|
| 1. 목적<br>2. 명칭<br>3. 사무소의 소재지<br>4. 임직원에 관한 사항<br>5. 이사회의 운영<br>6. 재정운영위원회에 관한 사항<br>7. 보험료 및 보험급여에 관한 사항<br>8. 예산 및 결산에 관한 사항<br>9. 자산 및 회계에 관한 사항<br>10. 업무와 그 집행<br>11. 정관의 변경에 관한 사항<br>12. 공고에 관한 사항 | 1. 목적<br>2. 명칭<br>3. 주된 사무소 및 분사무소의 소재지<br>4. 이사장의 성명·주소 및 주민등록번호 |

## 05  정답  ①

주민등록법 제6조 제1항 제3호에 따라 등록한 사람의 경우에는 직장가입자가 된다(법 제109조 제2항 제1호).

### 오답분석

② 법 제109조 제3항 제2호 나목
③ 법 제109조 제2항 제2호
④ 법 제109조 제5항 제1호

## 06  정답  ②

가입자 및 피부양자의 개인정보를 누설하거나 직무상 목적 외의 용도로 이용 또는 정당한 사유 없이 제3자에게 제공한 자는 5년 이하의 징역 또는 5천만 원 이하의 벌금에 처한다(법 제115조 제1항).

### 오답분석

① 가입자 및 피부양자의 개인정보를 누설하거나 직무상 목적 외의 용도로 이용 또는 정당한 사유 없이 제3자에게 제공한 자는 5년 이하의 징역 또는 5천만 원 이하의 벌금에 처한다(법 제115조 제1항).
③ 공동이용하는 전산정보자료를 같은 조 제1항에 따른 목적 외의 용도로 이용하거나 활용한 자는 3년 이하의 징역 또는 1천만 원 이하의 벌금에 처한다(법 제115조 제3항).
④ 거짓이나 그 밖의 부정한 방법으로 보험급여를 받거나 타인으로 하여금 보험급여를 받게 한 사람은 2년 이하의 징역 또는 2천만 원 이하의 벌금에 처한다(법 제115조 제4항).

## 07  정답  ③

정당한 사유 없이 신고·서류제출을 하지 아니하거나 거짓으로 신고·서류제출을 한 자에게는 500만 원 이하의 과태료를 부과한다(법 제119조 제3항 제2호).

① 법 제116조
② 법 제117조
④ 법 제119조 제3항 제4호

## 08 정답 ③

월별 보험료액은 가입자의 보험료 평균액의 일정비율에 해당하는 금액을 고려하여 대통령령으로 정하는 기준에 따라 상한 및 하한을 정한다(법 제69조 제6항).

① 보험료는 가입자의 자격을 취득한 날이 속하는 달의 다음 달부터 가입자의 자격을 잃은 날의 전날이 속하는 달까지 징수한다(법 제69조 제2항).
② 보험료를 징수할 때 가입자의 자격이 변동된 경우에는 변동된 날이 속하는 달의 보험료는 변동되기 전의 자격을 기준으로 징수한다(법 제69조 제3항).
④ 휴직이나 그 밖의 사유로 보수의 전부 또는 일부가 지급되지 아니하는 가입자의 보수월액보험료는 해당 사유가 생기기 전 달의 보수월액을 기준으로 산정한다(법 제70조 제2항).

## 09 정답 ④

요양급여는 의료법에 따라 개설된 의료기관, 약사법에 따라 등록된 약국, 약사법에 따라 설립된 한국희귀·필수의약품센터, 지역보건법에 따른 보건소·보건의료원 및 보건지소, 농어촌 등 보건의료를 위한 특별조치법에 따라 설치된 보건의료소 등의 요양기관에서 실시한다(법 제42조 제1항).

## 10 정답 ③

대행청구단체의 종사자로서 거짓이나 그 밖의 부정한 방법으로 요양급여비용을 청구한 자는 <u>3년 이하의 징역 또는 3천만 원 이하의 벌금</u>에 처한다(법 제115조 제2항 제1호).

## 11 정답 ④

의료급여법에 따라 의료급여를 받는 사람은 가입자 또는 피부양자에서 제외한다(법 제5조 제1항 제1호).

① 법 제5조 제2항 제1호
② 법 제5조 제2항 제2호
③ 법 제5조 제1항

**적용 대상 등(법 제5조 제2항)**
제1항의 피부양자는 다음 각 호의 어느 하나에 해당하는 사람 중 직장가입자에게 주로 생계를 의존하는 사람으로서 소득 및 재산이 보건복지부령으로 정하는 기준 이하에 해당하는 사람을 말한다.
1. 직장가입자의 배우자
2. 직장가입자의 직계존속(배우자의 직계존속을 포함한다)
3. 직장가입자의 직계비속(배우자의 직계비속을 포함한다)과 그 배우자
4. 직장가입자의 형제·자매

**12** 정답 ④

거짓이나 그 밖의 부정한 방법으로 보험급여를 받거나 타인으로 하여금 보험급여를 받게 한 사람은 2년 이하의 징역 또는 2천만 원 이하의 벌금에 처한다(법 제115조 제4항).

**오답분석**

① 5년 이하의 징역 또는 5천만 원 이하의 벌금(법 제115조 제1항)
② 3년 이하의 징역 또는 3천만 원 이하의 벌금(법 제115조 제2항 제1호)
③ 1천만 원 이하의 벌금(법 제116조)

**13** 정답 ④

공단은 보험료 등을 징수하려면 그 금액을 결정하여 납부의무자에게 징수하려는 보험료 등의 종류(ㄴ), 납부해야 하는 금액(ㄱ), 납부기한 및 장소(ㄷ·ㄹ)의 사항을 적은 문서로 납입 고지를 하여야 한다(법 제79조 제1항).

**14** 정답 ③

요양급여를 결정함에 있어 경제성 또는 치료효과성 등이 불확실하여 그 검증을 위하여 추가적인 근거가 필요하거나, 경제성이 낮아도 가입자와 피부양자의 건강회복에 잠재적 이득이 있는 등 대통령령으로 정하는 경우에는 예비적인 요양급여인 <u>선별급여</u>로 지정하여 실시할 수 있다(법 제41조의4).

**오답분석**

① 요양급여는 의료보험에서 지급하는 보험급여 중 가장 기본적인 급여로 진찰, 약제 등이 있다(법 제41조 제1항).
② 요양비는 요양급여의 하나로 질병·부상·출산 등에 대하여 요양을 받거나 요양기관이 아닌 장소에서 출산한 경우에는 그 요양급여에 상당하는 금액을 요양비로 지급한다(법 제49조 제1항).
④ 국민건강보험법에 정한 요양급여 외에 임신·출산 진료비, 장제비, 상병수당, 그 밖의 급여를 실시할 수 있으며, 이를 부가급여로 한다(법 제50조).

**15** 정답 ④

2021년 3월 이후 외국인 국민건강보험 제도가 변경되었다. 외국인 유학생의 건강보험료는 전체가입자의 <u>평균 보험료</u>로 부과된다.

**2021년 외국인 국민건강보험 제도 개편 주요 내용**
• 6개월 이상 국내체류 외국인 등은 국민건강보험 당연가입이 의무화
• 소득과 재산파악 등이 어려운 외국인은 건강보험 전체가입자 평균 보험료 부과
• 건강보험료 체납내역을 체류기간 연장신청 및 체류기간 심사 시 반영
• 학위 과정 유학생과 초중고 유학생은 의료공백이 발생하지 않게 입국일부터 국민건강 보험 당연가입(일반연수는 6개월 체류 시 국민건강보험 당연가입)

**16** 정답 ③

피부양자는 직장가입자의 배우자(①), 직장가입자의 직계존속(배우자의 직계존속을 포함한다)(②), 직장가입자의 직계비속(배우자의 직계비속을 포함한다)과 그 배우자(④), 직장가입자의 형제·자매 등이 해당된다(법 제5조 제2항).

## 17 정답 ③

사업장의 사용자는 다음 각 호의 어느 하나에 해당하게 되면 그 때부터 <u>14일 이내</u>에 보건복지부령으로 정하는 바에 따라 보험자에게 신고하여야 한다(법 제7조).

## 18 정답 ④

법 제12조 제4항에 따르면 가입자·피부양자는 자격을 잃은 후에는 자격을 증명하던 서류를 사용하여 보험급여를 받아서는 아니 된다(법 제12조 제4항).

**오답분석**

①·②·③ 법 제12조

## 19 정답 ④

공단의 정관에 적어야 하는 사항 중 이사장의 성명·주소 및 주민등록번호는 해당사항이 아니다.

> **정관(법 제17조 제1항)**
> 공단의 정관에는 다음 각 호의 사항을 적어야 한다.
> 1. 목적
> 2. 명칭
> 3. 사무소의 소재지
> 4. 임직원에 관한 사항
> 5. 이사회의 운영
> 6. 재정운영위원회에 관한 사항
> 7. 보험료 및 보험급여에 관한 사항
> 8. 예산 및 결산에 관한 사항
> 9. 자산 및 회계에 관한 사항
> 10. 업무와 그 집행
> 11. 정관의 변경에 관한 사항
> 12. 공고에 관한 사항

## 20 정답 ④

보건복지부장관은 <u>보건복지부령</u>으로 정하는 기준에 해당하는 <u>요양기관을 전문요양기관으로 인정할 수 있고,</u> 이 경우 해당 전문요양기관에 인정서를 발급해야 한다(법 제42조 제2항).

**오답분석**

①·② 법 제42조
③ 법 제42조의2 제2항

## 21 정답 ④

국민건강보험법은 국민의 질병·부상에 대한 예방·진단·치료·재활과 출산·사망 및 건강증진에 대하여 <u>보험급여(㉠)</u>를 실시함으로써 국민보건 향상과 <u>사회보장(㉡)</u> 증진에 이바지함을 목적으로 한다(법 제1조).

# | 03 | 노인장기요양보험법

| 01 | 02 | 03 | 04 | 05 | | | | | | | | | | | | | | | |
|----|----|----|----|----|---|---|---|---|---|---|---|---|---|---|---|---|---|---|---|
| ③ | ④ | ② | ④ | ③ | | | | | | | | | | | | | | | |

## 01 　정답 　③

장기요양기관에 장기간 입소한 수급자에게 신체활동 지원 및 심신기능의 유지·향상을 위한 교육·훈련 등을 제공하는 장기요양급여를 시설급여라고 한다(법 제23조 제1항 제2호).

### 오답분석

①·②·④ 장기요양급여의 종류 중 재가급여에 해당한다.

## 02 　정답 　④

법에서 정한 것 외에 장기요양위원회의 구성·운영, 그 밖에 필요한 사항은 대통령령으로 정한다(법 제47조 제3항).

### 오답분석

①·② 법 제47조 제1항
③ 법 제47조 제2항

## 03 　정답 　②

특별자치시장·특별자치도지사·시장·군수·구청장은 장기요양기관 재무·회계기준을 위반한 장기요양기관에 대하여 6개월 이내의 범위에서 일정한 기간을 정하여 시정을 명할 수 있다(법 제36조의2).

### 오답분석

①·③·④ 법 제37조

## 04 　정답 　④

기타재가급여는 수급자의 일상생활 향상에 필요한 용구를 제공하거나 가정을 방문하여 재활에 관한 지원 등을 제공하는 장기요양급여이다(법 제23조 제1항 제1호 바목).

### 오답분석

①·②·③ 법 제23조 제1호

## 05 　정답 　③

ㄱ. 법 제63조 제1호
ㄴ. 법 제63조 제3호
ㄷ. 법 제63조 제4호

### 오답분석

ㄹ. 거짓으로 청구한 금액이 장기요양급여비용 총액의 100분의 10 이상인 경우(법 제37조의3 제1항 제2호)

## | 01 | 직업기초능력

| 01 | 02 | 03 | 04 | 05 | 06 | 07 | 08 | 09 | 10 | 11 | 12 | 13 | 14 | | | | | |
|----|----|----|----|----|----|----|----|----|----|----|----|----|----|--|--|--|--|--|
| ② | ① | ④ | ④ | ③ | ④ | ④ | ③ | ② | ④ | ③ | ③ | ④ | ③ | | | | | |

### 01 정답 ②

**오답분석**
ㄴ. 순직군경에 해당되는 내용이다.
ㄹ. 전상군경에 해당되는 내용이다.

### 02 정답 ①

등록대상 유가족 및 가족요건의 배우자를 보면 배우자 및 사실상의 배우자가 독립유공자와 혼인 또는 사실혼 후 당해 독립유공자외의 자와 사실혼 중에 있거나 있었던 경우는 제외되므로 이혼한 경우는 유족으로서 인정받을 수 없다.

**오답분석**
② 등록대상 유가족 및 가족요건의 자녀를 보면 직계비속이 없어 입양한 자 1인에 한하여 자녀로 본다고 되어 있다.
③ 등록대상 유가족 및 가족요건의 배우자를 보면 사실상의 배우자를 포함한다고 되어 있다.
④ 친자녀는 특별한 조건이 없이 2순위로 해당된다.

### 03 정답 ④

국가유공자 유족의 선순위자로서 배우자인 어머니가 사망하였으므로 A가 최선순위자로서 국가유공자 유족 등록 신청을 할 수 있다. 또한, A의 아버지는 전몰군경에 해당되므로 제출해야 하는 서류는 다음과 같다.
• 등록신청서 1부
• 병적증명서나 전역증(군인이 아닌 경우 경력증명서) 1부
• 고인의 제적등본(사망일자 확인) 1통
• 신청인의 가족관계 기록사항에 관한 증명서 1통
• 신청인의 반명함판 사진 1매
• 요건관련확인서 발급신청서 1부
• 사망입증서류 각 1부
따라서 혼인관계증명서는 배우자인 경우에만 제출하면 되므로 A가 제출할 필요가 없는 서류이다.

## 04  정답  ④

벌칙(근로기준법 제109조)에 따르면 제76조의3 제6항을 위반한 자는 3년 이하의 징역 또는 3천만 원 이하의 벌금에 처한다는 벌칙에 따라 불리한 처우를 한 사용자는 2년의 징역에 처할 수 있다.

**오답분석**

① 누구든지 직장 내 괴롭힘 발생 사실을 알게 된 경우 그 사실을 사용자에게 신고할 수 있지만, 반드시 신고해야 하는 것은 아니다(근로기준법 제76조의3 제1항).
② 사용자는 신고를 접수하거나 직장 내 괴롭힘 발생 사실을 인지한 경우에는 지체 없이 그 사실 확인을 위한 조사를 실시하여야 한다(근로기준법 제76조의3 제2항).
③ 사용자는 조사 결과 직장 내 괴롭힘 발생 사실이 확인된 때에는 피해근로자가 요청하면 근무장소의 변경, 배치전환, 유급휴가 명령 등 적절한 조치를 하여야 한다. 따라서 피해자의 요청 없이도 반드시 적절한 조치를 취해야 하는 것은 아니다(근로기준법 제76조의3 제4항).

## 05  정답  ③

의류팀 T팀장의 행위는 성과 향상을 위한 업무 독려 및 지시 행위로 볼 수 있으며, 업무상 적정 범위를 넘는 행위에 해당한다고 보기 어렵다. 따라서 J씨가 T팀장의 행위로 인해 스트레스를 받았더라도 관련법상 직장 내 괴롭힘에 해당하지 않는다.

**오답분석**

① R이사의 이유 없는 회식 참여 강요, 메신저로 부당 업무지시는 직장 내 괴롭힘에 해당한다.
② 성적 언동으로 Q씨에게 피해를 준 R이사의 행동은 성희롱에 해당하므로 남녀고용평등과 일·가정 양립 지원에 관한 법에 적용된다. 일반적으로 성적 언동이 문제가 된 사안이라면 남녀고용평등과 일·가정 양립 지원에 관한 법이 우선 적용된다.
④ X본부장은 L씨에게 업무와 관계없는 사적인 일을 지시하였으므로 직장 내 괴롭힘에 해당하며, 이를 알게 된 근로자는 신고를 할 수 있다.

## 06  정답  ④

멤버십 VIP 혜택은 프리미엄 요금제로 가입할 경우에만 받을 수 있으며, 가입 후 다다음 달 1일부터 등급이 상향되므로 바로 다음 달이 아닌 다다음 달부터 혜택을 받을 수 있다.

## 07  정답  ④

$(89,000 \times 0.2 \times 24) + (69,000 \times 0.15 \times 12) = 427,200 + 124,200 = 551,400$원

**오답분석**

① $49,000 \times 0.25 \times 36 = 441,000$원
② $(69,000 \times 0.15 \times 12) + (49,000 \times 0.2 \times 24) = 124,200 + 235,200 = 359,400$원
③ $(69,000 \times 0.2 \times 24) + (89,000 \times 0.15 \times 12) = 331,200 + 160,200 = 491,400$원

## 08  정답  ③

2018년과 2019년의 총 표본 수를 구하는 것으로 (가)와 (나)를 계산할 수 있다. 2018년의 총 표본 수는 10,558명이며, 2019년의 총 표본 수는 10,102명이다.
(가)$= 10,558 - (3,206 + 783 + 1,584 + 1,307 + 1,910) = 10,558 - 8,790 = 1,768$
(나)$= 10,102 - (3,247 + 740 + 1,655 + 1,891 + 1,119) = 10,102 - 8,652 = 1,450$
따라서 (가)$+$(나)$= 1,768 + 1,450 = 3,218$이다.

## 09  정답 ②

ㄴ. 문화예술행사를 관람한 70대 이상의 사람의 수는 2018년에 $1,279 \times 53.1\% \fallingdotseq 679$명이며, 2019년에 $1,058 \times 49.9\% \fallingdotseq 528$명이다.

ㄷ. 2018년에 소득이 100만 원 이상 300만 원 미만인 사람의 수는 3,007명이다. 문화예술행사를 관람한 사람의 수는 $1,204 \times 41.6\% + 1,803 \times 24.1\% \fallingdotseq 501 + 435 = 936$명으로 관람 비율은 $936 \div 3,007 \times 100 \fallingdotseq 31.1\%$이다. 2019년에 소득이 100만 원 이상 200만 원 미만인 사람 중 문화예술행사를 관람하지 않은 사람의 비율은 39.6%이다.

**오답분석**

ㄱ. 2018년에 가구소득이 100만 원 미만이면서 문화예술행사를 관람한 사람의 수는 $869 \times 57.5\% \fallingdotseq 500$명이며, 가구소득이 100만 원 이상 200만 원 미만이면서 문화예술행사를 관람한 사람의 수는 $1,204 \times 41.6\% \fallingdotseq 501$명이다.

ㄹ. 2019년에 문화예술행사를 관람한 사람의 수는 40대가 $1,894 \times 89.1\% \fallingdotseq 1,688$명, 50대가 $1,925 \times 80.8\% \fallingdotseq 1,555$명이다.


## 10  정답 ④

질병 환자 한 명당 발열 환자 비율이 아닌 질병 환자 한 명당 감기 환자 비율을 나타낸 그래프이다.


## 11  정답 ③

ㄱ. 부산광역시의 감기 환자의 수는 37,101명으로 경상남도의 감기 환자의 수인 43,694명보다 적다.

ㄴ. 대구광역시의 질병 환자가 가입한 의료보험의 수는 $56,985 \times 1.2 = 68,382$개로 6만 5천 개 이상이다.

ㄹ. 질병 환자 한 명당 발열 환자 수는 서울이 $129,568 \div 246,867 \fallingdotseq 0.52$로 가장 크다. 그 외 지역들은 발열 환자 수가 전체 질병 환자의 반이 되지 않는다.

**오답분석**

ㄷ. 질병 환자 한 명당 발열 환자 수는 강원도의 경우 $15,516 \div 35,685 \fallingdotseq 0.43$이지만, 울산광역시의 경우는 $12,505 \div 32,861 \fallingdotseq 0.38$이므로 옳지 않다.


## 12  정답 ③

ㄱ. 동지역 종합병원을 방문하였지만, 나이가 65세 이상이므로 본인부담금 비율이 다르게 적용된다. 진료비가 20,000원 초과 25,000원 이하이므로 요양급여비용 총액의 20%를 부담하여 67세 이○○씨의 본인부담금은 $21,500 \times 0.2 = 4,300$원이다.

ㄴ. P읍에 사는 34세 김□□씨는 의원에서 진찰비 12,000원이 나오고, 처방전을 받아 약국에서 총액은 10,000원이었다. 본인부담금 비율은 의원은 총액의 30%, 약국도 30%이므로 김□□씨가 지불하는 본인부담금은 $(12,000 + 10,000) \times 0.3 = 6,600$원이다.

ㄷ. M면 지역 일반병원에 방문한 60세 최△△씨의 본인부담금 비율은 총액의 35%이고, 약국은 30%이다. 따라서 최△△씨의 본인부담금 총액은 $(25,000 \times 0.35) + (60,000 \times 0.3) = 8,750 + 18,000 = 26,750$원이다.

따라서 세 사람의 본인부담금은 총 $4,300 + 6,600 + 26,750 = 37,650$원이다.

## 13 정답 ④

K회사의 근로자 수는 8명이므로 고용보험과 국민연금의 80%를 지원받을 수 있으며, 사업주는 0.8+0.25=1.05%의 고용보험료율이 적용된다.

• 고용보험
  - 보험료 총액 : 1,800,000×(1.05+0.8)%=33,300원
  - 사업주 지원액 : 1,800,000×1.05%×80%=15,120원
  - 근로자 지원액 : 1,800,000×0.8%×80%=11,520원

| 구분 | 보험료 총액<br>(A) | 사업주 지원액<br>(B) | 근로자 지원액<br>(C) | 지원액 합계<br>(D=B+C) | 납부할 보험료<br>(A-D) |
|---|---|---|---|---|---|
| 신규지원자 | 33,300원 | 15,120원 | 11,520원 | 26,640원 | 6,660원 |

• 국민연금
  - 보험료 총액 : 1,800,000×9%=162,000원
  - 사업주 지원액 : 1,800,000×4.5%×80%=64,800원
  - 근로자 지원액 : 1,800,000×4.5%×80%=64,800원

| 구분 | 보험료 총액<br>(A) | 사업주 지원액<br>(B) | 근로자 지원액<br>(C) | 지원액 합계<br>(D=B+C) | 납부할 보험료<br>(A-D) |
|---|---|---|---|---|---|
| 신규지원자 | 162,000원 | 64,800원 | 64,800원 | 129,600원 | 32,400원 |

따라서 이번 달 K회사의 사업주와 E씨가 납부할 보험료의 합은 6,660+32,400=39,060원이다.

## 14 정답 ③

지난달 한 명의 직원이 그만두어 이번 달 근로자 수가 9명이 되었으나, 전년도 근로자 수가 월평균 10명이었으므로 전년도에 근로자 수가 월평균 10명 미만이어야 하는 조건에 부합하지 않는다. 또한, 전년도 근로자 수가 월평균 10명 이상일 경우에는 지원신청일이 속한 달의 직전 3개월 동안 근로자 수가 연속하여 10명 미만이어야 하는데 이번 달부터 근로자 수가 9명이므로 해당 조건에도 부합하지 않는다.

오답분석
① 비과세 근로소득을 제외하면 전년도 근로소득은 2,550만 원이 되므로 전년도 월평균보수는 212.5만 원이 된다. 따라서 A는 월평균보수 215만 원 미만의 지원금액 조건을 충족한다.
② 전년도 근로자 수가 10명 미만인 사업이 지원대상이다.
④ 두루누리 사회보험료 지원사업은 고용보험과 국민연금의 일부를 국가에서 지원한다.

## |02| 국민건강보험법

| 01 | 02 | 03 | 04 | 05 | 06 | 07 | 08 | 09 | 10 | | | | | | | | | | |
|---|---|---|---|---|---|---|---|---|---|---|---|---|---|---|---|---|---|---|---|
| ① | ② | ② | ④ | ④ | ② | ④ | ④ | ① | ② | | | | | | | | | | |

## 01 정답 ①

공단은 해당 권리에 대한 소멸시효가 완성된 경우 재정운영위원회의 의결을 받아 보험료 등을 결손처분할 수 있다(법 제84조 제1항 제2호).

오답분석
② 법 제84조 제1항 제1호
③ 법 제84조 제1항 제3호
④ 법 제84조 제2항

**결손처분(법 제84조 제1항)**

공단은 다음 각 호의 어느 하나에 해당하는 사유가 있으면 재정운영위원회의 의결을 받아 보험료 등을 결손처분 할 수 있다.

1. 체납처분이 끝나고 체납액에 충당될 배분금액이 그 체납액에 미치지 못하는 경우
2. 해당 권리에 대한 소멸시효가 완성된 경우
3. 그 밖에 징수할 가능성이 없다고 인정되는 경우로서 대통령령으로 정하는 경우

## 02 정답 ②

국민건강보험공단이 보험료를 독촉할 때에는 <u>10일 이상 15일 이내의 납부기한을 정하여 독촉장을 발부하여야 한다</u>(법 제81조 제2항).

**오답분석**

① 법 제81조 제1항
③ 법 제81조 제3항
④ 법 제81조 제4항

**보험료 등의 독촉 및 체납처분(법 제81조)**

① 공단은 제57조, 제77조, 제77조의2, 제78조의2 및 제101조에 따라 보험료 등을 내야 하는 자가 보험료 등을 내지 아니하면 기한을 정하여 독촉할 수 있다. 이 경우 직장가입자의 사용자가 2명 이상인 경우 또는 지역가입자의 세대가 2명 이상으로 구성된 경우에는 그중 1명에게 한 독촉은 해당 사업장의 다른 사용자 또는 세대 구성원인 다른 지역가입자 모두에게 효력이 있는 것으로 본다.

② 제1항에 따라 독촉할 때에는 10일 이상 15일 이내의 납부기한을 정하여 독촉장을 발부하여야 한다.

③ 공단은 제1항에 따른 독촉을 받은 자가 그 납부기한까지 보험료 등을 내지 아니하면 보건복지부장관의 승인을 받아 국세 체납처분의 예에 따라 이를 징수할 수 있다.

④ 공단은 제3항에 따라 체납처분을 하기 전에 보험료 등의 체납 내역, 압류 가능한 재산의 종류, 압류 예정 사실 및 국세징수법 제41조 제18호에 따른 소액금융재산에 대한 압류금지 사실 등이 포함된 통보서를 발송하여야 한다. 다만, 법인 해산 등 긴급히 체납처분을 할 필요가 있는 경우로서 대통령령으로 정하는 경우에는 그러하지 아니하다.

⑤ 공단은 제3항에 따른 국세 체납처분의 예에 따라 압류하거나 제81조의2 제1항에 따라 압류한 재산의 공매에 대하여 전문지식이 필요하거나 그 밖에 특수한 사정으로 직접 공매하는 것이 적당하지 아니하다고 인정하는 경우에는 한국자산관리공사 설립 등에 관한 법률에 따라 설립된 한국자산관리공사(이하 "한국자산관리공사"라 한다)에 공매를 대행하게 할 수 있다. 이 경우 공매는 공단이 한 것으로 본다.

⑥ 공단은 제5항에 따라 한국자산관리공사가 공매를 대행하면 보건복지부령으로 정하는 바에 따라 수수료를 지급할 수 있다.

## 03 정답 ②

국민건강보험법 제41조 제1항에 따르면 요양급여의 항목으로 진찰·검사, 약제·치료재료의 지급, 처치·수술 및 그 밖의 치료, 예방·재활, 입원, 간호, 이송 등이 있다.

## 04 정답 ④

직장가입자의 보수월액보험료는 직장가입자와 다음 각 호의 구분에 따른 자가 각각 보험료액의 100분의 50씩 부담한다. 다만, 직장가입자가 교직원으로서 <u>사립학교에 근무하는 교원이면 보험료액은 그 직장가입자가 100분의 50을, 제3조 제2호 다목에 해당하는 사용자가 100분의 30을, 국가가 100분의 20을 각각 부담한다</u>(법 제76조 제1항).

## 05 정답 ④

ㄴ. 법 제8조 제1항 제2호
ㄷ. 법 제8조 제1항 제3호
ㄹ. 법 제5조 제1항 제2호 가목

## 06 정답 ②

ㄱ. 법 제5조 제2항 제2호
ㄷ. 법 제5조 제2항 제3호

## 07 정답 ④

ㄱ. 법 제91조 제1항 제1호
ㄴ. 법 제91조 제1항 제2호
ㄷ. 법 제91조 제1항 제3호
ㄹ. 법 제91조 제1항 제4호
ㅁ. 법 제91조 제1항 제5호
ㅂ. 법 제91조 제1항 제6호

## 08 정답 ④

모든 사업장의 근로자 및 사용자와 공무원 및 교직원은 직장가입자가 된다. 다만 다음 각 호의 어느 하나에 해당하는 사람은 제외한다(법 제6조 제2항). 소정근로시간이 80시간 이상인 1년 계약직 교직원은 해당사항이 아니므로 직장가입자가 될 수 있다.

**오답분석**

① · ② 법 제6조 제2항 제2호
③ 법 제6조 제2항 제3호

## 09 정답 ①

ㄱ. 가입자 및 피부양자의 자격, 보험료 등, 보험급여, 보험급여 비용에 관한 공단의 처분에 이의가 있는 자는 공단에 <u>이의신청</u>을 할 수 있다(법 제87조 제1항).
ㄴ. 이의신청에 대한 결정에 불복하는 자는 제89조에 따른 건강보험분쟁조정위원회에 <u>심판청구</u>를 할 수 있다. 이 경우 심판청구의 제기기간 및 제기방법에 관하여는 제87조 제3항을 준용한다(법 제88조 제1항).
ㄷ. 공단 또는 심사평가원의 처분에 이의가 있는 자와 제87조에 따른 이의신청 또는 제88조에 따른 심판청구에 대한 결정에 불복하는 자는 행정소송법에서 정하는 바에 따라 <u>행정소송</u>을 제기할 수 있다(법 제90조).
따라서 순서는 ㄱ. 이의신청 → ㄴ. 심판청구 → ㄷ. 행정소송 순이다.

## 10  정답 ②

건강검진의 검진항목은 성별, 연령 등의 특성 및 생애 주기에 맞게 설계되어야 한다(법 제52조 제3항). 따라서 청소년건강검진은 초등학생을 대상으로 하지 않기 때문에 옳지 않은 내용이다.

**오답분석**
① 법 제52조 제2항 제1호
③ 법 제52조 제2항 제3호
④ 법 제52조 제2항 제2호

> **건강검진(법 제52조 제2항)**
> 제1항에 따른 건강검진의 종류 및 대상은 다음 각 호와 같다.
> 1. 일반건강검진 : 직장가입자, 세대주인 지역가입자, 20세 이상인 지역가입자 및 20세 이상인 피부양자
> 2. 암검진 : 암관리법 제11조 제2항에 따른 암의 종류별 검진주기와 연령 기준 등에 해당하는 사람
> 3. 영유아건강검진 : 6세 미만의 가입자 및 피부양자

# | 03 |  노인장기요양보험법

| 01 | 02 | 03 | 04 | 05 | 06 | 07 | 08 | | | | | | | | | | | |
|----|----|----|----|----|----|----|----|---|---|---|---|---|---|---|---|---|---|---|
| ④ | ④ | ③ | ④ | ① | ② | ② | ④ | | | | | | | | | | | |

## 01  정답 ④

장기요양위원회 위원의 임기는 <u>3년</u>으로 한다. 다만, 공무원인 위원의 임기는 재임기간으로 한다(법 제46조 제4항).

## 02  정답 ④

ㄱ. 법 제37조의4 제1항 제1호
ㄴ. 법 제37조의4 제1항 제2호
ㄷ·ㄹ·ㅁ. 법 제37조의4 제1항 제3호

## 03  정답 ③

제36조 제1항 또는 제6항을 위반하여 폐업·휴업 신고 또는 자료이관을 하지 아니하거나 거짓이나 그 밖의 부정한 방법으로 신고한 자에게는 <u>500만 원 이하</u>의 과태료를 부과한다(법 제69조 제1항 제4호).

> **과태료(법 제69조 제2항 및 제3항)**
> ② 다음 각 호의 어느 하나에 해당하는 자에게는 300만 원 이하의 과태료를 부과한다.
>  1. 제33조의2에 따른 폐쇄회로 텔레비전을 설치하지 아니하거나 설치·관리의무를 위반한 자
>  2. 제33조의3 제1항 각 호에 따른 열람 요청에 응하지 아니한 자
> ③ 제1항 및 제2항에 따른 과태료는 대통령령으로 정하는 바에 따라 관할 특별자치시장·특별자치도지사·시장·군수·구청장이 부과·징수한다.

## 04  정답 ④

ㄱ. 법 제45조 제1호
ㄴ·ㄷ. 법 제45조 제2호
ㄹ. 법 제45조 제4호

> **장기요양위원회의 설치 및 기능(법 제45조)**
> 다음 각 호의 사항을 심의하기 위하여 보건복지부장관 소속으로 장기요양위원회를 둔다.
> 1. 제9조 제2항에 따른 장기요양보험료율
> 2. 제24조부터 제26조까지의 규정에 따른 가족요양비, 특례요양비 및 요양병원간병비의 지급기준
> 3. 제39조에 따른 재가 및 시설 급여비용
> 4. 그 밖에 대통령령으로 정하는 주요 사항

## 05  정답 ①

등급판정위원회 위원장은 위원 중에서 특별자치시장·특별자치도지사·시장·군수·구청장이 위촉한다. 이 경우 제52조 제2항 단서에 따라 2 이상의 특별자치시·특별자치도·시·군·구를 통합하여 하나의 등급판정위원회를 설치하는 때 해당 특별자치시장· 특별자치도지사·시장·군수·구청장이 공동으로 위촉한다(법 제53조 제1항).

**오답분석**

② 법 제52조 제1항
③ 법 제52조 제5항
④ 법 제52조 제3항

## 06  정답 ②

국가와 지방자치단체는 대통령령으로 정하는 바에 따라 의료급여수급권자의 장기요양급여비용(ㄴ), 의사소견서 발급비용(ㄷ), 방문 간호지시서 발급비용 중 공단이 부담하여야 할 비용 및 관리운영비(ㄱ)의 전액을 부담한다(법 제58조 제2항).

## 07  정답 ②

단기보호란 수급자를 보건복지부령으로 정하는 범위 안에서 일정 기간 동안 장기요양기관에 보호하여 신체활동 지원 및 심신기능의 유지·향상을 위한 교육·훈련 등을 제공하는 장기요양급여이다(법 제23조 제1항 제1호 마목).

> **장기요양급여의 종류(법 제23조 제1항 제1호)**
> 1. 재가급여
>   가. 방문요양 : 장기요양요원이 수급자의 가정 등을 방문하여 신체활동 및 가사활동 등을 지원하는 장기요양급여
>   나. 방문목욕 : 장기요양요원이 목욕설비를 갖춘 장비를 이용하여 수급자의 가정 등을 방문하여 목욕을 제공하는 장기요양급여
>   다. 방문간호 : 장기요양요원인 간호사 등이 의사, 한의사 또는 치과의사의 지시서에 따라 수급자의 가정 등을 방문하여 간호, 진료의 보조, 요양에 관한 상담 또는 구강위생 등을 제공하는 장기요양급여
>   라. 주·야간보호 : 수급자를 하루 중 일정한 시간 동안 장기요양기관에 보호하여 신체활동 지원 및 심신기능의 유지·향상을 위한 교육·훈련 등을 제공하는 장기요양급여
>   마. 단기보호 : 수급자를 보건복지부령으로 정하는 범위 안에서 일정 기간 동안 장기요양기관에 보호하여 신체활동 지원 및 심신기능의 유지·향상을 위한 교육·훈련 등을 제공하는 장기요양급여
>   바. 기타재가급여 : 수급자의 일상생활·신체활동 지원 및 인지기능의 유지·향상에 필요한 용구를 제공하거나 가정을 방문하여 재활에 관한 지원 등을 제공하는 장기요양급여로서 대통령령으로 정하는 것

## 08 정답 ④

장기요양급여의 종류 중 특별현금급여가 지급되는 경우는 가족요양비, 특례요양비, 요양병원간병비 등이 있다(법 제23조 제1항 제3호). 따라서 이 경우에 포함되지 않는 이식급여는 특별현금급여가 지급되지 않는다.

**가족요양비(법 제24조 제1항)**
공단은 다음 각 호의 어느 하나에 해당하는 수급자가 가족 등으로부터 제23조 제1항 제1호 가목에 따른 방문요양에 상당한 장기요양급여를 받은 때 대통령령으로 정하는 기준에 따라 해당 수급자에게 가족요양비를 지급할 수 있다.

**특례요양비(법 제25조 제1항)**
공단은 수급자가 장기요양기관이 아닌 노인요양시설 등의 기관 또는 시설에서 재가급여 또는 시설급여에 상당한 장기요양급여를 받은 경우 대통령령으로 정하는 기준에 따라 해당 장기요양급여비용의 일부를 해당 수급자에게 특례요양비로 지급할 수 있다.

**요양병원간병비(법 제26조 제1항)**
공단은 수급자가 의료법 제3조 제2항 제3호 라목에 따른 요양병원에 입원한 때 대통령령으로 정하는 기준에 따라 장기요양에 사용되는 비용의 일부를 요양병원간병비로 지급할 수 있다.

| 01 | 02 | 03 | 04 | 05 | 06 | 07 | 08 | 09 | 10 | 11 | 12 | 13 | 14 | 15 | 16 | 17 | 18 | 19 | 20 |
|----|----|----|----|----|----|----|----|----|----|----|----|----|----|----|----|----|----|----|----|
| ② | ① | ③ | ③ | ④ | ③ | ② | ④ | ① | ③ | ② | ③ | ④ | ④ | ② | ② | ② | ④ | ③ | ④ |
| 21 | 22 | 23 | 24 | 25 | 26 | 27 | 28 | 29 | 30 | 31 | 32 | 33 | 34 | 35 | 36 | 37 | 38 | 39 | 40 |
| ② | ① | ③ | ② | ① | ① | ② | ④ | ③ | ④ | ④ | ③ | ① | ④ | ③ | ③ | ② | ① | ① | ② |
| 41 | 42 | 43 | 44 | | | | | | | | | | | | | | | | |
| ④ | ④ | ① | ④ | | | | | | | | | | | | | | | | |

## 01　정답　②

(나) 문단에서는 의료보장제도의 사회보험과 국민보건서비스 유형에 관해 먼저 설명하고, 건강보험제도의 운영 방식에 대해 이야기하고 있다. 따라서 (나) 문단의 주제로 '건강보험제도의 목적'이 아니라 '건강보험제도의 유형'이 가장 적절하다.

## 02　정답　①

기사는 여성 고위공무원과 공공기관의 임원 여성 비율을 확대하기 위한 정부의 정책과 이에 대한 성과를 이야기하고 있다. 또한, 앞으로는 정부가 민간부문에 대해서도 지원할 계획이라고 밝히며 여성 고위관리직 확대를 위한 정부의 노력을 이야기하고 있다. 따라서 기사문의 주제로 ①이 가장 적절하다.

## 03　정답　③

피부양자 대상 1번 항목인 '직장가입자에 의하여 주로 생계를 유지하는 자'의 라목에 따르면 65세 이상 또는 30세 미만이거나 장애인, 국가유공·보훈대상상이자에 해당하는 형제·자매의 경우에는 재산세 과세표준의 합이 1억 8천만 원 이하이어야 피부양자가 될 수 있다. 따라서 국가유공자이지만 재산세 과세표준의 합이 2억 원인 형은 A씨의 피부양자가 될 수 없다.

**오답분석**

① 피부양자 대상 1번 항목의 다목 재산세 과세표준의 합이 5억 4천만 원을 초과하면서 9억 원 이하인 경우는 연간소득이 1천만 원 이하이어야 하므로 연간소득이 800만 원인 직계존속 아버지는 A씨의 피부양자가 될 수 있다.
② 피부양자 대상 2번 항목의 보수 또는 소득이 없는 자에 해당하며 어떠한 소득도 없는 미성년자 아들은 직계비속으로 A씨의 피부양자가 될 수 있다.
④ 피부양자 대상 1번 항목의 다목 재산세 과세표준의 합이 5억 원 이하인 경우에 해당하므로 재산세 과세표준의 합이 5억 원인 직계존속 어머니는 A씨의 피부양자가 될 수 있다.

## 04 정답 ③

국가공무원법 제2항 제1호에 따르면 휴직 기간 만료로 퇴직한 경력직공무원을 퇴직한 날로부터 3년 이내에 퇴직 시에 재직한 직급의 경력직공무원으로 재임용하는 경우 경력경쟁채용시험을 통해 채용할 수 있다. 즉, 퇴직한 날로부터 3년 이내에 재임용되는 경우이므로 퇴직한 지 6년이 지난 C씨는 경력경쟁채용시험 대상자에 해당하지 않는다.

**오답분석**

① 국가공무원법 제2항 제6호
② 국가공무원법 제2항 제7호
④ 국가공무원법 제2항 제12호

## 05 정답 ④

공단 수가협상단은 공급자단체가 아닌 가입자단체를 설득하는 데 많은 시간을 할애하였다.

**오답분석**

① 이번 수가협상은 17시간이 넘는 최장 시간 협상으로 진행되었다.
② 이번 수가협상은 협상 기한 마지막 날인 5월 31일을 넘겨 이튿날인 6월 1일까지 진행되었다.
③ 협상 결과 5,000억 원이었던 추가소요재정이 1조 478억 원으로 5,000억 원 이상 증가하였다.

## 06 정답 ③

8번의 '우 도로명주소' 항목에 따르면 우편번호를 먼저 기재한 다음, 행정기관이 위치한 도로명 및 건물번호 등을 기재해야 한다.

**오답분석**

① 6번 항목에 따르면 직위가 있는 경우에는 직위를 쓰고, 직위가 없는 경우에는 직급을 온전하게 써야 한다.
② 7번 항목에 따르면 시행일과 접수일란에 기재하는 연월일은 각각 마침표(.)를 찍어 숫자로 기재하여야 한다.
④ 11번 항목에 따르면 전자우편주소는 행정기관에서 공무원에게 부여한 것을 기재하여야 한다.

## 07 정답 ②

정부는 의료기관 중심의 돌봄에서 벗어나 지역사회가 함께 노인을 돌보는 지역주도형 사회서비스인 커뮤니티케어 정책을 실시할 예정이다. 즉, 의료기관이 아닌 지역사회가 직접 의료 서비스를 제공하므로 병원의 비중이 높아질 것이라는 ②는 적절하지 않다.

**오답분석**

① 2026년 초고령사회에 진입할 것으로 예측됨에 따라 노인 돌봄 서비스에 대한 중요성이 커지고 있다. 고령화 현상은 계속해서 심화되고 있으므로 이를 추론해볼 수 있다.
③ 정부는 고령화로 인해 마을이 사라지는 것을 방지하기 위해 '커뮤니티케어형 도시재생뉴딜사업'을 시작한다고 하였으므로 고령화 현상의 심화로 농·어촌의 작은 마을들이 사라지고 있는 것을 추론해볼 수 있다.
④ 정부는 2022년까지 모든 시·군·구에 '주민건강센터'를 구축할 예정이므로 적절한 추론이다.

## 08 정답 ④

공모방법에 따라 '건강iN 콘텐츠 아이디어 공모전 기획서', '건강iN 콘텐츠 아이디어 공모전 참가 서약서', '개인정보 수집·이용 동의서'를 이메일로 제출해야 한다.

**오답분석**

① 국민건강보험공단은 10월 25일(금)부터 11월 23일(토)까지 대략 한 달간 '건강iN 콘텐츠 아이디어 공모전'을 개최한다.
② 공단이 보유하고 있는 데이터 등을 융합한 신규 서비스는 건강iN의 웹과 앱 모두에서 제공할 수 있는 서비스여야 한다.
③ 공모전에는 개인 또는 팀의 형태로 누구나 참여 가능하며, 팀의 경우 별도의 인원 제한은 없다.

## 09 　정답　 ①

국민건강보험공단은 협력대상국에게 맞춤형 정책자문을 제공하는 KSP의 일환인 인도네시아 건강보험 정책실무자 대상의 정책연수
과정을 통해 인도네시아 상황에 적합한 맞춤형 정책을 제시하고 한국의 건강보험 운영 노하우를 전수할 예정이다.

**오답분석**

② 국민건강보험공단은 이미 2018년 12월부터 인도네시아와 우리나라의 제도를 비교・분석하는 연구를 수행해 왔으며, 이번 정책
연수에서는 그 결과를 발표하는 중간보고회를 실시할 예정이다.

③ 국민건강보험공단 관계자의 말에 따르면 인도네시아 KSP 사업의 일환인 이번 건강보험 정책연수는 '콜롬비아 및 페루 건강보험
제도 개선사업'에 이어 세 번째로 실시된다.

④ 인도네시아는 2014년 통합건강보험공단인 BPJS Kesehatan을 설립하여 올해 UHC의 체계적・효율적 달성을 목표로 하고
있으나, 현재는 목표 달성에 많은 문제가 있다.


## 10 　정답　 ③

ⓒ 질병감염아동특별지원서비스의 이용 대상은 장애 아동이 아닌 법정 전염성 및 유행성 질병에 감염되어 사회복지시설, 유치원,
보육시설 등을 이용하고 있는 만 12세 이하의 아동이다. 장애 아동과 관련된 내용은 제시문에 나타나 있지 않다.

ⓔ 아이돌봄서비스는 취업부모의 일・가정 양립을 위해 야간・주말 등 틈새시간의 '일시 돌봄' 및 '영아 종일 돌봄' 등을 제공한다.

**오답분석**

ⓞ 아이돌봄서비스는 만 12세 이하 아동을 둔 맞벌이 가정의 아동을 돌봐주는 서비스이므로 12세를 초과한 아동은 이용 대상이
될 수 없다.

ⓒ 기관연계돌봄서비스는 아이돌봄서비스 중 하나로, 이용 대상은 만 0세 이상 12세 이하 아동에 대한 돌봄 서비스가 필요한 사회복
지시설이나 학교・유치원・보육시설 등이다.


## 11 　정답　 ②

제시문에서는 건강 불평등 격차를 줄여 모든 국민의 건강권을 보장하고자 하는 네덜란드의 의료복지 정책에 대해 설명하며, 건강
불평등 격차가 큰 우리나라의 현재 상황을 제시하고 있다. 따라서 제시문의 뒤에 이어질 내용으로는 네덜란드의 보험 제도를 참고하
여 우리나라의 건강 불평등 해소 방향을 생각해볼 수 있다는 ②가 가장 적절하다.


## 12 　정답　 ③

제시문에서는 암 종별 발생률에 대해서 언급할 뿐 암으로 인한 사망률에 대해서는 언급하고 있지 않다. 남성의 경우 위암의 발생률이
가장 높으며, 그 뒤를 이어 폐암, 대장암, 간암, 전립선암 순서로 나타났다.

**오답분석**

① 암 발생률은 2011년 이후 4년 연속 감소하였다.

② 갑상선암 발생자 수가 전년보다 19.5% 감소하여 암 발생률 하락에 가장 큰 영향을 미친 것으로 보아 가장 많이 감소한 것을
알 수 있다.

④ 여성의 암 발생률은 갑상선암, 유방암, 대장암, 위암, 폐암 순서로 나타났다. 따라서 갑상선암의 발생률이 가장 높다.


## 13 　정답　 ④

제시문에서는 2018년 대한민국의 '치매 발생 현황'에 관해 이야기하며 치매의 발생 원인에 따른 '치매의 종류'를 설명하고, '치매를
예방할 수 있는 방법'을 제시하고 있다. 그러나 중증치매 기준에 대한 내용은 알 수 없다.

## 14  정답 ④

해외여행 전에는 반드시 질병관리청 홈페이지를 방문하여 해외감염병 발생 상황을 확인하고, 필요한 예방접종과 예방약 등을 미리 준비한다.

**오답분석**
① · ③ 해외여행 중 지켜야 할 감염병 예방 행동이다.
② 해외여행을 마치고 입국 시에 지켜야 할 감염병 예방 행동이다.

## 15  정답 ②

법 제4조 제2항에 따르면 지방자치단체 또는 국민건강보험공단이 수행하는 노인성질환예방사업에 소요되는 비용은 지방자치단체가 아닌 국가가 지원한다.

**오답분석**
① 법 제6조 제1항에서 알 수 있다.
③ 법 제4조 제4항에서 알 수 있다.
④ 법 제6조 제2항에서 알 수 있다.

## 16  정답 ②

- 지향(志向) : 어떤 목표로 뜻이 쏠리어 향함. 또는 그 방향이나 그쪽으로 쏠리는 의지
- 지양(止揚) : 더 높은 단계로 오르기 위하여 어떠한 것을 하지 아니함

따라서 '어떠한 목표(방향)로 쏠리어 향한다.'라는 의미를 지닌 '지향(志向)'이 적절하다.

**오답분석**
① 입찰의 뜻을 고려할 때, 문맥상 '어떤 문제를 다른 곳이나 다른 기회로 넘기어 맡기다.'의 의미인 '부치는'으로 고쳐 써야 한다.
③ '계약이나 조약 따위를 공식적으로 맺음'의 의미를 지닌 '체결(締結)'로 고쳐 써야 한다.
④ 세금이 면제되는 면세 사업자에 해당하므로 문맥상 '비교하여 덜어 내다.'의 의미를 지닌 '차감(差減)한'으로 고쳐 써야 한다.

## 17  정답 ②

문서의 내용을 둘 이상의 항목으로 구분할 필요가 있으면 다음 구분에 따라 그 항목을 순서대로 표시한다.

| 구분 | 항목기호 |
| --- | --- |
| 첫째 항목 | 1., 2., 3., 4., ⋯ |
| 둘째 항목 | 가., 나., 다., 라., ⋯ |
| 셋째 항목 | 1), 2), 3), 4), ⋯ |
| 넷째 항목 | 가), 나), 다), 라), ⋯ |
| 다섯째 항목 | (1), (2), (3), (4), ⋯ |
| 여섯째 항목 | (가), (나), (다), (라), ⋯ |
| 일곱째 항목 | ①, ②, ③, ④, ⋯ |
| 여덟째 항목 | ㉮, ㉯, ㉰, ㉱, ⋯ |

따라서 '1. → 가. → 1) → 가) →(1)'의 순서로 표시해야 한다.

**오답분석**
① 간결하고 명확하게 표현하고, 일반화되지 않은 약어와 전문 용어 등의 사용은 지양하여 이해하기 쉽게 작성한다.
③ 첨부물이 있으면 붙임 표시문 다음에 한 글자 띄우고 '끝'을 표시한다.
　예 붙임　○○계획서 1부.　끝.
④ 문서는 어문규범에 맞게 한글로 작성하되, 뜻을 정확하게 전달하기 위하여 필요한 경우에는 괄호 안에 한자나 그 밖의 외국어를 함께 적을 수 있다.

## 18 정답 ④

최근 수면장애 환자의 급격한 증가를 통해 한국인의 수면의 질이 낮아지고 있음을 알 수 있다. 현재 한국인의 짧은 수면시간도 문제이지만, 수면의 질 저하도 심각한 문제가 되고 있다.

**오답분석**

① 타 국가에 비해 근무 시간이 많아 수면 시간이 짧은 것일 뿐 수면 시간이 OECD 국가 평균 근무 시간보다 짧은지 알 수 없다.
② 40·50대 중·장년층의 수면장애 환자는 전체의 36.6%로 가장 큰 비중을 차지한다.
③ 수면장애 환자는 여성이 42만 7,000명으로 29만 1,000명의 남성보다 1.5배 정도 더 많다.

## 19 정답 ③

CCL이란 저작권자가 저작물 사용 조건을 미리 제시해 사용자가 저작권자에게 따로 허락을 구하지 않고도 창작물을 사용할 수 있게 한 오픈 라이선스이다. 저작물의 사용 조건을 규격화한 CCL 마크를 통해 저작물에 대한 이용 방법과 조건을 쉽게 알 수 있다.

〈CCL 마크〉

| 구분 | 의미 | 구분 | 의미 |
| --- | --- | --- | --- |
| (cc) | 저작물을 공유함 | (i) | 저작자의 이름, 출처 등 저작자에 대한 사항을 반드시 표시해야 함 |
| (S) | 저작물을 영리 목적으로 이용할 수 없음 | (=) | 저작물을 변경하거나 저작물을 이용한 2차적 저작물 제작을 금지함 |
| (O) | 동일한 라이선스 표시 조건하에서의 저작물을 활용한 다른 저작물 제작을 허용함 | | |

## 20 정답 ④

10명의 동아리 회원 중 3명이 당첨되는 경우는 $_{10}C_3 = \dfrac{10 \times 9 \times 8}{3 \times 2 \times 1} = 120$가지이고, 3명 중 남자가 여자보다 당첨자가 많을 경우는 다음과 같다.

ⅰ) 남자 3명이 모두 당첨자가 되는 경우

$_4C_3 = {}_4C_1 = 4$가지

ⅱ) 남자 2명, 여자 1명이 당첨자가 되는 경우

$_4C_2 \times {}_6C_1 = \dfrac{4 \times 3}{2 \times 1} \times 6 = 36$가지

따라서 남자가 여자보다 당첨자가 많을 확률은 $\dfrac{(4+36)}{120} \times 100 = \dfrac{1}{3} \times 100 ≒ 33.33\%$이다.

## 21 정답 ②

첫 번째 조건에서 2019년 11월 요가 회원은 $a = 50 \times 1.2 = 60$이 되고, 세 번째 조건에서 2020년 1월 필라테스 예상 회원 수는 올해 4분기 월 평균 회원 수가 되어야하므로 내년 1월 필라테스 예상 회원 수는 $d = \dfrac{106+110+126}{3} = \dfrac{342}{3} = 114$이다.

두 번째 조건에 따라 2019년 12월 G.X 회원 수 $c$를 구하면 $(90+98+c)+37 = 106+110+126 \rightarrow c = 342-225 = 117$이다. $b$를 구하기 위해 방정식 $2a+b = c+d$에 $a$, $c$, $d$에 해당되는 수를 대입하면 $b+2 \times 60 = 117+114 \rightarrow b = 231-120 \rightarrow b = 111$이다. 따라서 2019년 12월에 요가 회원 수는 111명임을 알 수 있다.

**22** 정답 ①

구급차를 타고 이동하는 시간은 $\frac{225}{100}=2.25$시간으로 $\left(2+\frac{15}{60}\right)$시간=2시간 15분이 걸린다. 응급헬기를 타고 갈 경우 $\frac{70}{280}=0.25$ 시간=$\frac{15}{60}$시간=15분 만에 응급실에 도착할 수 있다. 따라서 K씨가 쓰러진 지점부터 들것에 실려 구급차를 타고 응급실에 가는 데 이동시간은 총 2시간 35분이므로 응급헬기 이용 시 구급차보다 2시간 35분－15분=2시간 20분 더 빨리 응급실에 도착한다.

**23** 정답 ③

A사원이 혼자 일을 끝내는 데 걸리는 시간은 15일, A, B사원이 같이 할 때는 6일이 걸린다. B사원이 혼자 일하는 데 걸리는 시간을 $b$일, 일의 양을 1이라 가정하고, 하루에 할 수 있는 일의 양에 대한 방정식을 세우면 다음과 같다.

$\frac{1}{15}+\frac{1}{b}=\frac{1}{6}$ → $6b+(6\times15)=15b$ → $9b=6\times15$ → $b=10$

따라서 B사원 혼자 정리하는 데 걸리는 시간은 10일이다.

**24** 정답 ②

면접에서 최종 합격자 250명의 2배를 필기시험에서 뽑고, 면접시험 자격이 주어지는 인원의 4.5배수가 서류 지원자에서 필기시험에 응시할 수 있다. 따라서 국민건강보험공단의 최소 서류 지원자는 250×2×4.5=2,250명이다.

**25** 정답 ①

여성 가입고객에서 예금을 가입한 인원은 35명, 적금을 가입한 인원은 30명이고, 여성 전체 고객은 50명이다. 따라서 여성 가입고객 중 예·적금 모두 가입한 인원은 (35+30)－50=15명이다. 또한, 남성 전체 고객 50명 중 예·적금 모두 가입한 인원은 20%라고 했으므로 50×0.2=10명이 된다. 따라서 전체 가입고객 100명 중 예·적금 모두 가입한 고객은 15+10=25명이므로 비중은 $\frac{25}{100}\times100=25\%$이다.

**26** 정답 ①

세 종류의 스낵을 가장 많이 사기 위해서는 가격이 가장 저렴한 스낵을 많이 구매하면 된다. a, b, c스낵을 한 개씩 구매한 금액은 1,000+1,500+2,000=4,500원이고, 남은 금액은 50,000－4,500=45,500원이다. 이때 a, c스낵은 천 원 단위이므로 오백 원을 맞추기 위해 b스낵을 하나 더 사야 하고, 남은 금액 모두 가장 저렴한 a스낵을 44,000÷1,000=44개 구매한다. 따라서 a스낵 44+1=45개, b스낵 2개, c스낵 1개를 구입하여 최대 45+2+1=48개의 스낵을 구입할 수 있다.

**27** 정답 ②

두 소금물을 합하면 소금물의 양은 800g이 되고, 이 소금물을 농도 10% 이상인 소금물로 만들기 위한 물의 증발량을 $x$g이라고 가정하자. 소금물 농도에 대한 부등식을 세우면 다음과 같다.

$\frac{(300\times0.07)+(500\times0.08)}{800-x}\times100\geq10$ → $(21+40)\times10\geq800-x$ → $x\geq800-610$ → $x\geq190$

따라서 800g인 소금물에서 물 190g 이상을 증발시켜야 농도 10% 이상인 소금물을 얻을 수 있다.

## 28 정답 ④

작년보다 제주도 숙박권은 20%, 여행용 파우치는 10%를 더 준비했다고 했으므로 제주도 숙박권은 $10 \times 0.2 = 2$명, 여행용 파우치는 $20 \times 0.1 = 2$명이 경품을 더 받는다. 따라서 작년보다 총 4명이 경품을 더 받을 수 있다.

## 29 정답 ③

정상가로 A, B, C과자를 2봉지씩 구매할 수 있는 금액은 $(1,500 + 1,200 + 2,000) \times 2 = 4,700 \times 2 = 9,400$원이다. A, B, C과자를 할인된 가격으로 2봉지씩 구매하고 남은 금액은 $9,400 - [(1,500 + 1,200) \times 0.8 + 2,000 \times 0.6] \times 2 = 9,400 - (3,360 \times 2) = 9,400 - 6,720 = 2,680$원이다. 따라서 남은 금액으로 A과자를 $\dfrac{2,680}{1,500 \times 0.8} ≒ 2.23$, 즉 2봉지 더 구매할 수 있다.

## 30 정답 ④

흡연자 A씨가 금연프로그램에 참여하면서 진료 및 상담 비용과 금연보조제(니코틴패치) 구매에 지불해야 하는 부담금은 지원금을 제외한 나머지이다. 따라서 A씨가 부담하는 금액은 총 $(30,000 \times 0.1 \times 6) + (12,000 \times 0.25 \times 3) = 18,000 + 9,000 = 27,000$원이다.

## 31 정답 ④

전체 5명에서 두 명을 뽑는 방법은 $_5C_2 = \dfrac{5 \times 4}{2} = 10$가지이고, 여자 3명 중에서 2명이 뽑힐 경우는 $_3C_2 = \dfrac{3 \times 2}{2} = 3$가지이다. 따라서 대표가 모두 여자로 뽑힐 확률은 $\dfrac{3}{10} \times 100 = 30\%$이다.

## 32 정답 ③

오렌지 2개로 125mL를 만들 수 있으므로 은경이가 오렌지 14개로 만들 수 있는 주스 용량은 $\dfrac{125}{2} \times 14 = 875$mL이다.

## 33 정답 ①

10개 강의실에 75명씩 들어가고 나머지 180명은 배정받지 못했으므로 실제 신입생 총인원은 $10 \times 75 + 180 = 930$명이다.

## 34 정답 ④

- A부품 불량품 개수 : $3,000 \times 0.25 = 750$개
- B부품 불량품 개수 : $4,100 \times 0.15 = 615$개

따라서 A, B부품의 한 달 동안 불량품 개수 차이는 $750 - 615 = 135$개이다.

## 35　정답　③

역할을 분담하여 정한 청소 당번 규칙에 따라 O사원은 화분 관리, J대리는 주변 정돈, C사원은 커피 원두 채우기를 각각 담당하고 있으므로 L주임이 커피를 타는 담당자임을 알 수 있다. 또한, 세 번째 조건에 따라 주변 정돈을 하고 있는 사람은 커피를 타지 않는다고 하였는데 이때, O사원과 C사원은 J대리를 도와 주변 정돈을 하므로 이 셋은 커피를 타지 않음을 알 수 있다. 따라서 커피를 타는 사람은 L주임 혼자이므로 항상 참이 되는 것은 ③이 된다.

**오답분석**

① 커피 원두를 채우는 담당자는 C사원이며, 주어진 조건만으로는 O사원이 커피 원두를 채우는지 알 수 없다.
② 두 번째 조건에 따라 O사원이 J대리를 도와주고 있음을 알 수 있지만, J대리가 O사원을 도와주는지는 알 수 없다.
④ 세 번째 조건에 따라 주변 정돈을 하고 있는 사람은 커피를 타지 않으므로 주변 정돈을 돕고 있는 C사원은 커피를 타지 않는다.

## 36　정답　③

주어진 조건을 표로 정리하면 다음과 같다.

| 구분 | A | B | C | D | E |
|------|---|---|---|---|---|
| 짱구 |   | × |   | × |   |
| 철수 |   |   |   | × |   |
| 유리 |   |   | ○ |   |   |
| 훈이 |   | × |   |   |   |
| 맹구 |   | × |   | × | × |

유리는 C를 제안하였으므로 D는 훈이가, B는 철수가 제안하였음을 알 수 있고, A는 맹구가, 나머지 E는 짱구가 제안하였음을 알 수 있다. 따라서 제안자와 그 제안이 바르게 연결된 것은 철수 B, 짱구 E이다.

## 37　정답　②

주어진 조건을 기호로 정리하면 다음과 같다.
• ~A → B
• B → ~D
• A → ~C
• ~D → E

E가 행사에 참여하지 않는 경우 네 번째 조건의 대우인 ~E → D에 따라 D가 행사에 참여한다. D가 행사에 참여하면 세 번째 조건의 대우인 D → ~B에 따라 B는 행사에 참여하지 않는다. 또한, B가 행사에 참여하지 않으면 첫 번째 조건의 대우에 따라 A가 행사에 참여하고, A가 행사에 참여하면 두 번째 조건에 따라 C는 행사에 참여하지 않는다. 따라서 E가 행사에 참여하지 않을 경우 행사에 참여 가능한 사람은 A와 D 2명이다.

## 38　정답　①

C의 진술이 참일 경우 D의 진술도 참이 되므로 한 명만 진실을 말하고 있다는 조건이 성립하지 않는다. 따라서 C의 진술은 거짓이 되고, D의 진술도 거짓이 되므로 C와 B는 모두 주임으로 승진하지 않았음을 알 수 있다. 따라서 B가 주임으로 승진하였다는 A의 진술도 거짓이 된다. 결국 A가 주임으로 승진하였다는 B의 진술이 참이 되므로 주임으로 승진한 사람은 A사원이 된다.

**39** 정답 ①

원탁 자리에 다음과 같이 임의로 번호를 지정한 후 기준이 되는 C를 앉히고 나머지를 배치한다.

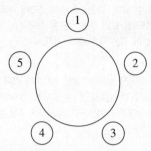

C직원을 1번에 앉히면, 첫 번째 조건에서 C 바로 옆에 E가 앉아야 하므로 E는 5번 또는 2번에 앉는다. 만약 E가 2번 자리에 앉으면 세 번째 조건에 따라 D가 A의 오른쪽에 앉아야 한다. A, D가 4번과 3번에 앉으면 B는 5번에 앉게 되어 첫 번째 조건에 부합하지 않는다. 또한, A가 5번, D가 4번에 앉는 경우 B는 3번에 앉게 되지만 두 번째 조건에서 D와 B는 나란히 앉을 수 없어 불가능하다. E를 5번에 앉히고 A는 3번, D는 2번에 앉게 되면 B는 4번에 앉아야 하므로 모든 조건을 만족하게 된다. 따라서 C를 첫 번째로 하여 세 번째에 앉는 사람은 3번 자리에 앉는 A이다.


**40** 정답 ②

냉장고와 에어컨의 핵심부품은 컴프레서로 동일하나, 에어컨 컴프레서의 보증기간은 4년, 냉장고 컴프레서의 보증기간은 3년이다.


**41** 정답 ④

문서별 정리 일정에 따라 5월 달력에 각 문서정리가 해당되는 날을 나타내면 다음과 같다.

〈5월 달력〉

| 일요일 | 월요일 | 화요일 | 수요일 | 목요일 | 금요일 | 토요일 |
|---|---|---|---|---|---|---|
|  |  |  | 1<br>A | 2<br>A | 3 | 4<br>B |
| 5 | 6<br>D | 7<br>F | 8<br>A | 9<br>A, E | 10 | 11 |
| 12 | 13 | 14<br>F | 15<br>A | 16<br>A | 17 | 18<br>B |
| 19 | 20<br>D, E | 21<br>F | 22<br>A | 23<br>A | 24 | 25 |
| 26 | 27 | 28<br>F | 29<br>A | 30<br>A | 31 |  |

C문서는 A 또는 E문서를 정리하는 날에 같이 정리하므로 이에 해당되는 날짜 중 3일만 하면 된다. 따라서 두 번째로 정리를 많이 한 문서는 F문서이다.


**42** 정답 ④

C문서 정리를 첫째 주에 할 수도 있고, 다섯째 주에도 할 수 있다. 따라서 3종류 이상 문서를 정리하지 않은 주는 정확히 알 수 없다.

## 43  정답  ①

C문서를 14일 전까지 끝내기 위해서는 첫째 주와 둘째 주에 정리를 끝내야 한다. 이때, 첫째 주에는 F문서를 정리하지 않으므로 첫째 주에 1번, 둘째 주에 2번 정리하게 된다. 그러므로 C문서는 1일 또는 2일 중에 1번 정리하고, 둘째 주에는 8일과 9일에 각각 1번씩 정리한다. 따라서 첫째 주에는 4번, 둘째 주에는 7번, 셋째 주에는 4번, 넷째 주에는 5번, 다섯째 주에는 3번 문서를 정리한다.

## 44  정답  ④

43번 해설에서 정리한 달력을 참고하면, A문서는 일주일에 두 번, B문서는 2주에 한 번, C문서는 한 달에 세 번, D문서는 2주에 한 번, E문서는 한 달에 두 번, F문서는 일주일에 한 번 주기로 정리한다. 따라서 문서정리 주기가 같은 문서는 B, D문서이다.

# CHAPTER

## 06 2018년 시행 기출복원문제

| 01 | 02 | 03 | 04 | 05 | 06 | 07 | 08 | 09 | 10 | 11 | 12 | 13 | 14 | 15 | 16 | 17 | 18 | 19 | 20 |
|----|----|----|----|----|----|----|----|----|----|----|----|----|----|----|----|----|----|----|----|
| ④ | ④ | ④ | ② | ④ | ③ | ③ | ④ | ④ | ① | ③ | ③ | ① | ④ | ② | ③ | ① | ② | ① | ③ |

| 21 | 22 | 23 | 24 | 25 | 26 | 27 |
|----|----|----|----|----|----|----|
| ③ | ② | ④ | ② | ② | ③ | ② |

## 01 정답 ④

㉠의 앞 문장에서는 일반적인 사람들이 위기상황에서 공황발작을 느끼는 것은 정상적인 생리 반응이라고 하였으나, ㉠의 뒤 문장에서는 공황장애에서의 공황발작은 아무런 이유 없이 아무 때나 예기치 못하게 발생한다고 하였으므로 ㉠의 빈칸에는 역접의 '그러나'가 적절하다. ㉡의 앞 문장에서는 특별한 위기상황이 아니어도 공황발작이 발생할 수 있고, ㉡의 뒤 문장에서는 이렇게 공황발작이 나타나면 행동의 변화가 생기게 된다고 하였으므로 ㉡의 빈칸에는 앞 내용의 양상을 받아 뒤의 문장을 이끄는 말인 '이와 같이'가 적절하다.

## 02 정답 ④

빈칸의 앞에서는 치매안심센터의 효과적인 운영을 위한 정부차원의 적극적인 지원의 필요성을 다루고, 빈칸의 뒤에서는 치매케어의 전문적 수행을 위한 노력과 정책적 지원의 필요성을 다루므로 두 문장은 치매국가책임제를 효과적으로 추진하기 위해 필요한 것들로 볼 수 있다. 따라서 두 문장을 연결해 주는 접속어로 '그 위에 더' 또는 '거기에다 더'를 뜻하는 '또한'이 적절하다.

## 03 정답 ④

포괄수가제는 환자에게 진료행위량을 늘릴수록 의사의 수입이 늘어나는 행위별 수가제의 단점을 보완하기 위하여 도입된 것으로, 이를 통해 환자의 본인부담금을 낮추고, 의사의 과잉진료를 줄이고자 한다.

## 04 정답 ②

포괄수가제 적용 질병군의 본인부담금에 따르면 포괄수가제의 진료비는 요양기관 종별, 입원일수, 환자의 중증도 등에 따라 금액이 다르다.

## 05 정답 ④

㉡~㉣은 모두 ㉠ 사회보장의 한 종류이므로 ㉡~㉣은 서로 대등한 병렬 관계에 있으며, ㉠과 ㉡~㉣은 서로 상하 관계에 있다. 따라서 ㉠과 ㉡~㉣이 유의 관계에 있다는 ④는 적절하지 않다.

## 06 정답 ③

사회보험의 경우 소득수준에 따라 보험료를 다르게 부담한다는 것은 적절하나, 사회보험은 국민의 건강과 소득 보장을 목적으로 하므로 영리를 목적으로 하는 민간보험과 다른 성격을 가진다.

## 07 정답 ③

빈칸의 앞에서 지방간은 과도한 음주로 인해 발생한다고 알려져 있다고 하였으나, 뒤에서는 술을 전혀 입에 대지 않아도 다른 이유로 인해 비알코올성 지방간 환자가 지속적으로 증가한다고 하였으므로 빈칸에는 앞의 내용과 뒤의 내용이 상반될 때 쓰는 '그러나'가 가장 적절하다.

## 08 정답 ④

임산부가 임신·출산 진료비를 지원받기 위해서는 공단에 직접 방문하여 신청서를 접수해야 했으나, 2017년 1월 이후 공단 홈페이지를 통해 온라인 지원신청이 가능해졌으므로 ④는 적절하지 않다.

## 09 정답 ④

국민건강보험법 시행령 제25조 제3항 제1호에 따르면 공단이 직장가입자에게 실시하는 건강검진을 실시하려면 관련 사항을 해당 사용자에게 통보해야 한다. 직장가입자가 아닌 직장가입자의 피부양자 및 지역가입자에게 실시하는 건강검진의 경우에 검진을 받는 사람에게 통보한다.

**오답분석**

① 법 시행령 제25조 제4항에 대한 내용이다.
② 법 시행령 제25조 제1항에 대한 내용이다.
③ 법 시행령 제25조 제4항에 대한 내용이다.

## 10 정답 ①

국민건강보험법 제27조 제1항에 따르면 수급자는 장기요양인정서가 도달한 날부터 장기요양급여를 받을 수 있으며, 법 제27조 제2항에 따라 돌볼 가족이 없는 수급자의 경우 등 대통령령으로 정하는 사유가 있을 경우에는 신청서를 제출한 날부터 장기요양인정서가 도달되는 날까지의 기간 중에도 장기요양급여를 받을 수 있다.

**오답분석**

② 법 제28조 제1항에 대한 내용이다.
③ 법 제29조 제2항에 대한 내용이다.
④ 법 제29조 제1항에 대한 내용이다.

## 11 정답 ③

국민건강보험법 제74조 제1항에 따르면 교도소 등의 시설에 수용되어 있는 경우 보험료가 면제되나, 제60조 제1항에 따라 C씨가 대통령령으로 정하는 치료 등을 받는다면 공단은 요양급여비용을 법무부장관으로부터 예탁받아 지급할 수 있다.

**오답분석**

① 법 제54조 제2호에 대한 내용이다.
② 법 제54조 제2호에 대한 내용이다.
④ 법 제74조 제1항에 대한 내용이다.

## 12  정답 ③

환자의 의사능력이 있는 경우에는 사전에 작성한 사전연명의료의향서를 바탕으로 연명의료 중단을 결정할 수 있지만, 환자의 의사능력이 없을 경우 사전연명의료의향서를 이전에 작성했다 하더라도 담당의사의 판단만으로 연명의료를 중단할 수 없다.

**오답분석**

① 연명의료 중단 등 결정을 이행하기 이전에 담당의사는 먼저 이행 대상 환자인지 판단하고, 의료 중단 등 결정에 관한 해당 환자의 의사를 확인하는 단계를 거쳐야 한다.
② 이행 대상 환자 판단 과정에서 담당의사와 해당 분야 전문의 1명은 해당 환자가 임종과정에 있는지 여부를 판단하여야 한다.
④ 담당의사는 연명의료 중단 이행을 거부할 수 있으며, 이행 거부를 이유로 담당의사에게 해고나 그 밖의 불리한 처우를 해서는 안 된다.

## 13  정답 ①

환자가족은 19세 이상이어야 하며, 실종신고가 되었거나 행방불명 사실이 신고된 날부터 3년 이상 경과한 사람, 자신의 의사를 표현할 수 없는 사람은 환자가족의 범위에서 제외된다. 따라서 미성년자인 막내아들의 경우 환자가족의 범위에서 제외된다.

## 14  정답 ④

간호·간병통합서비스의 목적은 입원환자의 간병까지 간호사, 간호조무사가 담당하여 환자 가족의 사회경제적 비용을 줄일뿐만 아니라 입원서비스의 질적 향상을 도모하는 것이다. 따라서 전문 간병인이 상주하지 않는다.

## 15  정답 ②

간호·간병통합서비스는 간호인력인 간호사와 간호조무사가 팀을 이루어 업무를 하며, 간호조무사는 간호사의 지도·감독하에 간호 보조 및 환자 보조 업무를 수행한다. 간호사와 간호조무사가 서비스에 전념할 수 있도록 간병지원인력을 따로 배치하여야 한다.

## 16  정답 ③

제시문은 정신보건법에 따른 정신질환의 종류를 구분하고 있다.

## 17  정답 ①

제시문은 치매의 정의, 증상, 특성 등을 말하고 있으므로 ①이 글의 주제로 적절하다.

## 18  정답 ②

연령대별 총 일자리 수가 표에 나와 있으므로 각각에 해당되는 총 일자리 수와 비율을 곱하여 일자리 개수를 구할 수 있다.
20 ~ 29세 여성의 신규채용일자리 수는 330.5만×0.244=80.642개이며, 50 ~ 59세 남성의 지속일자리 수는 531.6만×0.449 =238.6884개이다. 따라서 두 일자리 수 차이는 238.6884-80.642=158.0464개로, 약 158.0만 개이다.

## 19  정답 ①

40 ~ 49세 남성의 총 일자리 수는 45.6+14.1=59.7%이다. 그러므로 40대 남성 총 일자리 수는 617.8만×0.597=368.8266개이다. 또한, 40대 남성 지속일자리 수는 617.8만×0.456=281.7168개이다.

따라서 40대 남성 총 일자리 수 대비 지속일자리 수의 비율은 $\frac{281.7168}{368.8266} \times 100 = 76.4\%$이다.

## 20  정답 ③

ㄱ. 49세까지 남성 지속일자리 비율은 증가하고 있으나, 신규채용일자리 비율은 감소하고 있으므로 두 항목의 증감추세는 반대임을 알 수 있다.

ㄴ. 30~59세 여성 지속일자리 비율과 신규채용일자리 비율의 증감추세는 '증가 – 감소'로 같음을 알 수 있다.

ㄹ. 40대 남성 신규채용일자리 대비 여성 신규채용일자리 비율은 $\frac{11.7}{14.1} \times 100 ≒ 83.0\%$이다. 따라서 80% 이상이다.

**오답분석**

ㄷ. 20대의 총 일자리 수는 40대의 총 일자리 수의 $\frac{330.5}{617.8} \times 100 ≒ 53.5\%$로, 55% 미만이다.

## 21  정답 ③

- 갑 : $(56 \times 0.3) + (82 \times 0.4) + (67 \times 0.06) + (20 \times 0.04) + (92 \times 0.2) = 72.82$점
- 을 : $(70 \times 0.3) + (43 \times 0.4) + (67 \times 0.06) + (100 \times 0.04) + (88 \times 0.2) = 63.82$점
- 병 : $(81 \times 0.3) + (73 \times 0.4) + (100 \times 0.06) + (40 \times 0.04) + (63 \times 0.2) = 73.7$점
- 정 : $(67 \times 0.3) + (55 \times 0.4) + (33 \times 0.06) + (100 \times 0.04) + (95 \times 0.2) = 67.08$점

따라서 성과급 점수의 총합이 가장 높은 사람은 병이다.

## 22  정답 ②

- 갑 : $(56 \times 0.3) + (82 \times 0.4) + (92 \times 0.3) = 77.2$점 → 180만+10만(∵ 자격증)=190만 원
- 을 : $(70 \times 0.3) + (43 \times 0.4) + (88 \times 0.3) = 64.6$점 → 110만+10만(∵ 자격증)=120만 원
- 병 : $(81 \times 0.3) + (73 \times 0.4) + (63 \times 0.3) = 72.4$점 → 150만+10만(∵ 자격증)=160만 원
- 정 : $(67 \times 0.3) + (55 \times 0.4) + (95 \times 0.3) = 70.6$점 → 130만 원

따라서 성과급을 가장 많이 받는 사람은 갑이고, 갑의 성과급은 190만 원이다.

## 23  정답 ④

분석대상자 수와 진단율을 곱하여 천식 진단을 받은 학생 수를 구하면 다음과 같다.

| 구분 | 남학생 | 여학생 |
| --- | --- | --- |
| 중1 | $5,178 \times 0.091 ≒ 471$명 | $5,011 \times 0.067 ≒ 335$명 |
| 중2 | $5,272 \times 0.108 ≒ 569$명 | $5,105 \times 0.076 ≒ 387$명 |
| 중3 | $5,202 \times 0.102 ≒ 530$명 | $5,117 \times 0.085 ≒ 434$명 |
| 고1 | $5,069 \times 0.104 ≒ 527$명 | $5,096 \times 0.076 ≒ 387$명 |
| 고2 | $5,610 \times 0.098 ≒ 549$명 | $5,190 \times 0.082 ≒ 425$명 |
| 고3 | $5,293 \times 0.087 ≒ 460$명 | $5,133 \times 0.076 ≒ 390$명 |

따라서 천식 진단을 받은 여학생의 수는 중·고등학교 모두 남학생보다 적다.

## 24  정답 ②

2018년 외국인 결핵환자 수는 $580 \times 2.8 = 1,624$명이다. 매년 25%가 베트남 출신 결핵환자이므로 2018년 베트남 결핵환자의 수는 $1,624 \times 0.25 = 406$명이다.

**25** 정답 ②

연봉이 3,400만 원을 초과한 부분에 대해서만 6%의 보험료를 징수하므로 현재 연봉이 5,000만 원인 A씨의 올해 초과금은 5,000만 −3,400만=1,600만 원, 내년 초과금은 5,500만−3,400만=2,100만 원이다. 따라서 A씨가 올해를 포함하여 내년까지 납부해야 할 보험료는 (1,600만+2,100만)×0.06=222만 원이다.

**26** 정답 ③

'집−B−E−우체국'의 경로를 시속 4km/h로 갔을 때 걸리는 시간은 2+6+4=12km이므로 $\frac{12}{4}$=3시간이다. 따라서 가장 빠르게 갈 수 있는 방법과 그 시속을 구한 것은 ③이다.

**오답분석**

① 3+17=20 → $\frac{20}{5}$=4시간

② 3+7+5=15 → $\frac{15}{3}$=5시간

④ 2+13+5=20 → $\frac{20}{5}$=4시간

**27** 정답 ②

A씨와 B씨의 진료 및 구입약재에 따른 비용을 정리하면 다음과 같다.
ⅰ) A씨
  • 체열진단 1회 : 5,000원
  • 청심환 2개 : 5,000×2=10,000원
  • 소화환 1개 : 3,500원
  • 변비환 1개 : 3,500원
  • 약침 4개×3일 : 10,000×4×3=120,000원
  따라서 A씨가 K한의원에 지불해야 할 비용은 5,000+10,000+3,500+3,500+120,000=142,000원이다.
ⅱ) B씨
  • 체열진단 1회 : 5,000원
  • 피로회복제 2포×3일 : 3,000×2×3=18,000원
  • 약침 5개×2일 : 10,000×5×2=100,000원
  따라서 B씨가 K한의원에 지불해야 할 비용은 5,000+18,000+100,000=123,000원이다.

| 01 | 02 | 03 | 04 | 05 | 06 | 07 | 08 | 09 | 10 | 11 | 12 | 13 | 14 | 15 | 16 | 17 | 18 | 19 | 20 |
|----|----|----|----|----|----|----|----|----|----|----|----|----|----|----|----|----|----|----|----|
| ③ | ① | ③ | ③ | ② | ① | ② | ② | ① | ③ | ④ | ④ | ④ | ③ | ② | ③ | ③ | ④ | ① | ② |
| 21 | 22 | 23 | 24 | 25 | 26 | 27 | 28 | 29 | 30 | 31 | 32 | 33 | 34 | 35 | 36 | 37 | 38 | 39 | 40 |
| ① | ③ | ② | ④ | ② | ④ | ② | ③ | ① | ④ | ④ | ② | ① | ③ | ④ | ① | ③ | ④ | ① | ① |
| 41 | 42 | 43 | 44 | 45 | 46 | 47 | 48 | 49 | 50 | 51 | 52 | 53 | 54 | 55 | 56 | 57 | 58 | 59 | 60 |
| ③ | ② | ① | ② | ④ | ③ | ④ | ② | ④ | ② | ③ | ④ | ③ | ② | ③ | ② | ④ | ③ | ① | ① |

## 01 정답 ③

기사의 내용을 볼 때, 첫 번째 문단에서 조선시대의 노비선상제를 소개하면서 '2017년인 지금에도 노비선상제의 관노비가 존재한다.'라며 그것이 바로 공공기관 청년인턴제도라고 설명하고 있다. 따라서 공공기관 청년인턴제도를 비판하는 것이 이 기사의 논지라고 할 수 있다.

## 02 정답 ①

청년인턴은 근무 기간이 최대 5개월이라 실업급여를 받을 수 없다.

## 03 정답 ③

직무 관련자에게 1회 100만 원(연간 300만 원) 이하의 금품을 받았다면 대가성이 입증되지 않더라도 수수금액의 2 ~ 5배를 과태료로 물어야 한다.

## 04 정답 ③

학부모와 교사 사이에는 성적 평가 등의 직접적인 직무 관련성이 있다. 직무 관련자에게 1회 100만 원(연간 300만 원) 이하의 금품을 받았다면 대가성이 입증되지 않더라도 수수금액의 2 ~ 5배를 과태료로 물어야 한다. 따라서 사례 C의 담임 A교사는 80 ~ 200만 원 상당의 과태료를 물어야 한다.

**오답분석**
① 학부모와 교사 사이에는 성적 평가 등의 직접적인 직무 관련성이 있다. 따라서 사례 A의 3만 원 미만의 간식은 선물이 아닌 100만 원 이하의 금품으로 보아야 하며, 수수금액의 2 ~ 5배의 과태료를 물어야 한다.
② 2017년 12월 이후부터 현금 없이 경조사 화한만 제공할 경우에는 10만 원까지 인정되므로 처벌 대상이 되지 않는다.
④ 2017년 12월 이후부터 경조사비는 현금 10만 원에서 5만 원으로 낮아졌기 때문에 처벌 대상이 된다.

## 05  정답  ②

업무(공무)상 등 재해로 인하여 다른 법령에 의한 보험급여나 보상을 받게 되는 경우에 관련된 내용이다. 업무상 또는 공무상 보험사고에 대한 근로기준법, 산업재해보상보험법, 공무원연금법 등과 같은 특별법상의 보상책임과 건강보험급여는 법 제도적으로 양립할 수 없다.

## 06  정답  ①

- 민원 (A) : 공단이나 요양기관의 요양에 관한 지시에 따르지 아니한 경우 – 답변 (C)
- 민원 (B) : 업무(공무)상 등 재해로 인하여 다른 법령에 의한 보험급여나 보상을 받게 되는 경우 – 답변 (B)
- 민원 (C) : 고의 또는 중대한 과실로 제55조에 따른 문서, 기타 물건의 제출을 거부하거나 질문 또는 진단을 기피한 경우 – 답변 (A)
- 민원 (D) : 건강보험료 체납에 따라 급여가 제한되는 경우 – 답변 (D)

## 07  정답  ②

제시문은 알파고, 인공지능, 3당 대표연설에 대한 전제를 시작으로 널리 일반화되어 있는 4차 산업혁명을 소개하고 있다. 그러나 이렇게 보편적으로 언급되는 4차 산업혁명에 대해 얼마나 알고 있는지 의문을 제시하며, 클라우스 슈바프 회장의 의견을 통해 4차 산업혁명이 기존의 산업혁명들과 다른 이유를 설명하고 있다. 따라서 ②가 적절한 제목으로 볼 수 있다.

## 08  정답  ②

제시문에서 사물인터넷은 인터넷을 기반으로 사람과 사물, 사물과 사물 간에 정보를 상호 소통함을 설명하고 있다. 소셜 미디어는 이용자 간의 상호작용적 참여와 커뮤니케이션을 설명하고 있기 때문에 사람과 사람 간의 정보 소통을 설명하고 있어 사물인터넷 사례로 적절하지 않다.

오답분석
① 사용자의 정보를 통해 전기와 난방 등을 관리하므로 사람과 사물의 상호 소통으로 볼 수 있다.
③ 버스와 전광판의 정보 교환으로 사물과 사물의 상호 소통으로 볼 수 있다.
④ 스마트키와 차 문의 정보 교환으로 사물과 사물의 상호 소통으로 볼 수 있다.

## 09  정답  ①

제시문의 첫 번째 문단에서는 청년실업과 함께 경쟁에서의 불공정성을 통해 나타나는 한국 청년들의 불행함을 제시하고 있다. 따라서 이러한 불공정성과 차별적 출발선이 제목으로 표현되는 것이 적절하다. 고령화, 저출산은 청년실업으로 나타나는 부가적인 문제로 볼 수 있다.

## 10  정답  ③

제시문에서는 청년실업의 가장 큰 문제점으로 교육구조의 문제를 지적하고 있다.

## 11  정답  ④

제시문에서는 청년실업의 해결방안 중 여성의 경제활동참가에 대한 내용은 포함되어 있지 않다.

## 12 정답 ④

상담전문가는 의료인으로 인정되지 않기 때문에 상담서비스도 의료서비스로 간주되지 않으며, 의료급여의 혜택에서도 제외된다.

## 13 정답 ④

'-ㄴ데'는 '하게' 할 자리에 쓰여 경험한 지난 일을 돌이켜 말할 때 쓰는, 곧 회상을 나타내는 종결어미이며, '-ㄴ대'는 '다(고)해'의 준말이다. 곧 '대'는 화자가 문장 속의 주어를 포함한 다른 사람으로부터 들은 이야기를 청자에게 간접적으로 전달하는 의미를 갖고 있다. 따라서 ④의 문장은 영희에게 들은 말을 청자에게 전달하는 의미로 쓰였으므로 '맛있대'가 되어야 한다.

## 14 정답 ③

색깔을 구별할 수 있게 해주는 것은 간상세포가 아닌 원추세포이다.

## 15 정답 ②

제시문의 두 번째 문단에서 희미한 빛을 인식하는 간상세포는 황반 위에 있지 않고 주변부에 있기 때문에 어두운 곳에서 물체를 인식하기 위해서는 직접 겨냥해 보는 것보다 곁눈질로 보는 것이 중요하다고 하였다.

**오답분석**

① 첫 번째 문단에서 간상세포 외절에 들어 있는 로돕신이 빛에 의해 분해되면서 나오는 분해에너지가 시세포를 흥분시켜 뇌에 자극을 전달해 시각이 성립된다고 하였으므로 옳은 내용이다.
③ 세 번째 문단에서 원추세포에 있는 적추체·녹추체·청추체가 적색·녹색·청색의 가시광선을 인식해 여러 색깔을 구별하는 것처럼, 컬러TV도 적색, 녹색, 청색을 적당한 비율로 섞어서 온갖 색깔을 만들어내는 것은 같은 원리라고 하였으므로 옳은 내용이다.
④ 마지막 문단에서 세 가지 원추세포에 모두 이상이 생긴 경우 오직 빛의 밝기만 느낄 수 있는 간상세포에 의해 보기 때문에 명암의 구분만 존재하는 회색 톤으로 보게 된다고 하였으므로 옳은 내용이다.

## 16 정답 ③

점묘법은 색을 섞지 않고 순색을 점을 찍어 표현함으로써 멀리서 그림을 보는 대상의 망막에서 색이 섞여 혼합된 색으로 인식하도록 하는 기법이다.

## 17 정답 ③

ㄴ. 제34조 제7호의에 해당하므로 B는 3년 이내로 하되, 부득이한 경우에는 2년의 범위에서 연장이 가능하므로 최대 5년까지 휴직이 가능하다(제35조 제6호).
ㄷ. 제34조 제11호의 경우에 해당하므로 C는 3년 이내로 하되, 부득이한 경우에는 2년의 범위에서 연장이 가능하므로 최대 5년까지 휴직이 가능하다(제35조 제6호).

**오답분석**

ㄱ. 제34조 제2호에 해당하므로 A에게는 3년 이내의 휴직이 명해진다(제35조 제2호).
ㄹ. 제34조 제4호에 해당하므로 D에게는 3개월 이내의 휴직이 명해진다(제35조 제4호).

## 18 정답 ④

영유아기의 맛 선호도는 평생 지속될 수 있으므로 달고 짠 맛에 길들여지지 않도록 주의해야 한다.

**19** 정답 ①

② 주스와 같이 단 음료는 다른 영양가 있는 음식에 대한 식욕을 떨어뜨릴 수 있으므로 적절하지 않다.
③ 식물성 식품만으로는 영유아가 필요로 하는 양질의 단백질, 철과 아연을 충분히 제공할 수 없으므로 적절하지 않다.
④ 커피, 차 등은 철분 흡수를 방해하기 때문에 적절하지 않다.

**20** 정답 ②

입국으로 인한 급여정지해제 신고에 따라 1개월 이상 국내에 체류하는 경우 또는 최종 입국한 경우에는 공단에 급여정지해제 신고를 해야 보험급여를 받을 수 있다.

**21** 정답 ①

'(라) 우리 사회의 급격한 고령화로 인한 갈등과 문제가 발생함 → (가) 따라서 고령화 문제 해소를 위한 사회보장이 필요함 → (다) 사람이라면 누구든지 노화가 오며 이로 인한 사회보험제도, 즉 노인장기요양보험이 필요함 → (나) 노인장기요양보험은 젊은 층의 안정적 생활을 위해 반드시 마련되어야 함'의 순서로 나열하는 것이 적절하다.

**22** 정답 ③

제시문에서는 고령화에 따른 사회보장, 즉 사회보험제도 중 노인장기요양보험에 대해 설명하고 있다. 따라서 글의 주제는 고령화와 사회보장이 가장 적절하다.

**23** 정답 ②

제시문은 우리나라의 급격한 고령화에 따른 갈등과 문제해결의 방법으로 사회보험제도인 노인장기요양보험의 필요성에 대해 이야기하고 있으므로 ②가 질문으로 가장 적절하다.

**24** 정답 ④

T씨는 작년에 이어 올해에도 요양보호사 직무교육을 실시하려고 하는 것이므로 B직무교육기관은 신규지정 신청 교육기관이 아니다. 따라서 기 공단에 지정된 직무교육기관이므로 별도의 지정 신청 없이 교육을 실시할 수 있다.

**25** 정답 ②

• 고욱 → 교육 : ~ 아래 내용을 반드시 참고하시어 <u>고욱</u>을 실시하여 주시기 바랍니다.
• 마춤 → 맞춤 : ※ 상시심사(1:1기업 <u>마춤</u>형 교육) 신청 업무는 ~
• 유이 → 유의 : ■ 직무교육기관 <u>유이</u>사항
• 혜당 → 해당 : 7. 직무교육기관 지정 관련(신규지정 신청기관만 <u>혜당</u>)
따라서 안내문에서 틀린 단어의 개수는 4개이다.

**26** 정답 ④

구글은 데이터센터에 대해서 철저한 보안을 유지하다가 2012년 10월 처음으로 자사의 홈페이지를 통해 데이터센터 내부를 공개했다. '구글 스트리트뷰'를 이용하면 미국 노스캐롤라이나주 르노어시에 위치한 구글 데이터센터 내부를 방문할 수 있다.

## 27 정답 ②

해외시장에서 종이책이 선전함으로써 전자책 이용률이 정체되었다고 하였다. 하지만 이를 통해 전자책이 종이책보다 경쟁력이 뒤쳐졌다고 판단할 수 없으며, 국내시장에서의 전자책과 종이책은 서로 보완재, 동력자의 역할로 상생하고 있다고 하였으므로 ②는 적절하지 않은 판단이다.

**오답분석**

① 일곱 번째 문단을 통해 알 수 있다.
③ 마지막 문단을 통해 알 수 있다.
④ 첫 번째 문단을 통해 알 수 있다.

## 28 정답 ③

미납보험료가 66,000원, 연체일이 83일이므로 연체료는 $\left(66,000 \times \frac{30}{1,000}\right) + \left(66,000 \times \frac{53}{3,000}\right) = 3,140$원이다.

**오답분석**

① 미납보험료가 51,000원, 연체일이 211일이므로 계산 방식에 따른 연체료는 $\left(51,000 \times \frac{30}{1,000}\right) + \left(51,000 \times \frac{181}{3,000}\right) = 4,600$

원이다. 하지만 최대 연체료는 미납보험료의 9%까지 부과될 수 있으므로 부과할 연체료는 $51,000 \times 0.09 = 4,590$원이다.

② 미납보험료가 72,000원, 연체일이 62일이므로 연체료는 $\left(72,000 \times \frac{30}{1,000}\right) + \left(72,000 \times \frac{32}{3,000}\right) = 2,920$원이다.

④ 미납보험료가 123,000원, 연체일이 54일이므로 연체료는 $\left(123,000 \times \frac{30}{1,000}\right) + \left(123,000 \times \frac{24}{3,000}\right) = 4,670$원이다.

## 29 정답 ①

• 작년 정규직 남성의 수를 $x$명, 여성의 수를 $y$명이라 하자.

$x + y = 1,275 \cdots \bigcirc$

$\frac{4}{100}x + \frac{2}{100}y = 40 \rightarrow 4x + 2y = 4,000 \cdots \bigcirc$

$\bigcirc - 2 \times \bigcirc$을 하면 $2x = 1,450 \rightarrow x = 725$

따라서 올해 남성의 정규직 수는 $725 + \left(\frac{4}{100} \times 725\right) = 754$명이다.

• 작년 계약직 남성의 수를 $x$명, 여성의 수를 $y$명이라 하자.

$x + y = 410$

$\frac{6}{100}x - \frac{5}{100}y = -4$

위의 식을 정리하면

$x + y = 410 \cdots \bigcirc$

$6x - 5y = -400 \cdots \bigcirc$

$(5 \times \bigcirc) + \bigcirc$을 하면 $11x = 1,650 \rightarrow x = 150$

따라서 올해 남성의 계약직 수는 $150 + \left(\frac{6}{100} \times 150\right) = 159$명이다.

## 30 　정답 　④

2017년 비정규직 근로자 비율이 2008년 대비 감소한 연령집단은 30 ~ 39세, 40 ~ 49세, 50 ~ 59세이다. 세 집단의 비정규직 근로자 비율의 감소율을 구하면 다음과 같다.

- 30 ~ 39세 : $\frac{26.7-20.6}{26.7} \times 100 = 22.85\%$

- 40 ~ 49세 : $\frac{31.6-26.1}{31.6} \times 100 = 17.41\%$

- 50 ~ 59세 : $\frac{39.6-33.8}{39.6} \times 100 = 14.65\%$

따라서 2017년 비정규직 근로자 비율의 2008년 대비 감소율이 가장 큰 연령대는 30 ~ 39세이다.

**오답분석**

① 제시된 자료를 통해 확인할 수 있다.

② 2017년 20 ~ 29세 비정규직 근로자 수를 $x$만 명이라고 하자.

2017년 20 ~ 29세 비정규직 근로자 비율은 32.8%이므로 $\frac{x}{360} \times 100 = 32.8 \rightarrow x = \frac{32.8 \times 360}{100} = 118$

따라서 2017년 20 ~ 29세 비정규직 근로자 수는 약 118만 명이다.

③ 2009 ~ 2017년의 전체 비정규직 근로자의 비율과 여성 비정규직 근로자 비율의 증감추이는 다음과 같다.
- 전체 비정규직 근로자 비율 : 증가 – 감소 – 증가 – 감소 – 감소 – 감소 – 증가 – 증가 – 증가
- 여성 비정규직 근로자 비율 : 증가 – 감소 – 증가 – 감소 – 감소 – 감소 – 증가 – 증가 – 증가

## 31 　정답 　④

2011년의 경우 $1,294 \times 6 = 7,764 > 7,721$로, 대장암 사망자 수가 자궁암 사망자 수의 6배보다 적다.

**오답분석**

① 위암 사망자는 모든 암에 있어 매년 10% 이상(2010년 13.9%, 2011년 13.6%, 2012년 12.7%, 2013년 12.2%, 2014년 11.6%, 2015년 11.1%, 2016년 10.6%)의 비율을 보여주고 있다.

② 기타 암을 제외하고 2010년 대비 2016년 암 사망자 수가 증가한 암은 폐암, 대장암, 유방암, 자궁암이다.
- 폐암의 증감률 : $\frac{17,963-15,623}{15,623} \times 100 = 14.98\%$

- 대장암의 증감률 : $\frac{8,432-7,701}{7,701} \times 100 = 9.49\%$

- 유방암의 증감률 : $\frac{2,472-1,868}{1,868} \times 100 = 32.33\%$

- 자궁암의 증감률 : $\frac{1,300-1,272}{1,272} \times 100 = 2.20\%$

따라서 2010년 대비 2016년 암 사망자 수가 가장 크게 증가한 것은 유방암이다.

③ 매년 발생한 암 사망자 수 중에 폐암 사망자 수가 가장 많으므로 폐암 사망자 수가 매년 가장 높은 비율을 보이고 있음을 알 수 있다.

## 32 　정답 　②

- 미혼여성의 수를 $x$명이라고 하면 $1 : 2 = 6 : x$이므로 $x = 12$
  따라서 기획팀 여성의 수는 $6+12=18$명이다.
- 기획팀 남성의 수를 $y$명이라고 하면 $3 : 2 = y : 18$이므로 $2y=54 \rightarrow y=27$
  따라서 기획팀의 총인원은 $27+18=45$명이다.

## 33 정답 ①

- (A) : 2014년도에 월 보험료로 55,252원을 내는 직장가입자의 소득분위는 4~5분위이다. 따라서 (A)에 들어갈 본인부담상한액은 200만 원이다.
- (B) : 2016년도에 월 보험료로 125,642원을 내는 지역가입자의 소득분위는 8분위이다. 따라서 (B)에 들어갈 본인부담상한액은 305만 원이다.
- (C) : 2015년도에 월 보험료로 73,358원을 내는 지역가입자의 소득분위는 6~7분위이다. 따라서 (C)에 들어갈 본인부담상한액은 253만 원이다.

## 34 정답 ③

2016년 직장가입자인 고객의 월 보험료는 125,486원이므로 고객의 소득분위는 8분위이고 본인부담상한액은 305만 원이다.
2016년 고객이 사용한 의료비는 250만+127만+78만+84만+53만=592만 원이다. 즉, 고객의 본인부담금은 592만 원이다.
따라서 고객에게 안내해야 할 사후환급금액은 592만-305만=287만 원이다.

## 35 정답 ④

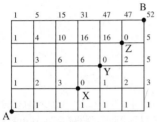

따라서 X, Y, Z지점을 거치지 않고 A지점에서 B지점까지 가는 최단 경로는 52가지이다.

## 36 정답 ①

최단경로는 'A-D-E-I-K'로, 5+8+5+4=22km이다.

## 37 정답 ③

그림을 통해 최단 경로를 나타내면 다음과 같다.

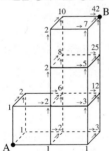

따라서 점 A에서 점 B로 가는 최단 경로는 42가지이다.

## 38  정답 ④

1일 평균임금을 $x$원이라 놓고 퇴직금 산정공식을 이용하여 계산하면

$1,900만=[30x×(5×365)]÷365 \rightarrow 1,900만=150x$

$\therefore x ≒ 13만(\because 천의 자리에서 올림)$

따라서 1일 평균임금이 13만 원이므로 갑의 평균 연봉을 계산하면 13만×365=4,745만 원이다.

## 39  정답 ①

마지막 구간의 도로 길이를 구하면 다음과 같다.

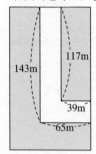

조건에 의해 직원과 직원 사이의 거리는 양쪽 도로에서 모두 같아야 하므로 117, 39, 143, 65의 최대공약수를 구해야 한다. 117, 39, 143, 65의 최대공약수는 13이므로 13m 간격으로 직원을 세우면 된다.

양끝과 코너의 모서리에 한 명의 인원을 반드시 세워야 하므로 안쪽 도로에 배치될 인원수는 $\frac{117+39}{13}+1$ $=13$명이다.

바깥쪽 도로에 배치될 인원수는 $\frac{143+65}{13}+1=17$명이다.

총인원은 30명이고 이에 책정된 비용이 150만 원이므로 150÷30=5만 원이다.

따라서 한 사람당 받을 수 있는 일당은 5만 원이다.

## 40  정답 ①

크기는 $2.5m×1.2m=3m^2$ 이고, 기본 판($2m^2$)을 초과하는 나머지 부분($1m^2$)에 대해 3,000원씩 추가되므로 1×3,000=3,000원이 추가된다. 즉, 배너 크기에 관한 비용은 15,000+3,000=18,000원이며, 배너는 3색으로 디자인되었기 때문에 3,000원이 추가되어 제작 비용은 18,000+3,000=21,000원이다. 또한, 요청서를 보낸 날은 월요일이고 행사 일정상 같은 주 금요일까지 완료해 달라고 하였으므로 일주일 내로 완성해야 하는 경우 부과되는 10%의 수수료 21,000×0.1=2,100원이 추가된다. 여기에 배송료 3,000원을 더해 배너 제작 비용을 계산하면 21,000+2,100+3,000=26,100원이다.

## 41  정답 ③

B씨의 2016년 연봉은 3,000만 원에서 5% 오른 3,150만 원이다. 변동된 금액만큼만 4월에 추가 정산하면 되므로 150만×0.0306($\because$ 가입자부담 비율)=45,900원을 추가로 납부하면 된다.

## 42  정답 ②

B씨의 2016년 연봉은 3,000만 원에서 5% 감소한 2,850만 원이다. 변동된 금액만큼만 추가 납부 혹은 환급받을 수 있으므로 변동된 금액인 150만×0.0306($\because$ 가입자부담비율)=45,900원을 환급받을 수 있다.

## 43  정답 ①

K부장의 의견을 참고하여 이동시간이 가장 짧은 경로를 구해야 한다. 이것은 인천에서 가장 늦게 출발하여 산티아고에 가장 일찍 도착하는 것으로 유추할 수 있다. 인천에서 가장 늦게 출발하는 것은 U항공이고, 산티아고에 가장 일찍 도착하는 것은 A항공이다. U항공은 A항공보다 5시간 30분 늦게 출발하였으나, A항공은 U항공보다 1시간 25분 일찍 도착한다. 따라서 이동시간이 가장 짧은 항공사는 U항공이다.

## 44 정답 ②

한국과 칠레의 시차는 서울 – 도쿄 – 댈러스 – 산티아고 시차를 비교하여 구할 수 있다. 서울과 도쿄는 0시간, 도쿄와 댈러스는 14시간, 댈러스와 산티아고는 −1시간이므로 한국(서울)과 칠레(산티아고)의 시차는 0+14+(−1)=13시간이다.

## 45 정답 ④

| 6일 | 7일 | 9일 | 11일 | 12일 | 13일 | 15일 | 17일 |
|---|---|---|---|---|---|---|---|
| 210분 | 120분 | 최소 30분 | 최소 60분 | 최소 60분 | 최소 60분 | 180분 | 30분 |

따라서 C씨가 최소 일한 시간은 210+120+30+60+60+60+180+30=750분, 즉 12시간 30분이다.

## 46 정답 ③

| 6일 | 41,950×1.2=50,340원(∵ 야간가산) | 12일 | 50,770×1.3=66,001원(∵ 휴일가산) |
|---|---|---|---|
| 7일 | 30,690원 | 13일 | 40,840×0.8=32,672원(∵ 50분 근무) |
| 9일 | 50,770원(∵ 60분 이상 근무) | 15일 | 38,560×1.2=46,272원(∵ 야간가산) |
| 11일 | 65,410원 | 17일 | 11,810원 |

따라서 급여비용의 합은 50,340+30,690+50,770+65,410+66,001+32,672+46,272+11,810=353,965원이다. 여기에 반올림을 적용하면 총 353,970원이 된다.

## 47 정답 ④

각 지점에 이동경로, 거리의 합을 표시해 문제를 해결한다.
이때, 다음 그림과 같이 여러 가지 경로가 생기는 경우 거리의 합이 최소가 되는 이동경로, 거리의 합을 표시한다.

[예]

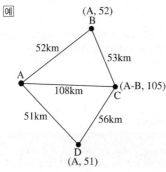

ⅰ) A−B−C 경로 : 52+53=105km
ⅱ) A−D−C 경로 : 51+56=107km
ⅲ) A−C 경로 : 108km

각 지점에 이동경로, 거리의 합을 표시하면 다음과 같다.

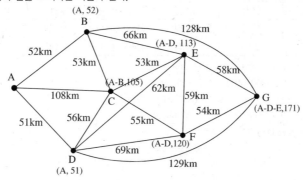

따라서 A지점에서 G지점으로 가는 최단경로는 D지점, E지점을 거쳐 G지점으로 가는 경로이고, 이때의 거리는 171km이다.

## 48 정답 ②

C지점을 거쳐야 하므로 C지점을 거치지 않는 경로를 제외한 후 각 지점에 이동경로, 거리의 합을 표시하면 다음과 같다.

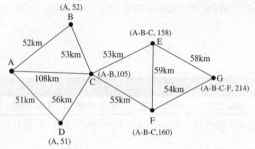

즉, C지점을 거쳐 갈 때의 최단경로는 B, C, F지점을 거쳐 G지점으로 가는 경로이고, 이때의 최단거리는 214km이다.
A지점에서 G지점으로 가는 최단거리는 171km이므로 이 둘의 차는 214−171=43km이다.

## 49 정답 ④

B동에 사는 변학도 씨는 매주 월요일과 화요일에 오전 8시부터 오후 3시까지 하는 카페 아르바이트로 화~금요일 오전 9시 30분부터 오후 12시까지 진행되는 '그래픽 편집 달인되기'를 수강할 수 없다.

## 50 정답 ②

간호·간병통합서비스 병동 내 전동침대가 100% 구비된 경우만 추가 품목(스트레처카트, 낙상감지장치, 낙상감지센서) 구입이 가능하다. 따라서 B사원이 말한 내용은 옳지 않다.

## 51 정답 ③

C병원의 경우 이미 보유하고 있는 병상 개수가 40개이고, 새로 신청한 병상은 70개이다. 그러나 기 지원액이 따로 작성되어 있지 않으므로 C병원은 간호·간병통합서비스 신규 참여기관임을 알 수 있다. 따라서 C병원의 지원금액은 7,000만 원이 된다.

## 52 정답 ④

지역가입자 A~D씨의 생활수준 및 경제활동 참가율 구간별 점수표를 정리하면 다음과 같다.

| 구분 | 성별 | 연령 | 성별 및 연령 점수 | 재산 | 재산정도 점수 | 연간 자동차세액 | 자동차세액 점수 |
|------|------|------|------|------|------|------|------|
| A | 남성 | 32세 | 6.6점 | 2,500만 원 | 7.2점 | 12.5만 원 | 9.1점 |
| B | 여성 | 56세 | 4.3점 | 5,700만 원 | 9점 | 35만 원 | 12.2점 |
| C | 남성 | 55세 | 5.7점 | 20,000만 원 | 12.7점 | 43만 원 | 15.2점 |
| D | 여성 | 23세 | 5.2점 | 1,400만 원 | 5.4점 | 6만 원 | 3점 |

• A씨의 보험료 : (6.6+7.2+9.1+200+100)×183≒59,090원
• B씨의 보험료 : (4.3+9+12.2+200+100)×183≒59,560원
• C씨의 보험료 : (5.7+12.7+15.2+200+100)×183≒61,040원
• D씨의 보험료 : (5.2+5.4+3+200+100)×183≒57,380원
따라서 보험료를 옳게 구한 것은 ④이다.

## 53 정답 ③

- 서울 – 베이징 시차 : 서울 → 이슬라마바드 −4 → 베이징 +3이므로 −4+3=−1
  즉, 서울이 베이징보다 1시간 빠르다.
- 서울 – 영국 시차 : 서울 → 모스크바 −6 → 런던 −3이므로 −6−3=−9이다. 즉, 서울이 영국보다 9시간이 빠르다. 이때
  서울이 베이징보다 1시간 빠르므로 베이징은 영국보다 8시간 빠르다.

K사원이 경유지인 베이징에서 S대리를 만난 시각은 중국 시각으로 오전 10시였으므로 이를 한국 시각으로 계산하면 오전 11시가
된다. 한국에서 베이징까지 비행시간이 2시간이므로 적어도 오전 9시에는 비행기를 타야 한다. 이 조건을 만족하지 않는 B항공은
제외된다. 영국 런던에서 열린 학회는 영국 시각으로 1월 3일 오후 4시에 시작하므로 이를 한국 시각으로 계산하면 1월 4일 오전
1시가 된다. 공항에서 학회장까지 이동시간은 40분이므로 한국 시각으로 1월 3일 오전 12시 20분에는 히드로공항에 도착해야
한다. 베이징에서 런던까지 12시간 비행하였으므로 베이징공항에서 적어도 오후 12시 20분에는 출발해야 한다. 이는 베이징 시각
으로 오전 11시 20분이므로 K사원이 탄 항공기는 C항공이다.

## 54 정답 ②

B씨의 조건을 정리하면 다음과 같다.

- B씨의 2018년 등급은 2016년 11월 1일부터 2017년 10월 31일까지의 연간이용요금에 따른 포인트로 결정되므로 해당하는 기간
  만 고려하면 된다. B씨는 2015년 7월 1일에 K통신사에 가입했으므로 약 1년 10개월째 가입 중이나, 이에 해당하는 가입기간별
  지급 포인트는 없다.
- B씨가 11월 15일에 월 52,870원짜리 요금제로 바꿨으므로 11월에 기 제공되었던 추가제공 포인트 1포인트는 삭제되고, 변경된
  요금제에 따른 10포인트가 기본제공된다. 그리고 익월부터 변경된 요금제에 따른 추가제공 포인트(2포인트)가 2017년 1월까지
  지급된다.
- 위와 같은 상황으로, 2017년 2월 21일부터 월 89,300원짜리 요금제로 변경하였으므로 K통신사 규정에 따라 2월부터 변경된
  요금제에 따른 15포인트가 지급되고 익월부터 3포인트씩 추가제공된다.
- 모바일 E-mail 명세서는 2018년 등급을 결정하는 데 해당하는 기간이 아니므로 무시한다.
  2017년 3월 30일에 모바일+IPTV 결합상품에 가입하였으므로 3월에 10포인트가 제공된다.

따라서 B씨의 2018년 등급산정에 해당하는 기간별 적립된 포인트는 다음과 같다.

| 구분 | 2016년 | | 2017년 | | | | | | | | | |
|---|---|---|---|---|---|---|---|---|---|---|---|---|
| | 11월 | 12월 | 1월 | 2월 | 3월 | 4월 | 5월 | 6월 | 7월 | 8월 | 9월 | 10월 |
| 요금제 | 10 | 2 | 2 | 15 | 3 | 3 | 3 | 3 | 3 | 3 | 3 | 3 |
| 특별 | − | − | − | − | 10 | − | − | − | − | − | − | − |

이를 다 더하면 63포인트로, B씨는 2018년에 60포인트 이상 100포인트 미만에 해당되는 골드 등급이 된다.

## 55 정답 ③

D씨는 골드 등급이므로 3%를 할인받을 수 있다. 이에 대한 할인가는 99,800×0.97=96,806원 → 96,800원(∵ 단계별 10원
미만 절사)이다. 또한, 집전화와 인터넷 결합상품에 가입하였으므로 이에 해당하는 할인율은 2%, K-family 3인 결합 할인율은
3%이다. 하지만 이 두 가지는 중복할인이 되지 않고 이 중에 높은 할인율 하나만 적용되므로 K-family 3% 할인이 적용된다.
따라서 이번 달 D씨가 내야 하는 요금은 96,800×0.97=93,896원 → 93,890원(∵ 단계별 10원 미만 절사)이다.

## 56　정답　②

프린터 성능 점수표를 이용하여 제품별 프린터의 점수를 정리하면 아래의 표와 같다.

| 구분 | 출력 가능 용지 장수 | 출력 속도 | 인쇄 해상도 |
| --- | --- | --- | --- |
| A프린터 | 80점 | 70점 | 70점 |
| B프린터 | 100점 | 60점 | 90점 |
| C프린터 | 70점 | 90점 | 70점 |
| D프린터 | 100점 | 70점 | 60점 |

가중치를 적용하여 제품별 프린터의 점수를 구하면 다음과 같다.
- A프린터 : $(80 \times 0.5) + (70 \times 0.3) + (70 \times 0.2) = 75$점
- B프린터 : $(100 \times 0.5) + (60 \times 0.3) + (90 \times 0.2) = 86$점
- C프린터 : $(70 \times 0.5) + (90 \times 0.3) + (70 \times 0.2) = 76$점
- D프린터 : $(100 \times 0.5) + (70 \times 0.3) + (60 \times 0.2) = 83$점

따라서 B프린터의 점수가 가장 높다.

## 57　정답　④

당직근무자가 2명 이상인 경우에 상위직급에 있는 직원을 당직책임자로 한다고 명시되어 있다(법 제11조).

### 오답분석

① 당직근무자 2명 이상 중 1명은 공단과 계약한 사업주가 파견한 근로자로 편성할 수 있다(제5조 제1항).
② 지역본부의 경우에는 지역본부의 장인 지역본부장의 승인을 받아야 한다(제6조 제2항).
③ 재택당직근무자는 비상사태 발생 시 즉시 당직실에 복귀하여 상황을 파악하고 사태에 대한 지휘 및 상황보고를 하여야 한다(제10조 제3항).

## 58　정답　③

C사원의 숙직근무가 끝나는 시간이 속하는 날은 설 연휴이므로 제12조 제2항에 의거하여 3일 이상 휴일이 연속되는 기간 중의 당직근무자는 그 마지막 휴일(18일)의 다음 날(19일)부터 7일 이내의 날을 정하여 휴무할 수 있다. 따라서 C사원의 대체휴무 신청이 가능한 기간은 19 ~ 25일 내이므로 26일에는 쉴 수 없다.

## 59　정답　①

납기일에 잔액이 부족한 경우 잔액 한도 내에서 먼저 출금이 되고, 미납금은 익월 10일, 25일에 재출금된다.

## 60　정답　①

- A씨의 경우 7일에 자동이체 신규 신청을 하였으므로 정기 청구파일 생성일인 4월 6일을 넘겨서 신청하였다.
  따라서 A씨의 신청분은 4월 보험료부터 자동이체가 적용되므로 다음 달인 5월 10일에 출금된다.
- B씨의 경우 출금일은 매달 10일이고 정기 청구파일 생성일은 납부마감일로부터 휴일을 제외한 3일 전인 5일이다.
  따라서 B씨의 자동이체 해지 신청일은 4월 3일로, 정기 청구파일 생성일보다 전에 신청했으므로 신청한 날 즉시 자동이체 해지를 적용한다.

PART

II

주요 공기업 NCS 기출복원문제
정답 및 해설

| 01 | 02 | 03 | 04 | 05 | 06 | 07 | 08 | 09 | 10 | 11 | 12 | 13 | 14 | 15 | 16 | 17 | 18 | 19 | 20 |
|----|----|----|----|----|----|----|----|----|----|----|----|----|----|----|----|----|----|----|----|
| ④ | ② | ⑤ | ⑤ | ④ | ① | ② | ⑤ | ④ | ① | ② | ② | ③ | ④ | ⑤ | ① | ③ | ④ | ④ | ① |
| 21 | 22 | 23 | 24 | 25 | 26 | 27 | 28 | 29 | 30 | 31 | 32 | 33 | 34 | 35 | 36 | 37 | 38 | 39 | 40 |
| ③ | ③ | ④ | ② | ① | ② | ③ | ③ | ② | ④ | ② | ④ | ② | ③ | ② | ② | ④ | ② | ④ | ⑤ |
| 41 | 42 | 43 | 44 | 45 | 46 | 47 | 48 | 49 | 50 | | | | | | | | | | |
| ③ | ③ | ④ | ③ | ② | ③ | ② | ② | ③ | ④ | | | | | | | | | | |

## 01  정답  ④

제시문의 두 번째 문단에 따르면 CCTV는 열차 종류에 따라 네트워크 방식과 개별 독립 방식으로 설치된다고 하였다. 따라서 개별 독립 방식으로 설치된 일부 열차에서는 각 객실의 상황을 실시간으로 파악하지 못할 수 있다.

**오답분석**

① 첫 번째 문단의 현재 운행하고 있는 열차의 모든 객실에 CCTV를 설치하겠다는 내용으로 보아, 현재 모든 열차의 모든 객실에 CCTV가 설치되지 않았음을 유추할 수 있다.

② 첫 번째 문단에 따르면 모든 열차 승무원에게 바디 캠을 지급하겠다고 하였다. 이에 따라 승객이 승무원을 폭행하는 등의 범죄 발생 시 해당 상황을 녹화한 바디 캠 영상이 있어 수사의 증거자료로 사용할 수 있게 되었다.

③ 두 번째 문단에 따르면 CCTV는 사각지대 없이 설치되며 일부는 휴대 물품 보관대 주변에도 설치된다고 하였다. 따라서 인적 피해와 물적 피해 모두 파악할 수 있게 되었다.

⑤ 세 번째 문단에 따르면 CCTV 품평회와 시험을 통해 제품의 형태와 색상, 재질, 진동과 충격 등에 대한 적합성을 고려한다고 하였다.

## 02  정답  ②

• (가)를 기준으로 앞의 문장과 뒤의 문장이 서로 일치하지 않는 상반되는 내용을 담고 있으므로, 가장 적절한 접속사는 '하지만'이다.

• (나)를 기준으로 앞의 문장은 기차의 냉난방시설을, 뒤의 문장은 지하철의 냉난방시설을 다루고 있으므로, 가장 적절한 접속사는 '반면'이다.

• (다)의 앞뒤 내용을 살펴보면, 앞선 내용의 과정들이 끝나고 이후의 내용이 이어지므로, 이를 이어주는 접속사인 '마침내'가 들어가는 것이 가장 적절하다.

## 03  정답  ⑤

제시문의 세 번째 문단에 따르면 스마트글라스 내부 센서를 통해 충격과 기울기를 감지할 수 있어 위험한 상황이 발생할 경우 통보 시스템을 통해 바로 파악할 수 있게 되었음을 알 수 있다.

**오답분석**

① 첫 번째 문단을 통해 스마트글라스를 통한 작업자의 음성인식만으로 철도시설물 점검이 가능해졌음을 알 수 있지만, 마지막 문단에 따르면 아직 철도시설물 보수 작업은 가능하지 않음을 알 수 있다.

② 첫 번째 문단에 따르면 스마트글라스의 도입 이후에도 사람의 작업이 필요함을 알 수 있다.

③ 세 번째 문단에 따르면 스마트글라스의 도입으로 추락 사고나 그 밖의 위험한 상황을 미리 예측할 수 있어 이를 방지할 수 있게 되었음을 알 수 있지만, 실제로 안전사고 발생 횟수가 감소하였는지는 알 수 없다.

④ 두 번째 문단에 따르면, 여러 단계를 거치던 기존 작업 방식에서 스마트글라스의 도입으로 작업을 한 번에 처리할 수 있게 된 것을 통해 작업 시간이 단축되었음을 알 수 있지만, 필요한 작업 인력의 감소 여부는 알 수 없다.

## 04 　정답　 ⑤

마지막 문단에 따르면 인공지능 등의 스마트 기술 도입으로 까치집 검출 정확도는 95%까지 상승하였으므로, 까치집 제거율 또한 상승할 것임을 예측할 수 있으나, 근본적인 까치집 생성의 감소를 기대할 수는 없다.

### 오답분석

① 두 번째와 세 번째 문단을 살펴보면, 정확도가 65%에 불과했던 인공지능의 까치집 식별 능력이 딥러닝 방식의 도입으로 95%까지 상승했음을 알 수 있다.

② 세 번째 문단에서 시속 150km로 빠르게 달리는 열차에서의 까치집 식별 정확도는 65%에 불과하다는 내용으로 보아, 빠른 속도에서 인공지능의 사물 식별 정확도는 낮음을 알 수 있다.

③ 마지막 문단에 따르면, 작업자의 접근이 어려운 곳에는 드론을 띄워 까치집을 발견 및 제거하는 기술도 시범 운영하고 있다고 하였다.

④ 실시간 까치집 자동 검출 시스템 개발로 실시간으로 위험 요인의 위치와 이미지를 작업자에게 전달할 수 있게 되었다.

## 05 　정답　 ④

4월 회원의 남녀의 비가 2:3이므로 각각 $2a$명, $3a$명이라 하고, 5월에 더 가입한 남녀 회원의 수를 각각 $x$명, $2x$명으로 놓으면

$$\begin{cases} 2a+3a<260 \\ (2a+x)a+(3a+2x)=5a+3x>320 \end{cases}$$

5월에 남녀의 비가 5:8이므로

$(2a+x):(3a+2x)=5:8 \rightarrow a=2x$

이를 연립방정식에 대입하여 정리하면

$$\begin{cases} 4x+6x<260 \\ 10x+3x>320 \end{cases} \rightarrow \begin{cases} 10x<260 \\ 13x>320 \end{cases}$$

공통 부분을 구하면 $24.6\cdots<x<26$이며

$x$는 자연수이므로 25이다.

따라서 5월 전체 회원 수는 $5a+3x=13x=325$명이다.

## 06 　정답　 ①

A씨는 장애의 정도가 심하지 않으므로 KTX 이용 시 평일 이용에 대해서만 30% 할인을 받으며, 동반 보호자에 대한 할인은 적용되지 않는다. 따라서 3월 11일(토) 서울 → 부산 구간의 이용에는 할인이 적용되지 않고, 3월 13일(월) 부산 → 서울 구간 이용 시 총운임의 15%만 할인받는다. 따라서 두 사람의 왕복 운임을 기준으로 7.5% 할인받았음을 알 수 있다.

## 07 　정답　 ②

마일리지 적립 규정에 회원 등급에 관련된 내용은 없으며, 마일리지 적립은 지불한 운임의 액수, 더블적립 열차 탑승 여부, 선불형 교통카드 Rail+ 사용 여부에 따라서만 결정된다.

### 오답분석

① KTX 마일리지는 KTX 열차 이용 시에만 적립된다.

③ 비즈니스 등급은 기업회원 여부와 관계없이 최근 1년간의 활동내역을 기준으로 부여된다.

④ 추석 및 설 명절 특별수송 기간 탑승 건을 제외하고 4만 점을 적립하면 VIP 등급을 부여받는다.

⑤ VVIP 등급과 VIP 등급 고객은 한정된 횟수 내에서 KTX 특실을 KTX 일반실 가격에 구매할 수 있다(무료 업그레이드).

## 08 　정답 ⑤

한국조폐공사를 통한 예약 접수는 온라인 쇼핑몰 홈페이지를 통해 가능하며, 오프라인(방문) 접수는 우리·농협은행의 창구를 통해서만 이루어진다.

**오답분석**
① 구매자를 대한민국 국적자로 제한한다는 내용은 없다.
② 단품으로 구매 시 화종별 최대 3장으로 총 9장, 세트로 구매할 때도 최대 3세트로 총 9장까지 신청이 가능하고, 세트와 단품은 중복신청이 가능하므로, 구매 가능한 최대 개수는 18장이다.
③ 우리·농협은행의 계좌가 없다면, 한국조폐공사 온라인 쇼핑몰을 이용하거나, 우리·농협은행에 직접 방문하여 구입할 수 있다.
④ 총발행량은 예약 주문 이전부터 화종별 10,000장으로 미리 정해져 있다.

## 09 　정답 ④

우리·농협은행 계좌 미보유자가 예약 신청을 할 수 있는 경로는 두 가지이다. 하나는 신분증을 지참하고 우리·농협은행의 지점을 방문하여 신청하는 것이고, 다른 하나는 한국조폐공사 온라인 쇼핑몰에서 가상계좌 방식으로 신청하는 것이다.

**오답분석**
① A씨는 외국인이므로 창구 접수 시 지참해야 하는 신분증은 외국인등록증이다.
② 한국조폐공사 온라인 쇼핑몰에서는 가상계좌 방식을 통해서만 예약 신청이 가능하다.
③ 홈페이지를 통한 신청이 가능한 은행은 우리은행과 농협은행뿐이다.
⑤ 우리·농협은행의 홈페이지를 통해 예약 접수를 하려면 해당 은행에 미리 계좌가 개설되어 있어야 한다.

## 10 　정답 ①

3종 세트는 186,000원, 단품은 각각 63,000원이므로 5명의 구매 금액을 각각 계산하면 다음과 같다.
- A : $(186,000 \times 2) + 63,000 = 435,000$원
- B : $63,000 \times 8 = 504,000$원
- C : $(186,000 \times 2) + (63,000 \times 2) = 498,000$원
- D : $186,000 \times 3 = 558,000$원
- E : $186,000 + (63,000 \times 4) = 438,000$원

따라서 가장 많은 금액을 지불한 사람은 D이며, 구매 금액은 558,000원이다.

## 11 　정답 ②

$1^2 - 2^2, \ 3^2 - 4^2, \ \cdots, \ (2n-1)^2 - (2n)^2$의 수열의 합으로 생각한다.

$1^2 - 2^2 + 3^2 - 4^2 + \cdots + 199^2$

$= 1^2 - 2^2 + 3^2 - 4^2 + \cdots + 199^2 - 200^2 + 200^2$

$= [\sum_{n=1}^{100} \{(2n-1)^2 - (2n)^2\}] + 200^2$

$= [\sum_{n=1}^{100} \{-4n+1\}] + 200^2$

$= [-4 \times \frac{100 \times 101}{2} + 100] + 40,000$

$= -20,200 + 100 + 40,000$

$= 19,900$

## 12 정답 ②

5명 중에서 3명을 순서와 상관없이 뽑을 수 있는 경우의 수는 $_5C_3 = \dfrac{5 \times 4 \times 3}{3 \times 2 \times 1} = 10$가지이다.

## 13 정답 ③

A원두의 100g당 원가를 $a$원, B커피의 100g당 원가를 $b$원이라고 하면

$$\begin{cases} 1.5(a+2b)=3,000 \cdots \text{㉠} \\ 1.5(2a+b)=2,850 \cdots \text{㉡} \end{cases}$$

$$\begin{cases} a+2b=2,000 \cdots \text{㉠} \\ 2a+b=1,900 \cdots \text{㉡} \end{cases}$$

$3a+3b=3,900 \rightarrow a+b=1,300$이므로 이를 ㉠과 연립하면 $b=700$이다.

## 14 정답 ④

제시된 글은 2019년 발생한 코로나19 대유행과 이에 따른 공공의료의 중요성과 필요성에 대해 강조하는 글이다.

## 15 정답 ⑤

예방을 위한 검사 및 검체 체취, 밀접 접촉자 추적, 격리 및 치료 등의 과정에서 필요한 인력과 시간이 요구되는 것이므로 ㉠에 들어갈 가장 적절한 단어는 소요(필요로 하거나 요구되는 바)이다.

**오답분석**

① 앞으로 일어날지도 모르는 어떠한 일에 대응하기 위하여 미리 준비함
② 다른 것으로 대신함
③ 무엇을 내주거나 갖다 바침
④ 일정한 수나 한도 따위를 넘음

## 16 정답 ①

주어진 양수의 합을 각각 $a+b$, $a+c$, $a+d$, $\cdots$, $d+e$라고 할 때, 주어진 양수 2개의 합을 모두 더하면 $4(a+b+c+d+e)=132$ 이므로 $a+b+c+d+e=33$이고, 평균($m$)은 $\dfrac{a+b+c+d+e}{5}=6.6$이다.

분산은 편차의 제곱의 평균이므로

$$s = \frac{(a-m)^2 + (b-m)^2 + (c-m)^2 + (d-m)^2 + (e-m)^2}{5} \text{이다.}$$

이는 $\dfrac{a^2+b^2+c^2+d^2+e^2-2am-2bm-2cm-2dm-2em+5m^2}{5}$ 이고

$$\frac{a^2+b^2+c^2+d^2+e^2}{5} - 2 \times m \times \frac{a+b+c+d+e}{5} + \frac{5m^2}{5} = \frac{a^2+b^2+c^2+d^2+e^2}{5} - m^2 \text{이다.}$$

따라서 분산은 (변량의 제곱의 평균)−(평균의 제곱)으로도 구할 수 있다.

주어진 양수 2개의 합의 제곱을 모두 더하면 $4(a^2+b^2+c^2+d^2+e^2)+(2ab+2ac+\cdots+2de)=1,830$이고

$(a+b+c+d+e)^2 = a^2+b^2+c^2+d^2+e^2+(2ab+2ac+\cdots+2de)=1,089$이므로

$a^2+b^2+c^2+d^2+e^2 = \{4(a^2+b^2+c^2+d^2+e^2)+(2ab+2ac+\cdots+2de)-(a+b+c+d+e)^2\} \div 3 = 247$이다.

$\dfrac{a^2+b^2+c^2+d^2+e^2}{5} = 247 \div 5 = 49.4$이므로 $\dfrac{a^2+b^2+c^2+d^2+e^2}{5} - m^2 = 49.4 - 6.6^2 = 5.84$이다.

따라서 $a \sim e$의 평균은 6.6이고 분산은 5.84이다.

## 17  정답  ③

처음 사탕의 개수를 $x$개라 하면 처음으로 사탕을 먹고 남은 사탕의 개수는 $\left(1-\dfrac{1}{3}\right)x=\dfrac{2}{3}x$개이다.

그다음 날 사탕을 먹고 남은 사탕의 개수는 $\dfrac{2}{3}x\times\left(1-\dfrac{1}{2}\right)=\dfrac{1}{3}x$개이고, 또 그다음 날 사탕을 먹고 남은 사탕의 개수는

$\dfrac{1}{3}x\times\left(1-\dfrac{1}{4}\right)=\dfrac{1}{4}x$개이다.

따라서 처음 사탕 바구니에 들어있던 사탕의 개수는 $\dfrac{1}{4}x=18$이므로 $x=72$이다.

## 18  정답  ④

2013년 대비 2023년 각 학년의 평균 신장 증가율은 다음과 같다.

- 1학년 : $\dfrac{162.5-160.2}{160.2}\times100 \fallingdotseq 1.43\%$
- 2학년 : $\dfrac{168.7-163.5}{163.5}\times100 \fallingdotseq 3.18\%$
- 3학년 : $\dfrac{171.5-168.7}{168.7}\times100 \fallingdotseq 1.66\%$

따라서 평균 신장 증가율이 큰 순서는 2학년 – 3학년 – 1학년 순서이다.

## 19  정답  ④

제시된 조건을 식으로 표현하면 다음과 같다.
- 첫 번째 조건의 대우 : A → C
- 두 번째 조건 : ~E → B
- 세 번째 조건의 대우 : B → D
- 네 번째 조건의 대우 : C → ~E

위의 조건식을 정리하면 A → C → ~E → B → D이므로 주말 여행에 참가하는 사람은 A, B, C, D 4명이다.

## 20  정답  ①

학생들의 평균 점수는 G열에 있고 가장 높은 순서대로 구해야 하므로 RANK 함수를 이용하여 오름차순으로 순위를 구하면 [H2]에 들어갈 식은 「=RANK(G2,$G$2:$G$10,0)」이다. 이때, 참조할 범위는 고정해야 하므로 행과 열 앞에 '$'를 붙여야 하는데, G열은 항상 고정이므로 행만 고정시켜도 된다. 그러므로 「=RANK(G2,G$2:G$10,0)」를 사용하여도 같은 결과가 나온다.

## 21 정답 ③

**오답분석**

① 다섯 번째 수인 '8'과 일곱 번째 수인 '2'의 코드가 잘못되었다.

② 첫 세 자리 '239'는 독일에서 온 제품이다.

④ 두 번째 수인 '3'과 다섯 번째 수인 '4'의 코드가 잘못되었다.

⑤ 아홉 번째 수는 (18+15+14+25+8+5+12+5)÷10=10.2로, 바코드를 수정해야 한다.

## 22 정답 ③

제시된 보기의 단어들은 유의어 관계이다. 따라서 빈칸 ㉠에 들어갈 '가뭄'의 유의어는 심한 가뭄을 뜻하는 '한발(旱魃)'이 들어가야 한다.

**오답분석**

① 갈근(葛根) : 칡뿌리
② 해수(海水) : 바다에 괴어 있는 짠물
④ 안건(案件) : 토의하거나 조사하여야 할 사실

## 23 정답 ④

제시문은 메기 효과에 대한 글이므로 가장 먼저 메기 효과의 기원에 대해 설명한 (마) 문단으로 시작해야 하고, 메기 효과의 기원에 대한 과학적인 검증 및 논란에 대한 (라) 문단이 오는 것이 적절하다. 이어서 경영학 측면에서의 메기 효과에 대한 내용이 와야 하는데, (다) 문단의 경우 앞의 내용과 뒤의 내용이 상반될 때 쓰는 접속 부사인 '그러나'로 시작하므로 (가) 문단이 먼저, (다) 문단이 이어지는 것이 적절하다. 그리고 마지막으로 메기 효과에 대한 결론인 (나) 문단으로 끝내는 것이 가장 적절하다.

## 24 정답 ②

메기 효과는 과학적으로 검증되지 않았지만 적정 수준의 경쟁이 발전을 이룬다는 시사점을 가지고 있다고 하였으므로 낭설에 불과하다고 하는 것은 적절하지 않다.

**오답분석**

① (라) 문단의 거미와 메뚜기 실험에서 죽은 메뚜기로 인해 토양까지 황폐화되었음을 볼 때, 거대 기업의 출현은 해당 시장의 생태계까지 파괴할 수 있음을 알 수 있다.
③ (나) 문단에서 성장 동력을 발현시키기 위해서는 규제 등의 방법으로 적정 수준의 경쟁을 유지해야 한다고 서술하고 있다.
④ (가) 문단에서 메기 효과는 한국, 중국 등 고도 경쟁사회에서 널리 사용되고 있다고 서술하고 있다.

## 25  정답 ①

작년 여사원의 수를 $x$명이라 하면 남사원의 수는 $(820-x)$명이므로

$\dfrac{8}{100}(820-x)-\dfrac{10}{100}x=-10$

$x=420$

따라서 올해 여자 사원수는 $\dfrac{90}{100}\times420=378$명이다.

## 26  정답 ②

식탁 1개와 의자 2개의 합은 20만+(10만×2)=40만 원이고 30만 원 이상 구매 시 10% 할인이므로 40만×0.9=36만 원이다.

가구를 구매하고 남은 돈은 50만-36만=14만 원이고 장미 한 송이당 가격이 6,500원이다.

따라서 구매할 수 있는 장미는 14÷0.65≒21.53이므로 21송이를 살 수 있다.

## 27  정답 ③

흰색 공을 A, 검은색 공을 B, 파란색 공을 C로 치환하면 다음과 같다.

- 전제 1 : A → ~B
- 전제 2 : _____
- 결론 : A → C

따라서 필요한 전제 2는 '~B → C' 또는 대우인 '~C → B'이므로 '파란색 공을 가지고 있지 않은 사람은 모두 검은색 공을 가지고 있다.'가 전제 2로 필요하다.

**오답분석**

① B → C
② ~C → ~B
④ C → B

## 28  정답 ③

- CBP-<u>WK</u>4A-P31-B0803 : 배터리 형태 중 WK는 없는 형태이다.
- PBP-DK1E-<u>P21</u>-A8B12 : 고속충전 규격 중 P21은 없는 규격이다.
- NBP-LC3B-P31-B32<u>30</u> : 생산날짜의 2월에는 30일이 없다.
- <u>CNP</u>-LW4E-P20-A7A29 : 제품 분류 중 CNP는 없는 분류이다.

따라서 보기에서 시리얼 넘버가 잘못 부여된 제품은 모두 4개이다.

## 29  정답 ②

고객이 설명한 제품 정보를 정리하면 다음과 같다.

- 설치형 : PBP
- 도킹형 : DK
- 20,000mAH 이상 : 2
- 60W 이상 : B
- USB-PD3.0 : P30
- 2022년 10월 12일 : B2012

따라서 S주임이 데이터베이스에 검색할 시리얼 넘버는 PBP - DK2B - P30 - B2012이다.

## 30  정답 ④

처음으로 오수 1탱크를 정화하는 데 걸린 시간은 $4+6+5+4+6=25$시간이다.

그 후에는 A~E공정 중 가장 긴 공정 시간이 6시간이므로 남은 탱크는 6시간마다 1탱크씩 처리할 수 있다.

따라서 30탱크를 처리하는 데 걸린 시간은 $25+6\times(30-1)=199$시간이다.

## 31  정답 ②

스마트 팩토리(Smart Factory)는 제품의 기획 및 설계단계부터 판매까지 이루어지는 모든 공정의 일부 또는 전체에 사물인터넷(IoT), 인공지능(AI), 빅데이터 등과 같은 정보통신기술(ICT)을 적용하여 기업의 생산성과 제품의 품질 등을 높이는 지능형 공장을 의미한다.

## 32  정답 ④

그래핀의 두께는 $10^{-10}$m보다 얇고, 탄소 나노 튜브의 두께는 $10^{-9}$m 정도로 $1\mu$m보다 얇다.

**오답분석**

① 그래핀은 2차원 평면 구조를 띄고 있는 반면, 탄소 나노 튜브는 원기둥 모양의 나노 구조를 띄고 있다.

② 그래핀과 탄소 나노 튜브 모두 인장강도가 강철보다 수백 배 이상 강하다.

③ 그래핀과 탄소 나노 튜브 모두 육각형 격자의 규칙적인 배열로 이루어져 있다.

## 33  정답 ②

A회사, B회사 우유의 1g당 열량과 단백질을 환산하면 다음과 같다.

| 식품 \ 성분 | 열량(kcal) | 단백질(g) |
|---|---|---|
| A회사 우유 | 1.5 | 0.12 |
| B회사 우유 | 2 | 0.05 |

A회사, B회사 우유를 각각 $x$g, $(300-x)$g 구매했다면

$$\begin{cases} 1.5x+2(300-x) \ge 490 \\ 0.12x+0.05(300-x) \ge 29 \end{cases}$$

$$\begin{cases} 1.5x+600-2x \ge 490 \\ 0.12x+15-0.05x \ge 29 \end{cases}$$

$$\begin{cases} 0.5x \le 110 \\ 0.07x \ge 14 \end{cases}$$

따라서 $200 \le x \le 220$이므로 A회사 우유를 200g, B회사 우유를 $300-200=100$g 구매하는 것이 가장 저렴하며, 그 가격은 $(80\times200)+(50\times100)=21{,}000$원이다.

## 34  정답 ③

30명의 80%는 $30\times\dfrac{80}{100}=24$명이므로

$1+3+8+A=24 \rightarrow A=12$

$24+B=30 \rightarrow B=6$

따라서 $A-B=12-6=6$이다.

## 35 정답 ②

연필을 $x$자루 구매한다면 A가게에서 주문할 때 필요한 금액은 $500x$원이고, B가게에서 주문할 때 필요한 금액은 $(420x+2,500)$원이다.

$500x \geq 420x + 2,500$

$80x \geq 2,500 \rightarrow x \geq \dfrac{125}{4}$ 이므로

32자루 이상 구매해야 B가게에서 주문하는 것이 유리하다.

## 36 정답 ②

지난 달 A, B의 생산량을 각각 $x$개, $y$개라 하면 지난 달에 두 제품 A, B를 합하여 6,000개를 생산하였으므로 총생산량은 $x+y=$ 6,000개이다.

이번 달에 생산한 제품 A의 양은 지난 달에 비하여 6% 증가하였으므로 증가한 생산량은 $0.06x$이고, 생산한 제품 B의 양은 지난 달에 비하여 4% 감소하였으므로 감소한 생산량은 $0.04y$이다.

전체 생산량은 2% 증가하였으므로 $6,000 \times 0.02 = 120$개가 증가했음을 알 수 있다.

이를 식으로 정리하면 다음과 같다.

$\begin{cases} x+y=6,000 \\ 0.06x-0.04y=120 \end{cases}$

$x$, $y$의 값을 구하면 $x=3,600$, $y=2,400$이다.

따라서 지난 달 A의 생산량은 3,600개이고 B의 생산량은 2,400개이므로, 이번 달 A의 생산량은 6% 증가한 $3,600 \times (1+1.06) =$ 3,816개이고 이번 달 B의 생산량은 4% 감소한 $2,400 \times (1-0.04) = 2,304$개이다. 그러므로 두 제품의 생산량의 차를 구하면 3,816 - 2,304=1,512개이다.

## 37 정답 ④

**오답분석**

㉠·㉢ 유기적 조직에 대한 설명이다.

**기계적 조직과 유기적 조직**
- 기계적 조직
  - 구성원의 업무가 분명하게 규정되어 있다.
  - 많은 규칙과 규제가 있다.
  - 상하 간 의사소통이 공식적인 경로를 통해 이루어진다.
  - 엄격한 위계질서가 존재한다.
  - 대표적으로 군대, 정부, 공공기관 등이 있다.
- 유기적 조직
  - 의사결정권한이 조직의 하부 구성원들에게 많이 위임되어 있다.
  - 업무가 고정되지 않아 업무 공유가 가능하다.
  - 비공식적인 상호 의사소통이 원활하게 이루어진다.
  - 규제나 통제의 정도가 낮아 변화에 맞춰 쉽게 변할 수 있다.
  - 대표적으로 권한위임을 받아 독자적으로 활동하는 사내벤처팀, 특정한 과제 수행을 위해 조직된 프로젝트팀이 있다.

## 38 정답 ②

글로벌화가 이루어지면 조직은 해외에 직접 투자할 수 있고, 원자재를 보다 싼 가격에 수입할 수 있으며, 수송비가 절감되고, 무역장벽이 낮아져 시장이 확대되는 경제적 이익을 얻을 수 있다. 반면에 그만큼 경쟁이 세계적인 수준으로 치열해지기 때문에 국제적인 감각을 가지고 세계화 대응 전략을 마련해야 한다.

## 39 정답 ④

사람들이 집단에 머물고, 계속 남아 있기를 원하게 만드는 힘은 응집력이다. 팀워크는 단순히 사람들이 모여 있는 것이 아니라 목표달성의 의지를 가지고 성과를 내는 것이다.

**팀워크와 응집력**
- 팀워크 : 팀 구성원이 공동의 목적을 달성하기 위해 상호관계성을 가지고 서로 협력하여 일을 해 나가는 것
- 응집력 : 사람들로 하여금 집단에 머물도록 만들고, 그 집단의 멤버로서 계속 남아 있기를 원하게 만드는 힘

## 40 정답 ⑤

협상과정은 협상시작 → 상호이해 → 실질이해 → 해결대안 → 합의문서 5단계로 진행되며, 세부 수행 내용은 다음과 같다.

| 단계 | 세부 수행 내용 |
|---|---|
| 협상 시작 | • 협상당사자들 사이에 상호 친근감을 쌓는다.<br>• 간접적인 방법으로 협상의사를 전달한다.<br>• 상대방의 협상의지를 확인한다.<br>• 협상진행을 위한 체제를 짠다. |
| 상호 이해 | • 갈등문제의 진행상황과 현재의 상황을 점검한다.<br>• 적극적으로 경청하고 자기주장을 제시한다.<br>• 협상을 위한 협상대상 안건을 결정한다. |
| 실질 이해 | • 겉으로 주장하는 것과 실제로 원하는 것을 구분하여 실제로 원하는 것을 찾아낸다.<br>• 분할과 통합 기법을 활용하여 이해관계를 분석한다. |
| 해결 대안 | • 협상 안건마다 대안들을 평가한다.<br>• 개발한 대안들을 평가한다.<br>• 최선의 대안에 대해서 합의하고 선택한다.<br>• 대안 이행을 위한 실행계획을 수립한다. |
| 합의문서 | • 합의문을 작성한다.<br>• 합의문상의 합의내용, 용어 등을 재점검한다.<br>• 합의문에 서명한다. |

## 41 정답 ③

서로가 받아들일 수 있는 결정을 하기 위하여 중간지점에서 타협하여 주고받는 것은 타협형 갈등 해결방법이다. Win – Win 전략은 통합형(협력형) 갈등 해결방안으로, 모두의 목표를 달성할 수 있는 해법을 찾는 것이다.

**Win – Win 전략에 의거한 갈등 해결 단계**
1. 충실한 사전 준비
   - 비판적인 패러다임 전환
   - 자신의 위치와 관심사 확인
   - 상대방의 입장과 드러내지 않은 관심사 연구
2. 긍정적인 접근 방식
   - 상대방이 필요로 하는 것에 대해 생각해 보았다는 점을 인정
   - 자신의 Win – Win 의도 명시
   - Win – Win 절차, 즉 협동적인 절차에 임할 자세가 되어 있는지 알아보기
3. 서로의 입장 명확히 하기
   - 동의하는 부분 인정하기
   - 기본적으로 다른 부분 인정하기
   - 자신이 이해한 바 점검하기

## 42 정답 ③

윤리성은 비윤리적인 영리 행위나 반사회적인 활동을 통한 경제적 이윤추구는 직업 활동으로 인정되지 않음을 의미한다. 노력이 전제되지 않는 자연발생적인 이득의 수취나 우연하게 발생하는 경제적 과실에 전적으로 의존하는 활동을 직업으로 인정하지 않는 것은 경제성에 해당한다.

## 43 정답 ④

직업윤리는 근로윤리와 공동체윤리로 구분할 수 있으며, 근로윤리의 판단 기준으로는 정직한 행동, 근면한 자세, 성실한 태도 등이 있다.

### 오답분석

㉠ · ㉢ · ㉣ 공동체윤리의 판단 기준이다.

## 44 정답 ③

### 오답분석

㉢ 명함을 받았을 때는 곧바로 집어넣지 말고 상세히 확인한 다음 명함에 대해 간단한 대화를 건네는 것이 올바른 직장예절이다.

## 45 정답 ②

한 팀이 15분 작업 후 도구 교체에 걸리는 시간이 5분이므로 작업을 새로 시작하는 데 걸리는 시간은 20분이다. 다른 한 팀은 30분 작업 후 바로 다른 작업을 시작하므로 작업을 새로 시작하는 데 걸리는 시간은 30분이다. 따라서 두 팀은 60분마다 작업을 동시에 시작하므로, 오후 1시에 작업을 시작해서 세 번째로 동시에 작업을 시작하는 시각은 3시간 후인 오후 4시이다.

## 46 정답 ③

2018년 하반기 매출액을 100이라 하면 2019년 상반기 매출액은 10% 이상 20% 미만 증가하였고 2019년 하반기 매출액은 20% 이상 30% 미만 증가하였다. 또한 2020년 상반기 매출액은 10% 이상 20% 미만 증가하였고, 2020년 하반기 매출액은 10% 이상 20% 미만 감소하였다. 따라서 2020년 하반기 매출액은 분기별 매출 증가가 가장 적고 매출 감소가 큰 경우인 $100 \times 1.1 \times 1.2 \times 1.1 \times 0.8 = 116.16$보다는 클 것이다.

### 오답분석

① 2021년 하반기 이후 매출액의 증감률이 0보다 크므로 매출액은 꾸준히 증가하였다.
② 2019년 하반기 매출액의 증감률이 가장 크므로 이때의 성장 폭이 가장 크다.
④ 2020년 하반기와 2021년 상반기는 매출액이 연속해서 감소하였고 이후로는 꾸준히 증가하였으므로 2021년 상반기 매출액이 가장 적다.

## 47　정답　②

기사에서 매출액이 크게 감소하였다 하였으므로 자료에서 매출액 증감률이 음수인 2020년 하반기에서 2021년 상반기 사이에 작성된 기사임을 유추할 수 있다.

## 48　정답　②

2022년 1분기는 2021년 1분기 방문객 수 대비 2.8% 감소하였으므로 방문객 수는 $1,810,000 \times (1-0.028) = 1,759,320 ≒ 1,760,000$명이다. 2022년 방문객 수 비율은 2020년이 100이므로 $\frac{1,760,000}{1,750,000} \times 100 ≒ 100$이다.

## 49　정답　③

비밀번호 설정 규칙에 따르면 대문자 1개 이상을 반드시 넣어야 하는데 'qdfk#9685@21ck'에는 알파벳 대문자가 없다.

## 50　정답　④

**오답분석**

① Im#S367 : 비밀번호가 7자로 8자 이상 설정하라는 규칙에 어긋난다.
② asDf#3689! : 'asDf'는 쿼터 키보드에서 연속된 배열로 규칙에 어긋난다.
③ C8&hOUse100%ck : 'hOUse'는 특정 단어가 성립되므로 규칙에 어긋난다.

교육은 우리 자신의 무지를 점차 발견해 가는 과정이다.

- 윌 듀란트 -

## 2023 하반기 SD에듀 All-New 기출이 답이다!
## 국민건강보험공단(건보) NCS & 법률 7개년 기출
## + 무료건보특강

| | |
|---|---|
| **개정11판1쇄 발행** | 2023년 08월 30일 (인쇄 2023년 07월 27일) |
| **초 판 발 행** | 2018년 03월 30일 (인쇄 2018년 02월 28일) |
| **발 행 인** | 박영일 |
| **책 임 편 집** | 이해욱 |
| **편 저** | SDC(Sidae Data Center) |
| **편 집 진 행** | 김재희 · 김서연 |
| **표지디자인** | 조혜령 |
| **편집디자인** | 최미란 · 장성복 |
| **발 행 처** | (주)시대고시기획 |
| **출 판 등 록** | 제10-1521호 |
| **주 소** | 서울시 마포구 큰우물로 75 [도화동 538 성지 B/D] 9F |
| **전 화** | 1600-3600 |
| **팩 스** | 02-701-8823 |
| **홈 페 이 지** | www.sdedu.co.kr |

| | |
|---|---|
| **I S B N** | 979-11-383-5612-1 (13320) |
| **정 가** | 20,000원 |

기출이 답이다

# 국민건강
# 보험공단

## NCS & 법률 7개년 기출복원문제

+ 무료건보특강

## 시대교육그룹

| | |
|---|---|
| (주) **시대고시기획**<br>**시대교육**(주) | 고득점 합격 노하우를 집약한<br>최고의 전략 수험서<br>**www.sidaegosi**.com |
| **시대에듀** | 자격증 · 공무원 · 취업까지<br>분야별 BEST 온라인 강의<br>**www.sdedu**.co.kr |
| **이슈&시사상식** | 최신 주요 시사이슈와 취업<br>정보를 담은 취준생 시사지<br>**격월발행** |
| **이담** | 외국어 · IT · 취미 · 요리<br>생활 밀착형 교육 연구<br>**실용서 전문 브랜드** |

꿈을 지원하는 행복…

여러분이 구입해 주신 도서 판매수익금의 일부가
국군장병 1인 1자격 취득 및 학점취득 지원사업과
낙도 도서관 지원사업에 쓰이고 있습니다.

All Pass

# 기업별 맞춤 학습 "기본서" 시리즈

공기업 취업의 기초부터 합격까지! 취업의 문을 여는 *Hidden Key!*

# 기업별 기출문제 "기출이 답이다" 시리즈

역대 기출문제와 주요 공기업 기출문제를 한 권에! 합격을 위한 *One Way!*

# 시험 직전 마무리 "봉투모의고사" 시리즈

실제 시험과 동일하게 마무리! 합격을 향한 *Last Spurt!*

---

※ **기업별 시리즈** : 부산교통공사/한국가스공사/LH 한국토지주택공사/한국공항공사/건강보험심사평가원/국민연금공단/
인천국제공항공사/한국수력원자력/한국중부발전/한국환경공단/부산환경공단/한국국토정보공사/SR/신용보증기금&기
술보증기금/도로교통공단/한국지역난방공사/한국마사회/한국도로공사/강원랜드/발전회사/항만공사 등

**SD에듀**가 합격을 준비하는 당신에게 제안합니다.

성공의 기회! **SD에듀**를 잡으십시오.
# 성공의 Next Step!

결심하셨다면 지금 당장 실행하십시오.
**SD에듀**와 함께라면 문제없습니다.

기회란 포착되어 활용되기 전에는
기회인지조차 알 수 없는 것이다.

- 마크 트웨인 -